EL CAUDILLO

EDITORA

Aos meus rapazes Guilherme, Gustavo e Gabriel.

FC Leite Filho

EL CAUDILLO
LEONEL BRIZOLA
Um Perfil Biográfico

Prefácio de Neiva Moreira

2ª impressão

S. Paulo/2008

EDITORA AQUARIANA

Revisão: Rodrigo Petronio
Capa: Gustavo Leite
Foto da Capa: Vador Goulart
Arte final: Niky Venâncio
Foto da 2ª orelha: J. Amarante
Editoração eletrônica: Spress Bureau de Fotolito

CIP-BRASIL. CATALOGAÇÃO-NA-FONTE
SINDICATO NACIONAL DOS EDITORES DE LIVROS, RJ

L552c

Leite Filho
El caudillo : Leonel Brizola : um perfil biográfico / FC Leite Filho. 1.ed. – São Paulo : Aquariana, 2008.

Inclui bibliografia
ISBN ISBN 978-85-7217-112-0

1. Brizola, Leonel, 1922-2004. 2. Político – Brasil – Biografia. 3. Brasil – Política e governo. I. Título. II. Título: Leonel Brizola.

08-2157. CDD: 923.281
CDU: 929.32(81)

30.05.08 03.06.08 006911

EDITORA AQUARIANA, LTDA.
Rua Lacedemônia, 85 – Vila Alexandria
04634-020 – São Paulo – SP
Tel.: (011) 5031-1500 / Fax: 5031-3462
editora@aquariana.com.br
www.aquariana.com.br

Sumário

Prefácio

Apenas a trágica morte de Getúlio Vargas, em 1954, provocou sentimento de tanta tristeza, solidariedade e admiração no povo brasileiro, como a partida de Leonel Brizola. Daí o interesse por tudo o que diz respeito à vida deste brasileiro. Estas observações, acredito, vão ao encontro da solicitação, para mim muito honrosa, do autor, o jornalista FC Leite Filho, para que prefaciasse este perfil biográfico. Aqui, se retrata a longa e acidentada ação política e social, os pequenos e grandes fatos da vida de Leonel de Moura Brizola, com quem convivi por mais de 40 anos.

O autor que, como repórter dos maiores jornais do país e depois analista do PDT, teve intenso relacionamento com o biografado, desde 1979, em Lisboa, quando o entrevistou pela primeira vez, é o primeiro a debruçar-se sobre a trajetória do líder trabalhista. É trabalho amplo, que envolve desde andanças pelo Rio Grande do Sul e Rio de Janeiro, a pesquisas nos arquivos da Biblioteca do Congresso Americano, onde estão guardadas grandes preciosidades da xeretagem americana e edições antigas do *New York Times*, de que Brizola foi personagem freqüente, inclusive de primeira página. A busca de dados levou FC Leite Filho a Montevidéu e Buenos Aires, Paris, Lisboa, Londres e Bonn, refazendo o roteiro do longo exílio de Brizola.

Pessoalmente, acompanho a luta de Brizola desde quando ele surgiu no cenário nacional, no início dos anos 50. Mas foi chegando à Câmara, em 1955, que o contacto com ele foi direto e objetivo. Como Secretário Geral da Frente Parlamentar Nacionalista, então com 109 deputados e um senador, tive a missão de procurar sensibilizar o líder trabalhista para as lutas da Frente.

Mesmo sem ser parlamentar, porque era governador, Brizola foi eleito vice-presidente da FPN. A princípio, Brizola era até crítico da Frente, pois achava que ela poderia se converter em instrumento de fachada de algumas entidades políticas, como o Partido Comunista, e de alguns pseudo-progressistas. Para vencer tais resistências, decidi, em 1959, tomar um avião para Porto Alegre. Conversamos quase um dia inteiro. Não procurei dissuadi-lo de seus temores, mas disse que a presença dele e de outros companheiros na Frente era a segurança de que estávamos construindo uma força influente e com grande presença nas mudanças que nosso povo reclamava. A conversa teve o testemunho intercalado de alguns líderes gaúchos com os quais iríamos travar contínuas lutas comuns. Brizola comprometeu-se a integrar-se na direção do movimento e no seu cotidiano, como o fez, exemplarmente, a partir daquele histórico dia. De Porto Alegre, embarquei para Florianópolis, em um avião que mais sacudia do que voava, e ali cheguei com dupla responsabilidade: de delegado da FPN e representante pessoal do Governador Leonel Brizola. Representação esta que me valeu inúmeros processos que respondi na ditadura, um deles pedia não sei quantos anos de cadeia.

Embora tenha comandado a rebelião da Legalidade e viabilizado a gestão de João Goulart, e mesmo diante do clamor nacional por sua participação no governo federal, ele declinava os convites com uma exigência que sabia impossível de ser atendida: o Ministério da Fazenda. Era um radical contra o domínio dos bancos, das grandes empresas e, sobretudo, da determinante influência do governo norte-americano. O próprio Brizola já nos tinha instruído que informasse a Jango como ele atuaria naquele Ministério. Sua primeira medida como Ministro seria o rompimento com o Fundo Monetário Internacional. O presidente ofereceu-lhe o Ministério da Viação e Obras Públicas, que ele não aceitou. Sem rumo definido, o Governo Goulart, como o leitor observará ao longo da leitura, passou a ser presa fácil dos adversários, sobretudo dos grandes conglomerados, e dos militares, em particular. Os acontecimentos precipitaram-se e Brizola investiu-se mais uma vez da voz do povo exigindo medidas de emergência para impedir o golpe, que era iminente.

Passamos a viver dias e noites de terror. Os militantes da Frente tinham plena consciência do que estava ocorrendo. Brizola, que já havia levantado o Rio Grande contra, não conseguiu estancar o golpe, que chegou brutal e arrasador na madrugada do primeiro de abril de 1964. É evidente que não se conseguiria detê-lo sem luta armada e algum derramamento de sangue.

Antes, a Frente Parlamentar Nacionalista procurou várias vezes o Presidente João Goulart para deixar claríssima sua posição de resistência e luta. Contávamos então com expressivas parcelas das Forças Militares. Mas o Presidente se opunha tenazmente ao que considerava o sacrifício de brasileiros. Pelo menos 160 comandos regionais e locais das três armas estavam comprometidos com a nossa causa. Recordo que os setores militares ligados à Frente faziam chegar informes diários à sua direção, já mobilizada para a guerra, do avanço em todo o país da conspiração golpista. Tivemos uma reunião prévia com Darcy Ribeiro, então chefe da Casa Civil da Presidência da República, pedindo que ele levasse ao Presidente essa relação. Darcy recusou a missão, por considerar que Jango não acreditaria na sua veracidade, já que contrariava as informações que ele recebia, sobretudo através do chefe da Casa Militar, general Argemiro de Assis Brasil. Decidimos, portanto, ir direto ao Presidente. Ele nos recebeu — recordo além de mim, mais duas pessoas ligadas a ele: os Deputados José Jóffily (PSD-PB) e Fernando Santana (PSD-BA), dois grandes lutadores pela causa democrática. Lendo atentamente a lista, Jango esboçou um sorriso de descrença. Explicou-nos que o General Amaury Kruel, que era comandante da decisiva Guarnição de São Paulo, o então II Exército e atual comando do Sudeste, e que encabeçava a lista, era um de seus compadres nas Forças Armadas. Agradeceu e pediu-nos que lhe déssemos qualquer informação nova sobre o golpe.

Era constante a preocupação do Presidente com a possibilidade de haver sangue derramado. Quando soube do avanço sobre o Rio de Janeiro das tropas de São Paulo, coordenadas por Kruel, depois de ultrapassado o Vale do Paraíba, ele foi intransigentemente contrário a qualquer reação armada, inclusive ao bombardeio aéreo. Essa medida extrema foi proposta pelo grupo de Chefes Militares, também integrado por alguns deputados, entre os quais me encontrava, juntamente com Lamartine Távora (PTB-PE). Este grupo assessorava politicamente aqueles Comandantes no Quartel General da Terceira Força Aérea, entre os quais se encontravam o bravo Brigadeiro Francisco Teixeira, o Almirante Cândido Aragão e o Diretor Geral dos Correios, coronel Dagoberto Rodrigues. Atuavam em íntima conexão com outros comandos no Rio e em alguns Estados dispostos à luta.

Lembro-me, no desenvolvimento do contragolpe, da iniciativa de cercar o Palácio Guanabara, onde o Governador Carlos Lacerda resistia, mas já sem muitas forças. Alguns Batalhões de Fuzileiros Navais e da Aeronáutica com forte poder militar foram mobilizados, e um improvisado comando da Resistência dirigiu-se pela madrugada ao Palácio Laranjeiras, onde se encontrava o Presidente, para pedir permissão e desencadear o ataque. Eles acreditavam que o Governador Lacerda se renderia em menos de uma hora de luta. Foi o último esforço de resistência. Logo em seguida, as fortalezas do Rio de Janeiro e de algumas outras unidades do Exército sublevadas ocuparam a cidade, praticamente como o Presidente João Goulart previu, ficando o derramamento de sangue para durante o longo período da ditadura.

Até o desfecho do golpe, fomos instruídos por Leonel Brizola. Aquelas idéias, ordens e operações foram pessoalmente transmitidas aos grupos de luta mobilizados no Rio e em outros Estados pelo então deputado federal pelo Rio de Janeiro, que, às vésperas do golpe, estava no Rio Grande, cuidando de sublevar o Estado. Atuando como um verdadeiro chefe guerreiro, como demonstrou ser também na Campanha da Legalidade, Brizola reuniu sob seu comando algumas unidades que se preparavam para consolidar a situação no Rio Grande para depois avançar através de Paraná e São Paulo com o fito de libertar o Rio de Janeiro e Brasília da ocupação golpista. O golpe, porém, se impôs, e os resistentes tiveram de recorrer à debandada. Foi quando houve a fuga espetacular de Brizola do Rio Grande do Sul para o Uruguai, driblando genialmente, com o apoio de combatentes civis e da brava Brigada Militar gaúcha, as ordens de prisão e até de morte, se resistisse. Nesse meio tempo, eu já havia sido preso até que, depois de vários meses de cadeia, consegui exilar-me na Embaixada da Bolívia, de onde consegui salvo conduto para viver naquele País amigo, em que fiquei até receber um chamado do comandante Brizola.

Um dos pontos altos do livro *El Caudillo* é a narração dos movimentos de Brizola no exílio. Naquela altura, se encontrava em plena ação revolucionária no Uruguai. Foi quando ele mandou o jornalista Mauro Santayana, então companheiro de luta revolucionária, a La Paz, com a missão de me conduzir a Montevidéu. Naquela época, os exilados no Uruguai estavam divididos sobre o que fazer para derrubar a ditadura. Uma parte queria integrar-se ou simplesmente apoiar a guerrilha que estava se instalando nas montanhas de Minas Gerais, na área de Caparaó, em meados de 1966. A outra parte inclinava-se para a tese de Brizola, que consistia em conquistar e levantar as unidades do Exército, sobretudo do Rio Grande do Sul.

Confesso que estava mais envolvido nas lides jornalísticas, pois tinha sido convidado pelo Presidente Paz Estensoro para trabalhar no jornal do Partido do Governo MNR (Movimento Popular Nacional Revolucionário) e, através dele, ajudar no processo revolucionário que se estendia por quase toda América do Sul. Tinha bons entendimentos com os movimentos guerrilheiros, com um dos quais nossas relações se complicaram em um episódio inesperado. Representando alguns setores em luta no Brasil, fui levado a uma reunião em Havana, presidida por Fidel Castro. Os cubanos queriam opiniões diversas sobre o movimento que estava nascendo na Bolívia chefiado por Che Guevara. Dei uma opinião que me parecia lógica: a Bolívia estava vivendo um processo revolucionário nacionalizando as minas, fazendo reforma agrária e fortalecendo as entidades sindicais revolucionárias. Não era, portanto, um ambiente para a revolução. Disse isso e jamais poderia imaginar que o líder dessa revolução era o Che, mas quando externei minha opinião os líderes revolucionários bolivianos — os irmãos Peredo — divergiram duramente de minhas observações. Só o desconhecimento da Bolívia é que podia dizer que seu País não estava preparado para uma revolução, criticaram eles. Os dramáticos fatos posteriores demonstraram com quem estava a razão.

De Havana fui mandado para uma guarnição ao Norte do País, onde havia penetração de grupos armados norte-americanos. Uma noite o Coronel Comandante me disse que estava sendo chamado à capital, onde pela madrugada um grupo chefiado por Fidel considerou oportuno voltar a discutir o problema da Bolívia:

— Camarada Neiva, você teria condições de mandar um boliviano aqui para discutir esse problema? Porque é natural que os irmãos Peredo não aceitem que um brasileiro viesse dar normas ao seu processo de luta.

— Bom, tenho sim, o ex-ministro de Minas da Bolívia, René Zavaleta, que se encontra exilado em Montevidéu e ao seu chamado, comandante, ele virá.

Zavaleta chegou a Havana nos dias em que o Che se preparava para a sua arriscada iniciativa. Eu estava bastante informado sobre o processo guerrilheiro latino-americano, fato que levou Brizola a me convocar ao Uruguai para colaborar com suas decisões. Recordo que nas primeiras noites ele, eu e o coronel Dagoberto Rodrigues nos reuníamos em uma praia deserta do norte do Uruguai para analisar os relatórios que chegavam do Brasil, consolidando o ponto de vista de Brizola.

O resultado da guerrilha todos sabemos, mas não como previsto pelos seus bravos dirigentes, e a conspiração militar revolucionária sonhada por Brizola também não teve êxito. No nosso processo revolucionário, Brizola contou com gente muito influente como Betinho e Aldo Arantes, que estiveram em alguns países procurando apoio.

Recebi a tarefa de ajudar a montar o campo de treinamento de Cuba, que funcionou com êxito preparando guerrilheiros que depois eram mandados para o Brasil. Um dos mais bem preparados para essa etapa de luta foi o poeta Thiago de Melo, que retornou com tarefas determinadas. Nesse dramático período de esforço para conseguir elementos para a nossa guerra, tive o apoio dos companheiros que estavam exilados na França, entre os quais o ex-deputado Max da Costa Santos e o jornalista José Maria Rabelo, e tive que realizar muitas viagens, inclusive à China.

Os acontecimentos posteriores estão fartamente narrados neste livro. E quero destacar dois deles: a etapa de fundação do nosso partido, numa extraordinária reunião em Lisboa no ano de 1979, 15 anos depois do golpe. Muito de seu êxito se deveu às ligações que Brizola entabulara com a Internacional Socialista. Houve até um fato curioso: a reunião em Lisboa foi realizada na imponente sede do Partido Socialista Português, sob a coordenação de um grande companheiro, o Ministro Mário Soares, que na chegada dos participantes me fez uma surpreendente comunicação: presença em nossa festa de uma comitiva presidida por ninguém menos que o nosso adversário histórico, o Embaixador dos Estados Unidos da América, insólita presença que mais parecia uma iniciativa da CIA, pois até hoje nem nós nem o Mário conseguimos explicar tal presença. Do México, último país do meu exílio, foi uma delegação muito representativa.

Lá também encontramos inúmeros companheiros que estavam exilados na Europa. Uma coisa que me entusiasmou muito foi a presença do então jovem Jackson Lago, do Maranhão, escolhido por Darci Ribeiro, juntamente com outros companheiros, para elaborar documentos fundamentais do Partido, que ainda hoje prevalecem e nos servem de bússola. Com o nosso Partido (primeiro o PTB e depois o PDT) integrando a Internacional Socialista, Brizola tornou-se rapidamente um dos líderes dessa entidade, chegando a um de seus vice-presidentes e presidentes de honra. Era muito ligado ao francês François Mitterrand, ao alemão Willy Brandt, ao espanhol Felipe González e, o que na época parecia impossível: o israelita Shimon Peres e o palestino Yasser Arafat, defendendo entendimentos que ainda hoje avançam, mesmo debaixo de bombas e atentados. Eram tempos em que a Internacional Socialista fazia jus ao seu nome e ao seu programa, pois exercia um papel na esquerda mundial. Depois foi arrefecendo, e suas posições conciliatórias com o neoliberalismo acabaram desencantando Brizola e os verdadeiros trabalhistas.

O resto deixo ao FC Leite Filho, que, neste perfil, ainda se esmerou no relato das agruras do exílio, das derrotas da guerrilha, das vicissitudes da família e de uma realidade internacional que submetia quase toda a América Latina à mais cruel das ditaduras. Tais agruras, no entanto, jamais tiraram de nós a determinação do retorno à Pátria e a retomada da luta pela sua emancipação, mesmo que muitos sonhos não tenham sido realizados. Neste livro, o leitor ficará sabendo, quando menos, como e porque Brizola, ainda que sem sua presença física, irá varar os tempos como a referência nacional de combate e de confiança em nosso Brasil.

São Luis, 14 de abril de 2008

Neiva Moreira

O CAUDILLO

I — O HOMEM E SEU MEIO

Caudilho tinha sido antes dele uma alcunha apreciativa naquelas bandas da fronteira com o Uruguai e a Argentina. Júlio de Castilhos, Gaspar da Silveira Martins, Batista Luzardo, Osvaldo Aranha e Getúlio Vargas foram celebrados como grandes caudilhos, porque reconhecidos como chefes guerreiros e estadistas.

Esta acepção foi, contudo, invertida, pelos adversários poderosos, para designar Leonel Brizola (e outros líderes nacionalistas) como chefe político arrogante e totalitário. Brizola, no entanto, gostava do apodo, por ater-se a seu significado original — e vernacular — do espanhol, *caudillo*[1]. Figura arrebatada e controvertida, que chacoalhou a política brasileira por mais de 50 anos, Brizola tinha tudo do *caudillo*. Sua trajetória indicou, desde o início da vida pública, em meados de 1940, um feitio voltado para a agitação e o comando.

Neste aspecto, os adversários parecem ter razão: ele era o próprio *caudillo*. Tinha liderança, definições claras quanto ao que se propunha, descortino e sabia mandar. Todos estes são ingredientes altamente explosivos, no que se refere a uma ordem há muito tempo estabelecida e que viria a ser particularmente reforçada no final dos anos 1980, com o colapso da União Soviética e o advento da chamada globalização.

— O que os caudilhos como Brizola nos preparam é uma espécie de PRI mexicano, um partido único dominante, que oprima o povo à maneira *bolchevique*, fingindo democracia — vociferava,

1 Caudillo – Título dado al jefe de estado español; el que, como cabeza, guía e manda la gente de guerra; jefe de um exército. *Diccionario Enciclopédico Salvat*, Salvat Editores S.A., Barcelona, 1945. Caudillo – jefe y guía, principalmente el de guerra. *El Pequeño Larrousse*, 2008, SPES Editorial, Barcelona, 2002.

em 1988, Nertan Macedo[2], um dos muitos intelectuais escalados pela *intelligentsia* para detratá-lo em espaço nobre nos grandes veículos de comunicação. Na época, como o próprio Macedo escrevia no mesmo artigo, "todos sabem que, se a eleição for amanhã, o *Mussolini dos pampas* (como dizia Golbery), ganhará a parada com uma mão nas costas".

No país do deixa-disso e num mundo político dominado pela dissimulação e pelas espertezas, o feitio de Brizola o tornava um ser meio fora de tom. Talvez tenha sido justamente por causa deste descompasso, que ele tanto houvesse se destacado da generalidade de nossos políticos.

Com efeito, sempre se notou neste país certo cansaço e impaciência diante deste vezo político brasileiro. E isso está presente, tanto naqueles idos de 1950, época em que ele surge no horizonte nacional, como na realidade de hoje, quando a esquerda formal instala-se no poder, com o PT.

A postura contemporizadora do Presidente Lula, a disputa frenética pelos cargos e prebendas, o compadrio e os escândalos de favorecimento dos políticos não parecem ter modificado o panorama de desencanto com os governantes. Quem sabe um pulso firme e austero fosse justamente o que estivesse faltando para fazer a coisa engrenar, num Brasil de tantos desenganos e frustrações com seus homens públicos.

Leonel de Moura Brizola talvez personificasse esse elemento novo. Ele sabia imprimir rumos e impor sua visão ao mesmo tempo idealista e pragmática, sem ser discricionário. Nunca foi um tipo atrabilioso ou despótico. Ao contrário de Carlos Lacerda, seu mais próximo equivalente, em termos de estofo, carisma e temperamento, Brizola nunca mandou a polícia espancar estudantes, invadir sindicatos, nem empastelar a imprensa, como o fez o então governador da Guanabara (1961-66). Era homem comum, que costumava andar sem capangas. Como governador ou sem cargo algum, às vezes, descia de seu apartamento, em Copacabana, para comprar pão ou jornal, ali perto. Não se conhece um ato de des-

2 "Pior que Enchente só o caudilhismo", artigo de Nertan Macedo, *O Estado de S. Paulo*, p. 3, 3/03/1988.

mando de Brizola, seja em seus governos, seja nas situações revolucionárias que viveu, como líder da *Campanha da Legalidade* ou na clandestinidade do exílio e da guerrilha.

E aqui reside a marcante diferença de tratamento dado a estes dois grandes expoentes da política brasileira, que têm em comum a frustração do sonho de não terem se tornado Presidente da República: Lacerda — e depois seus vários sucedâneos — era o protegido da grande imprensa, como se chamava a mídia, enquanto Leonel Brizola, o eterno amaldiçoado.

A Lacerda eram dadas todas as imunidades: podia amordaçar a imprensa, pregar o golpe de Estado, o fechamento do Congresso e até a intervenção militar dos Estados Unidos no Brasil — como chegou a defender, abertamente, em seus iracundos artigos no jornal de sua propriedade, a *Tribuna da Imprensa*. E era até aplaudido nestas alucinações e postulações tirânicas[3].

Já Brizola, se pedisse a dissolução do Parlamento com a imediata convocação de uma Constituinte, como o fez nos momentos mais instáveis da nossa democracia, e no ambiente francamente golpista daquele início de 1964, era imediatamente crivado por uma saraivada de críticas e impropérios, em que era retratado como o incendiário, o destemperado e, especialmente, o caudilho.

Brizola ainda se debatia com a falta de espaço nos grandes jornais para se defender. Também não tinha como fundar um jornal, pois qualquer empreendimento de mídia no Brasil, desde sempre, só poderia viabilizar-se mediante grande aporte de capital, o que ele não tinha. Seu destino seria então ficar falando sozinho, não fosse uma rara capacidade para o que os jornalistas costumam chamar de arte de gerar fatos.

O *caudillo* sempre arrumava um jeito de se impor sobre aquele enorme tentáculo midiático que procurava sufocá-lo. Como dizia o jornalista Carlos Castello Branco, ele tinha que "abrir seu caminho no peito", coisa que Brizola fazia com gosto e garra. Seus atos

---

3 Um processo formal contra o então governador da Guanabara, por ter censurado jornais e empastelado uma estação de rádio, no episódio da renúncia de Jânio Quadros, chegou a ser encaminhado à Sociedade Intermericana de Imprensa — SIP, órgão sustentado pelos donos de jornais do continente. O autor da denúncia era o Jornal do Brasil, que foi apreendido e censurado pela polícia de Lacerda, mas ele foi absolvido.

e reações de bravura e às vezes até explosões de temperamento provocavam notícias e debates nacionais ou mesmo faziam história. Recorde-se a Cadeia da Legalidade, em 1961, um ato histórico só comparável à Revolução de 30, ou a bravata de mandar "passar fogo" no presidente Fernando Henrique Cardoso, o FHC, em 2001, que ditou a agenda política por mais de uma semana.

***

Neste contexto, a pecha de caudilho não era de todo despropositada e se inseria de algum modo nas atitudes emocionais de nosso personagem e nas suas origens, o Rio Grande do Sul, terra dos grandes caudilhos e *caudillos,* onde se travaram monumentais lutas libertárias e fratricidas. Tanto é verdade que, o ex-presidente do Uruguai, Júlio Maria Sanguinetti, ao comentar a morte de Brizola, em 21 de junho de 2004, afirmou que, com ele, desaparecia "el último caudillo gaucho". É evidente que Sanguinetti não se referia ao epíteto zombeteiro dominante no português brasileiro, mas à acepção original do termo em espanhol, como está implícito nesta sua declaração à Zero Hora, de 23/06/04:

— Representava a estirpe dos caudilhos clássicos de nossa cultura rio-platense e gaúcha. Foi um continuador de Getúlio (Vargas) e de Jango (Goulart), líderes legendários. Caracterizava-se por atitudes de audácia, assumindo todas as responsabilidades, um ser com uma palavra sempre flamante.

Impulsivo, polêmico, espontâneo e sangüíneo, Brizola tinha, às vezes, dificuldades em dominar o temperamento. A impossibilidade de revidar à altura as críticas e ofensas virulentas que lhe assacavam os adversários, levou-o muitas vezes a ter atitudes pouco polidas. Aquela em que falou da "calcinha" da repórter, no Mato Grosso do Sul, em plena campanha para presidente, em 1989, poderia tê-lo afundado como candidato. Lendo uma pauta de perguntas, adredemente preparada e com cunho visivelmente provocativo, ela indagou se o intrépido deputado de 1964, na ocasião do Golpe Militar, havia "fugido de saia", quando se exilou no Uruguai, em 1964. "Tu me emprestaste a tua calcinha e eu saí com ela[4]" — foi sua resposta à queima-roupa. Brizola, entretanto, não deixou que os jornais explorassem indefinidamente o episódio, transformado em manchetes em todo o Brasil, em que se destacava o que chamavam de "grosseria" e "desequilíbrio" do "velho caudilho".

No outro dia, depois de os telejornais terem saboreado a gafe, ele despachou uma nota à imprensa, recriminando-se e assumindo sua "descortesia", e, "humildemente", pedindo desculpas nacionais à jovem jornalista:

— Embora tenha sido alvo de perguntas ofensivas, reconheço que não deveria ter ultrapassado aqueles limites a que devo me impor. Se alguém deveria manter o diálogo em bom nível, este seria eu. Por isso quero expressar publicamente minhas desculpas à jornalista — dizia a nota do ex-governador.

***

O problema é que os ataques a Brizola se davam de forma sistemática e vinham de todos os lados, e a todo o momento, fosse no Rio de Janeiro, no Mato Grosso ou no alto Amazonas. E isso ocorria numa sociedade pretensamente livre, em que a liberdade de imprensa era muito cultuada, mas nem sempre observada. Toda esta discriminação o deixava revoltado. Às vezes, chegava até o desforço físico com os detratores. Exemplo típico foram os socos que deu em David Nasser, seu histórico detrator na década de 1960. Nasser, como se sabe, tinha uma conduta ética nem sempre das mais louváveis, inclusive porque se orgulhava de liderar a *Scuderie Le Cocq*, nome fantasia do Esquadrão da Morte, como relata o jornalista Luiz Maklouf Carvalho[5], em seu livro *Cobras Criadas*, de 1999. Não obstante, Nasser era uma espécie de carro-chefe da imensa Cadeia *Diários Associados*, de rádios jornais, revistas e TV.

4 A repórter era Denise Abraham, que trabalhava numa afiliada da TV SBT, do Sistema Sílvio Santos, em Campo Grande, Mato Grosso do Sul.

5 *Cobras Criadas*, Luiz Maklouf Carvalho, p. 424, Senac, São Paulo, 1999.

Brizola suportou estoicamente durante alguns anos uma campanha sórdida e demolidora, desfechada pelo jornalista, que escrevia o artigo principal da revista *O Cruzeiro*, de mais de 700 mil exemplares, numa população de 70 milhões de habitantes, a metade dos quais analfabeta. Estes artigos eram depois disseminados para toda a Cadeia Associada — de 31 grandes jornais, cinco revistas, 21 emissoras de rádio, três de televisão e uma agência de notícias (de cobertura tão ampla quanto das Organizações Globo de hoje), e com direito a ampla transcrição nos demais veículos da grande e da pequena imprensa.

Diz Luiz Maklouf: "(Nasser) reforçou, sem provas, acusações de corrupção, e seguiu sem freios, pelo resto dos meses, para a ofensa direta. 'Potro dos pampas', 'trêfego parlamentar', 'analfabeto vitalício' — de quase tudo Brizola foi chamado".

Isso até o dia em que o *caudillo* se depara com o próprio Nasser no Aeroporto Santos Dumont: Brizola tinha só 1m70cm, mas era homem troncudo, forte e valente, também fisicamente.

— Prepara-te para apanhar — disse, desferindo-lhe um soco no ouvido e outro no queixo até nocauteá-lo. Ainda zonzo, Nasser ouviu: "Da próxima vez, terás que engolir o artigo inteiro!"

Foi uma grosseria, não resta dúvida, particularmente porque David Nasser tinha um defeito físico congênito e andava puxando uma perna. Mas o clima de envenenamento era grande e potencializado pelas limitações de Brizola que não tinha como dar sua versão na gigantesca máquina associada ou em qualquer outro grande veículo de imprensa. Tinha inclusive acionado o jornalista na Justiça, mas os ataques continuaram.

Ainda por cima, David Nasser o tinha chamado várias vezes para o braço, numa época em que o machismo andava à solta e ficava feio não responder ao desafio: "Existe em Porto Alegre um prato que todos conhecem: churrasco à Brizola, isto é, muita farofa e pouco peito. Ora essa, Pangaré, você sabe onde ando, onde trabalho, onde moro. Por que não vem ajustar contas? Porque é um covarde", desafiou Nasser, em 29 de junho de 1963, seis meses antes de levar os socos, na manhã de 26 de dezembro de 1963.

É verdade que o episódio acabou favorecendo politicamente Brizola, constituindo-se um daqueles acontecimentos que marcam uma época. O país todo comentou o incidente, tomando, no caso, o lado do agressor, mesmo com toda a mídia posicionando-se em favor de David Nasser e abrindo gordos espaços de primeira página para desferir os maiores ataques a Brizola. Na época, o Brasil só falou na sova levada pelo jornalista e *O coice do pangaré*, artigo-resposta assinado por Nasser, teve sua repercussão restrita aos intelectuais conservadores e aos seguidores da política defendida pelo famoso repórter.

Mas aquilo marcou muito Brizola, que era homem afável, lhano no trato e que abominava a vingança. Já na fase final do exílio, em Nova Iorque, preparando-se para voltar ao Brasil, depois de 15 longos anos fora do país, quando David Nasser já sofria os incômodos do câncer que o mataria dois anos depois, Brizola confessou a Rafael de Almeida Magalhães[6], outro de seus adversários:

— Você não imagina a vergonha que tenho hoje de algumas coisas que fiz. Com o Danton Coelho[7], por exemplo. E com o David Nasser? Que absurdo! Estava embarcando, vejo-o no balcão da companhia, aproximo-me, dou-lhe uma bofetada. Se eu pudesse estender a mão a ele agora e pedir desculpas, que bom seria!

David Nasser respondeu-lhe em artigo, na revista *Manchete*, para onde se transferira, depois de brigar com os Associados: "Certa vez tive uma briga com o Senhor Leonel Brizola. Seus capangas não conseguiram me alvejar. Voaram impropérios, escritos e falados. No fundo, nossa desavença era política, mas, sem se saber como, degenerou em caso pessoal. No fundo talvez amássemos o Brasil com a mesma intensidade, mas havia diferença nas cores".

***

Aliás, o temperamento impulsivo pode ter sido seu ponto mais vulnerável. Isso, seguramente, ele não herdou de Getúlio Vargas, seu grande mentor e guia político, e a quem se atribui uma habili-

---

6 Coluna Sebastião Nery, *Tribuna da Imprensa*, p. 3, 12/01/1979.

7 Brizola excedeu-se um dia com Danton Coelho (PTB-SP), porque este teria entregue o PTB a Adhemar de Barros. Na sessão de 5/09/1955, Brizola chamou Danton de "traficante" e "passador de cheque sem fundo". Quando Danton o tacha de "cafajeste", Brizola avança rápido em sua direção. Danton leva a mão ao coldre, puxando o revólver. Deputados e jornalistas intervêm. Brizola não estava armado. No entrevero, o microfone tomba, ferindo o chefe de segurança da Casa, Amarílio Albuquerque.

dade ímpar para administrar os instintos. A capacidade de engolir sapo do ex-presidente tornou-se antológica, ainda que tenha cometido aquilo que pode ser considerado o supremo ato da insensatez, o suicídio. Mas o suicídio de Vargas, na conspiração militar de 1954, como muitos interpretam, foi sua obra mais genial para dominar e vencer os inimigos, tendo consistido, por isso mesmo, num ato friamente premeditado e não num gesto irrefletido.

Já com Brizola, por mais que tentasse se segurar, este era às vezes vencido pela reação instintiva. Ora, isso fazia o deleite dos adversários, cuja especialidade em preparar-lhe cascas de banana para vê-lo escorregar, era inexcedível. Ainda que se reabilitasse de suas mancadas, graças a uma grande humildade e a uma propensão quase natural para reconhecer seus erros e defeitos, ele abriu muito a guarda para os desafetos e por isso foi à lona em momentos cruciais de sua vida.

Na maratona para eleger-se Presidente da República, muitos consideram que ele deveria ter mantido a postura moderada com que chegou ao Brasil, em 1979, vindo do longo exílio de 15 anos. Na época, ele projetou de si mesmo uma imagem tão comedida, que o jornal *The New York Times* ofereceu-lhe uma equipe de repórteres e editores para acompanhá-lo no retorno ao Brasil antes da anistia, e denunciar os militares se estes cumprissem a promessa de prendê-lo. Houve também outra oferta de uma universidade americana para que seus advogados e cientistas políticos dessem cobertura a essa viagem. As duas ofertas foram polidamente recusadas pelo ex-governador.

Na verdade, o cuidado com que ele administrava a nova postura o fazia parecer-se com os deputados mais moderados do então MDB, partido de oposição ao regime. Tais deputados eram criticados pela indulgência com que tratavam o governo militar. O comedimento de Brizola, inclusive, levou alguns a desconfiarem que o líder gaúcho houvesse passado para o outro lado da cerca.

A revista *Veja*, impiedosa adversária, chegou a dizer na reportagem sobre o seu retorno do exílio, via São Borja, edição de 12/09/1979: "Brizola prescreveu as três regras de ouro a serem observadas por todos os seus seguidores nos próximos meses: cautela, paciência e prudência". Hoje, observando o panorama da ponte, às vezes me indago se tivesse mantido essa postura por mais tempo, Brizola não teria driblado os adversários e provavelmente saído vitorioso da primeira eleição presidencial direta, em 1989. E ele bem que tentou mantê-la, diga-se de passagem, mas as pressões lhe foram insuportáveis e sua natureza era difícil de domar.

Outros lhe atribuem certa falta de noção de *timing*, pois sua moderação, justamente na campanha de 1989, sobretudo no que se relaciona ao combate aos militares e ao Governo Sarney, então altamente impopular, é igualmente computada como um erro tático grave. Sabe-se que tal cuidado beneficiou enormemente o candidato vencedor, Fernando Collor, homem do *establishment*, que abriu as baterias contra o Governo e, com isso, se credenciou junto ao eleitor como um opositor mais nítido. Naquele momento, o Governo Sarney afundava-se na desmoralização, por causa do naufrágio de seus dois Planos Cruzados — o I e o II —, tão heróica e solitariamente denunciados por Brizola.

Pode-se dizer que ele foi traído por uma natureza indômita ou pelo ardor cívico de não abrir mão de sua luta. Isso é o que vamos analisar ao longo destas páginas. Inicialmente, avaliaremos, no próximo capítulo, as origens de nosso personagem e o ambiente em que nasceu e foi criado, no meio das campinas do Rio Grande do Sul.

II — A FORMAÇÃO DO CARÁTER

Leonel de Moura Brizola, batizado com o nome de Itagiba, nasceu em 22 de janeiro de 1922, às 22 horas, na pequena localidade de Cruzinha, antigo distrito e hoje cidade de Carazinho, integrando o município de Passo Fundo, situado no norte do Rio Grande do Sul. A região era habitada em grande parte por pequenos lavradores, muitos de origem alemã, italiana e de gaúchos, camponeses descendentes de indígenas e portugueses.

Os Brizola tinham remota ascendência italiana, ainda da era colonial. Esses italianos teriam se estabelecido ao redor da atual cidade de Sorocaba, em São Paulo, por volta de 1750, ocupando-se do comércio de mulas. A tarefa envolvia idas e vindas ao Rio Grande do Sul, estendendo-se às vezes até o Uruguai. Os muares eram depois vendidos na Feira de Piracicaba, também em São Paulo, e se destinavam primordialmente ao trabalho nas minas de ouro e nas fazendas de café.

O pai de Leonel, José de Oliveira dos Santos Brizola, agricultor, tropeiro e revolucionário, seguiria em parte os negócios dos antepassados. "Praticava a agricultura de subsistência e dispunha de três carretas puxadas a boi , com cinco juntas cada uma, para o transporte de erva-mate, sal e charque", como conta Jairo Antônio Casalli, em seu livro "Memórias de Brizola".

Quanto à mãe, Oniva de Moura, agricultora e alfabetizadora, era neta de portugueses e morava em Nonoaí, município gaúcho situado próximo à fronteira com Santa Catarina. Oniva e José conheceram-se na cidade da noiva, por onde o pretendente costumava passar no trajeto de seus negócios rumo às Missões. Foi José Brizola quem construiu a própria casa, de madeira, onde morariam. Tiveram cinco filhos, uma mulher e quatro homens: Francisca, a mais velha e única mulher, Irani, Paraguassu, Frutuoso e Leonel.

Naquele ambiente rural, o menino Leonel Brizola não enfrentou um meio hostil como o nordestino, onde a fome é atávica entre as famílias pobres e a mortalidade ceifa a vida da maioria das crianças, ainda no período da amamentação. Provavelmente nunca tenha passado fome.

Sua infância, porém, foi dura nas coxilhas gaúchas, aquelas campinas cobertas de pastagem, com pequenas e contínuas elevações arredondadas, verdadeiro oásis, se comparadas à caatinga do Nordeste. As coisas iam até bem para a família, que chegou a possuir algumas cabeças de gado. Mas, com o assassinato do pai, tudo desandou. Órfão quando não tinha completado o segundo aniversário, ele conheceu cedo as agruras da existência, ao lado de quatro irmãos. Depois, sua mãe casou de novo com um vizinho, João Gregório Estery, outro viúvo, agricultor (colono) e pai de seis filhos. Oniva, ainda jovem, conseguiu reunir forças para alimentar e educar seus cinco filhos e os seis de João, inclusive alfabetizando-os, um a um, pessoalmente. Oniva viria a ter ainda dois filhos de João Gregório, Sadi e Jesus de Moura Estery.

"Ela ficou só, cuidando da família. Era uma camponesa extraordinária, pequena (de estatura), mas uma mulher muito ativa, inteligente. Vivíamos numa espécie de posse, pequena, mas onde se produzia de tudo. Depois perdemos aquele lugar e fomos para a periferia de uma outra localidade" — relatou Brizola a Marília Gabriela, no programa *Cara a Cara*, da Rede Bandeirantes, de 23 de julho de 1989.

***

O meio natural era ainda agravado pela atmosfera tensa do meio social, provocada pelas guerras e rebeliões que irrompiam com freqüência em quase todo o Estado. Brizola cresceu num clima cercado pelo ódio e pelo ressentimento. O Rio Grande do Sul era um estado conflagrado. Vivia há quase cem anos uma sucessão de revoltas cruentas, desde a Guerra dos Farrapos (Revolução Farroupilha), a maior guerra civil do país (nessa época, foi declarada a independência da República Riograndense, que durou de 1835 a 1845), a Revolução Federalista (1893-95) contra o presidente da Província Júlio de Castilhos, que a sufocou, até o movimento revolucionário contra Borges de Medeiros, liderada por Assis Brasil. Tais revoltas significavam transtornos permanentes e afetavam toda a população — ricos, remediados e pobres —, sobretudo porque os conflitos costumavam se prolongar indefinidamente, mesmo depois de declarados os armistícios. Foi o caso daquela em que foi assassinado José Oliveira dos Santos Brizola, em 1923.

Ali mesmo, em Cruzinha, no noroeste do Estado, a 275 quilômetros da capital, o tropeiro José Brizola foi morto a tiros à beira de um rio, em 11 de outubro de 1923. José tinha servido num corpo provisório, comandado por Leonel Rocha, líder camponês vinculado aos *maragatos*, que se contrapunham aos *chimangos*[8], numa daquelas revoltas, a Revolução Estadual de 1923.

"Meu pai foi morto como tantos outros naquela época. Foi preso ao chegar em casa. A família não teve como avisá-lo, pois ele vinha a caminho. Ao receber ordem de prisão, despediu-se da família. Minha velha seguiu atrás daquele piquete (patrulha de soldados)

8 Na Revolução de 23, os *maragatos* se levantaram contra o governador Borges Medeiros, sustentado pelos *chimangos*, que estavam há mais de 20 anos no poder.

com os filhos, a pé. Quando conseguiu chegar ao quartel-general, que ficava em Santa Bárbara (distante cerca de 30 quilômetros), o piquete já chegou sem ele. E a velha ali ficou com os filhos", contou Brizola, num depoimento gravado em vídeo ao jornalista Roberto D'Avila, da Intervídeo, em 1994. A irmã mais velha, Francisca (Quita) Brizola, contou depois ao jornalista Ricardo Osman, autor do livro *Leonel Brizola — Uma Trajetória Política*, que naquela longa caminhada Leonel fora nos braços da mãe porque era muito pequeno (um ano e nove meses de idade).

"Eram uns cem homens que se esconderam no mato", recordou Quita a Osman[9]. "Nossa casa ficou em desordem, quebraram nossas coisas, e quando o pai retornou, foi preso. Minha mãe, com Leonel no colo, ainda foi atrás daquele grupo por uns quilômetros". Oniva depois perdeu a propriedade, que chegou a contar, segundo depoimento do vizinho, Demestocle Marques da Silva, ao mesmo jornalista, com cerca de 200 reses, e foi morar com os filhos em outro rancho à beira da estrada. "Os Brizolas não eram pobres" — disse Demestocle na época (1989) —, "mas enfrentaram incontáveis dificuldades depois da morte de José".

***

Sem título da terra, porque era uma posse, a família foi despejada por um desses grileiros, num episódio que, mais tarde, inspiraria a reforma agrária que o futuro governador realizaria no Estado. A partir do despejo, os Brizola e Estery viraram sem-terra e começam a passar necessidade. Os filhos são obrigados a trabalhar desde muito cedo para prover o sustento da casa. Leonel, o caçula, já desde os oito anos vai disputar com outros meninos pobres o transporte de malas na estação do trem de Carazinho, andando descalço. Essa infância precária levou os futuros críticos de Brizola a atribuir-lhe um ódio cego à sociedade. Ele teria então se transformado num ressentido, desde muito cedo na vida.

---

9 *Leonel Brizola — Uma Trajetória Política*, Ricardo Osman G. Aguiar, Rio de Janeiro: Record, 1991.

Arnaldo Lacombe, jornalista vinculado a importantes empresas multinacionais, chegou a formular uma teoria, em artigo escrito, pouco antes do término do exílio de Brizola, em torno da reação dos oprimidos diante dos poderosos: "As características de cada um (...) decorrem, quase sempre, de marcas — mais profundas ou menos — adquiridas nos primeiros anos da vida. Difíceis, rudes, eles formarão temperamentos ásperos, extremados. A infância do menino Brizola explica o homem Brizola", afirma o advogado em artigo para uma revista de nome *Legenda*, Ano 11, nº 62, 1989.

Os fatos não parecem corroborar a teoria de Lacombe, já que nenhum dado atesta que Brizola tenha tido uma infância infeliz ou traumática, apesar dos apertos financeiros e da morte prematura do pai. Seus irmãos, a mãe e os vizinhos testemunham que o caçula daquela família era uma criança alegre e esperta. Vivia bem com os quatro irmãos e, depois do segundo casamento da mãe Oniva de Moura com João Gregório Estery, também agricultor, com os cinco filhos do padrasto: "Quando meu pai morreu, nós éramos cinco" — conta Brizola no mesmo depoimento a Roberto D'Avila. "Mas como minha mãe ainda era moça, casou-se com um vizinho, viúvo também, com cinco filhos[10]. Me recordo que, quando pequeno, nos sentávamos naquela mesa grande, rústica, pobre, de madeira bruta, e ela alfabetizando a todos. Nós tínhamos dois livros: um da primeira e outro da segunda série".

O espírito vingativo não constituiu tampouco marca das ações de Brizola nos seus 60 anos de vida pública. Na verdade, ele sempre fez questão de enfatizar um ensinamento da mãe, a que teria tudo para ser uma pessoa magoada, em função da tragédia do marido: "Uma das impressões mais profundas que guardo é a insistência com que a velha minha mãe nos dizia: "Olhem, vocês têm que construir a vida de vocês. Nada de vingança! Não pode haver vingança! Vejam o que aconteceu com a família tal e a família tal, que se dizimaram porque resolveram se vingar".

10 Oniva teve cinco filhos com José de Oliveira Brizola, que são, pela ordem de nascimento, Irani, Francisca (Quita), ambos já falecidos, Paraguaçu, Frutuoso e Leonel. Com José Gregório Estery, que também já tinha cinco do primeiro casamento — Elpídio, Doca, Victor, Toríbio e Ulysses —, teve mais dois filhos: Sadir e Jesus de Moura Estery.

Para exemplificar o raciocínio da mãe, Brizola, naquele depoimento a Marília Gabriela, lembraria que seu pai, na verdade, não tinha morrido em combate, porque a guerra já tinha acabado. Disse ele: "Meu pai foi rigorosamente assassinado, porque já havia terminado aquele movimento, inclusive com a assinatura do armistício. E aquilo constituiu uma atitude repressiva do governo contra os chefes e pequenos dirigentes daquele movimento. Como assassinaram meu pai, assassinaram outros e houve vingança, provocando um verdadeiro extermínio daquelas famílias".

***

Sua conduta pessoal frente aos desafetos, nas posições decisivas de comando e influência que exerceu no Estado e no país, revelam, na verdade, um espírito até indulgente. O fato mais ilustrativo é o tratamento que dispensou ao mandante do assassinato de seu pai, como relata em seu livro o jornalista Ricardo Osman, do jornal *O Estado de S. Paulo*, que percorreu o estado do Rio Grande do Sul, na campanha presidencial de 1989, colhendo depoimentos e estudando o meio ambiente em que Brizola cresceu e se fez líder político:

"Precisamente 37 anos depois da tragédia, Leonel Brizola teria através de mensageiros um curto diálogo com o coronel Victor Dumoncel, o comandante de Pedro dos Santos, naquele outubro em que José fora assassinado. Brizola já era governador do estado do Rio Grande do Sul, e Victor Dumoncel temia uma retaliação. Ele mandou dizer a Moncel que ficasse "tranqüilo", mas fez um pedido: "Desejo apenas a garrucha e o revólver tomados de meu pai".

Igualmente, Brizola teve uma convivência civilizada com o Legislativo. Nos três períodos de governador que exerceu, um no Rio Grande do Sul (1959-1963) e dois no Rio de Janeiro (1983-1987 e 1991-1994), para os quais foi eleito pelo voto popular, depois de renhidas disputas, Brizola respeitou a oposição. Não se conhece qualquer ato de sua parte que tenha resultado em perseguição política ou policial. Recorde-se que ele sucedeu a adversários implacáveis, tanto no Rio Grande quanto no Rio de Janeiro.

Brizola recebeu o cargo de governador do Rio Grande do Sul das mãos de Ildo Meneghetti, ligado ao PSD, partido que lhe fazia cerrada oposição. No Rio de Janeiro, sucedeu a Chagas Freitas, do MDB e homem de confiança da ditadura militar, que tinha cassado e banido Brizola da vida brasileira, e a Moreira Franco, do PDS, eleito pelas elites cariocas, que detestavam o brizolismo. A tolerância com que Brizola tratou, nas suas gestões, os funcionários remanescentes dos governos adversários, é até hoje objeto de críticas de muitos brizolistas, para quem ele deveria ter removido todo mundo, inapelavelmente.

Seu relacionamento com os deputados estaduais, ao longo daquelas três gestões, não sofreu questionamentos de ordem moral. Desconhece-se qualquer ato seu ameaçando deputados ou mesmo insinuações tendentes a cercear ou impedir o funcionamento do legislativo.

***

Não obstante, Brizola era apontado pelos adversários como o caudilho atrabiliário e rancoroso, ainda que tais acusações não se estribassem em fatos concretos. Elas se calçavam, na verdade, no temperamento explosivo do líder trabalhista, cuja verve ferina assustava os desafetos.

Com efeito, muitas daquelas acusações concentravam-se não nas ações em si de governo, mas em suas pregações veementes contra as distorções do modelo econômico, algumas vazadas em linguagem candente, que o próprio Brizola reconheceu depois serem impróprias para a época. Os adversários não lhes davam trégua e o relacionavam com a ameaça da "ditadura sindicalista" ou até mesmo do "comunismo internacional", de que o líder trabalhista seria o principal "agente" no Brasil.

São apreciações que hoje soam desproporcionais e, como se verificou depois, não correspondiam igualmente ao gênio do menino e depois do líder impetuoso que o Brasil conheceria a partir de 1959. Leonel Brizola foi toda a vida, na opinião daqueles com quem conviveu, pessoalmente, um homem bem humorado, um *causeur* que adorava contar piadas, um romântico, que sempre se comprazia em desfiar suas paixões de juventude.

É bem verdade que seu temperamento e a força de sua determinação, que fizeram dele, até o fim da vida, um eterno inconformado com o statu quo, tenha contribuído para exacerbar a fúria de adversários poderosos, que, com suas máquinas portentosas, poderiam mover céus e terras. Mas voltemos ao menino Brizola, no próximo capítulo, mostrando uma particularidade que talvez explique melhor toda a complexidade de sua figura.

III — Definindo sua opção

Os depoimentos convergem para a conclusão de que Brizola foi um moleque saudável, travesso e ousado, longe do jovem complexado que descreveram seus desafetos. É verdade que não gostava de levar desaforo para casa, nem de quem se engraçasse com sua namorada. Dizem que ele acabou com uma festa em Porto Alegre, quando estavam paquerando Neusa Goulart, sua namorada e depois esposa. Era um tipo determinado. E tão determinado, que foi ele próprio quem escolheu seu nome, quando tinha dois anos de idade. Batizado como Itagiba, induziria sua família a trocar o nome antes definido pelos pais:

"Ele brincava de espada e dizia que era Leonel. Fui eu que o batizei (Itagiba), mas resolvemos passar a chamá-lo de Leonel", contou Quita, irmã, madrinha e protetora, falecida em 1995, a Ricardo Osman. Explicou que a obsessão do menino se deveu ao fato de o nome do comandante[11] de seu pai, general Leonel Rocha, sempre ter figurado nas histórias que se contavam em casa. Brizola descobriria depois que na sua certidão de batismo, na igreja local, consta o nome duplo Itagiba Leonel.

A vida no campo, uma constante em sua infância, exerceu por toda a vida verdadeira fascinação sobre ele: "Vivi num ambiente de camponeses pobres, gente muito simples. Eu me criei de pé no chão. Talvez seja por isso que o pessoal diz que eu tenho o pé grande (calçava 43 e media 1m70cm)", contou ao programa *Cara a Cara*. Depois, aos 13 anos, quando ele também teve de se regis-

11 Leonel Rocha era o comandante de José Brizola, no destacamento guerrilheiro *maragato* que combatia os *chimangos*.

trar sozinho, no cartório, já em Porto Alegre, Brizola oficializou o nome de Leonel de Moura Brizola: "Leonel Rocha era um líder camponês muito ativo e combatente e eu me sentia bem em portar o seu nome", justificou.

Sua força de vontade ainda se refletiria no esmero dos estudos, que ele atribui à insistência da mãe. Estudar naquele meio, em que prevalecia a luta pela sobrevivência, era algo inusitado, exigindo grande esforço e abnegação. Ele tinha de renunciar em parte às diversões e à convivência com os amigos. Os outros irmãos não tiveram a mesma disposição. Ralando na estação do trem, no elevador do hotel, na limpeza de jardins ou na fábrica de graxas e depois fazendo política, Leonel aproveitou sua energia privilegiada para aferrar-se aos livros e conseguiu resultados surpreendentes. Obteve boas notas, chegou a ser o primeiro da classe na maioria dos anos escolares e passou em concursos dificílimos, como os que o conduziriam à Escola Técnica de Agricultura, ao requintado Colégio Júlio de Castilhos e, finalmente à Faculdade de Engenharia. Como a maioria dos mortais, teve também suas notas ruins e, como era muito ativo, sofreu penas leves disciplinares por comportamento.[12]

Os adversários tentaram subestimar o esmero de Brizola com os estudos, mas reconheciam sua determinação de vencer: "Discursava muito e estudava nada. Isto é, estudava nas vésperas das provas", disse dele Mem de Sá, seu colega e adversário de Assembléia Legislativa e depois ministro da Justiça do primeiro governo do Golpe de 1964. Mem de Sá conta que "em oito ou dez dias, dois amigos, em 16 horas de esforço por dia, transmitiam-lhe o teor dos polígrafos das matérias do semestre. Porque é espantosa a — a maior que já vi — sua capacidade de assimilar e reter o que ouve[13]". Mem de Sá ainda dizia: "Espantosa também a sua resistência, sua capacidade de trabalho, sua energia física".

12 Ricardo Osman, que fez uma pesquisa nos colégios onde Brizola estudou, conta em seu livro: "O ensino ali (Escola Técnica de Agricultura) era puxado, e o curso, tido como modelo para todo o estado. Dos 30 alunos que ingressaram na turma de Brizola, apenas 13 chegariam ao terceiro e último ano, e destes somente oito se formariam em técnico (...) Exatamente, no último ano, em 1938, o aluno Brizola colecionou, ao lado de notas brilhantes, advertências por mal comportamento (...) Outras três advertências foram dadas por não ter comparecido às aulas".

13 *Tempo de lembrar*. Mem de Sá, Rio de Janeiro: José Olímpio, 1981.

Foi também um moço namorador, boa pinta, mas que se recolhia noites a fio para colocar em dia as matérias da escola, como observa o ex-prefeito de Porto Alegre, Sereno Chaise, que foi seu companheiro de quarto, na pensão Bragança, na época da Ala Moça do antigo PTB, de que Brizola foi o primeiro presidente. Em depoimento ao autor, antes do rompimento com Leonel, em 2000, Sereno lembrou que Brizola renunciava a qualquer divertimento para estudar, principalmente na época de exames.

Quando se formou em Engenharia pela Universidade Federal do Rio Grande do Sul, em 1949, Brizola tinha sido eleito deputado estadual dois anos antes. Conciliar o mandato parlamentar com uma Faculdade de Engenharia, que requer acompanhamento presencial rigoroso, foi outra prova dura a que teve de submeter-se. E o jovem deputado recebia eleitores até às 11 horas da noite, como recorda Sereno.

Outra característica de Brizola que não combina muito com seu feitio irrequieto é o fato de não ter sido dado à bebida, ainda que houvesse fumado bastante desde os 14 anos, vício que abandonaria somente aos 66. Também não era de noitadas, como lembra Chaise. Nem por isso levava fama de santinho.

Na campanha para Presidente de 1989, durante viagem pelo interior do Paraná, uma contemporânea de juventude falou de seus cercos: “Brizola era o cão”, disse ela em tom ao mesmo tempo de troça e de censura. Os companheiros que o encontraram em pleno exílio, em Paris, no entanto, o acharam tímido em relação às mulheres, provavelmente por sua ligação forte com a esposa Neusa, com quem fez um par exemplar até a morte desta, em sete de abril de 1994, depois de 43 anos de casamento.

A característica marcante do moço Leonel, no entanto, é o poder de iniciativa e seu espírito empreendedor. Aos 11 anos, quando a família volta de Passo Fundo para Carazinho, onde passou uns dois anos, ele sai de baixo das asas da mãe, para seguir uma trajetória que, 65 anos depois, se encontraria em pleno movimento. É quando decide procurar uma escola melhor, o colégio particular mantido por um pastor metodista, Isidoro Pereira. Leonel chega um dia à casa do pastor, “já com a maletinha no braço”, e propõe um negócio: Ele ajudaria na limpeza da casa e da igreja e, em troca, queria uma vaga na escola e um lugarzinho na casa do pastor. A mulher do reverendo Isidoro, dona Elvira, simpatiza com a disposição do menino e convence o marido Isidoro a aceitar a oferta. Ali, Brizola encontra um novo lar e entra fundo nos estudos e na faxina.

Apesar de sua condição de menino pobre, Brizola disse que era tratado como uma pessoa da casa e não como empregado: "Eu fiz tudo naquela casa. Mas Dona Elvira fazia questão de me ajudar. Se eu lavava prato, ela enxugava. Se ela lavava, eu enxugava. Quando tinha que lavar o chão, ela lavava comigo. Era também uma mulher muito culta, preparada, formada em música. Por isso, aproveitei muito naquele tempo". Brizola, ainda no depoimento a D'Avila, lembrou que foi naquela casa que aprendeu a escovar os dentes e a entender o sistema métrico, pois antes não sabia o que significava um centímetro.

Foi tal o entrosamento com a família Pereira, que Leonel chegou a se empolgar com a vida religiosa, pensando até em ser pastor. O casal depois se mudou de Carazinho e Brizola voltou para a casa da mãe. Antes disso, no entanto, tinha aprendido a ler a bíblia, e, ao auxiliar o pastor Isidoro no púlpito, teve seus primeiros e talvez decisivos contatos com a oratória.

De volta à casa materna, começou a trabalhar com madeira e a se preparar para o seminário. Nesta ocasião, porém, dois mascates judeus, "o Jaime e o Antônio", falaram à sua mãe de um colégio público muito eficiente, em Porto Alegre, que poderia ser útil a Leonel. O ingresso no colégio dependeria de uma indicação do prefeito. Oniva depois diz a Leonel: "Meu filho, vamos fazer uma carta para essa escola, e ver se vem uma resposta". No outro dia, Brizola pegou o cavalo e foi à estação entregar a carta, cuja resposta, afirmativa, chegaria alguns meses depois, com as instruções.

Seus planos àquela altura já estavam voltados para Porto Alegre, a metrópole na qual pretendia realizar muitos sonhos, entre os quais o religioso certamente já não estava incluído. O primeiro desses sonhos, naquele seu universo camponês, era cursar a Escola Técnica de Agricultura, o colégio de que os mascates tinham falado em sua casa.

Tratava-se de uma prestigiosa instituição gaúcha, mas que seu detrator o jornalista da revista *Legenda*, chamou, de "escola que formava capatazes".

Sem dinheiro para fazer a viagem nem para manter-se em Porto Alegre, Brizola não contou conversa. Provavelmente instruído pela mãe, dirigiu-se ao prefeito da cidade, Albino Hillebrand, para fazer aquilo que acabou se transformando em sua primeira gestão política: pedir a passagem. Em 20 de fevereiro de 1936, o prefeito baixaria uma portaria, autorizando a expedição de uma passagem de trem de segunda classe, no valor de sessenta mil réis, "destinada ao menor pobre Leonel Brizola".

***

Ao chegar a Porto Alegre, porém, Brizola, teria sua primeira frustração de migrante na cidade grande, sempre às voltas com a falta de informações precisas: as aulas da escola já tinham começado e ele teria de esperar o próximo ano. "E disse cá comigo — relembra, ainda no depoimento a D´Avila -: "Vou ter que voltar? Eu, que já me despedi de todo mundo, não vou me desmoralizar. Não! Eu vou ficar aqui".

Mas Leonel estava sem dinheiro, sem escola, sem documento e sem referência para emprego. Recorreu ao porteiro do hotelzinho em que se hospedou, "um negro boa praça", que lhe indicou uma pensão de seus parentes num bairro distante. Lá, Brizola aprendeu com eles a procurar emprego no jornal. "Comecei numa engraxataria, pois sabia engraxar sapato. Mas nesse emprego fiquei apenas meio dia. Depois passei para um emprego numa galeria que tinha em Porto Alegre, a Galeria Chaves. Lá havia uma balança, que tinha de ter um trocador. Ali, fiquei uma semana e depois passei para o elevador. Então fiquei aquele ano, me defendendo sozinho e me preparei para o exame daquele curso em que queria entrar. Fiz e entrei".

Era a Escola Técnica de Agricultura, uma escola do governo situada em Viamão, perto de Porto Alegre, onde tinha, além dos estudos, morada e alimentação confortável. Terminado o curso, ele volta para a capital e submete-se a tudo quanto é concurso, em busca de trabalho. Nos momentos mais difíceis, vai trabalhar numa fábrica de graxa e limpar jardins. Pouco depois passa num concurso e consegue um bom emprego, o de fiscal de renda do município. Para cursar o colegial, submete-se a outro concurso difícil para ingresso no Colégio Júlio de Castilhos, uma escola pública freqüentada pela elite e por onde passaram as principais lideranças do Estado.

É neste colégio cujo patrono passou a ser para ele um dos seus mentores na política, o ex-governador Júlio de Castilhos, (1891-1898) por ironia um *chimango*, que o jovem estudante sofre sua primeira derrota eleitoral, ao perder a eleição para a presidência do grêmio estudantil da instituição. Iniciou-se ali uma coleção de derrotas e reveses, que se alternariam com retumbantes vitórias e avanços, e que iriam marcar toda sua acidentada vida pública.

Do Júlio de Castilhos, Brizola vai para a faculdade (federal) de Engenharia, depois de ter sido aprovado com distinção no vestibular. Mas a vida de estudante de engenharia era dura e envolvente, quase o impedindo de trabalhar. É aí que Brizola tem uma idéia, movido aparentemente pela propaganda em favor da livre iniciativa. Ele procura um empresário rico, em busca de uma bolsa. Ao lembrar o episódio, durante uma conversa com artistas na casa do compositor Chico Buarque, no Rio de Janeiro, em 05 de abril de 1994, contou que, em troca da bolsa, se propunha a tirar notas superiores a nove, numa variável de 1 a 10, e que, depois de terminado o curso, se comprometeria a custear uma bolsa para outro estudante. "O empresário não me ofereceu sequer cafezinho e só faltou rir na minha cara".

Brizola não desanimou e redobrou seus esforços para não apenas conciliar o emprego com o estudo como também com outra atividade que cada vez mais ocuparia seu tempo: a política, que passou a desenvolver intensamente, depois que Getúlio Vargas, seu ídolo político, funda o Partido Trabalhista Brasileiro, o PTB, em 1946.

**

Sereno Chaise, também jovem do interior, vai encontrar Leonel numa atividade empolgante: a organização da Ala Moça do PTB, o novo partido político que assentaria as bases do trabalhismo e dali a pouco iria empolgar e depois dominar o Estado do Rio Grande do Sul, servindo de bússola para as forças populares no país durante décadas: "Em março de 1945, cheguei a Porto Alegre, vindo do interior.

Logo no meio daquele ano, eu, lendo a *Folha da Tarde*, me deparei com o anúncio de uma reunião da Ala Moça, a ser realizada na sede do PTB. Meu pai era getulista e eu disse comigo: vou lá nessa reunião. Foi aí que conheci o Leonel Brizola" [14], conta Sereno Chaise.

A escolha da corrente partidária que Brizola iria seguir constitui outro ponto marcante na personalidade do jovem estudante e trabalhador. Na época, a política gaúcha era dominada pela UDN, União Democrática Nacional, de tendência conservadora, e pelos comunistas do antigo PCB e de outras tendências. Jovem sem tradição familiar na capital, vindo do campo e do trabalho duro na periferia, Brizola sentiu-se deslocado tanto numa como noutra tendência: "Encontrei na UDN muito punhos de renda enquanto os comunistas me pareciam donos da verdade", repetia ele sempre, quando recordava aquela fase de opção política.

Assim é que o lançamento das novas bases trabalhistas por Marcondes Filho, um paulista ex-ministro do Trabalho de Getúlio, que foi buscar na legislação de Vargas, a hoje temida Era Vargas dos neoliberais, e nos *Labour* ingleses, o embasamento ideológico do PTB, foi um achado para Brizola: "Aquela era a minha realidade. Não havia ali almofadinhas ou intelectuais, mas gente do povo".

Com efeito, o PTB era tão povão que entre os gaúchos se costumava identificar as pessoas mais humildes como "os petebês da vida". Darcy Ribeiro, que se empolgou com o programa de educação que Brizola havia desenvolvido no Rio Grande, assim descreveu o futuro líder político: "Era um universitário atípico, uma vez que a maioria de seus colegas era comunista ou udenista. Provavelmente porque ele vinha de uma dura vida — infância pobre, trabalhando para estudar — que o identificava com a classe trabalhadora. Atípico, também, porque, já alcançando êxito naquela idade, não aderia aos ideais das elites e até se orgulhava de sua origem popular" [15].

O começo da vida política de Leonel, que ocorre simultaneamente com os seis anos de vida universitária, é igualmente signifi-

14 Depoimento ao autor, Porto Alegre, 24 de julho de 1997.

15 RIBEIRO, Darcy. *Herança Política*, edição do Senado, 1994.

cativo, porque ela passa logo depois a se confundir com a história do Brasil. Suas ações logo o aproximam João Goulart e Getúlio Vargas.

***

Antes, é importante nos reportarmos à situação política da época. Em 1945, o gaúcho Getúlio Vargas era Presidente da República havia 15 anos, mas, pressentindo a inquietação crescente contra o Estado Novo, o regime autoritário que introduzira em 1937, ultima os preparativos com vistas à transição para a democracia. Políticos da oposição e do próprio Governo beneficiam-se do clima de distensão, provocado, de um lado, pela exaustão natural do regime e, de outro, pela vitória dos Aliados na II Guerra Mundial, da qual participaram soldados e oficiais brasileiros. Eles se reúnem com mais intensidade já no ano anterior e começam a compor as diferentes correntes que irão delinear o novo figurino político.

Em 28 de fevereiro, Getúlio baixa a Lei Constitucional número nove, que a imprensa passa a chamar de Ato Adicional, estabelecendo as bases para a normalização da vida política do País, como as normas para a criação e o funcionamento dos partidos e a convocação de eleições gerais para o dia dois de dezembro de 1945. A base política do Presidente é complexa: de um lado, estão os interventores dos Estados e os políticos conservadores que se atrelaram ao Governo; de outro, aqueles entrosados com as massas urbanas, contagiadas por sua obra social e econômica, a Era Vargas, que tirou o Brasil da condição de mero território agropastoril dependente das grandes economias mundiais, para um Estado industrial forte e moderno.

Na democratização, essas duas correntes políticas não teriam como conviver dentro de um mesmo partido. Por esta razão, Getúlio manobra para viabilizar a criação de duas agremiações independentes: o PSD, Partido Social Democrático, ligado à estrutura de poder e às oligarquias rurais, e o PTB, Partido Trabalhista Brasileiro, para aglutinar as aspirações dos trabalhadores nas grandes cidades.

O PTB, fundado em 15 de maio daquele ano, com o concurso de políticos progressistas, sindicatos e de jovens idealistas, logo conquista a simpatia do Presidente, que é eleito seu presidente de honra. O PSD, por seu turno, vai se distanciando de Vargas e, por trás, avaliza o golpe militar que o depõe em 29 de outubro.

Deposto, Getúlio se refugia na fazenda Itu, em São Borja, quase na fronteira com a Argentina e distante 700 quilômetros de Porto Alegre. Leonel de Moura Brizola é um daqueles milhares de jovens idealistas que vão construir o PTB pelo Brasil afora. Tem 23 anos e grande entusiasmo com a doutrina trabalhista. Conhece bem Porto Alegre, onde vive há mais de dez anos.

Começa articulando a Ala Moça, o setor jovem do partido destinado a abrigar e formar as futuras lideranças. Ele, porém, não limita sua atuação aos estudantes e vai atrás de operários, camponeses, agricultores, ferroviários e servidores públicos. E não se esquece da gente do povo, cujas agruras conheceu, ao longo da suada experiência de jovem pobre.

Com esse propósito, entrosou-se com José Vecchio, do Sindicato do Serviço de Bondes (Companhia Carris) e Sílvio Sanson, do Sindicato dos Madeireiros, que formavam a Ala Trabalhista do PSD e depois aderiram à nova proposta do PTB. No âmbito estudantil, ainda cursando o ensino secundário, Brizola, encontrou Sereno Chaise, Fernando Ferrari e Wilson Vargas, seus companheiros de Ala Moça. Logo se torna seu primeiro presidente e passa a viajar pelo interior do Estado instalando seções municipais desse setor e diretórios do próprio partido. O PTB era um partido emergente e Brizola foi levar a boa nova ao interior do Estado.

"O jovem estudante fundara junto com os sindicalistas, em 1945, o primeiro núcleo gaúcho do PTB, e em seguida passou a percorrer o interior criando novos núcleos, como os dos portuários, na cidade do Rio Grande e de operários de indústrias em Caxias do Sul", conta Carrion Jr., em seu livro *Brizola — Momentos de Decisão*, editado, em 1989, pela L&PM. Carrion ainda reproduz um comentário do próprio Brizola, dado a Moniz Bandeira, no livro "Brizola e o Trabalhismo": "Conseguimos a sede e fazíamos assembléias com muita gente. Era gente humilde, gente pobre, o operariado. Eu me sentia emocionado no meio daquelas multidões. Estava junto com a minha gente. Os discursos eram, naturalmente, emocionais, muita substância não tinham, mas traduziam o sentimento social que nos tocava, uma tendência socialista, embora indefinida".

As viagens e os contatos que entabula dentro de pouco tempo lhe propiciam a inserção entre as principais lideranças estaduais trabalhistas, inclusive junto a seu líder maior, o ex-presidente Vargas, então auto-exilado em São Borja.

A diferença de idade de Vargas, com 62 anos, e Brizola, com 23, não constituiu empecilho para o desenvolvimento de uma estreita relação, que se aprofundaria até o suicídio do Presidente, em 1954. Getúlio, na verdade, já contava com um círculo de assessores jovens, entre os quais despontava João Goulart, três anos mais velho e futuro colega de primeiro mandato de Brizola como deputado estadual. Era tão forte a ligação de Getúlio com os dois moços, que Batista Luzardo, embaixador e amigo de Vargas junto ao Governo Perón, na Argentina, confessou no depoimento em livro que deu a Glauco Carneiro: Brizola e Jango funcionavam como pombos correios do Presidente junto ao General Juan Domingo Perón, presidente daquele país, no seu primeiro período, de 1947 a 1955. Os dois teriam ido várias vezes a Buenos Aires levar mensagem pessoal cujo teor Getúlio Vargas não confiava transmitir pelos canais normais, como o Itamaraty, então dominado pela UDN, na pessoa do chanceler João Neves da Fontoura, presidente da Ultragás, subsidiária da Standard Oil, além do temor da espionagem americana.

O fato é que, com sua ação popular e de cúpula, o trabalho intenso de Brizola logo produz resultados concretos. Já na primeira eleição depois da ditadura, em seis de maio de 1946, Brizola é eleito para o seu primeiro cargo público — o de deputado estadual junto à Assembléia Constituinte do Rio Grande do Sul —, com uma votação expressiva de 3.839 votos, o 11° da bancada do PTB de 23, e o 27° de total de 55 representantes.

Na Assembléia, como lembra Darcy Ribeiro, Brizola "se faz uma das principais vozes da classe trabalhadora" e seu primeiro discurso, no primeiro dia de funcionamento daquela casa, levanta a bandeira da educação, que nunca mais largaria, e passaria a constituir sua marca registrada nos governos e plataformas Brasil afora.

O ADMINISTRADOR

IV — Primeira vez governador (RS)

Quando desembarca no Governo do Rio Grande do Sul, em 31 de janeiro de 1959, aos 37 anos, Brizola já tinha sido, sucessivamente, deputado estadual por duas vezes, quando foi líder do PTB na Assembléia Legislativa; secretário estadual de Obras Públicas; deputado federal por um ano (1955) e prefeito da capital, Porto Alegre, mandato que interrompeu em dois anos (1956-60) para tentar o Palácio Piratini. Era detentor de uma lista apreciável de realizações, das quais se destacavam as 135 escolas que construiu na prefeitura, com o que garantiu a escolarização de todo o município.

O Rio Grande vinha padecendo um agudo processo de estagnação que remontava ao início do século. Até ali a economia do Estado tinha vivido uma época de pujança, quando chegou a competir com São Paulo. As pressões da fronteira, estimuladas pelo receio militar de invasão da Argentina e, particularmente, a mentalidade conservadora dos governos, da Igreja e das próprias elites, impediam que o Estado tivesse energia, telefone, estradas, fábricas e escolas. Por último, o programa de industrialização massiva, com ênfase no automóvel e no rodoviarismo, adotado pelo Presidente Juscelino Kubitsheck, concentrando-se nos chamados Estados centrais — São Paulo, Guanabara e Minas — havia relegado o Estado a um segundo plano, de que muito se ressentiam os gaúchos.

Leonel Brizola entendia que a solução para o impasse só ocorreria com a união dos gaúchos, o que foi providenciado na própria campanha eleitoral. Ainda que tivesse muito prestígio pessoal, pois fizera uma marcante administração como prefeito da capital e já tivera seu debut nacional como deputado federal, chegou ao Piratini no bojo de uma aliança insólita. Além dos trabalhistas do PTB, ali se encontravam forças ultraconservadoras e reacionárias, como o PRP, de Plínio Salgado, líder dos integralistas (uma espécie de versão brasileira do fascismo), e o PSP, de Adhemar de Barros. Segundo o ex-deputado Wilson Vargas da Silveira[16], que foi seu secretário de Energia e colega de militância desde o colégio Júlio de Castilhos, aquilo era uma maneira de conter as críticas da Igreja, em que o PRP desfrutava de grande influência. Os padres, que vinham quase excomungando o candidato, a quem já chamavam de agitador e mesmo de subversivo, por causa de suas idéias inovadoras, amansaram como por encanto depois do acerto com os integralistas, de acordo com Wilson Vargas.

Por causa daquele pacto com Plínio Salgado, Brizola foi crucificado pelas esquerdas, principalmente pelos comunistas, seus arqui-rivais no Estado, porque competiam na mesma faixa, o hoje chamado campo popular. Como se sabe, o representante máximo do Integralismo em 1938 liderou um golpe armado contra Getúlio, ao qual Vargas resistiu de revólver em punho, juntamente com a família e funcionários, no Palácio Guanabara, antiga sede do governo federal, no Rio.

Mas aquele acordo serviu de trunfo a Brizola para outras composições à direita, que ele primou em fazer até o fim de seus dias. "Eu fiz acordo até com o Plínio Salgado e nunca sujei as mãos", disse ele uma vez ao governador do Maranhão, Jackson Lago. O fato é que o acordo gaúcho prevaleceu durante quase toda a gestão de governador, inclusive na campanha da Legalidade. Plínio Salgado, como deputado federal, fez incisivos discursos da tribuna da Câmara, defendendo a posse do Vice-Presidente João Goulart, acusado pelos militares de cripto-comunista. E ninguém melhor do que Salgado para provar que Jango não era comunista.

Eleito com 55% dos votos, pela coligação PTB-PRP-PSP, quando aplicou um severo revés a Perachi Barcelos, candidato da aliança PSD-DN-PL, e empossado no Palácio Piratini, o jovem e arrojado governador percebeu que teria de sacudir aquelas estruturas atrofiadas pelo tempo e quase meio século de imobilismo, ou o Estado afundava de vez. Índole talhada para o desafio e para

16 Depoimento ao autor, Porto Alegre, 27 de julho de 1987.

o planejamento, Brizola começa por implodir a própria máquina de governo, que, caduca e emperrada, só servia para cevar o statu quo. E o faz sem demitir pessoal, mas, pelo contrário, contratando pessoas competentes, inclusive através de concurso, como foi o caso de muitos dos 45 mil novos professores.

***

Ele entendia, no entanto, que, sem o apoio e a participação ativa da comunidade, não iria muito longe. Desde a época da Secretaria de Obras, seu primeiro posto executivo, percebera que os projetos de vulto só deslanchariam se contassem com o concurso e, sobretudo, o entusiasmo da comunidade. Foi a assim com a Ponte sobre o Rio Guaíba, a implantação do trem diesel Minuano, dos 24 portos lacustres e fluviais e os mais de cem projetos de ampliação e construção de estradas, além das primeiras escolas públicas, naturalmente.

Seu primeiro ato no governo é a constituição do Gabinete de Administração e Planejamento, GAP, que entrega ao economista Cibilis Viana, um professor universitário, muito visado pelo conservadorismo, por causa de suas simpatias pelo Partido Comunista. No GAP, que respondia diretamente ao governador, foi centralizada toda a ação e planejamento público.

Ao mesmo tempo em que se aproximava da população, Brizola via crescer seu poder de influência no Estado, a ponto de um de seus adversários históricos, o ex-senador Mem de Sá, dizer dele: "Chefiou o seu PTB e o governo com o domínio absoluto que o Rio Grande só conhecera com Júlio de Castilhos e Borges de Medeiros[17]".

Não havia tempo a perder e as definições foram logo sendo formuladas. A primeira delas, a educação. Era preciso dotar o Estado de estrutura para atender a toda a demanda, que beirava os 50% da população escolar e, ademais, derrogar o analfabetismo, uma das grandes vergonhas do Rio Grande e do Brasil naqueles meados do

17 *Tempo de lembrar*, op. cit., p. 181.

século XX, quando a Argentina e o Uruguai, ali do lado, exibiam taxas de alfabetização superiores a 90%.

A segunda constatação era que, com o ferro velho das multinacionais da eletricidade e dos telefones, não dava para trabalhar. Como tirar o Estado do atraso, se não havia energia nem telefones? A saída era partir para a encampação, ou seja, o Estado assumir aquelas áreas, então dominadas por companhias estrangeiras. Tratava-se de uma questão muito delicada porque envolvia o capital forâneo e sua superestrutura, que havia apeado muitos governantes inovadores, inclusive no plano federal — *remember* Getúlio. Daí o sigilo absoluto em torno daquela medida, até seu desfecho, em 13 de maio. A história da encampação será objeto de capítulo específico, mais adiante, em face das implicações profundas que ela envolve.

O fato é que, a partir dessas premissas, ou seja, a largada para a escolarização plena e a absorção, pelo Estado, das multinacionais, através de duas estatais modernas e eficientes, uma para gerir a eletricidade e a outra, os telefones, a equipe governamental pôde partir para implementar outros setores. Foi o caso das estradas, outro gargalo que impedia o escoamento da produção e a comunicação das diferentes fontes com os portos e terminais. Mas a produção não poderia restringir-se àquela economia de subsistência e agropastoril. Um Estado eficiente teria de produzir aço, alimentos, calçados, roupas, além da carne, lã, arroz e feijão.

***

Outro desafio era a falta crônica de recursos, que Brizola enfrentou, criando um sistema de captação, envolvendo a emissão de títulos, a criação da Caixa Econômica do Estado e a incorporação do Banco do Estado, o Banrisul, como agente de desenvolvimento, e a implantação de taxas especiais, como a da escolarização (10% sobre todos os impostos, em 10 anos). Ele ainda partiu para uma primeira tentativa de integração econômica dos três Estados sulinos — Rio Grande, Santa Catarina e Paraná — , com a criação do Banco Regional de Desenvolvimento Econômico, o BRDE. Este banco de fomento especializou-se também na assistência creditícia às pequenas e médias empresas, aos setores agropastoris e ao transporte de matérias primas locais.

Com base nessa estrutura, foi possível avançar para a metalurgia. Em dezembro de 1960, com menos de um ano de governo, Brizola cria a Companhia Siderúrgica Aços Finos Piratini, destinada à exploração comercial e industrial de usinas siderúrgicas e de mineração de carvão. Ele também equipou a Construções Eletromecânicas para fabricar material pesado, além de intensificar os contatos para a fabricação de tratores, implementos agrícolas e até automóveis. Aliás, esta era uma das preocupações do novo governo: aproveitar todos os recursos naturais, como o carvão e a madeira. A madeira, por exemplo, que tinha muito excedente, seria fartamente utilizada na construção das milhares de escolas do plano educacional.

Tais medidas são depois reforçadas com a Refinaria Alberto Pasqualini, da Petrobrás, o Pólo Petroquímico e todo o conjunto de empresas que se formaram a seu redor. A instalação da refinaria, um órgão federal disputadíssimo pelos demais Estados, foi produto da insistência de Brizola junto a Juscelino Kubitsheck, presidente da república com quem teve sérios atritos, por questões ideológicas e também por injunções políticas. JK, um anticomunista visceral, se queixava do que considerava "as posições esquerdizantes" de Brizola, como chegou a confidenciar numa conversa reservada com o embaixador americano John Moors Cabot, como é relatado adiante.

JK também articulava nos bastidores um candidato udenista para sua sucessão na Presidência da República, que se chocava com os sonhos de libertação colonial do governador e com os interesses da política gaúcha, que tinha como líder o trabalhista João Goulart. Mas Juscelino acabou cedendo a refinaria, para o que também contribuiu muito o concurso de Goulart, este como Vice-Presidente da República e presidente do poderoso PTB, tinha poderes de barganha. Sem os votos dos petebistas, JK, que pretendia voltar ao poder em 1965, dificilmente teria alguma chance de sucesso.

A ação do governo brizolista ainda se faz sentir fortemente nos transportes, com as estradas que abriu, e de que é exemplo mais vistoso a Estrada da Produção. Essa via passou a ligar as regiões agrícolas produtoras, situadas no Noroeste do Estado, aos portos do Rio Grande e Porto Alegre, cujas bacias de evolução e canais foram dragados através de convênios com o governo federal, por iniciativa de seu governo.

Brizola ainda constrói a usina de Jacuí, até há pouco a maior hidrelétrica do Rio Grande, termina a construção da usina termoelétrica de Charqueadas, nas proximidades de Porto Alegre e coloca em operação a de Candiota, em Bagé.

Por fim, implanta, sempre com recursos públicos, a Açúcar Gaúcho S/A, a AGASA, na área canavieira, considerada das regiões mais pobres do Estado, como outra forma de dinamizar a região e encaminhá-la para o desenvolvimento. Brizola ainda atacou o problema da reforma agrária, um assunto tabu, no Estado e no Brasil até hoje, criando o Instituto Gaúcho de Reforma Agrária, o IGRA. Foi a partir daí que passou a ser chamado de "comunista", ainda que o PC fosse um dos seus adversários mais implacáveis na política estadual. Ele insistia que o Brasil teria de dar o primeiro passo na questão agrária, sem o que jamais criaria as condições para obter um mercado interno capaz de dar vida digna à maioria de sua população. Esta é outra matéria complexa, que exige capítulo especial, de que vamos tratar no próximo segmento.

V — O ponta-pé na reforma agrária

Um dos maiores orgulhos de Leonel Brizola foi o de ter deflagrado, em 1961, o Movimento dos Agricultores Sem Terra, o MASTER e, com ele, dado o primeiro passo efetivo para a reforma agrária no Brasil. O MASTER seria assim o pai do atual MST, Movimento dos Trabalhadores Rurais Sem Terra. Ele gostava de lembrar que um dos principais dirigentes do MST, João Pedro Stédile, era filho de um dos assentados de seu governo.

Na verdade, foi Brizola, no seu idealismo quase ingênuo, mas com grande visão histórica, quem colocou na ordem do dia, a situação de milhões de trabalhadores rurais, que viviam no mais completo abandono, em quase todo o país. Quando o próprio termo de reforma agrária era mal visto, porque confundido como "coisa de comunista" e "caso de polícia", o então governador do Rio Grande do Sul encampou as ações dos camponeses desapossados.

A um custo político altíssimo, pois aquilo iria atrair a hostilidade das poderosas oligarquias rurais e também urbanas, Brizola aproveitou a revolta dos sem-terra em alguns pontos do Estado para organizar os protestos daquela gente e depois deflagrar a reforma agrária. Chegou mesmo a doar cerca de 45% das propriedades herdadas por Neusa Brizola, sua mulher, como um gesto de contribuição pessoal àquela primeira experiência. Tal doação se transformou no primeiro projeto de reforma agrária de seu governo. Fez questão de dar este exemplo para incentivar outras doações. Sua doação constou de 1.038 hectares da Fazenda Pangaré, situada a 50 quilômetros de Porto Alegre, e foi dividida para distribuição entre 30 agricultores, organizados na Cooperativa Bacopari.

O MASTER, que tinha por princípio a não-invasão das terras, compromisso assumido entre seus líderes e o governador, começou, na realidade, em Encruzilhada da Serra, onde era prefeito Milton Serres Rodrigues, do PTB. Cerca de 30 famílias de Faxinal, então distrito de Encruzilhada, haviam sido notificadas judicialmente para deixar imediatamente aquelas terras onde trabalhavam e moravam com suas famílias havia quase 30 anos, em virtude de uma ação possessória impetrada por um cidadão de Pelotas. Os agricultores foram pedir socorro ao prefeito. Este já conhecia as manobras na aquisição de terras, na maioria situadas em áreas devolutas (não-ocupadas) e que pertenciam ao Estado. Tais terras eram geralmente utilizadas por grileiros que não residiam ou trabalhavam nas mesmas, porém maquiavam algum tipo de atividade pecuária ou agrícola, para depois utilizar como prova de ocupação e, dessa maneira, obter seu direito de propriedade na Justiça.

***

Depois de mandar levantar a situação daquela posse de Faxinal, Milton Rodrigues decide não acatar a ação judicial, por considerá-la, além de injusta, absurda, porque os agricultores não tinham para onde ir com as famílias, e o "proprietário" nunca tinha sido visto por lá. Estabelece-se então uma situação de conflito numa zona altamente conservadora, porque o prefeito não tinha legitimidade de desconhecer a ação judicial, e os trabalhadores, ameaçados de morrer à míngua, não tinham para onde ir nem como sobreviver. "Era tal o nível de conservantismo no município, que o PTB só conseguiu eleger um único prefeito lá, que foi meu pai", lembra Wilson Müler, jornalista e ex-deputado federal pelo PDT-RS, filho de Milton Rodrigues, em depoimento ao autor.

Informado do problema em Encruzilhada, Brizola envia ao local o secretário de Justiça, Francisco Brochado da Rocha, renomado jurista, que depois foi Primeiro Ministro de João Goulart. Brochado reúne-se então com os agricultores e depois com Milton Rodrigues e o economista Paulo Schilling, especialista em questões agrárias, militante do PTB e futuro assessor de Brizola. Eles chegam à conclusão de que os trabalhadores devem permanecer em suas terras e fundar uma associação para defender seus direitos. Esta associação recebe o nome de Movimento dos Agricultores Sem Terra, o MASTER, que logo designa advogados para representar os trabalhadores não apenas de Faxinal como de todos aqueles que, se sentindo perseguidos, nela ingressassem.

Já engrossado por outros trabalhadores com demandas semelhantes, o MASTER vai a Porto Alegre e pede audiência ao governador. Brizola os recebe, concorda com suas reivindicações e sugere que o movimento, juntamente com o auxílio de órgãos do governo, passe a localizar as áreas devolutas do Estado, para que elas depois possam integrar um programa de distribuição de terras aos agricultores.

— Sem violar a lei e utilizando como base legal um dispositivo da constituição gaúcha que permitia a expropriação de propriedades não devidamente exploradas e sua posterior distribuição a agricultores sem terra, os camponeses estabeleciam o acampamento — explicou Paulo Schilling[18], acrescentando: "Assim que se consumava sua instalação, Brizola mandava um destacamento da Brigada Militar acampar na vizinhança, sem intervir no episódio, porém como garantia contra a possível reação violenta dos latifundiários".

---

18 SCHILLING, Paulo. *Como se coloca a direita no poder.* São Paulo: Global Editora, 1979.

Enquanto o MASTER realizava uma série de mobilizações no interior, sempre acompanhadas — e assistidas — pelo governo, Brizola entendeu ter chegado o momento de enfrentar a questão, sem rodeios. O Brasil e principalmente o Rio Grande do Sul não podiam continuar adiando indefinidamente a reforma agrária, como vinha ocorrendo há séculos.

Primeiro, baixa um decreto considerando de utilidade pública as associações dos sem-terra, devidamente registradas; e, depois, cria o Grupo de Trabalho 14, para planejar a instalação de 30 colônias agrícolas, pelo governo gaúcho. Finalmente, determina a instalação do IGRA, Instituto Gaúcho de Reforma Agrária, órgão executivo que vai centralizar todas as medidas para o setor.

Tais providências, pelo arrojo e rapidez com que são efetivadas, enfurecem os meios conservadores. Logo surgem os protestos da Federação dos Agricultores, da Igreja e de setores da imprensa, que passam a desancar tais medidas por considerá-las fruto de agitação subversiva. O secretário de Agricultura, Alberto Hoffman, renuncia em protesto. Hoffman, que depois veio a ser deputado federal e presidente do Tribunal de Contas da União, durante o golpe militar, era indicado pelo PRP de Plínio Salgado. Brizola não cede às pressões e até mesmo intensifica aquelas ações, por achar que, se não encaminhar a questão agrária naquele momento, a reforma agrária jamais ocorrerá no Rio Grande ou em qualquer parte do Brasil. Nomeia como novo secretário o advogado João Caruso, de seu partido, o PTB, considerado um de seus melhores executivos. Brizola ainda tinha para ajudá-lo neste projeto o prefeito de Nannoai, terra de sua mãe, seu José de Moura Calixto, sobrinho de D. Oniva de Moura Brizola. Calixto levou a Brizola o projeto de desapropriação de quatro fazendas não-produtivas nos arredores, que foram loteadas e distribuídas aos sem terra.

***

Em apoio cada vez mais aberto ao MASTER, mas ao mesmo tempo cuidando para que as ações do movimento não se desviassem para outros propósitos que não a aquisição da terra, Brizola ordena que os vários órgãos do Governo, a começar da Brigada Militar e das

Secretarias da Agricultura e do Trabalho passem a dar total assistência e proteção àqueles agricultores. Médicos, dentistas, assistentes sociais do Estado e estudantes voluntários são despachados para atender naqueles locais.

Com tais medidas, Brizola assegurava ordem nos acampamentos — alguns acolhiam até 10 mil pessoas. Segundo o ex-deputado Wilson Muller, nunca houve invasão de fazendas nem quebradeiras, como depois passou a ocorrer depois com o MST, a partir de 1980. "Lá também não podia entrar nem arma nem bebida e havia turmas dos acampados organizadas para a limpeza e organização do terreno acampado. Os acampamentos eram na maioria constituídos de barracas de lona, material caro e difícil, porque na época não havia plástico, bem mais barato", diz Müller.

Com efeito, Brizola sempre se posicionou contra as invasões de terra, por entender que elas poderiam, no seu entender, levar à fome e à comoção, como produto de um eventual desabastecimento, provocado por conflitos generalizados no campo. Neste caso, entendia que os fazendeiros poderiam levar a melhor, pois estes sempre têm mais armas e mais poder.

Para mostrar que não eram comunistas ou ateus, os líderes do MASTER, que instalavam os acampamentos na estrada em frente a fazendas com terras irregulares, procuravam ressaltar sua fé na religião. Assim é que um dos acampamentos homenageou o papa da época e foi denominado Acampamento João XXIII. Lá também eram realizadas missas, celebradas por padres que discordavam da posição majoritariamente conservadora da Igreja Católica.

Leonel Brizola foi a pelo menos dois desses acampamentos, sempre acompanhado de prefeitos, jornalistas, religiosos e até militares.

O comandante do III Exército, general Jair Dantas Ribeiro, que veio a ser depois o último ministro da Guerra do presidente João Goulart, foi com o governador a outro acampamento, o Banhado do Colégio, a 140 quilômetros de Porto Alegre, que se transformou numa das agrovilas mais produtivas e ricas da região. Mas foi ali, na fazenda Sarandi, de 20 mil hectares improdutivos, que se deu uma das demonstrações mais marcantes do movimento. Quando lá chegou, Brizola não fez discurso. Bem em seu estilo, dialogou com os acampados. Moniz Bandeira narra o episódio, em seu livro *Brizola e o Trabalhismo*, pp. 71 e 72:

"Brizola formulou inúmeras perguntas. Em primeiro lugar indagou o que eles estavam fazendo ali. Alguém tomou a iniciativa e respondeu. 'Estamos aqui para mostrar nossa miséria'. Perguntou pelas famílias e todos mostraram os filhos, geralmente em grande número. Um deles tinha 19 filhos. Apontou para o representante do III Exército e perguntou se todos estavam em situação militar correta. Muitos responderam que tinham inclusive filhos servindo o Exército".

No outro dia, o governador baixou decreto desapropriando aquela área para distribuição entre os camponeses. Ele se baseou num artigo da constituição gaúcha, até então letra morta, pelo qual o governo poderia desapropriar áreas reclamadas legalmente por agricultores, desde que assinadas por pelo menos 100 residentes no local. Brizola foi depois ao Banhado do Colégio, em Camaquã, a 140 quilômetros de Porto Alegre, assim chamado por antes ter constituído um terreno pantanoso, que ele depois mandou drenar, com o auxílio do Departamento Nacional de Águas e Saneamento.

Para lá Brizola levou a tiracolo ninguém menos que o comandante do III Exército, general Jair Dantas Ribeiro, que revelava tendência nacionalista até o golpe de 1964. Dez mil pessoas, muitos descendentes de poloneses e alemães, estavam acampadas, reclamando terras. Brizola aproveitou a oportunidade para assinar ali mesmo outro decreto de desapropriação daquela área, de 25 mil hectares. Ele deflagrava ali um projeto de reforma agrária que é considerado até hoje o mais organizado e, por isso mesmo, o mais bem sucedido entre os cinco implantados pelo seu governo.

***

Todos aqueles atos de reforma agrária eram altamente arriscados para qualquer projeto político pessoal. Mexiam com velhas, arraigadas e poderosas estruturas, que poderiam abatê-lo a qualquer momento, inclusive fisicamente. Mas Brizola, que também vinha mexendo em outras casas de marimbondos, como as encampações das multinacionais, não recuava. Seus adversários não o perdoavam. Acusavam-no de demagogo, agitador e de explorador da miséria alheia.

Nesse contexto, a doação que fez de sua fazenda provocou um grande rebuliço. Os outros atores da política, na maioria homens abastados e comprometidos com aquela situação que afligia os despossuídos dos campos e das cidades, sentiram-se ameaçados e foram à forra. Utilizando-se do domínio que exerciam sobre a imprensa, eles despejaram sobre Brizola uma série de notícias velhacas, uma das quais indicando que o governador tinha feito um "negócio agrário", pelo qual havia recebido 10 milhões de cruzeiros. A "denúncia" chegou a Brasília depois que Brizola tinha terminado seu mandato de governador e se tornara deputado pela Guanabara.

Brizola foi à tribuna, em 26 de junho de 1963, e desafiou seus detratores a apresentarem provas: "Fizemos uma campanha, romântica é verdade" — disse —, "para que cada proprietário de uma determinada área para cima oferecesse 10% de suas glebas, para que fossem distribuídos aos camponeses sem terra. Com este exemplo, apelamos para que outros fizessem o mesmo e afora dois ou três casos, ninguém mais nos acompanhou".

Explicou em seguida que ele e sua esposa deram o primeiro passo: "Oferecemos 45% de toda a área que minha esposa herdou para a realização de um projeto de comunidade agrária, para os camponeses daquela área. Para não fazer paternalismo, entregamos essas áreas, que englobavam 30 glebas, num projeto técnico: 34 hectares para cada família, a 15 anos de prazo, sem juros. O preço, menos de 1/3 dos preços correntes na região".

Mesmo assim, Brizola ainda disse que não tinha recebido um tostão daquelas terras: "Há uma cooperativa organizada. Basta olhar a aplicação escriturada de todos os recursos recebidos". E explicou: "Fizemos constar da escritura, demos quitação àquela pobre gente para que, com o título na mão, pudesse ir ao Banco do Brasil obter financiamento para a sua lavoura. E todos eles nos ficaram devendo de boca".

Ele lamentou que aquele seu gesto de "generosidade" e de "fraternidade" fosse utilizado para denegrir sua imagem e a da sua família, mas desafiou o que chamou de "pandilha de *gangsters*" e "camorra de mercenários", ao afirmar: "De minha parte, podem até se reunir em bloco, todos esses pelegos de luxo, agentes dos nossos espoliadores (...). Não temo arreganhos. A luta é o meu clima preferido. Tenho até mais saúde quando estou lutando. Tenho vida limpa e honrada".

Dezessete anos depois da implantação daqueles projetos, o repórter Lúcio Vaz lembrava, em reportagem publicada em três de setembro de 1989, na *Folha de S. Paulo*, que "o Banhado do Colégio é o exemplo da prosperidade", enumerando que "102 agricultores mantêm os lotes distribuídos por Brizola. Quase todos têm trator, outros, colheitadeiras".

O repórter não teve oportunidade, porém, de verificar a Vila Coroados, hoje distrito do município de São Valério do Sul. Talvez porque este outro projeto bem sucedido de reforma agrária se situe numa região um tanto afastada, pois fica entre Santo Ângelo e Palmeira das Missões, no Alto Uruguai, no noroeste do Estado, já próximo à fronteira com a Argentina.

Ali, que era uma mata densa, Brizola, juntamente com os agricultores lá postados pedindo terra, realizou uma das experiências mais fascinantes daqueles tempos de desbravamento. Segundo conta o hoje deputado federal Pompeo de Mattos (PDT-RS), filho de um dos assentados, João Pompeo de Mattos, aquele pedaço de terra devoluta, num total de 1.500 hectares, foi partilhado para distribuir entre cerca de 80 famílias, em lotes do que então se chamava uma colônia, correspondendo a 25 hectares e destinada àqueles chefes famílias com mais de cinco filhos; e meia colônia, 12,5 hectares, àqueles com menos de cinco filhos.

Feita a distribuição, segundo o relato de Pompeo, os sem-terra não ficaram ao deus dará, como costuma ocorrer até hoje nas várias tentativas de reforma agrária, nas quais os governos só se preocupam em disponibilizar a terra para os agricultores. Eles logo receberam assistência do Estado, para desbravar a terra, onde contavam não apenas com equipamentos, mas com agrimensores e outros técnicos, além de alimentação: "Era o arroz do Brizola, o feijão do Brizola, o charque do Brizola, como eles diziam", relata o deputado. Depois havia distribuição de sementes, que eram plantadas de acordo com as instruções e acompanhamento de técnicos.

Mas os agricultores tinham famílias, que também precisavam ser alimentadas e educadas. Como a gleba era uma mata virgem, onde dominavam animais selvagens, como a onça, o leão baio (sem juba), a jaguatirica e outros, os agricultores tiveram receio de trazer as famílias, pois seus filhos ainda eram crianças. Levaram o problema ao governador e ele decidiu abrir uma vila no meio do assentamento: Pompeo de Mattos lembra que a vila foi muito bem planejada, parecendo Brasília. Foi cortada uma avenida principal de 1.500 metros de comprimento e 20 de largura, com grandes canteiros no meio, com ruas transversais e mais duas ruas de fundo. Também havia a praça e os locais para a escola, a igreja e até o clube". A vila depois recebeu luz e água. Esta vinha do poço ou era obtida através de sistema tocado com o vento, algo avançado para época.

Se os outros assentamentos não tiveram igual sorte, como relata o repórter da Folha, isto se deve em grande parte, segundo o deputado, à descontinuidade gerada, primeiro pelos inimigos de Brizola, que o sucederam no cargo de governador, em 1963, e logo em seguida, a devastação promovida pelo golpe militar e a longa ditadura implantada desde então. Juntem-se a estes fatos as colheitas ruins e o boicote financeiro. Como se sabe, Brizola terminou seu mandato de governador em 31 de janeiro de 1963. Não fez o sucessor, pois se elegeu Ildo Meneghetti, seu principal rival na política gaúcha da época: "O novo governador, homem da oligarquia", assinala Paulo Schilling[19], "impediu o surgimento de novos acampamentos e mandou incendiar os ranchos provisórios e as barracas instaladas pelos sem-terra".

Depois, veio o Golpe de 64, quando os militares desencadearam implacável perseguição sobre o ex-governador e seus auxiliares, queimando ou destruindo documentos. Schilling ainda recorda que o Golpe de 64 foi especialmente cruel com os camponeses, não só gaúchos como de todo o país, inclusive em Pernambuco, onde atuavam as Ligas Camponesas: "Os movimentos camponeses foram totalmente esmagados, não somente pelas forças poli-

19 Op. cit.

ciais-militares como pelos próprios latifundiários, que vinham se armando há algum tempo. Milhares de camponeses foram presos, torturados, alguns castrados como animais, durante o período de terror do *post*-golpe".

Outros desafios, paralelamente àquele da reforma agrária, o aguardavam naquela trepidante gestão de quatro anos à frente do governo gaúcho. Por enquanto, vamos examinar como Brizola se virou administrativamente para viabilizar toda aquela revolução.

VI — Onde encontrar os recursos

No Brasil e no Rio Grande do Sul de 1959, quando os índices de desenvolvimento eram ínfimos e o analfabetismo varava às vezes as taxas alarmantes de 50%, a obtenção de recursos para obras era algo quase impensável. A prioridade do governo federal, à frente Juscelino Kubitsheck, era a construção de Brasília e a consolidação do parque industrial de São Paulo, o que deixava os outros Estados em situação de semi-abandono. As agências de financiamentos, como o BNDE, hoje BNDEs, não consideravam prioritários os projetos grandiosos do Estado gaúcho e o financiamento externo era quase impossível, não só em virtude da burocracia, mas também por causa da natureza autônoma dos projetos e da linha política do governador, sempre contrária às ingerências externas.

Brizola queixava-se de que o Rio Grande do Sul, como o Nordeste e outras regiões não-industrializadas, passou a pagar pesado tributo à política econômica de JK:

"Caracterizou-se essa política, fundamental e exclusivamente, pela concentração geográfica do desenvolvimento em limitada área do país", relatava Brizola, durante uma conferência aos estudantes da UNE, no Rio de Janeiro, em 16 de junho de 1961. O mais grave, dizia ele, era que essa concentração era feita em favor de grandes grupos econômicos, reservando ao resto do país apenas o sacrifício e as deformações de tal política.

— Insensível aos apelos procedentes de toda parte — salientou Brizola —, o último governo da República (ele falava quando Jânio Quadros já havia assumido a presidência da República) insistiu na orientação de criar um único centro dinâmico para o desenvolvimento, em área restrita do território brasileiro, no caso o Estado de São Paulo.

A alegação para isso seria que, uma vez implantado o centro dinâmico único, este levaria o progresso às demais áreas do país, com as chamadas "ondas do desenvolvimento", que compensariam aquelas áreas da transferência de recursos operada com a implantação do referido centro. Mas estas áreas acabaram recebendo, segundo ele, um impacto negativo, consubstanciado na marginalização de sua agropecuária e de seu incipiente parque de bens de consumo.

Como as demais áreas brasileiras continuaram sendo, primordialmente, economias agrárias ou economias sustentadas na elaboração de matérias primas, procedentes da agricultura e da pecuária, o regime de trocas comerciais entre o centro e as tais regiões não beneficiadas com a implantação da indústria de bens de capital, passou a se fazer de forma danosa para as áreas marginalizadas.

Nem por isso o jovem gestor que se instalou no Palácio do Piratini entrou em pânico ou passou a lamuriar-se, como hoje é moda entre os governantes no resto do país, da inexistência de financiamentos internos ou externos para tocar o governo, como explicação para o seu fracasso.

Leonel Brizola começou por instalar nos amplos salões do segundo andar do Palácio Piratini, antes destinados a bailes e banquetes, o Gabinete de Administração e Planejamento, o GAP, que tinha como função planejar, criar e controlar a execução do imenso conjunto de obras definido na plataforma do candidato vitorioso na eleição de 1958.

Respondendo diretamente ao governador, o GAP constituiu uma inovação, porque venceu todos os obstáculos e entraves burocráticos da paquidérmica máquina administrativa. Ao contrário da rotina predominante na época, em todos os Estados, em que os programas de planejamento eram desenvolvidos a partir de recursos orçamentários liberados pela Secretaria da Fazenda, onde imperava o imobilismo pela escassez de recursos e as pressões dos políticos, os projetos do GAP já saíam da prancheta com recursos assegurados para serem executados, de forma imediata, pela respectiva secretaria de Estado — Educação, Energia, Saúde etc. Tais recursos vinham da emissão de títulos e de outros mecanismos adotados pela nova administração. À Secretaria da Fazenda competia apenas administrar os gastos de custeio, como pagamento de pessoal, juros e despesas administrativas. Não dava um pio sobre os projetos de investimentos.

Como isso era possível? Conta Cibilis Viana[20], o professor encarregado de tocar o GAP, que o Rio Grande tinha uma longa tradição, vinda desde Júlio de Castilhos de honradez dos títulos públicos: "O comportamento do Estado era exemplar: pagava religiosamente os juros e também executava os resgates nos prazos determinados", explica ele. Na época de Brizola, por sinal, havia uma avidez por títulos, porque ainda não existia o mercado de capitais e as pessoas com disponibilidade financeira não tinham onde aplicar, deixando o dinheiro imobilizado ou aventurando-se em imóveis.

Paralelamente, o GAP criava outras fontes de financiamento, como a introdução de taxas de educação e de energia. A emissão de títulos, dessa vez com vencimento à vista, foi também um elemento crucial para a vitória da Campanha da Legalidade, em 1961, uma vez que o Banco do Brasil e a Caixa Econômica Federal haviam remetido todo seu estoque de dinheiro para Brasília, por ordem dos ministros militares, interessados em sufocar a rebelião cívico-militar que impôs a posse do Presidente João Goulart, em 1961.

Esses títulos especiais, que receberam o nome de *brizoletas*, eram letras do tesouro com vencimento imediato e não de 180 ou de 360 dias, como ocorria com as letras destinadas ao financiamento de obras governamentais. "Eram como moeda circulante", diz Cibilis, "porque podiam ser descontadas a qualquer momento no Banco do Estado e por isso podiam ser aceitas em qualquer lugar, na loja ou no supermercado".

No meio disso tudo, ocorreram as encampações, uma outra guerra, dessa vez de repercussão internacional, objeto de outro conjunto de capítulos que começa na próxima página.

---

20 Depoimento ao autor, Rio de Janeiro, 9 de dezembro de 2004.

A ASCENSÃO

Brizola aos 14 anos, pouco depois de aportar em Porto Alegre, em 1936. (Arquivo PDT)

Aos 24 anos, quando foi lançado candidato a deputado estadual. (Arquivo PDT)

Aos 28, deputado estadual e estudante engenharia. (Arquivo PDT)

Líder da Bancada do PTB, na Assembléia Legislativa, 1949. (Arquivo PDT)

No dia do casamento com Neusa Goulart (1° de Março de 1950), sob as bênçãos do padrinho, Getúlio Vargas, ainda no exílio no Itú, RS, mas despontando como candidato forte à eleição presidencial daquele ano, da qual sairia eleito com 47,5% dos votos. (Arquivo PDT)

Visita ao presidente eleito Getúlio Vargas, na Fazenda do Itú, em janeiro de 1951. (Arquivo PDT)

Poster de candidato a prefeito de Porto Alegre, 1955. (Arquivo PDT)

Governador, em Porto Alegre, abraça os dois primeiros filhos. (Arquivo PDT)

Campanha para governador do Rio Grande do Sul, 1958. (Arquivo PDT)

Cem mil pessoas nas ruas de Porto Alegre pedindo a instauração de João Goulart como Presidente da República (1961). (Arquivo Museu Hipólito da Costa)

Recebendo o comandante do III Exército, general Machado Lopes, no instante em que adere à Campanha da Legalidade (1961). (Arquivo Museu Hipólito da Costa)

Brizola carrega uma metralhadora, tendo a acompanhá-lo o comandante da Brigada Militar, coronel Diomário Moojen. (Arquivo Museu Hipólito da Costa)

Com barba por fazer e tresnoitado, Brizola recebe Goulart, ainda Vice-Presidente, no Palácio do Piratini (1961). (Arquivo Museu Hipólito da Costa)

Com Neiva Moreira (primeiro à esquerda), no início de 1964, em Belo Horizonte, após a invasão do auditório por extremistas de direita ligados à polícia de Minas. (Foto Neiva Moreira)

O NACIONALISTA

VII — Colocaram uma barba em mim

No dia 11 de maio de 1959, a Revolução Cubana havia triunfado há cinco meses, Fidel Castro ainda não havia feito nenhuma desapropriação. Esta foi uma das razões pelas quais o fato ocorrido naquela manhã, em Porto Alegre, a partir de um decreto do governador, publicado no *Diário Oficial* do Estado, varreu as manchetes internacionais e também do Brasil.

No decreto, Leonel Brizola encampava, ou seja, desapropriava, a Companhia de Energia Elétrica Riograndense (CEE), filial da *Bond&Share*, um *trust*, como se definia, pejorativamente, uma companhia multinacional, na época. O próprio Brizola, como confessou depois, não imaginou o terremoto que provocaria com aquilo que considerava um simples ato administrativo: "a intervenção numa concessionária de serviços públicos que se negava a cumprir seus compromissos com a população".

— Recordo-me[21] — disse em depoimento a uma subcomissão da Constituinte — que o *Diário Oficial* saiu às sete horas da manhã, e às sete horas e 15minutos, o Presidente (Juscelino Kubitsheck) me telefonou. O serviço de telefone era muito precário naquela época. E disse: 'Governador, é verdade que o senhor encampou a empresa *Bond and Share*?' Era uma subsidiária, aqui no Brasil, da *American Foreign Power*. Eu respondi: "É verdade, Presidente".

— Pois é, o Sr. Assis Chateaubriand (dono dos Diários Associados) está aqui no Palácio, muito preocupado com essa decisão.

"Eu estranhei. O Chateaubriand! O que estava fazendo um jornalista ali, porque (se fosse) o Sr. Roberto Marinho, hoje, eu entenderia (risos)".

---

21 BRIZOLA, Leonel. *Conferência na Subcomissão de Nacionalidade, Soberania e Relações Internacionais da Assembléia Nacional Constituinte*, 8 de maio de 1987.

Quatro meses e 11 dias antes do decreto de encampação, Brizola tinha assumido o governo do Rio Grande do Sul com o ambicioso projeto de dotar o Estado de uma potência de um milhão de quilowatts e um moderno sistema de comunicações, mas se deparara com dois paquidermes atravancando a passagem: a *Bond&Share*, na área de energia, e a IT&T, International Telephone & Telegraph, também com o nome em português de Companhia Telefônica Riograndense, CTR.

Na adrenalina de seus 38 anos, o governador abandonou o hábito de seus antecessores de botar panos quentes no trato com os grandes negócios, na maioria financiadores de campanhas eleitorais, e resolveu partir para o confronto, mas um de cada vez. Primeiro pediu à sua equipe um levantamento da situação na área de energia. Porto Alegre, a imponente capital gaúcha, vivia com alguns de seus bairros às escuras e com cortes constantes no fornecimento normal de energia, para não falar no restante do Estado, onde muitas populações não tinham sequer acesso à luz elétrica. Naquelas condições, o Estado não tinha como crescer, inclusive porque as indústrias começavam a paralisar por insuficiência de energia.

Consultada, a multinacional impôs suas condições: renovação por mais 35 anos de sua concessão e aumento das tarifas. Mas quem garantiria que ela fosse fazer investimentos, se até ali sua preocupação era atender aos reclamos da matriz de faturar mais e enviar mais dividendos? Além do mais, como revela o tombamento do Governo Federal na empresa, em 1958, havia uma série de irregularidades, lucros abusivos e remessas ilícitas para o exterior. E à medida que a crise se aprofundava, Brizola revelou pormenores que escandalizaram todo o País. Não obstante, o governador propôs que se chegasse a um acordo pelo qual a companhia fizesse investimentos e atendesse melhor às premências do momento. Ele ainda propôs a criação de uma empresa mista, do Estado com a multinacional, mas esbarrou em peremptória negativa dos dirigentes estrangeiros. Diante dessa posição, Brizola determinou a pura e simples expropriação da empresa Bond and Share e a criação de outra, do Estado, para substituí-la. Esta, quando começou a funcionar, passou a constituir exemplo de eficiência e organização (na época, o termo modernidade não estava em voga) para todo o país.

O decreto de expropriação estabeleceu o preço simbólico de um cruzeiro (moeda nacional da época), que fora estabelecido, abatendo-se as contribuições populares espontâneas, na colocação de fios e postes, doações territoriais, indenização do pessoal, multas, remessa de lucros acima do legalmente permissível e a depreciação dos materiais. De acordo com o decreto, a soma dessas deduções suplantava o valor do acervo da companhia.

***

Dois anos depois, já no Governo João Goulart. Brizola encampa a subsidiária da IT&T, Companhia Riograndense de Telefones, a CRT, alegando as mesmas razões de ineficiência e prejuízo ao desenvolvimento do Estado. Foi o suficiente para o mundo explodir sobre a sua cabeça. O Secretário do Tesouro Americano, Douglas Dillon, considerou o fato um "mau exemplo" para os demais países latino-americanos, pois, àquela época, nem mesmo Cuba, sob o governo de Fidel Castro, tinha se atrevido a tanto.

Coincidentemente, Fidel Castro, ainda em lua de mel com o sistema ocidental, havia feito uma visita ao Brasil, mais ou menos uma semana antes da encampação da *Bond and Share*. Numa conversa informal, tinha sido indagado pelo deputado Neiva Moreira (MA), integrante da Frente Parlamentar Nacionalista sobre a questão das encampações. A ocasião era um jantar na residência de Maria do Carmo Nabuco, uma socialite carioca, onde também estava presente o então deputado Carlos Lacerda (UDN-DF). Depois de exaltar a coragem do líder cubano em enfrentar a maior potência do mundo, Neiva manifestou sua apreensão com relação ao fato de que a revolução ainda não tivesse feito desapropriação:

— Se o Senhor não nacionaliza esses interesses, a começar por certas empresas, e não faz a reforma agrária, não creio no futuro da revolução, disse-lhe ousadamente[22] — contou Neiva Moreira, em

22 MOREIRA, Neiva. *O Pilão da Madrugada — Um depoimento a José Louzeiro*. Terceiro Mundo: Rio de Janeiro, 1990.

seu livro de memórias *O Pilão da Madrugada*, num depoimento ao escritor José Louzeiro.

Em resposta, segundo Neiva, "Fidel fez uma brilhante exposição sobre as metas revolucionárias que, naturalmente, poderiam chegar lá. Mas acentuou que isso não era prioritário, no momento".

Voltando à conferência na Câmara, em que dissertara sobre aquela sua primeira encampação, Brizola se reporta a um episódio anedótico:

— Até o Presidente Kennedy, um grande homem — disse ele —, num encontro com a imprensa, na Casa Branca, foi abordado por um jornalista que lhe indagou: 'V. Exª está falando que as relações com o Brasil são muito boas, mas um governador de lá está fazendo expropriações'. Kennedy respondeu: "Esse Governador Brizola" — atentem para isto: o Presidente Kennedy falando no Brizola! (risos). Está no *New York Times* (risos) — é um inimigo dos Estados Unidos. Eu, inimigo dos Estados Unidos por causa daquilo!"

Os protestos empresariais se disseminaram por todo o mundo, com ataques pessoais ao governador, mas aqui no Brasil, Brizola recebia a solidariedade da grande maioria da nação — menos, é claro, dos setores ligados ao capital financeiro internacional —, incluindo a maioria do Congresso Nacional e grande parte dos governadores, que viam na medida a saída para seus gargalos na área de energia e telefones. Até o Carlos Lacerda foi na onda, chegando a cogitar de encampar a Telefônica da Guanabara, mas foi depois dissuadido disso pela sua poderosa base de apoio.

— E lá, nos Estados Unidos — ainda recordou Brizola — havia uma campanha enorme, feita pela imprensa, que dizia que a IT&T era uma companhia popular, era a companhia das viúvas que detinham as ações; que aquilo era uma violência, coisa e tal. E aqui no Brasil, então, foi uma guerra em cima de mim. Transformaram-me em Fidel Castro, colocaram uma barba em mim!

As encampações das duas multinacionais americanas serão detalhadas mais adiante e só foram aqui mencionadas para explicar o momento em que Leonel Brizola toma consciência daquilo que ele denominou inicialmente como "processo espoliativo" e, depois, "perdas internacionais."

Político focado nos problemas do Estado, que padecia de um atraso secular, sobretudo com a enorme defasagem na troca dos produtos industrializados por agrícolas, não atinava muito para o jogo e as pressões, no campo internacional, nem para o que isto representava na administração de seu Estado, embora fosse este considerado dos mais ricos da federação.

Não obstante, tal distanciamento não constituía motivo para que ele se atrelasse a qualquer das ideologias dominantes: o capitalismo, liderado pelos Estados Unidos, e o socialismo revolucionário, pela União Soviética: "Se nada temos com a União Soviética — costumava afirmar, devemos ter a coragem de dizer que nada temos com os Estados Unidos".

"As contradições de Brizola, avalia Moniz Bandeira[23], formaram-se e consolidaram-se na argamassa de sua vivência política e administrativa".

Com efeito, ao vivenciar a situação de seu Estado, Brizola verificou que, por mais que produzisse, o Rio Grande do Sul empobrecia. Só que isso acontecia também com os outros Estados, com o Brasil e com toda a América Latina, em conseqüência do que entendia serem os padrões do relacionamento internacional.

Ao longo de sua trajetória, dentro ou fora do poder, Leonel Brizola denunciou, com intrepidez, todos os pacotes econômicos, que vez por outra nossos governos, inclusive o de João Goulart, eram obrigados a baixar para satisfazer ao FMI — Fundo Monetário Internacional. Por isso, teve de arcar com um alto custo político, que acabou implodindo suas candidaturas a Presidente da República,

Em 1986, sua denúncia contra o Plano Cruzado, do presidente José Sarney, calou fundo nas consciências, depois que o Plano esboroou-se nove meses mais tarde. Brizola acusava: "As classes dirigentes e as elites brasileiras, com seus "planos infalíveis" para acabar com a inflação, jamais tocam — e nem sequer reconhecem — na causa fundamental, que está nas perdas internacionais".

As críticas de Brizola, no entanto, eram logo desqualificadas pelo vigilante aparato da mídia. Era o mesmo esquema que tentava desmerecer campanhas como "O Petróleo é Nosso", levantando as teorias mais absurdas para "provar" que o Brasil jamais conseguiria

23 Id., ib, p.111.

produzir o ouro negro. Com o fim de sustentar aquela versão, foi providenciada até a vinda de uma missão de vários *experts* "americanos, que evidenciaram por A+B que o solo brasileiro era imune ao petróleo. E hoje o Brasil é um país auto-suficiente no combustível, enquanto boa parte do mundo, inclusive os Estados Unidos, vive alarmada com a alta contínua de seus preços. Mas é esta sua obstinação em lutar contra os poderosos que será o objeto de nosso próximo capítulo.

VIII — Ocupação das multinacionais

O Presidente João Goulart viajaria aos Estados Unidos, a convite do Presidente John Kennedy, no dia dois de abril de 1962. Por isso, cuidava de retocar sua imagem de homem cordato e amante da paz, o mais distante possível do cunhado e líder esquerdista, como pintavam os conservadores, daqui e de lá. Embora houvesse tomado posse no bojo de uma rebelião cívico-militar, liderada por Leonel Brizola, que consideravam um nacionalista radical — e antiamericano —, os Estados Unidos, aparentemente, estavam satisfeitos com Goulart.

Jango havia aceitado a poda em seus poderes pelo parlamentarismo e a imposição, pela cúpula do Congresso, do nome do pessedista mineiro Tancredo Neves, como Primeiro Ministro. Seu ministério tinha igualmente um perfil conservador, composto, na maioria, de representantes da UDN e do PSD, e, de forma periférica, do PTB. E não havia nomeado nenhum brizolista para um alto posto. O ministro da Fazenda e principal interlocutor com a comunidade financeira internacional era o banqueiro e pró-americano Walter Moreira Salles.

Em 15 de fevereiro, numa de suas ações inopinadas, o governador do Rio Grande do Sul, Leonel Brizola, casado com a irmã do Presidente da República, desapropria e, ato contínuo, assume o controle da companhia americana Internacional Telephone & Telegraph Corporation — a temível IT&T, que os brasileiros se acostumaram a chamar, simplesmente, ITT (com a pronúncia inglesa de suas iniciais, "ai-ti-ti" e não "ai-ti-en-ti", como o fazem os americanos).

O gigante das telecomunicações, só comparável à Microsoft ou ao Google de hoje, com tentáculos abarcando praticamente o mundo inteiro, acusou o golpe bem no estômago. Habituada à sua política agressiva — e eficaz —, a IT&T foi apanhada no contrapé. Era conhecida sua prática de suborno e chantagens a políticos, militares e, sobretudo, à imprensa, como demonstraria mais tarde na desestabilização e financiamento do golpe que derrubou e provocou a morte do Presidente Salvador Allende, do Chile, 11 anos depois.

Sem tempo de preparar-se, pois a operação brizolista foi conduzida no mais rigoroso sigilo, a multinacional tem uma reação desproporcional, fruto do que parece ter sido um total aturdimento: despeja uma campanha de descrédito, com alcance mundial, não só do "minúsculo" governador, mas do Presidente e do Brasil, como país e povo, para o que usa todo tipo de achincalhe e de deboche para com a gente brasileira e a sua economia.

Demonstrando ser uma imprensa marrom pior do que um jornal "banco de sangue" do Rio ou de São Paulo, os jornais americanos jogaram toda a lama e esgoto de que eram capazes sobre os brasileiros: "O Brasil e a sua Capital estão ameaçados pela podridão"; "a visita do Presidente Goulart aos EU deve servir para conversações brutalmente francas entre devedor e credor"; "O Brasil está se desmoralizando"; "Brasília está em perigo e pode se converter na ruína mais formosa deste século"; e "o Brasil está numa perigosa inclinação para um ardente nacionalismo"[24].

Em 22 de fevereiro de 1962, o *Washington Post* concentra o fogo sobre Brizola: "Os norte-americanos estão finalmente se dando conta de quem é o brasileiro considerado o candidato mais provável para fazer o papel de Fidel Castro, num país muito mais importante para a segurança do Hemisfério do que a pequena ilha de Cuba". Depois de anunciar que o seu nome é Leonel de Moura Brizola e é atualmente Governador do Rio Grande do Sul — "um demagogo perigoso, hábil e infinitamente ambicioso" —, o jornal reclama: "O Sr. Brizola sabe que os países estrangeiros são alvos fáceis no Brasil.

24 Trechos do artigo de primeira página do semanário Barron´s, reproduzidos no Brasil pelo *Jornal do Brasil*, p. 3, 27 de fevereiro de 1962. (Trechos do artigo de 1ª página do semanário Barron´s).

Pouco se importa pelo efeito que as expropriações possam ter sobre a opinião pública norte-americana, e conta com a confusa situação no Brasil para dar-se oportunidade de exercer um papel destacado no mais populoso país da América Latina".

E termina com uma advertência: "A prosseguirem esses acontecimentos no Brasil, será bom recordar que o ditador de Cuba pode dirigir o destino de uma pequena ilha, mas o líder do Brasil poderá influenciar o curso da história de toda a América Latina".

A campanha, que abarca os principais jornais — *New York Times*, *Washington Post*, revistas *Time*, *Time-Life*, *Newsweek* —, rádios e TVs — é reproduzida pela mídia brasileira, em toda a sua extensão. No Brasil, a virulência desses ataques aos nossos brios de Nação, que chama de "caótica" e "irresponsável", vai aos poucos, no entanto, levantando protestos generalizados, inclusive de nossos grandes jornais.

O *Estado de S. Paulo*, de linha conservadora e pró-americana, reclama, num de seus editoriais, de quatro de março de 1962: "Os jornais americanos (...), demonstrando lamentável ignorância do ambiente político, lançaram-se numa perigosa campanha, que pode resultar na alienação da opinião pública dos Estados Unidos com vistas à Aliança para o Progresso e fazer exatamente o que os comunistas procuram alcançar".

O jornal paulista não esquece, todavia, de dar uma ripada em Brizola: "Os jornais americanos continuam a ver o governador do Rio Grande do Sul como uma espécie de Fidel Castro brasileiro, a despeito das repetidas rejeições ao comunismo, por parte do eleitorado brasileiro e da derrota certa do candidato de Brizola na próxima eleição. E, apesar de sua falta de prestígio, eles insistem em pedir à opinião pública dos Estados Unidos para que nos julguem pelos atos daquele (político) esperto, sedento de publicidade, o que, de nenhuma maneira é característico das ações do Brasil em relação ao nosso aliado do norte".

Por sua vez, o *Jornal do Brasil*, em editorial de dois de março, indaga: "Onde está o caos? Onde está a irresponsabilidade brasileira?" E depois de citar a crise de agosto (Campanha da Legalidade). "quando todo mundo contribuiu para alcançar o impossível", o jornal carioca admitiu que "o Brasil precisa da Aliança para o Progresso", mas advertiu que "sem o Brasil, que significação teria a Aliança para o Progresso?"

Em outro editorial, o JB procura ser mais didático: "O que está em jogo não é a encampação de uma deficitária e inoperante companhia de telefones. O que se procura criar é uma peculiar posição do Brasil — uma posição de independência, uma decisão de trilhar, à sua maneira, seus próprios caminhos, com a ajuda dos amigos, com lealdade para com os amigos, mas em pé de igualdade com esses amigos".

Ao mesmo tempo, cria-se uma onda de solidariedade ao "ato de soberania" e à coragem de Brizola em enfrentar com valentia todas as chantagens e sabotagens dos dirigentes da IT&T. Na verdade, Brizola preferira uma saída negociada, como ficou comprovado no processo de negociação com a empresa, no qual ele chegou a desconsiderar a encampação e a admitir a repartição da empresa em três segmentos: 25% para a ITT, 25% para o governo do Estado e 50% para ações públicas.

Outros governadores, inclusive Carlos Lacerda, da Guanabara, que se debatiam com a precariedade dos serviços estaduais de telefonia da ITT, se prontificaram a seguir os passos de Brizola na encampação, caso não houvesse uma mudança de rumos na condução da companhia. No meio militar, altos militares de conduta moderada, como o general Peri Bevilacqua, comandante da III Região Militar do III Exército, mandou um caloroso telegrama de apoio a Brizola:

— Quero congratular-me com o seu brilhante e patriótico gesto de reação contra as pérfidas declarações do Sr. Dean Rusk, Secretário de Estado, sobre a competência ou não de um Governo constituído de encampar propriedades estrangeiras, apesar da assistência prometida pela Aliança para o Progresso. Nós não somos arrogantes, mas valorizamos altamente a nossa dignidade como povo livre e soberano, com a consciência de preservar esse imenso patrimônio moral, que é a nossa riqueza, nosso legítimo orgulho nacional.

"Não devemos -permitir" — continuava o telegrama do general Bevilacqua a Brizola, — "que um só dólar da Aliança para o Progresso entre no Brasil que não esteja estritamente de acordo com os princípios que devem regular os investimentos estrangeiros no desenvolvimento do país".

A IT&T não fica apenas nos jornais. Sua ação recai nos homens-chaves do poder americano. Acionando sua condição de maior financiadora de campanhas eleitorais do Presidente, governadores e parlamentares dos Estados Unidos, ela passa a exigir do Governo e do Congresso americanos o corte de todo o financiamento externo aos brasileiros, a começar pela exclusão do Brasil da Aliança para o Progresso.

Sua ação, também vastamente documentada nos telegramas à Casa Branca, ao Departamento de Estado e aos órgãos de segurança e espionagem, logo se faz sentir: Um dia depois do anúncio da encampação, o Departamento de Estado, através de seu porta-voz, Francis W. Tully, afirma que a decisão representa "um passo atrás" no desenvolvimento econômico do Brasil sob o programa da Aliança pra o Progresso[25]."

O subcomitê de verbas do Senado dos Estados Unidos recomendou, em 27 de fevereiro de 1962, a imediata suspensão dos auxílios financeiros ao Brasil, caso seja promulgada a lei de limitação de remessa de lucros para o exterior[26].

Em 23 de fevereiro de 1962, o senador republicano Hiram L. Fong defendeu que os Estados Unidos "suspendessem toda a ajuda ao Brasil, em represália pela expropriação das propriedades norte-americanas", pedindo depois que se adotem "contramedidas" e que se procure obter "garantias de outras nações, de que não expropriarão inversões norte-americanas"[27].

***

A campanha da IT&T, em vez de comprometer a imagem do Brasil e de liquidar, política ou fisicamente com Brizola, acabou

---

25 *Encampação é passo atrás na Aliança para o Progresso* — Jornal do Brasil, 1ª Página, 19 de fevereiro de 1962.

26 *Senadores dos Estados Unidos querem sustar ajuda ao Brasil* — Jornal do Brasil, 1ª Página, 27 de fevereiro de 1962.

27 *Senador dos Estados Unidos pede a suspensão da ajuda econômica ao Brasil* — Jornal do Brasil, p. 4, 23 de fevereiro de 1962.

desmoralizando a Aliança pra o Progresso, um programa inicialmente alardeado como um verdadeiro Plano Marshall voltado para derrotar a miséria e o atraso da América Latina, mas que acabou sendo utilizado como arma de chantagem, sob pressão das multinacionais. Deu também nova aura de herói ao governador do Rio Grande do Sul, que, a partir daquele instante passa a ser a grande referência no país, em termos de soberania nacional e de gestão administrativa.

O Presidente João Goulart, que se irritou com a maneira como Brizola anunciou a desapropriação da IT&T, por julgar que a medida poderia comprometer o sucesso de sua viagem aos Estados Unidos, teve também de agir, inclusive diplomaticamente. Acionou o embaixador em Washington, Roberto Campos, para que cessasse a campanha contra o Brasil. Como isto não surtiu muito efeito, o Presidente teve de fazer, em 1º de março de 1962, uma declaração oficial à imprensa:

"Em primeiro lugar, gostaria de ressalvar que sou um intransigente defensor da liberdade de imprensa. Não obstante, considero que o tom agressivo, e mesmo grosseiro, de certos editoriais e comentários surgidos ultimamente, com a aparência de publicidade dirigida, publicados em alguns jornais americanos e divulgados no Brasil, por intermédio de algumas agências, não representa o propósito de contribuir para a boa compreensão que deve existir no interesse recíproco entre Brasil e Estados Unidos".

"Além de injustos e de deturpadores de nossos propósitos e intenções, tais comentários não se ajustam ao dever indeclinável de só admitir entre duas nações, tão fraternamente unidas, como as nossas, o diálogo da verdade. Tenho, porém, a convicção de que o Governo e o povo dos Estados Unidos não endossam nem acolhem tão inconveniente orientação que, às vésperas da viagem de amizade que vou fazer, em visita cordial ao ilustre e esclarecido Presidente e ao povo norte-americano, destoa, chocantemente, das tradições do cavalheirismo e hospitalidade da grande pátria de Roosevelt".

Também o Presidente John Kennedy foi obrigado a fazer uma declaração na Casa Branca, em que negou a intenção de seu Governo de suspender os financiamentos para o Brasil. Disse ele, numa entrevista coletiva[28], em sete de março, que "nada mais insensato do que a aprovação" do projeto apresentado ao Congresso de seu país, com este fim, numa forma de represália à expropriação da IT&T.

Sustentou Kennedy que "uma tal resolução colocaria os Estados Unidos em divergência não com um governador ou com um Estado, que não é particularmente amigo, mas ao contrário, com toda a Nação brasileira, que é vital e chave e com a qual devemos ter as relações mais estáveis".

John Kennedy aproveitou a oportunidade para dar uma estocada em Brizola, ao insistir que "os Estados Unidos devem ter o sentido da proporção. Não queremos tornar mais fácil o trabalho dos que não gostam de nós, reagindo aos fatos de uma maneira que os fortalece e debilita a influência dos Estados Unidos". "A companhia telefônica", frisou, "foi encampada por um governador que nem sempre se identificou como um amigo dos Estados Unidos".

Sentindo que a coisa tinha ido longe demais, o próprio Presidente Kennedy decidiu dar um basta à toda aquela celeuma, ao enfatizar que "ninguém jamais pôs em dúvida o direito de qualquer Governo de expropriar propriedades, desde que a compensação seja razoável". "Por isso", aditou, "estamos procurando (com o governo brasileiro) uma solução eqüitativa (para o caso)". A declaração desautorizava entrevista concedida na véspera pelo Secretário de Estado, Dean Rusk, segundo a qual "a encampação da ITT não é só um problema jurídico, mas uma questão política de saber se é conveniente invocar tal direito, em determinadas circunstâncias".

***

Bom, mas tudo isso era para dar satisfação ao público externo, porque, por baixo do pano, o Governo Goulart, a IT&T e o governo americano, chegavam a um acordo pelo qual o Brasil pagaria uma bolada de US$ 7.3 milhões de dólares, quase 20 vezes o valor arbitrado pelo Governo e a Justiça do Rio Grande do Sul", como compensação pelas encampações gaúchas. Como tudo foi acorda-

28 *Jornal do Brasil*, 1ª Página, 8 de maio de 1962.

do em surdina, o negócio não transpirou e o Presidente Goulart pôde fazer uma apoteótica visita aos Estados Unidos, com desfile salpicado de papéis picados na Broadway, a avenida mais famosa de Nova Iorque, recepção na Casa Branca e um discurso às duas casas do Congresso.

Meses depois, porém, Brizola toma conhecimento da confabulação e, como será relatado adiante, a denuncia num pronunciamento à televisão, para o espanto de todos. Foi tal a repercussão da denúncia, que Goulart se viu obrigado a reformar o ministério e a suspender todas as negociações com os americanos.

O Centro Kennedy, a biblioteca que guarda os documentos do Presidente, em Boston, no estado de Massachussets, terra natal do então presidente, mantém até hoje e coloca à disposição do pesquisador, inclusive através de e-mail, a carta pessoal do presidente da ITT, Harold S. Heneen, a Kennedy, dando conta do acerto.

Datada de 11 de fevereiro de 1962, portanto, quatro dias após aquela entrevista pacificadora de Kennedy, a carta de Geneen afirma, em seu segundo parágrafo: "Um acordo provisório foi alcançado, pelo qual haverá um pagamento de aproximadamente US$ 7.300.000 (sete milhões e trezentos mil dólares) pela encampação da propriedade, dos quais concordamos em investir a metade na instalação de fábricas de equipamentos no Brasil".

Ao longo de toda a crise da encampação, a IT&T, como ainda revelam os documentos do Centro Kennedy, funcionou como um dos informantes privilegiados da Casa Branca, fazendo intrigas ou dando vazão a mexericos, como se verifica numa carta de Edward J. Gerrit Jr, vice-presidente de Relações Públicas da companhia, ao assessor de Kennedy, Ralph A. Dungan, datada ainda de 21 de dezembro de 1961:

"Na semana passada, Goulart incluiu o nome de Brizola na lista das pessoas condecoradas pela Ordem Naval do Mérito. Imediatamente, pelo menos 33 oficiais de alta patente, na maioria, almirantes e contra-almirantes, devolveram suas medalhas, num gesto de protesto. (...) a inclusão de Brizola na lista é interpretada nos círculos políticos brasileiros como mais uma evidência de que Brizola e seus adeptos continuam a ser indicados por Goulart para todas as posições de poder nas três armas".

Sem saber dessas armações, que só foram dadas a público com a liberação dos documentos, 20 anos após, Brizola, ao responder às declarações do Secretário de Estado, Dean Rusk, de que "a questão da encampação da ITT não é só jurídica, mas política", asseverou: "Considero tal declaração da maior gravidade, porque as gestões desenvolvidas pelos Estados Unidos, no episódio da ITT, são uma prova de que "o governo daquela grande potência patrocina e dá cobertura aos negócios de suas empresas privadas no estrangeiro".

Mas como se deu mesmo o processo pioneiro de desapropriações das megaempresas estrangeiras no Rio Grande do Sul? É aqui que vamos entrar no âmago da questão, mas só no próximo capítulo.

IX — Primeiro foi a Bond & Share

Antes de tomar a empresa telefônica IT&T, Brizola, ainda sob o governo federal de Juscelino Kubitsheck, havia expropriado a companhia de energia elétrica, a *Bond & Share*, do grupo americano *American Foreign Power*, como o leitor já foi lembrado, em capítulo anterior.

Como o da IT&T, o confisco da *Bond & Share* foi cercado do mais impenetrável sigilo, apesar de envolver uma operação altamente complexa e arriscada, pois compreendia os três poderes e as esferas municipal, estadual e federal. As multinacionais sempre tiveram grande influência na Justiça, no Governo, no Congresso e, principalmente, na mídia. Mexer em seus interesses poderia resultar na destruição de uma imagem pública, senão na prisão ou morte daquele que se aventurasse a tal.

Só dois ou três assessores de absoluta confiança do governador sabiam do fato, juntamente com João Goulart, então Vice-Presidente da República, a quem coube convencer Juscelino Kubitsheck, pois a medida necessitava da autorização presidencial para concretizar-se do ponto de vista legal. Paralelamente, o governador fazia gestões para que a decisão tivesse o apoio de todos os setores e correntes políticas, além dos poderes judiciário e legislativo. E isto acabou sendo conseguido, com o engajamento inclusive de Ildo Meneghetti, do PSD, seu arquiinimigo, e do PL (Partido Libertador).

Na realidade, a encampação da *Bond & Share* ocorreu depois de um longo processo de preparação, no qual foi decisivo, como se verá adiante, o papel do Presidente Getúlio Vargas (na época, falecido havia cinco anos), ainda como ditador e antes de ser derrubado pelos militares, em 1945.

Já na gestão do governador Valter Jobim, do PSD, de 1947 a 1951, portanto adversário dos trabalhistas, foi criada a Comissão Estadual de Energia Elétrica, ligada à Secretaria de Obras, e, pouco depois, decretada uma taxa de eletrificação. Foi então elaborado um plano estadual de energia e o Estado começou a construir as primeiras usinas para aumentar a sua produção.

Lembra o ex-deputado federal Wilson Vargas, o Secretário de Energia e Comunicações do Governo Brizola[29], que a taxa de eletrificação possibilitou a construção das primeiras usinas — Canastra/São Jerônimo e São Leopoldo. E como o plano de eletrificação era baseado em hidrelétricas e não mais em termoelétricas, Wilson Vargas diz que o Presidente Vargas havia determinado ao Departamento Nacional de Obras e Irrigação a construção das barragens com plantas doadas do Governo Federal, com o fim de baratear o quilowatt no Rio Grande. O Estado foi assim criando condições para enfrentar os desafios, chegando a fornecer até 80% do consumo nos grandes centros, que eram Porto Alegre e Canoas. "Aquilo era dado de graça para os gringos, que não investiam, não cuidavam, não faziam nada com aquela usina obsoleta do Gasômetro. Só ganhavam mais e mais dinheiro. Veja você, a capacidade da companhia era só de 24 quilowatts, uma sucata. E queimavam um carvão, que nem era do Rio Grande, onde o produto era abundante, pois vinha importado da Inglaterra, com o preço quatro vezes maior que o nosso".

Como os "gringos", no caso os estrangeiros americanos, detinham a concessão, nada poderia ser feito para melhorar o fornecimento da energia na capital, cujos bairros viviam na maior parte sem luz e suas indústrias não poderiam expandir-se. Foi então se criando o ambiente favorável à expropriação da companhia, mas como os governos e os políticos (Getúlio tinha se suicidado em 24

29 Depoimento ao autor.

de agosto de1954, em protesto contra a sua virtual deposição no dia anterior) não se dispunham a desafiar uma multinacional, a situação ia se arrastando e se deteriorando a cada dia.

Em 1958 Leonel Brizola é eleito, abraçando a bandeira da solução do problema. Quando chega ao Piratini, em 31 de janeiro de 1959, uma de suas primeiras providências é chamar os dirigentes da companhia para um entendimento. Ao tomar posse no governo, ele cria, no seu plano de reestruturação administrativa, a Secretaria de Energia e Comunicações, cuja tutela entrega a seu colega de ginásio e da Ala Moça do PTB, Wilson Vargas da Silveira. Brizola tem também a seu lado o professor Cibilis Viana, responsável pelo Gabinete de Administração e Planejamento. Anteriormente, Cibilis havia realizado, a pedido do ministério da Agricultura, a qual estava vinculada a questão energética, um levantamento fiscal da *Bond and Share* e que lhe seria muito útil no processo desta sua primeira encampação.

Segundo Cibilis, Brizola procurou negociar uma solução tripartite, primeiramente, em que o governo estadual, a antiga concessionária e empresários privados teriam participação igualitária no capital de uma companhia que receberia a nova concessão dos serviços.

Mas essa tentativa não prosperou porque, conforme o professor, a antiga concessionária aceitava conversar, mas não se decidia:

"Depois de convencer-se de que seus esforços para uma solução negociada não encontraram a menor receptividade, Brizola chamou-me, para que lhe informasse das conclusões do tombamento da companhia, entregue em 30 de maio de 1958 ao Ministro da Agricultura, Mário Meneghetti, e ao governador Ildo Meneghetti, irmão deste, e da qual fiz parte, juntamente com o engenheiro Abel Pereira dos Santos, chefe do serviço do Ministério; o contador Wilson Golschmidt, também do Ministério, e Homero Dias e Pedro Drügg, engenheiros do Estado, e Urcelino Silva, contador da CEE "[30].

30 Depoimento ao autor e à Fundação Darcy Ribeiro no Rio de Janeiro, em dezembro de 2004.

O tombamento havia concluído, pelo exame dos balanços registrados nos livros da concessionária, que, em quase todos os anos, "a empresa havia obtido um ganho superior ao limite legal, de sorte que o capital investido, com direito à remuneração, foi sendo, paulatinamente, reduzido, até tornar-se negativo".

Isto significava, no entender de Cibilis Viana, que, "no caso da retomada do serviço por extinção do prazo de concessão, a concessionária deveria ser indenizada pelo montante do capital investido, mas como esse capital era negativo, nada lhe seria devido na retomada dos serviços,".

Relata ainda o professor Cibilis Viana que cópias do relatório (tombamento), abrangendo quatro volumes, foram entregues ao Ministro da Agricultura, ao governador Meneghetti e à CEE. Não obstante, nenhuma providência foi tomada, quer pelo governo do Estado, quer pelo federal. "Mas os resultados do tombamento" — lembra Cibilis — "vieram a público, através de artigos no Correio da Manhã, do Rio de Janeiro, fato que causou repercussão, tendo a Câmara dos Deputados constituído comissão de inquérito, na qual fui ouvido".

***

Ciente do resultado do tombamento e sem chegar a um consenso com a companhia americana, o governador Leonel Brizola decidiu-se pela encampação. Ocorre que, pela lei, as concessões de exploração de energia são competência do Governo Federal e não do Governo Estadual. Antes de ser deposto em 1945, contudo, Getúlio Vargas, decidiu fazer uma exceção para o seu Estado natal. Trata-se do decreto 19.896, de 29 de outubro de 1945, coincidentemente — ou não —, o dia em que ele é derrubado por um golpe militar, o que entrega o poder ao civil José Linhares, cearense de nascimento e presidente do Supremo Tribunal Federal.

Este decreto, em função talvez da precipitação dos acontecimentos que levaram ao golpe, passou despercebido pela onda privatista desencadeada a partir dali, depois intensificada no governo do General Eurico Gaspar Dutra (1946-1951). De número 19.896, o decreto autorizava, na alínea "x" de seu artigo 1º, "o Rio

Grande do Sul a encampar, incorporar ou fundir, com assistência da Divisão de Águas do DNPM, as instalações de produção, transmissão e distribuição que atualmente fornecem energia a serviços públicos ou as destinadas ao comércio de energia no território do Estado".

Na mesma alínea "x", no entanto, o decreto condiciona a encampação "ao exame prévio, pelo Conselho Nacional de Águas e Energia Elétrica, a respeito de sua conveniência, economia e oportunidade". Outra exigência era a autorização expressa do Presidente da República.

Como fazer isso em segredo, se o assunto teria de passar por diversas esferas do poder e em pelo menos duas cidades, Porto Alegre e Rio de Janeiro? Aqui funcionou a perspicácia de João Goulart e seus contatos no Rio de Janeiro, ainda capital federal, que procuraram encaminhar a questão como um assunto burocrático, ainda que sob o olhar atento daqueles "agentes" super vigilantes.

Primeiro de tudo, era preciso obter o aval do Conselho Nacional de Águas e Energia, dirigido por um general reformado. E este conselho só o emitiria se recebesse autorização do Presidente da República: "Então nós buscávamos essa decisão política e a pressão foi feita pelo Jango, que tinha grande poder de fogo, como Vice-Presidente da República e como presidente nacional do PTB. O Brizola teve de ir várias vezes ao Rio, e eu também", conta Wilson Vargas.

Depois das inúmeras gestões de Goulart, o Presidente Kubitsheck despachou o ofício junto ao Departamento de Águas, com o seu "autorizo" para a encampação da companhia, mas "colocou uma vírgula lá, e logo em seguida a expressão "na forma da lei". A autorização foi então publicada no Diário Oficial da União, editado no Rio de Janeiro, mas não despertou nenhuma curiosidade.

Como a autorização de JK poderia ser sustada a qualquer momento, desde que não se iniciasse a fase judicial, o governo gaúcho providenciou, também dentro do maior segredo, e com a maior urgência, através de sua equipe de advogados e juristas, à frente o professor Arno Schilling, para que a autorização fosse levada ao juiz de Porto Alegre e este a despachasse favoravelmente: "Tudo foi feito numa sexta-feira, porque o plano era decretar a encampação na segunda-feira (11 de maio de 1962). No sábado e no domingo, os nossos juristas se entenderam com o juiz Paulo Beck Machado, da 2ª Vara da Fazenda Pública. Quando foi na segunda-feira, o juiz despachou favoravelmente. Brizola, no entanto, resolveu chamar os dirigentes da *Bond and Share,* bem cedinho, na mesma segunda, para fazer uma última tentativa de acordo, mas eles voltaram a pedir tempo. Brizola disse-lhes que não mais poderia esperar e que havia decidido pela encampação imediata companhia", relata Wilson Vargas:

Ao assumir o controle dos serviços de telefonia, a primeira providência do governo estadual foi reduzir em 10% o valor das tarifas até então cobradas. Termina aqui a história da primeira encampação de Brizola. No próximo capítulo, vamos tratar mais detidamente da desapropriação da IT&T e, particularmente, dos seus desdobramentos tanto para Brizola como para a história brasileira.

X — O ALARIDO DA TOMADA DA IT&T

Como ocorreu com a *Bond & Share*, Brizola não queria desapropriar a IT&T. A encampação que previa sua plataforma de campanha ao governo do Estado era só para casos extremos e quando fossem esgotadas todas as possibilidades de negociação. Ele chegou mesmo a anunciar seu propósito aos estudantes da UNE, reunidos para ouvi-lo, na sede da entidade no Rio de Janeiro, em 16 de junho de 1961. Afirmou Brizola:

— Agora mesmo, estou em discussão, no Rio Grande do Sul, com a empresa telefônica subsidiária, que é de um grande trust americano. Eu não vou encampá-la. Eu não a quero comprar, inclusive porque o seu equipamento já não serve para nada. Fundei uma sociedade de economia mista e fiz um convite à aludida empresa para participar da sociedade, mas apenas, e no máximo, com 25%".

Ao fazer aquele anúncio, Brizola havia acertado um acordo, nos termos antecipados aos estudantes, com os dirigentes da IT&T no Rio Grande do Sul, que atuavam devidamente autorizados pela matriz, em Nova Iorque. Sucedeu, porém, que a matriz desistiu do propósito e afastou o vice-presidente e principal negociador, Mr. Naylor, voltando tudo à estaca zero. E isso depois de quase seis meses de espera e dois anos de arrastadas negociações, que eram dificultadas inclusive pela má qualidade dos serviços telefônicos da IT&T.

Brizola entendeu que a IT&T estava tentando ganhar tempo, prolongando indefinidamente a questão até que esgotasse seu mandato de governador, quando poderia ser eleito um candidato mais palatável aos interesses da companhia. "Durante três anos", explicou o governador alguns dias depois da desapropriação, "gestionamos junto aos dirigentes da empresa, visando solucionar o problema das telecomunicações do Rio Grande e o fizemos com a melhor boa vontade e o melhor espírito de entendimento. A empresa não cumpriu sua palavra e os compromissos assumidos conosco e, a partir de então, passamos a considerá-la inidônea[31]".

Em 16 de fevereiro de 1962, uma sexta-feira, o governador Leonel Brizola decide, por um decreto que levou o número de 13.186, de comum acordo com a justiça, "cassar a autorização" a exploração dos serviços telefônicos e desapropriar "todos os bens da Companhia Telefônica Nacional[32], vinculados aos serviços telefônicos e situados no território do Estado do Rio Grande do Sul" e "os livros contábeis, obrigatórios e facultativos, os arquivos, fichários e respectiva documentação".

No mesmo ato, o governador mandou depositar, na Caixa Econômica Federal, a título de indenização, um cheque de Cr$ 149.758.000,00. Tal valor havia sido obtido, segundo o governador, a partir do levantamento contábil realizado por uma comissão técnica do governo do Estado e da IT&T, que concluiu valer a companhia de Cr$ 1.350.000.000,00. Deste valor foram deduzidos os prejuízos correspondentes à obsolescência dos equipamentos, às instalações doadas por particulares e municípios (para obterem telefones) e o montante correspondente às indenizações de seu pessoal, para chegar àquela importância de 146.758.000,00.

O decreto, publicado na manhã daquele 16 de fevereiro, no Diário Oficial do Estado, do mesmo dia, alegava que a ITT "funciona-

31 *Jornal do Brasil*, p.4, 27 de fevereiro de1962.

32 Nome oficial da matriz Brasileira da Companhia de Energia Elétrica, CEE, do Rio Grande do Sul. A Companhia Telefônica Brasileira, subsidiária da ITT no Brasil, ainda controlava os telefones do Rio de Janeiro e de São Paulo.

va, desde 1927, a título precário, isto é, sem contrato e revelando-se incapaz de executar o serviço telefônico de maneira a atender às necessidades da indústria, do comércio, dos serviços públicos e demais atividades sociais".

Dizia ainda o decreto 13.186 que "a presente desapropriação é declarada de urgência, para efeito de imissão imediata do Estado, na posse dos bens objeto deste decreto". No final da tarde daquele mesmo dia, o juiz Gabriel Pereira Borges Fortes, da 2ª Vara da Fazenda Pública, deferiu o mandado de imissão de posse sobre os bens da IT&T, requerido pelo Governo do Estado. Justificou o juiz que a IT&T "não prestava os serviços que o progresso do Estado exigia" e "que os serviços de telecomunicações são de tamanha relevância para a segurança interna que custa a crer que o poder público tenha encontrado motivos tolerantemente aceitáveis para entregar tais serviços à exploração de estrangeiros e que as Forças Armadas não se tenham oposto".

O juiz Borges Fortes ainda aceitou o depósito de Cr$ 146.758.000,00, correspondente a 400 mil dólares, oferecido pelo governador Leonel Brizola, e nomeou o general José Maria Bastide Schneider para proceder à peritagem. Em seguida, o magistrado empossou o Secretário da Fazenda, Gabriel Obino, que assumiu a responsabilidade da empresa, em nome do Estado do Rio Grande do Sul[33].

***

A crise acabou explodindo no colo do Presidente João Goulart, que se preparava para uma visita aos Estados Unidos. Externamente, desencadearam-se protestos indignados e ameaças de toda sorte, como a do corte de toda a ajuda econômica americana ao Brasil. No plano interno, porém, a medida teve grande ressonância popular e política. Prova disso sãoos governadores de diversos estados, inclusive o da Guanabara, Carlos Lacerda, um pró-americano radical, e o de São Paulo, Carvalho Pinto,que também pediram a encam-

33 *Justiça já entregou telefones a Brizola*, Jornal do Brasil, p. 4, 19 de fevereiro de 1962.

pação da IT&T em seus territórios, já que padeciam dos mesmos problemas gaúchos.

Não era para menos, pois a precariedade dos serviços telefônicos no Rio de Janeiro — e em São Paulo a situação não era muito diferente —, levava o sinal de discagem para uma ligação local, a demorar de 30 minutos a duas horas — e isso quando vinha. Muitas empresas, inclusive os jornais, eram obrigadas a contratar pessoas especificamente para fazer aquela espera e passar a ligação, cujo som era igualmente de péssima qualidade e às vezes inaudível, para quem a solicitasse. Como os serviços eram precários e a IT&T estava mais interessada no lucro, não se preocupando em investir na expansão da rede, os cariocas — e paulistas —, da mesma forma que os gaúchos, levavam às vezes 10 anos para conseguir comprar um telefone.

A grita foi geral e obrigou o governo João Goulart a fazer uma encampação geral de todas as multinacionais de telefones e de energia elétrica, o que resultou na criação da Telebrás e da Eletrobrás. Estas estatais, mais tarde, com os governos militares, que não tiveram como anular este ato do governo popular, tornaram-se empresas das mais modernas e eficientes do mundo. A Eletrobrás, para o setor energético, foi outra empresa estatal, que ao lado da Petrobrás e outras, mostrou ao mundo como o Estado sabe gerir e defender os serviços públicos essenciais. Tudo isso veio abaixo, no entanto, 30 anos depois, com a onda de privatização inaugurada, a partir dos governos civis, em 1985, tendo atingido o seu auge no período do Presidente Fernando Henrique Cardoso (1995-2003).

***

A forma como foram feitas estas encampações, porém, difere muito daquela utilizada por Brizola no Rio Grande do Sul. O Governo Goulart cedeu às pressões dos Estados Unidos e comprometeu-se a pagar uma quantia considerada lesiva aos interesses nacionais, pelo governador gaúcho. Como abordamos anteriormente neste trabalho, o Presidente precisava fazer sua visita aos Estados Unidos e lá receber os aplausos do governo e povo norte-americanos. Além do mais, os Estados Unidos condicionaram os empréstimos internacionais e o reescalonamento da dívida externa do Brasil à satisfação de suas exigências. Jango teve de ceder e já anunciou seu compromisso neste sentido na nota conjunta divulgada ao término de sua visita, em que se curvava às exigências da *Bond & Share* e da *IT&T*.

Em 28 de maio de 1963, um ano e meio depois da visita de Goulart aos Estados Unidos, o deputado Leonel Brizola vai ao rádio e à TV para, depois de receber informações mais detalhadas do acordo secreto para a compra da AMFORP, para denunciar a negociação como "lesiva aos interesses do Brasil". Demonstrou que todas as empresas do *trust* americano "tinham recuperado há muito tempo o valor de seus investimentos", além de ter "faturado fabulosos lucros ilegais".

Num pronunciamento que entra pela madrugada[34], Brizola denuncia a transação, ainda não completada, que incidiria num aumento de tarifas de energia de 30%. Ao exibir cópia de uma ata da reunião da comissão interministerial, ele disse ter verificado, "com grande pesar", que vários ministros de Estado já a haviam aprovado, "inclusive o ministro da Guerra, que é um general do Exército, e se encontra, por isso, em situação muito difícil". Brizola, então, acusa não só o general Amaury como também os ministros da Fazenda, San Thiago Dantas Kruel, e da Indústria e Comércio, Oliveira Brito, os negociadores diretos com os americanos, de "traidores dos interesses nacionais". No final, afirma que a efetivação do negócio criaria "uma situação insanável" entre ele e o governo federal.

O escândalo resultou, de imediato, na suspensão dos trabalhos da comissão interministerial e da própria negociação, que só foi concluída, e efetivada, no governo surgido do golpe e que tinha como presidente o agora marechal Humberto de Alencar Castello Branco. Kruel, San Thiago Dantas e Oliveira Brito perderam os cargos logo depois. Mas Kruel, compadre de Jango, foi contemplado com o privilegiado posto de comandante do II Exército, sediado em São Paulo, onde se articulou com o governador Adhemar de Barros para apressar a derrubada de Goulart.

---

34 *Brizola denuncia encapação como crime de lesa-pátria*. Jornal do Brasil, pp. 1e 3, 29 de maio de 1963.

A situação de indefinição perdurou até a queda de Goulart, em 31 de março de 1964.

Uma das primeiras providências do novo governo, chefiado pelo Marechal Humberto Castello Branco, segundo Moniz Bandeira, autor do livro *Brizola e o Trabalhismo*, p. 67, foi efetivar aquele acordo, pagando a indenização, acrescida de multa de 10 milhões de dólares pelo atraso: "O Brasil pagou, parceladamente, à American Foreign Powers cerca de 470 milhões de dólares, soma esta que englobava outras empresas do mesmo grupo", diz Bandeira.

O GUERREIRO

XI — LEVANTANDO O SUL E O BRASIL

A Campanha da Legalidade, um dos acontecimentos mais dramáticos da nossa história, surgiu, na verdade, do *feeling* agudo do então governador dos gaúchos. Brizola não era homem afeito a grandes leituras e, apesar de ter viajado muito pelo país e até pelo exterior, concentrava sua ação no Estado, onde fazia uma administração modelo. Por causa desse natural recolhimento, não tinha muitos contatos e até mesmo percepção dos fatos que se desenrolavam nos chamados escaninhos do poder. Não que sua ação não fosse observada inclusive do exterior. Ele mereceu mesmo um poema de Pablo Neruda, em 1962, quando o poeta chileno anunciava:

Novas ilhas, novos rios,
novos vulcões fazem do nosso continente
uma nova geografia
Queremos nova agricultura,
outras forças juvenis,
uma sociedade mais pura.

Novos protagonistas da história
que está nascendo
e que temos o dever de construir
quem pode está contra a vida?

Celebremos a chegada de Brizola
no cenário da América
como uma deslumbrante encarnação
de nossas esperanças.

Estamos cansados da rotina da miséria,
de ignorância, de injustiça econômica.
Abramos o caminho àquele que encarna hoje
a possível construção do futuro.

Por isso, a reação de Leonel Brizola à abrupta renúncia do Presidente Jânio Quadros, em 25 de agosto de 1961,estava mais para um estalo do que propriamente um ato deliberado. Tanto é que, ao tomar conhecimento do fato, naquela manhã, numa solenidade do alto comando militar do então III Exército, hoje Comando do Sul, pensou que se tratasse de outra coisa: a deposição de Jânio. Brizola presenciava, ali, como governador, uma cerimônia tipicamente castrense, O Dia do Soldado, ao lado dos comandantes do III Exército e da Brigada Militar (como até hoje se chama a polícia estadual no Rio Grande).

O Presidente Jânio Quadros era seu adversário político, pois tinha sido eleito com o apoio decisivo da UDN e de todas as forças conservadoras, com Carlos Lacerda na cabeça. Mas Jânio era um governante jovem (44 anos) e cheio de idéias novas. E era impetuoso. Também tinha sido prefeito de capital e governador com grande brilho, em São Paulo. Era um entusiasta da revolução de Fidel Castro, a quem visitara ainda como candidato, para o arreganho de dentes dos udenistas. Nada mais natural, portanto, que lhe chamasse a atenção o "árdego governador" dos gaúchos, então com 39 anos. Na verdade, os dois, ultimamente, estavam sempre se comunicando.

Jânio chegou a nomear Brizola, em julho, como membro da delegação do Brasil junto à Conferência da OEA, em Punta Del Este, um balneário elegante do Uruguai. Esta reunião destinava-se, oficialmente, a lançar o programa do Presidente Kennedy, denominado *Aliança para o Progresso*.

Tida na época como uma verdadeira revolução em termos de ajuda dos Estados Unidos à América Latina, a Aliança para o Progresso se propunha a investir 20 bilhões de dólares no hemisfério. Na verdade, porém, como se pôde verificar depois, a reunião constituía o primeiro ensaio dos americanos para isolar Cuba e depois expulsá-la da OEA, como ocorreu pouco depois do Golpe de 1964 no Brasil.

O representante cubano era ninguém menos que Ernesto Guevara de la Serna, o Che, então ocupando oficialmente o cargo de ministro da Indústria e Comércio. E lá estava o Che, de boina, aquela barbicha romântica e o uniforme de campanha militar da guerrilha de Sierra Maestra.

No Brasil, porém, o Presidente estava cercado, quase oprimido, pelos conservadores. Estes já começavam a dar caneladas em Jânio, por causa da extensão que vinha assumindo a política externa independente, que implantara, no início do seu governo. Cuba marchava inexorável no rumo do socialismo revolucionário. Como era um Presidente que tinha comando, Jânio sustentou a designação de Brizola para Punta Del Este. Só que o governador tinha em sua companhia, como delegados, adversários do porte de Roberto Campos, o mais ardente correligionário dos Estados Unidos, e Clemente Mariani, ministro da Fazenda e co-sogro de Carlos Lacerda. Mariani chegou a renunciar à missão, em protesto contra a companhia de Brizola naquela missão, mas depois reconsiderou. Para vigiar seu ministro, Jânio mandou que também ingressasse na delegação o ministro da Indústria e Comércio, Bernardes Filho[35], filho do ex-presidente Arhur Bernardes e homem de perfil nacionalista.

Brizola, a princípio, não gostou "daquelas companhias" , mas Jânio insistiu, chamando-o inclusive a Brasília para uma reunião com ele, Jânio, Roberto Campos e Mariani. Na ocasião, o Presidente justificou que, "sendo ele um governador da oposição", como lembra Moniz Bandeira[36]. "o Brasil se apresentaria unido, como um todo". Para Moniz, Jânio "sabia também que o pensamento de Brizola coincidia com o seu, em matéria de América Latina. O Brasil não iria à conferência em busca de benesses. Desejava soluções, sem exclusão de qualquer país do continente".

Brizola aceitou a missão e deu seu recado. Fez um vibrante discurso em defesa de Cuba e do direito de autodeterminação dos povos. Ainda aproveitou a oportunidade para conhecer Che Gue-

35 Arthur Bernardes Filho, do Partido Republicano, agremiação de prestígio circunscrito a Minas Gerais. Era filho do ex-presidente Arthur Bernardes, que presidiu o Brasil, de 1922 a 1926, sob estado de sítio, mas que é até hoje aclamado como um dos Presidentes mais nacionalistas de nossa história.

36 *Brizola e o Trabalhismo*, p.73, op. cit.

vara. Tanto ele como o Che foram convidados para um almoço com o presidente Eduardo Victor Haedo, do Uruguai. Quando Che Guevara falou defendendo o direito de autodeterminação de Cuba, Brizola puxou uma salva de palmas para o cubano, o que provocou constrangimento na delegação brasileira e na grande maioria dos delegados à Conferência, já que pareciam comprometidos com a posição americana. Sentindo-se depois "congelado" pelos outros delegados brasileiros, Brizola foi embora. Brizola se queixou que Campos e Mariani só queriam saber dos americanos, lá representados pelo todo-poderoso secretário do Tesouro, Douglas Dillon, e o recentíssimo nomeado embaixador no Brasil, professor Lincoln Gordon, o *scholar* americano, que se transformaria num dos grandes arquitetos de Golpe de 64.

***

Todas aquelas cenas vieram de súbito à mente do governador, quando, ali naquele quartel, recebe, através de seu secretário de imprensa, Hamilton Chaves, um despacho da Agência France Presse, noticiando a renúncia. Percebeu algo de inusitado por trás daquela decisão. Pensou inicialmente que Jânio tivesse sido deposto pelos militares, com o auxílio de Carlos Lacerda, governador da Guanabara. Na véspera, Lacerda, conhecido como o demolidor de presidentes, (já havia derrubado Getúlio e infernizado a vida de Juscelino com várias conspiratas) fora à televisão para fazer pronunciamento mortífero. Acusou o Presidente de estar armando um golpe para investir-se de poderes excepcionais. Na sua linguagem escrachada, o governador ainda disse que "o Palácio da Alvorada estava mergulhado num mar de uísque", numa alusão à propalada propensão do Presidente à bebida alcoólica[37]. Lacerda, que era conhecido como boquirroto, porque não media as palavras, quando em fúria, admitiria anos depois, pouco antes de sua morte, em

37 15 anos mais tarde, no livro *Depoimento*, editado a partir de uma série de entrevistas realizadas pelo Jornal da Tarde, pela editora da família Lacerda, Nova Fronteira, do Rio de Janeiro, o ex-governador era mais moderado na apreciação dos hábitos de beber do Presidente.

1977, em seu livro *Depoimento*[38], que "Jânio não bebia tanto assim, como se propala".

Lacerda tinha sido o principal fiador na UDN da candidatura de Jânio, e seu maior correligionário no Governo. O presidente era oficialmente filiado ao PTN, Partido Trabalhista Nacional, uma sigla que só tinha expressão em São Paulo. Não obstante, o governador da Guanabara já vinha divergindo do presidente por causa da política externa. Quando Jânio condecorou Guevara com a Grã Cruz da Ordem do Cruzeiro, a maior comenda nacional, em cinco de agosto, Lacerda soltou os cachorros.

O Che estava voltando da Conferência da OEA em Punta Del Este, e antes tinha passado pela Argentina, onde havia conferenciado com o Presidente Arturo Frondizi, também considerado de linha progressista e aliado de Jânio Quadros na luta pela autonomia da América Latina.

O troco de Lacerda não se fez esperar. De pirraça, na tarde daquele mesmo dia, 19 de agosto, seis dias antes da renúncia, o governador da Guanabara entregou as chaves da cidade do Rio de Janeiro ao chefe dos cubanos anti-castristas, presidente da entidade denominada Frente Democrática Revolucionária de Cuba, em Miami, Manoel AntônioVerona, que na ocasião visitava a Cidade Maravilhosa.

Dias depois, ele vai à TV para denunciar que o presidente tramava um golpe para amordaçar o Congresso Nacional. A denúncia de Lacerda, ainda que não consubstanciada em fato concreto ou determinado, caiu como uma bomba no meio político. E levou a Câmara dos Deputados a declarar-se em comissão geral permanente. Nesta capacidade, poderia convocar qualquer membro do Governo, inclusive familiares do presidente. Logo foi convocado para depor o Ministro da Justiça, Pedroso Horta, denunciado por Lacerda como o articulador das medidas visando ao reforço dos poderes de Jânio. A mulher de Jânio, D. Eloá Quadros teria também figurado nas cogitações dos deputados, interessados em saber de sua gestão frente à LBA, Legião Brasileira de Assistência, entidade oficial de cunho filantrópico, presidido pela primeira dama.

---

38 Op. cit.

Jânio, de fato, vinha se impacientando com o emperramento das matérias do Executivo no Congresso. Ali nada andava, se queixava, enquanto entupia a pauta de projetos, o que irritava ainda mais os líderes partidários. Estes, por sua vez, se queixavam de que o Presidente não os recebia.

Em vista desses antecedentes, a primeira reação de Brizola foi telefonar para o presidente renunciante e oferecer-lhe abrigo no Rio Grande. Coincidentemente, dali a dois dias, Jânio Quadros deveria instalar seu governo itinerante, em Porto Alegre, como vinha fazendo em outros Estados.

A muito custo e depois de várias tentativas em vão, Brizola consegue um contato com a equipe do já ex-presidente. Jânio tinha mesmo renunciado, como lhe respondeu o jornalista Carlos Castello Branco, secretário de imprensa, que estava junto do ex-presidente, na Base Aérea de Cumbica, em São Paulo, onde Quadros se encontrava "sob guarda militar".

— Disse-lhe, então, recordou Brizola tempos depois[39], que, mesmo tendo ocorrido a renúncia, desconfiávamos de que o Presidente havia sido constrangido a esse gesto e que, nesse caso, tratar-se-ia de um golpe. E mais: que nós, do Rio Grande do Sul convidávamos o Presidente Jânio Quadros para vir ao nosso Estado e, daqui, dirigir-se à Nação em defesa do seu mandato legítimo.

Castellinho, como era chamado entre os colegas e que depois passaria a assinar a coluna mais importante do jornalismo político, a *Coluna do Castello*, no *Jornal do Brasil*, agradeceu comovido os préstimos do governador. Sempre falando em nome de Jânio, disse a Brizola que nada mais havia a fazer.

Ainda não completamente convencido daquela história, Brizola começa a disparar telefonemas para governadores, generais e comandantes do Exército, jornalistas e políticos. Aos poucos percebeu que os setores políticos e militares envolvidos na tentativa de deposição de Getúlio Vargas, em 1954, estavam se articulando para impedir a posse do Vice-Presidente João Goulart, então no exterior,

---

39 *Legalidade, 25 anos — A Resistência que levou Jango ao Poder".* (Depoimento de Leonel Brizola), Edição de Rafael Guimarães, A. Porto, Ricardo Stricher e Sérgio Quintana. Porto Alegre, 1986.

chefiando uma delegação oficial, incluindo deputados e senadores, através dos países da chamada *Cortina de Ferro*.

Enquanto isso, em Brasília, os políticos do PSD, que comandavam o Senado e a Câmara, já haviam declarado a vacância do cargo de Presidente da República. A renúncia se traduzia num ato "pessoal e irretratável", na tese vitoriosa, defendida pelo deputado Gustavo Capanema (MG), um dos próceres do PSD e, segundo a qual, não cabia apreciação. O próprio presidente do Senado, Auro de Moura Andrade (PSD-SP) afirmou, ao comunicar o fato, em sessão especial do Congresso Nacional, que "a renúncia é um ato de vontade, do qual deve tomar conhecimento o Congresso Nacional". "Nos termos da Constituição Federal, art. 79, §1º, — continuou Moura Andrade — "caberá ao presidente da Câmara assumir a Presidência da República"

Ato contínuo, empossaram o deputado Ranieri Mazzilli (SP), no cargo de Presidente da República, em cerimônia rápida e quase às escondidas. Mazzili, como presidente da Câmara, era o primeiro na linha sucessória, no caso da ausência ou impedimento do Vice-Presidente da República, que era João Goulart, em viagem pela China Comunista. O governo, no entanto, era de fato exercido pelos ministros militares, à frente o do Exército. O marechal Odylio Denys, o ministro, despachava ordens, inclusive a de prender João Goulart, no momento em que este pisasse em solo nacional. Paralelamente, a repressão se fazia a olhos vistos dos deputados e senadores, em Brasília:

— Ontem à noite e hoje pela manhã, de madrugada, os aviões eram revistados. Soldados procuravam o Vice-Presidente, indo até mesmo àquelas partes reservadas dos aviões — disse em discurso o senador Aurélio Viana (PSB-GB), na sessão do dia 27 de agosto.[40]

No Rio de Janeiro, o marechal Henrique Teixeira Lott, ex-ministro da Guerra, era preso na Fortaleza de Lage, depois que soltou um manifesto conclamando o país a defender a posse de Goulart. Lott, um garboso e valente militar, era conhecido como o "general da legalidade", depois de ter impedido, como ministro, o golpe desfechado

40 *Diário do Congresso Nacional*, Ano XVI, Seção II, 28/08/1961 — Citado no livro 1964 — *Golpe ou contra-golpe*, de Hélio Silva, Civilização Brasileira, 1975 , p 50.

por Lacerda e Carlos Luz para inviabilizar a posse do Presidente e Vice-Presidente eleitos Juscelino Kubitsheck e João Goulart, em novembro de 1955. Contatado por Leonel Brizola, fora dos primeiros a sair em defesa do cumprimento da Constituição.

Por sua vez, o governador Carlos Lacerda ordenava uma série de prisões ilegais e baixava a censura nos jornais. Era o próprio presidente em exercício da Câmara, deputado Sérgio Magalhães (PTB-RJ), quem fazia a denúncia da tribuna da Câmara:

— (...) Prisões de generais, do marechal Lott. Naquele Estado (Guanabara), sob o pretexto de decretação do estado de sítio, de que o Congresso não tem conhecimento, foram invadidas associações de classe. Foi também apreendida uma edição de 60 mil exemplares do *Jornal do Brasil,* e as (outras) redações dos jornais se encontram sob censura".

Os ministros militares, em princípio, negam aqueles rumores e chegam a mandar um recado, em nome do marechal Denys, que é lido da tribuna pelo deputado Esteves Rodrigues (PR-MG): "Não emiti qualquer opinião pessoal sobre a situação política. Desconheço os problemas que dizem existir. Se existe algum, ele pertence ao Congresso Nacional. A solução que foi dada à renúncia do Presidente da República, foi a solução constitucional".

***

Vem em seguida um comunicado assinado pelos três ministros fardados, constituídos numa virtual junta militar, que obriga o presidente em exercício Ranieri Mazzilli a dar ciência ao Congresso da "a absoluta inconveniência, na atual situação, do regresso ao País do Vice-Presidente da República Sr. João Goulart.".

Arrogando-se "responsáveis pela manutenção da ordem, da lei e das próprias instituições democráticas", os ministros militares avisam que, "na Presidência da República, o Sr. João Goulart constituir-se-á, sem dúvida alguma, no mais evidente incentivo a todos aqueles que desejam ver o País mergulhado no caos, na anarquia, na luta civil. As próprias Forças Armadas, infiltradas e domesticadas, transformar-se-iam, como tem acontecido noutros países, em simples milícias comunistas".

No açodamento para assaltar o poder, esses setores se atropelavam, sem um mínimo de coordenação ou planejamento. A renúncia havia apanhado todo mundo de calça curta. Cada um queria mandar mais e chegar primeiro ao comando maior do país, gerando um verdadeiro pandemônio.

Na velha tradição brasileira — e latina — de forçar situações de fato, a cúpula militar e política julgava que um acerto final entre eles resolveria o problema e o domínio do poder recairia naquele que melhor se impusesse — o marechal Denys, Carlos Lacerda, o general Cordeiro de Farias ou mesmo um dos outros dois ministros militares (almirante Sílvio Heck, da Marinha; e brigadeiro Grun Moss, da Aeronáutica). Mas isto é matéria para outro capítulo.

XII — A FORÇA DO RÁDIO

Hino da Legalidade
(Lara Lemos e Paulo César Pereio)

Avante brasileiros de pé/
Unidos pela liberdade/
Marchemos todos juntos de pé/
Com a bandeira que prega a igualdade/
Protesta contra o tirano/ Se recusa à traição/
Que um povo só é bem grande/ Se for livre como a Nação

A cúpula não contava com a ousadia de Leonel Brizola nem com a força do rádio. Agindo como um verdadeiro general no campo de batalha, uma espécie de Napoleão dos trópicos, ele mobiliza — e une — todo o Rio Grande do Sul — os militares, a igreja, os políticos, os estudantes, os operários, os comerciantes, o empresariado e o povo. A meta: a defesa da legalidade constitucional, "que apontava numa só direção, consumada a renúncia do Presidente, teria de haver a posse do Vice-Presidente, seu substituto legal e constitucional". E o Vice era o gaúcho João Goulart, eleito em chapa separada do Presidente[41], em 3 de outubro de 1960, no Palácio do Planalto. O meio: o poder da palavra e a capacidade de mobilização, do governador dos gaúchos, magnificada pelas ondas hertzianas do velho rádio, que, na época, diziam, ia desaparecer, por causa do advento da televisão.

Até o fim de seu último suspiro, Brizola fazia questão de se dizer um homem do rádio. Não um radialista profissional, que nunca foi. E sim um líder que se utilizava do rádio como o melhor veículo para fazer chegar sua mensagem ao povo.

Embora fosse tido como "bom de TV", devido ao seu excepcional desempenho, particularmente nos debates televisionados, Brizola, na verdade, sentia-se inibido na frente das câmeras. Chegava a se assustar com toda aquela parafernália de equipamentos, técnicos, maquiagem e os mandamentos do marketing, que ele teimava em transgredir. Para ele, aquilo tudo era muito artificial. Bom mesmo era o rádio, dizia, onde ficava à vontade, como se estivesse em casa.

Na verdade, Leonel Brizola fazia uso maciço da mensagem radiofônica, seja em pronunciamentos ou em entrevistas e debates, desde seus tempos de candidato a deputado estadual, em 1946. Como governador, tinha um programa semanal à noite, onde costumava varar a madrugada. Depois, como deputado federal, entre 1963 e1964, utilizou a Rádio Mayrink Veiga em apresentações quase diárias e à frente de uma cadeia de várias emissoras espalhadas para os diversos Estados.

Na época da Legalidade, ele foi ajudado em muito pela chegada de um aparelhinho que levava sua palavra aos lugares mais recônditos: era o radinho de pilha, de dimensões menores que um livro e que poderia ser portado para onde se quisesse. Como era relativamente barato, qualquer um podia possuí-lo. Além do mais, constituía uma novidade que todos gostavam de exibir como um verdadeiro troféu.

---

41 Ao contrário do que sucede hoje, em que o Vice-Presidente é um mero coadjuvante na chapa do candidato a Presidente, a eleição do Presidente e do Vice-Presidente da República se dava de forma separada. O eleitor escolhia o Presidente e depois o Vice. Esta situação propiciava a eleição de um Vice adversário do Presidente. É o caso de Goulart, da aliança PSD — PTB, que foi eleito, em 1960, com Jânio Quadros, do PTN, mas em coligação com a UDN.

De repente, surge naquele radinho a voz incandescente de Leonel Brizola, concitando todos à luta para livrar o Rio Grande do esbulho que ameaçavam aplicar-lhe os generais, lá em Brasília. Do seu ângulo, a partir da teoria da *guerra revolucionária*, o general Antônio Carlos Muricy via assim o fenômeno:

"O rádio de pilha fazia com que todo mundo no Rio Grande, inclusive os soldados, sargentos e tenentes estivessem ouvindo a Cadeia da Legalidade, porque isto era só o que havia (no rádio). Este movimento foi empestando o Rio Grande do Sul e eu senti, pela primeira vez, a importância do que se chama a guerra psicológica. Com a guerra psicológica eu vi, em dois dias, o Rio Grande se transformar. O Rio Grande, que tinha a metade ou mais contra o Brizola, se transformou em ardoroso defensor do Brizola[42]".

Mas antes de se municiar desta arma considerada letal por muitos adversários, Brizola cercou-se de outros cuidados para deflagrar a sua Campanha da Legalidade. Primeiramente, tentou o entendimento, pelo telefone ou pelo serviço de radioamador, com os militares, os governadores, parlamentares, estudantes, jornalistas e lideranças sindicais. Em insistentes telefonemas, procurou advertir-lhes para as conseqüências funestas para o país da violação constitucional que pretendiam os setores encastelados na cúpula do poder: os ministros militares e outros oficiais superiores viciados na pândega golpista, caciques do PSD e da UDN, alguns governadores e setores do empresariado temerosos de uma política nacionalista.

Alguns de seus interlocutores foram corteses e simpáticos, outros despistavam, procurando dissuadir o governador de que houvesse risco de alguma conspiração. Diziam que não havia razão de se impedir a posse do Vice. Outros simplesmente não atendiam às suas ligações ou o tratavam com rispidez, como o general Costa e Silva, que comandava o IV Exército, em Recife: "Não me telefone mais". Já outros oficiais foram mais receptivos:

"Falei — disse Brizola — com o comandante do II Exército[43] (general Oswaldo Araújo Mota), em São Paulo, o qual me declarou

42 Depoimento ao CPDOC, 1981.

43 Eram os seguintes os comandantes de Exército: I Exército (Guanabara), general Nestor Souto de Oliveira; II (São Paulo), general Oswaldo de Araújo Mota; III (Rio Grande do sul), general Machado Lopes; IV (Pernambuco), general Arthur da Costa e Silva.

que tudo faria para que a crise não se agravasse. Consegui localizar o general Osvino Ferreira Alves, que se encontrava sem comando de tropa, no Rio. Localizei no Rio o general Amaury Kruel, também sem comando e convidei-o para vir, de qualquer modo, para o Rio Grande do Sul. Dois ou três dias depois Kruel estava chegando e permaneceu incógnito no Piratini. Era nossa intenção atribuir-lhe o comando militar da resistência, caso o general Machado Lopes não se decidisse a apoiar a legalidade".

Brizola consegue, entretanto, a solidariedade dos governadores de Goiás, Mauro Borges, e do Paraná, Ney Braga. O de São Paulo, Carvalho Pinto, mostra-se reticente e pede para esperar os acontecimentos: "Encontrei-o frio e desinteressado", disse Brizola. É recebido com entusiasmo pelos estudantes, entre os quais o presidente da União Nacional dos Estudantes, UNE, Aldo Arantes, que logo se desloca para a Porto Alegre, onde instala o comando da entidade, e as lideranças sindicais, mobilizadas nas diversas capitais.

Enquanto isso, os boatos fervilhavam em todo o país: "Não vão deixar o Jango tomar posse". O pau começa a cantar na Guanabara, onde o governador Carlos Lacerda e o general Cordeiro de Farias, chefe do Estado Maior das Forças Armadas, EMFA, atuando aparentemente de forma coordenada, e sem qualquer amparo legal, estabelecem a censura à imprensa, apreendem jornais, destroem transmissores de emissoras de rádio e mandam a polícia bater em quem se manifestasse a favor da posse do Vice.

Antecipando-se ao veto formal dos três ministros militares à posse de Goulart[44], Brizola tinha lançado várias proclamações ao povo para que este ficasse atento aos acontecimentos. O Presidente da República tinha renunciado e aquilo não era normal. Suas manifestações, geralmente transmitidas pelo rádio, começaram a atrair a multidão para a Praça da Matriz, onde se situa o Palácio Piratini, sede do governo estadual. Lá, a tribuna era livre, todos falavam. Uns pediam a volta de Jânio, outros criticavam os militares, outros

44 Contido num memorando que enviam, em 28 de agosto, ao presidente em exercício, Ranieri Mazzilli, o qual, em seguida o submete ao Congresso Nacional, o veto é expresso: "(...) Os Ministros Militares, na qualidade de Chefes das Forças Armadas, responsáveis pela ordem interna, me manifestaram a absoluta inconveniência, por motivos de segurança nacional, do regresso ao país do Vice-Presidente João Belchior Marques Goulart".

exigiam a posse de Jango. E todos exortavam ao cumprimento da Constituição.

Num de seus primeiros manifestos, de 25 de agosto, Brizola diz que a carta-renúncia "contém graves denúncias sobre pressões de grupos, inclusive do exterior, que precisam ser esclarecidas. Uma nação que preza a sua soberania não pode se conformar pacificamente com a renúncia do senhor Presidente da República". Depois comunica que "por motivo dos acontecimentos, o governo deste Estado dirigiu-se ao senhor Vice-Presidente da República, Dr. João Goulart, pedindo o seu regresso urgente ao país".

***

Desde que lhe chegaram as primeiras notícias da renúncia, Brizola estabelece uma ponte com o general-comandante do III Exército, Machado Lopes. Ao mesmo tempo, coloca a Brigada Militar em prontidão rigorosa e dá ordens para ocupar e controlar os pontos estratégicos da cidade. A seguir, concentra em Porto Alegre diversos contingentes da Brigada que se encontravam destacados nos municípios vizinhos. Depois assume todas as posições que o Estado Maior da Brigada entendia conveniente e coloca sob o controle do governador a companhia telefônica, as empresas de transportes e de trens, a Usina Elétrica do Gasômetro e a Varig. Seus prédios eram guarnecidos com rolos de arame farpado, sacos de areia, sob o olhar vigilante dos brigadianos (policiais militares) e das milícias populares. Com isso, o governador tinha sob seu comando as comunicações e os transportes.

Garantida a situação militar, ele se reúne com as lideranças do PTB e seus assessores, concluindo todos pela necessidade de resistir à qualquer manobra golpista. Procura o presidente da Assembléia, seu adversário do PSD, Hélio Carlomagno, de quem obtém o apoio para a resistência, o mesmo ocorrendo com o presidente da Câmara de Vereadores da Capital.

— O Palácio e as áreas adjacentes foram se transformando numa verdadeira cidadela — contou Brizola depois. As torres da Catedral foram ocupadas com ninhos de metralhadoras, pilhas de sacos de areia onde se fizessem necessários. Eram as tarefas do Regimento

Bento Gonçalves, reforçados com outros contingentes da Brigada Militar, sob o comando do Coronel Átila Escobar.

O comandante do III Exército estava calado. Numa das conversas que tivera com Brizola, o general José Machado Lopes, ainda sem informação precisa do que estava acontecendo e raciocinando como soldado disciplinado, havia dito que estava com o Exército. "Pois eu fico com a Constituição", respondeu-lhe Brizola: Na verdade, o general já vinha manifestando a seus superiores em Brasília e no Rio sua contrariedade com o rumo dos acontecimentos na cúpula militar, nitidamente favorável ao golpe.

"O diálogo, para mim, estava encerrado" — contou Brizola depois. "Apenas cumpri, ainda, o dever de lealdade de dizer ao General Machado Lopes que se aquelas notícias se confirmassem, de minha parte e do Governo do Rio Grande do Sul, ficaríamos com a Constituição. Em termos respeitosos, mas com escassas palavras, nós nos despedimos, encerrando aquela breve conferência telefônica. Desde então me senti impedido de fazer novos contatos pelo telefone com o Comandante do III Exército. Daí por diante, passamos a atuar cada um para seu lado. Suas palavras foram suficientemente claras e peremptórias".

***

Um dia após a renúncia de Jânio, um sábado, as notícias vindas de Brasília e do Rio de Janeiro indicavam claramente a inclinação dos militares para impedir a posse de Goulart. Brizola pede então ao deputado Rui Ramos (PTB-RS) que vá ao ministério da Guerra e indague pessoalmente ao marechal Odylio Denys se havia algum fundamento naqueles rumores. Rui Ramos vai ao ministro, acompanhado dos deputados Bocayuva Cunha (GB) e Ivete Vargas (SP), todos do PTB, e recebe a confirmação do ministro da Guerra: "Informo ao deputado que sou forçado a impedir que o Dr. João Goulart assuma o poder. Digo-lhe mais, que se ele chegar ao território nacional da República, serei forçado a prendê-lo imediatamente[45]".

45 Aparte de Rui Ramos ao deputado Adaucto Lúcio Cardoso (UDN-RJ) na sessão de 27 de agosto de 1961, transcrito do livro *5 anos que abalaram o Brasil*, p.340, do jornalista Mário Victor, Rio de Janeiro: Civilização Brasileira, 1965.

Ao relatar o episódio da tribuna da Câmara, na sessão de 27 de agosto, o deputado gaúcho disse que tinha respondido assim ao ministro da Guerra: "Marechal, esta sua declaração representa uma declaração de guerra — é a declaração da guerra civil, que os senhores, das maiorias armadas, lançam contra nós, das minorias desarmadas". Ao terminar sua intervenção em plenário, o deputado Rui Ramos solicita ao Presidente em exercício Ranieri Mazzilli, "a demissão do ministro da Guerra e a sua prisão, por atentado à constituição e à legalidade".

No dia anterior, Brizola, ao ser informado do ultimato do ministro, solicita a Rui Ramos[46] que o coloque ao telefone com o marechal Henrique Teixeira Lott. Lott era chamado o general da legalidade, por ter várias vezes usado a espada para desbaratar várias conspirações contra o regime democrático. Foi ele também quem reprimiu a anarquia militar, responsável por pelo menos duas intentonas, a de Jacareacanga (Pará), de 10 a 29 de fevereiro de 1956, quando JK tinha pouco mais de um mês de governo, e a de Aragarças[47] (Goiás), de 2 a 4 de dezembro de 1959, também no período Kubitsheck. Ambas as rebeliões foram comandadas por oficiais da Aeronáutica. Por causa disso, Lott teve de exercer cumulativamente o ministério da Aeronáutica, durante certo tempo. Era uma maneira de pôr cobro ao furor conspiratório daquela arma amotinada que estava desde a *República de Galeão*[48],

46 "Os inesquecíveis deputados Ruy Ramos e Vítor Issler passaram a nos enviar informações, sistematicamente, via rádio, do escritório do Governo do Estado, na Capital Federal" — Depoimento de Brizola ao livro *Legalidade*.

47 Segundo o Dicionário Histórico Brasileiro Biográfico, do CPDOC — FGV, a revolta de Aragarças, comandada pelo tenente-coronel João Paulo Moreira Bournier, teve uma dupla motivação: "a desistência de Jânio Quadros, candidato da oposição à Presidência da República de concorrer à eleição de outubro de 1960 e informações referentes a uma iminente sublevação de esquerda, liderada por Leonel Brizola, então governador do Rio Grade do Sul".

48 Este era o nome dado aos oficiais que comandavam o inquérito militar da Aeronáutica, instalado na Base Aérea do Galeão para investigar o atentado a Carlos Lacerda, ocorrido em 5 de agosto, no qual morreu o major da FAB, Rubens Vaz, guarda-costas de Lacerda. Estes oficiais, que haviam descoberto o chefe da guarda do palácio presidencial, o Catete (a capital ainda era no Rio), Gregório Fortunato, como um dos envolvidos no crime, se arvoraram de poderes quase absolutos. Passando por cima de qualquer autoridade, eles chegaram a contratar Cecil Borer, conhecido pelas acusações de aplicar torturas nas prisões cariocas. Mais tarde, ele seria chefe de polícia no Governo Lacerda, em que atuou nos desmandos que se seguiram à renúncia do Presidente Quadros e na tentativa de impedir a posse do Vice Goulart.

outra sedição que culminou no suicídio de Getúlio Vargas, em 24 de agosto de 1954.

Naqueles dias de incertezas que se seguiram à renúncia de Jânio, o marechal Lott já estava nas trincheiras. Em manifesto dirigido à Nação, ele afirmou "(..) conclamo todas as forças vivas do país, as forças da produção e do pensamento, dos estudantes e dos intelectuais, dos operários e do povo em geral, para tomar posição decisiva e enérgica no respeito à Constituição e preservação integral do regime democrático brasileiro. Certo ainda de que os meus camaradas das Forças Armadas saberão portar-se à altura das tradições legalistas que marcam sua história no destino da Pátria".

Naquela ligação telefônica, Lott sugeriu a Brizola algumas providências para reforçar o movimento de resistência, como contatar os generais Peri Bevilacqua, da divisão de Santa Maria (RS), e Oromar Osório, de Santiago do Boqueirão (RS): "Este mandou-nos dizer que já se encontrava sobre rodas e que precisava urgente de 11 trens e 200 caminhões, recomendando que procurássemos entendimento com o general Machado Lopes. Os trens e os caminhões foram fornecidos ao general Oromar Osório que, como todos sabem, atingiu nos dias seguintes o Estado do Paraná. Atuou com a mobilidade do general Patton na II Guerra Mundial" — disse Brizola naquele depoimento.

Após despedir-se do marechal, pelo telefone, Brizola providenciou que o manifesto de Lott fosse divulgado pela imprensa gaúcha. Muitos jornais do Rio de Janeiro e de outros Estados do centro nervoso do país haviam sido impedidos de publicá-lo, porque estavam debaixo de censura. Aqui, especialmente, ocorre um fato determinante que vai marcar a eclosão da Cadeia da Legalidade, uma rede de emissoras que, no seu auge, chegou a atingir quase 200 estações de todo o país. As rádios gaúchas que haviam irradiado o manifesto de Lott tinham sido lacradas e tido seus cristais retirados, por ordem de Brasília. Brizola decidiu então ocupar a única emissora em atividade — a Rádio Guaíba, do grupo de propriedade de Breno Caldas, que controlava o *Correio do Povo*. E estava no ar justamente porque não tinha levado ao ar a conclamação do marechal. Já atuando como chefe revolucionário, o governador determina a seu secretário de Justiça, João Caruso, que "redigisse um ato, portaria, decreto, fosse o que fosse", para requisitar a Rádio Guaíba, no sentido de que esta passasse a funcionar nos porões do Palácio Piratini, onde se localizava o serviço de imprensa do governo. A Guaíba ia fazer a cabeça da rede de rádios que se formaria logo depois.

De posse do ato, um grupo de choque da Guarda Civil, armado de metralhadoras, ocupa, por volta das 12 horas de domingo, dia 27 de agosto, os estúdios da emissora, localizada no 2º andar do prédio da Companhia Jornalística Caldas Júnior. O secretário de Segurança, Gabriel Obino, portando um ofício do governador, vai aos estúdios da Rádio, para comunicar que, a partir daquele instante, a emissora passara a integrar a Secretaria de Segurança Pública. Logo depois, a força policial se desloca para a Ilha Pintada, onde estavam os transmissores, lá ficando em guarda permanente e fortemente armada. Este destacamento foi pouco depois reforçado pelas lanchas do Corpo de Bombeiros, as quais, todas armadas com equipamento de guerra, impediam a aproximação de qualquer intruso interessado em arremeter por água contra as torres da emissora.

Poucas horas depois, a Rádio Guaíba era instalada no Piratini e ouvida a voz de Leonel Brizola, conclamando o povo para a luta, que se prenunciava árdua e encarniçada. Isto é o que vamos ver logo a seguir, no próximo capítulo.

XIII — A MEDIDA DA MOBILIZAÇÃO

— A situação nos altos centros da República — começou Brizola — vem criando para todos nós um estado de apreensão e angústia. Quero pedir aos meus conterrâneos que continuem ouvindo a Rádio Guaíba, instalada na Secretaria do Estado, e transformada na voz da Legalidade, na voz da Constituição e do Regime, para o Rio Grande do Sul e para o Brasil. Vivemos uma fase decisiva, porque permanece a ameaça de golpe nas instituições do país.

Brizola falou com serenidade, mas subiu o tom quando disse, para a ovação do povo que o ouvia por poderosos alto-falantes espalhados na praça: "Quero vos dizer ainda (a linguagem dos discursos da época era formal), meus conterrâneos, que se houver um golpe, eu não entregarei o governo do Estado. Resisto. Entretanto, confiamos nos nossos irmãos das Forças Armadas. Nós confiamos neles porque confundimos com eles nosso patriotismo. E eles, que têm derramado o seu sangue em países estrangeiros, que sejam sentinelas da ordem. Mas da ordem dos povos livres, da ordem que organiza os povos dentro dos esquemas legais".

Naquele momento, ele já havia recebido o arcebispo de Porto Alegre, D. Vicente Scherer, seu velho adversário na política gaúcha, mas que fora até o Piratini transmitir-lhe as apreensões generalizadas quanto à eclosão de uma guerra civil. Mas permaneceu firme: "Dizia eu há pouco" — relatou Brizola — "à S. Exa. Revma. D. Vicente, arcebispo de Porto Alegre, que a nossa esperança é de que nesta área sob a égide do III Exército, se forme um bloco coeso para estabelecer uma unidade de ação, para que possamos levar uma ação contra aqueles homens que estão lá. Para que Exército, Marinha e Aeronáutica se transformem numa unidade que sirva de plataforma de bloco estanque, de convés de um navio que não pode ir a fundo".

Depois Brizola se refere às articulações para a convocação de uma greve geral, contra a qual se coloca, em princípio: "Nenhuma greve deve ser deflagrada, ainda. Precisamos ir amanhã para (pôr) os nossos trabalhos em ordem. Apenas suspendemos o funcionamento das escolas primárias, para não expor as criancinhas inocentes a qualquer perigo. Agora, ninguém deve fazer greve. Se houver violência, aí sim, todos os trabalhadores devem deflagrar a greve geral. Mas depois que o regime for agredido e a constituição, rasgada".

Sobre a posse de Jango, afirmou: "O Presidente eleito pelo voto do povo e com o diploma aprovado pelo Tribunal Superior Eleitoral deve ser empossado. Ele é o Presidente. Por isso repelimos as notícias que nos chegam anunciando que ele não tomaria posse. Se isso acontecesse, o governo do Rio Grande do Sul resistiria a qualquer tentativa".

Era meio dia em Porto Alegre, num domingo de inverno, com chuvas intermitentes. Mas o povo não desistia. Permanecia ali ouvindo a voz de Brizola e as proclamações da Rede da Legalidade. Esta foi aos poucos se expandindo com a inclusão, primeiramente das Rádios Farroupilha e Difusora e depois da Gaúcha, que retomaram seus cristais por ordem do governador. Várias emissoras de rádio do interior e dos Estados do Paraná, São Paulo, Bahia, Goiás, e outros não alcançados pela censura, foram formando cadeia. A programação da Legalidade, que permanecia no ar as 24 horas do dia consistia em, noticiário, marchas militares e proclamações do governador, de líderes estudantis, sindicais. De lá falavam, além de Brizola, o presidente da UNE, Aldo Arantes, o líder sindical Max da Costa Santos, o líder comunista João Amazonas e deputados como Rui Ramos (PTB-RS) e Tenório Cavalcante (UDN-RJ). Eles também transmitiam diretrizes e instruções de como deveriam atuar os movimentos estudantis, sindicais e militares, em face dos acontecimentos. Havia igualmente um sistema de divulgação de informações sobre as emissoras que decidiam aderir à rede, assim como de pessoas do povo que quisessem transmitir notícias sobre o movimento nas suas cidades. A Rede da Legalidade tomou grande impulso em termos de penetração de Brasil, quando a Rádio Brasil Central, do governo de Goiás, anunciou sua adesão ao movimento, juntamente com a proclamação do governador Mauro Borges Teixeira.

A Rede da Legalidade transformava-se também numa excelente fonte de informações, uma vez que a imprensa de quase todo o restante do país estava sob censura ou autocensura. Dessa forma, informações como o manifesto do marechal Lott, depois a prisão deste, assim como as manifestações e greves que pipocavam pelos estados, além da adesão do governador Mauro Borges à causa da Constituição, eram divulgadas em absoluta primeira mão pela rede.

Tais notícias eram trabalhadas por centenas de profissionais altamente gabaritados. Além da Rede da Legalidade, esses jornalistas eram responsáveis pela edição de alguns jornais mais simpáticos à causa, como a *Última Hora* de Porto Alegre. Em alguns casos, Brizola chegava a assumir pessoalmente a edição desses jornais, como fez com o número especial de *Última Hora*, que saiu no dia 28 de agosto:

— O Brizola não gostou do editorial, escrito pelo então diretor do jornal. Estava aquém do momento, disse. E chamou o Franklin de Oliveira para redigir um texto mais vibrante. Ele também mexeu em várias matérias, corrigindo alguns dados e refazendo outros — disse o jornalista Flávio Tavares, em depoimento ao autor.

Enquanto isso, os vários comitês formados para a organização da sociedade se deslocavam em diversas direções. Uns cuidavam do alistamento militar que, já naquela altura, atingia 45 mil pessoas. Outros distribuíam armas ao povo, como os cerca de mil revólveres *Taurus*, cuja fábrica, localizada no Estado, havia sido requisitada pelo governo estadual. Entre os jornalistas, uma das categorias profissionais mais engajadas e mais ciosas de seu papel no esforço de guerra, a missão era mobilizar os jornais, rádio e TV para levar a informação e o entusiasmo às multidões. À frente deles estava o secretário de imprensa, Hamilton Chaves, que funcionou como um verdadeiro oficial de estado maior e um líder da categoria. Flávio Tavares e Adauto Vasconcelos, da *Zero Hora*, Norberto Silveira e Franklin de Oliveira atuavam como verdadeiros comandantes militares.

"Não temos armas na cintura e muito menos nas nossas costas" — dizia um dos manifestos do comitê de jornalistas. "Nossa arma é a nossa pena e a nossa tribuna é a Rede da Legalidade. Somos 200, 300 ou 400. Todos voluntários. (...) Somos em número superior às máquinas de escrever, aos microfones e aos aparelhos de controle de som. Queremos ajudar. Viemos atender a um ditame da consciência. Somos brasileiros. Somos democratas. Somos legalistas. Nada recebemos. Nossa colaboração é espontânea. A matéria que divulgamos não é censurada. Trabalhamos de acordo com nossa consciência, de acordo com nossa capacidade".

Os jornalistas, claro, eram da classe média, mas o movimento da Legalidade conseguiu contagiar todas as classes, principalmente as mais humildes. Pelas ruas principais da cidade, como a requintada Borges de Medeiros, se viam grupos de mulheres de vilas populares, "vestes puídas, aparência pobre (não empobrecida como vemos hoje), cabelos em desalinho total, algumas grávidas, panelas e talheres nas mãos, marchavam quase como soldados[49]".

Ao mesmo tempo, batalhões populares percorriam as ruas da capital. Eram universitários, tranviários (na época havia bondes), marítimos, ferroviários, escoteiros, bancários, artistas, intelectuais, secundaristas, enfermeiros, operários da construção civil, militares reformados. Todos eram categorias que se constituíam nos comi-

---

49 Relato de Norberto da Silveira, em seu livro *Reportagem da Legalidade*, de 1991, da NS em Comunicação Social, Porto Alegre, citado em *Rebelião da Legalidade*, de Vivaldo Barbosa, FGV, 2002.

tês de resistência democrática, a partir de orientação do Palácio Piratini, que cedeu o pavilhão de exposições Mata-Borrão, situado entre as ruas Borges de Medeiros e Andrade Neves. Lá foi instalado o comitê central.

Como se viu depois, as manifestações de apoio não se limitavam à mera presença física das pessoas. Segundo relata Norberto Silveira, que se revelou um dos cronistas mais minuciosos do movimento, até companhias multinacionais entregavam ao Comitê Central do Mata-Borrão e ao Palácio Piratini, expressiva soma em vales de gasolina, que eram utilizados em qualquer posto de suas redes de revenda: "Na frente do Mata-Borrão, amontoavam-se pessoas que lá simplesmente deixavam seus veículos à disposição. Pequenos caminhões, caminhonetes, automóveis de todos os tipos, motocicletas e motonetas compunham uma invejável frota de transporte, utilizada em toda a sociedade, tanto que esses veículos foram devidamente devolvidos aos proprietários em perfeitas condições" — diz Norberto da Silveira.

Por outro lado, o engajamento popular não se limitava a Porto Alegre. Nas principais cidades, como Caxias, Pelotas, Bagé e outras, eram instalados comitês de resistência, que promoviam o recrutamento daqueles dispostos a lutar pela causa. Até mesmo em localidades menores, havia uma intensa participação: "Em Nanoai (terra de Oniva, mãe Brizola)", relata Norberto da Silveira, "as milícias, sob a liderança do prefeito Jair Calixto, preocupadas com a possibilidade de um ataque do Norte através do passo do Goi En, construíram armadilhas de pedras nas encostas dos morros que seriam acionadas contra as forças inimigas, despejando sobre elas tudo o que conseguisse empilhar[50]".

***

Enquanto isso, no restante do país, começam as reações contra as medidas discricionárias e a censura. A UNE, que teve sua sede, localizada na Praia do Flamengo, no Rio, invadida pela polícia de Lacerda, decreta greve geral em todo o país. Sua diretoria consegue

50 Idem.

fugir. O presidente, Aldo Arantes, segue para Porto Alegre, onde monta seu quartel-general dentro da Cadeia da Legalidade, no Piratini. Os outros diretores são despachados para diversos Estados, para implementar as diretrizes da paralisação nacional. Ainda no Rio, os vizinhos do Marechal Lott fazem um protesto, cantando o Hino Nacional, quando a polícia o leva preso. Vários generais, brigadeiros e almirantes lançam manifesto pedindo o cumprimento da Constituição e emprestam solidariedade ao Marechal.

No Porto do Rio, 32 navios esperam descarga por causa da greve de 13.500 trabalhadores. Entre os cariocas, também, 37 sindicatos fazem manifesto único em defesa da Constituição e conclamam à greve geral. Ao mesmo tempo, tropas do I Exército, agindo de acordo com a cúpula militar, ocupam os principais pontos de Niterói, então capital do Estado do Rio de Janeiro, para impedir as passeatas[51]. Aqui, nós chegamos próximos ao ponto decisivo do movimento, que é quando o comandante do III Exército, general Machado Lopes, decide não mais acatar ordens dos ministros militares e aderir. Este momento, de tão crucial, exige um capítulo à parte.

XIV — Passo decisivo

José Machado Lopes, de 61 anos de idade, era um general carioca, a quem o destino havia reservado a confrontação com pelo menos cinco operações bélicas de grande repercussão histórica, inclusive a II Guerra Mundial. Aos 22 anos, já combatia os revoltosos dos Dezoito do Forte de Copacabana. O episódio, como se sabe, deu origem ao Tenentismo[52], em 1922; a revolta de jovens oficiais comandada pelo capitão Luiz Carlos Prestes, em Santo Ângelo (RS), em 1924, e que redundou na Coluna Prestes; a Intentona Comunista de 1935, quando lutou de armas na mão em defesa do governo, no Rio; na II Guerra, quando foi mandado junto com a

51 *Jornal do Brasil*, 1 de setembro de 1961.

52 Movimento político desencadeado por jovens oficiais, de fundo social, e que influiu decisivamente na política brasileira, sobretudo na Coluna Prestes, Revolução de 1930 e na Era Vargas. Os tenentes que mais se destacaram foram Luiz Carlos Prestes, Siqueira Campos, Eduardo Gomes e Juarez Távora.

FEB para a Itália, em 1944, e lutou em Monte Castelo, na qualidade de comandante do 9º Batalhão de Engenharia e chefe do Serviço de Engenharia; e, finalmente, na Campanha da Legalidade, em 1961.

Tinha ido também várias vezes aos Estados Unidos, a primeira, em 1936, por designação do chefe do Estado Maior do Exército, EME, general Pedro Aurélio de Góis Monteiro. Foi adido militar em Washington, em 1954, quando também se torna membro da Comissão Interamericana de Defesa, CID. Era evidentemente o típico oficial conservador, mas de grande honradez pessoal e de tradição legalista.

Machado Lopes substituiu no comando do III Exército o general nacionalista Osvino Ferreira Alves. Ele integrava a nova ordem militar decorrente da vitória de Jânio Quadros, candidato apoiado com o apoio decisivo da UDN. Sem muito interesse em fazer política entre os generais, Jânio deixou que seu ministro da Justiça, Oscar Pedroso Horta, em colaboração com Carlos Lacerda, cuidasse da armação da blindagem militar do novo governo.

Sequiosos de poder, os udenistas, sob o olhar complacente e até cúmplice do ministro Horta, foram se apoderando de postos-chaves, a começar dos ministros militares, da Casa Militar da Presidência da República e dos comandos dos quatro exércitos espalhados pelo país — I Exército (hoje Comando Militar Leste), situado no Rio de Janeiro; II Exército (Comando Sudeste), em São Paulo; III Exército (Comando Sul), em Porto Alegre; e IV Exército (Comando Nordeste), em Recife. A chefia do Estado Maior das Forças Armadas ficou com o general Cordeiro de Farias; a chefia de gabinete do ministro da Guerra (hoje, Exército) com Orlando Geisel, e o comando da 10ª Região Militar (Comando Militar do Planalto), com o general Ernesto Geisel. Por último, mas não menos importante, a secretaria-geral do Conselho de Segurança Nacional foi entregue ao então coronel Golbery do Couto e Silva, o ubíquo general do regime militar de 1964.

No ápice desta blindagem estava o marechal Odylio Denys, militar reformado e beneficiado por uma lei especial, a Lei Denys, baixada pelo Presidente Juscelino Kubitsheck, dois anos antes, para manter o militar no posto que então exercia o comando do I Exército, considerado essencial para o esquema do marechal Henrique Lott, ministro da Guerra.

Ora, fora justamente o marechal Denys, a partir daquele comando estratégico, quem assegurou na tropa as manobras de Lott para derrubar os presidentes Carlos Luz e Café Filho. O primeiro era deputado e presidente da Câmara e tinha sido convocado a assumir a Presidência da República por causa do impedimento de Café Filho (o Vice de Getúlio), que baixara ao hospital. Ocorre que os dois — Luz e Café — estavam envolvidos, juntamente com Carlos Lacerda e a cúpula militar e política vinculada à UDN, numa conspiração para impedir a posse dos eleitos pelo povo, em três de outubro, o Presidente Juscelino Kubitsheck e o Vice-Presidente João Goulart.

Denys tinha sido até ali um militar legalista e nunca se envolvera em qualquer das conspiratas dos militares udenistas, que vinham tramando desde a derrubada de Vargas, em 1945. Nunca tinha assinado aqueles sinistros manifestos de coronéis e generais, que apearam João Goulart do Ministério do Trabalho, em 1953, e levaram Getúlio ao suicídio, em 1954. Foi por isso que, quando o marechal Lott teve de desincompatibilizar-se do Ministério da Guerra para candidatar-se à Presidência da República, no pleito de 1960, Juscelino fez Denys ministro da Guerra.

Quando vira ministro, porém, Denys se transforma, passa a minar a candidatura de Lott, perseguindo os aliados deste e se voltando inteiramente para o grupo udeno-lacerdista, agora engajado na candidatura Jânio Quadros, então governador de São Paulo, tida de antemão como vitoriosa, desde o seu lançamento, em finais de 1959. A virada de Denys teria o beneplácito de Juscelino, a quem se atribui o desejo intrínseco da derrota de Lott, candidato oficial de seu partido, o PSD, que, fazendo dobradinha com o PTB, apresentou João Goulart para um segundo mandato de Vice-Presidente. Juscelino, que queria voltar a candidatar-se a Presidente em 1965, há muito vinha costurando uma candidatura udenista, tendo como preferido o então governador da Bahia, Juracy Magalhães, um dos tenentes de 1930. Ele achava que a UDN, por ter perdido seguidamente as eleições presidenciais de 1946, 1950 e 1955[53], precisava de uma chance de poder, pois, do contrário, apelaria para o golpe militar. Mas Juracy perdera a convenção da UDN para Jânio Quadros, por ser patrocinado por Carlos Lacerda, detentor da maioria dos convencionais.

Estas manobras de Juscelino já vinham sendo denunciadas por Brizola, que, como a maioria dos observadores, via em Lott um grande general, mas um candidato sem apelo popular. Brizola, que nesta questão era apoiado por João Goulart, acabou tendo de aceitar o fato consumado da candidatura Lott, ainda que o Rio Grande do Sul e outros dois Estados tenham votado contra o marechal na convenção do PTB.

***

O fato é que Jânio Quadros acabou vencendo, mas seu candidato a Vice, o udenista Milton Campos, de Minas, perdeu para João Goulart, do Rio Grande do Sul, que se reelegeu Vice-Presidente da República. E com o governo Jânio, a UDN não perdeu tempo para apossar-se da máquina do governo, empalmando o ministério da Fazenda, com Clemente Mariani, e, sobretudo, com a engrenagem militar.

Dentro deste contexto, era evidente que o general Machado Lopes tinha ido para o Sul com a missão de vigiar ou senão desestabilizar Leonel Brizola. O jovem governador, de enorme prestígio popular, fazia um governo considerado muito radical para os padrões conservadores da época e se transformara um inimigo figadal dos lacerdistas e conservadores em geral, sobretudo os gaúchos. Havia perturbado muitos setores com sua visão progressista, seja em matéria administrativa e política, seja na forma revolucionária de comunicação e interação com o povo. Tinha também expropriado uma empresa americana, a *Bond & Share*, para o espanto geral dos grandes negócios.

53 O candidato da UDN, brigadeiro Eduardo Gomes, perdeu para o general Dutra na eleição para Presidente, em 1946, e para Getúlio Vargas, na de 1950. No pleito de 1955, o general Juarez Távora, apoiado pelos udenistas, perdeu para Juscelino Kubitsheck.

Machado Lopes levava também a tiracolo o general Antônio Carlos Muricy, de 55 anos, seu chefe de Estado Maior. Este era um anticomunista visceral cuja idéia fixa era a guerra revolucionária, uma nova teoria difundida pelo Pentágono para classificar os movimentos de sedição desenvolvidos pelas esquerdas e o chamado movimento comunista internacional.

Conta o coronel e ex-ministro Jarbas Passarinho, um dos cérebros do governo militar, que antes do Golpe de 64 já participava de grupos de estudo de guerra revolucionária organizados por Castello Branco. 'Fomos aprender a guerra que poderíamos enfrentar no caso de uma luta contra os comunistas', diz o ex-ministro[54].

Muricy teria sido pessoalmente indicado para Porto Alegre por Carlos Lacerda e pelos generais Orlando e Ernesto Geisel e o coronel Golbery do Couto e Silva. Como é sabido, Lacerda tinha muita influência nas três armas e contava com um grupo de oficiais admiradores incondicionais, alguns dos quais se prestavam inclusive a fazer-lhe a guarda pessoal. Este foi o caso, por exemplo, do major Rubens Vaz, da Aeronáutica, morto quando lhe dava proteção, no célebre atentato da Rua Toneleros, em Copacabana, em cinco de agosto de 1954. Tal episódio, como se sabe, levou ao ambiente golpista que provocou o suicídio de Getúlio Vargas, 19 dias depois.

A chegada do novo comando do III Exército provocou um rebuliço na política do Rio Grande do Sul. Chamava à atenção, particularmente, a linguagem do general Muricy, sempre alertando para "os perigos" da guerra revolucionária. Seus tiques nervosos e sua ação desinibida sugeriam que desse ordens ao próprio Machado Lopes, de perfil e comportamento mais discretos.

Muricy fez uma série de reuniões dos vários comandantes de unidades da região militar, que também compreendia os Estados de Santa Catarina e do Paraná. Tentou várias vezes intervir na Secretaria de Segurança com o fim de impedir as greves, por considerá-las um instrumento típico de comunistas. Ele chegou mesmo a fazer uma reunião com o secretariado de Brizola, por ocasião da greve dos bondes, no início de agosto, quando o governador se encontrava

54 Entrevista ao site de *O Globo*, 28 de março de 2004, http://oglobo.globo.com/jornal/especiais/golpe64/

em Montevidéu, participando daquela Conferência da OEA, em Punta Del Este, a que aludimos anteriormente.

Brizola, que pouco antes havia entabulado um bom diálogo com o Presidente Jânio Quadros, sobretudo na instalação do Governo itinerante, ocorrido dois meses antes em Curitiba, cuidou de alertar o Palácio do Planalto para a ação dos militares udenistas, que não se restringia apenas ao Rio Grande do Sul, como também a todo o território nacional. Ele desconfiava que o esquema, no mínimo, destinava-se a tutelar o Presidente, que vinha se destacando internacionalmente por causa de sua política externa e dos novos métodos imprimidos à administração.

A situação é em parte descrita por Carlos Castello Branco[55], secretário de imprensa do Presidente: "Este último (general Muricy)", disse Castello, "pregaria a formação de verdadeiras milícias para se opor politicamente ao governador, a pretexto de defender a ordem pública e o regime, que ninguém ameaçava".

Ainda conta Castellinho, procurado por Brizola para fazer chegar suas reclamações ao Presidente, que os generais "estavam interferindo na situação do Estado, ostensivamente, e o governador não toleraria por mais tempo a provocação. Queriam criar o caso e teriam o caso. E tudo poderia se passar na presença do Presidente (Jânio tinha viagem ao Rio Grande marcada para 26 de agosto) em Porto Alegre". Castello ainda conta que, como era de seu costume, fez um relatório a Jânio sobre a conversa com Brizola.

Jânio Quadros levou a sério as queixas do governador gaúcho e chamou a atenção de Machado Lopes, quando este foi recebê-lo, em Ponta Grossa, no Paraná, estado sob a jurisdição do III Exército e onde o Presidente foi condecorar uma antiga professora. O general recebeu um daqueles temerosos bilhetes[56] de Jânio, reclamando contra três fatos provocados pelo novo comando sulino: a reunião de Muricy com o secretariado do governador, sem a presença deste; críticas feitas por Machado Lopes ao Governo (provavelmente à

55 CASTELLO BRANCO, Carlos. *A renúncia de Jânio.* p. 40, Edição Senado Federal: Brasília, 2000.

56 Jânio Quadros instituiu um sistema de comunicação por bilhetes, escritos de próprio punho, e geralmente contendo uma bronca contra qualquer irregularidade. Tais bilhetes eram enviados não apenas aos ministros, mas a chefes de seção e às vezes até a funcionários, individualmente.

política externa), numa recepção ao embaixador da Áustria; e a reunião com os comandantes de unidades, para tratar da tal guerra revolucionária e indispor os militares com o governador. O general Muricy, que conta o episódio em seu depoimento ao CPDOC[57], de 1981, relata assim a reação do general Machado: "Muricy, aquele cafajeste do Brizola fez uma intriga brutal com o Jânio a meu respeito e você também está no meio".

***

É sob esta atmosfera carregada de suspeições que a bomba da renúncia aterrissa no Parque Farroupilha, onde se realiza uma solenidade do Dia do Soldado, em que não pode deixar de figurar a pessoa do governador do Estado. Brizola foi sempre homem de respeitar a liturgia do cargo e de procurar o entrosamento entre os vários segmentos da sociedade.

Tanto é assim que mantinha certo diálogo, ainda que formal, com o novo comandante do III Exército, ao longo daqueles poucos meses de convivência. Fiel a esta conduta, ele compareceu à posse de Machado Lopes, em abril:

"Encontrava-me numa solenidade militar que se realizava no Parque Farroupilha. Chovia muito. Num dado momento, observei que um oficial se aproximou do general Machado Lopes, comandante do III Exército, e lhe fez uma comunicação no ouvido. Notei que a fisionomia do general carregou-se. Poucos minutos depois, o jornalista Hamilton Chaves, meu assessor de imprensa, transmitiu-me que a *France Presse* difundia a notícia da renúncia do Presidente Jânio Quadros. Nada comentei com os militares[58]" — contou Brizola.

Mais tarde, porém, verificou-se um clima de incertezas, gerado não só pela renúncia em si do Presidente, como também pelos rumores de golpe para impedir a posse do Vice-Presidente João Goulart, com potenciais ameaças sobre o governo do Rio Grande

57 Depoimento do general Antônio Carlos Muricy, de 57h20m, que consumiu 58 fitas-cassete e 768 páginas, em 25 entrevistas, entre 17 de fevereiro a 20 de maio de 1981, ao Centro de Pesquisa e Documentação de História Contemporânea do Brasil (CPDOC), da Fundação Getúlio Vargas.

58 Depoimento de 1986, já citado.

do Sul. Brizola decide, então, tomar algumas providências, como colocar a Brigada Militar em prontidão e ocupar os pontos estratégicos. Depois, dá um telefonema para o general:

"Ele me confirmou que o Presidente realmente havia renunciado. Fez até um comentário, dizendo que se ele desembarcasse no aeroporto seria, agora, um cidadão comum e não mais o Presidente. Expliquei ao general que tomara as providências que me competiam, visando resguardar a ordem pública. E mais ainda: afirmei-lhe que, se ocorresse a necessidade, voltaria a me comunicar com ele, para solicitar a colaboração de forças federais, nos termos da Constituição, caso os serviços do Estado viessem a se mostrar insuficientes. Combinamos de nos manter em contato".

Na medida em que a crise vai se avolumando com o manifesto, seguido da prisão do marechal Lott e da confissão do ministro da Guerra, Odylio Denys, ao deputado Rui Ramos de que não permitirá a posse de João Goulart, Brizola vai intensificando suas ações para rebelar o Estado.

Naquele momento, ele já contava com o apoio de alguns generais responsáveis por unidades do Exército no interior do Estado: Peri Bevilacqua, da 3ª Região Militar, sediada em Santa Maria, e Oromar Osório, do DC de Santiago do Boqueirão, considerada a unidade mais poderosa do III Exército, anunciam sua adesão à legalidade.

Os soldados, ao mesmo tempo, recebiam o reforço precioso da população, que se postava em frente àqueles pontos estratégicos para oferecer-lhes garantia cívica. Brizola tinha assim se adiantado aos tanques do Exército, que àquela altura viam sua força desinflar.

Tal cenário deve ter inspirado o general Machado Lopes a enviar o seguinte radiograma ao ministro do Exército, marechal Odylio Denys: "Gov...Brizola declarou-me resistirá contra ação impeça posse JG (João Goulart). Coordena ação B M (Brigada Militar) nesse sentido. Tenho percebido grande número oficiais idéia ser mantida princípio constitucional, inclusive CMT 3ª DI e 1ª DC. Todas unidades cumprindo ordens manutenção ordem pública. Situação tensa porém calma todo III Exército".

A mobilização do governador já ganhava manchetes em quase todo o Brasil e varava o mundo, apesar da censura e do serviço de contra-informação do Exército, com ordens para filtrar todo o noticiário de Porto Alegre. Para o sobressalto da cúpula militar, em Brasília e no Rio, Brizola vinha ganhando terreno também noutros Estados. No Paraná, havia uma grande pressão sobre o governador Ney Braga para se posicionar contra o veto a Jango. Em Goiás, o governador Mauro Borges, um coronel do Exército, já se preparava para anunciar seu engajamento na Campanha da Legalidade. No Congresso, os protestos eram generalizados e vários deputados, como Neiva Moreira (PSP-MA), secretário-geral da Frente Parlamentar Nacionalista, Rui Ramos (PTB-RS), e até Adauto Lúcio Cardoso, (UDN-RJ) pedem a destituição, prisão e enquadramento dos ministros militares em crime de responsabilidade. Neiva chega a pedir a transferência da Câmara para Goiânia, como forma de desvencilhar-se da pressão militar.

No sufoco, o marechal Odylio Denys tenta ganhar no grito e despacha um rádio para Machado Lopes, em que faz três confissões: que mandou prender o marechal Lott, trabalhava para impedir a posse de Goulart e que queria prender os generais Peri Bevilacqua, da 3ª DI, E Oromar Osório, da 1ª DC. Eis o texto do radiograma de Denys a Machado:

"Elementos comunistas Congresso estão perturbando encontro solução legal crise decorrente renúncia Presidente. Marechal Lott envolvido por tais agitadores lançou manifesto subversivo forçando ministro Guerra determinar sua prisão. Ministro pretende defender instituições e manter lei e ordem em todo o país mesmo que para isso tenha que impedir posse de Jango. Conveniente chamar e reter qualquer pretexto cmt (comandante) 3ª DI (Divisão de Infantaria) e 1º DC".

Pouco depois, o general Orlando Geisel, chefe de gabinete, que, segundo o general Machado Lopes, "mandava no Denys"[59], envia rádio a Machado Lopes, em que, transmite "ordem do ministro da Guerra" para convergir toda tropa do Estado para Porto Alegre,

59 Depoimento do general Machado Lopes ao CPDOC, da Fundação Getúlio Vargas, de 18 a 29 de julho de 1986, no Rio de Janeiro, publicado no site http://www.cpdoc.fgv.br/nav_jgoulart/htm/depoimentos/Machado_Lopes.asp

empregar a Aeronáutica, "realizando inclusive o bombardeio, se necessário".

Denys e Orlando Geisel, juntamente com toda a cúpula militar tinham perdido a cabeça. Aquela ação significaria um morticínio, porque naquela altura, quase cem mil pessoas se revezavam na Praça da Matriz, onde fica o Palácio do Piratini, e nas vias adjacentes.

Foi aí que o general Machado Lopes, mesmo sendo um adversário de Brizola, mostrou seu equilíbrio de homem público e de ser humano, ao negar-se a cumprir aquela ordem. Naquela altura, o general Muricy tinha decidido ir ao Rio para tentar uma saída honrosa para o impasse. Ocorre que a ordem de bombardeio deveria partir da 5ª Zona Aérea, subordinada ao ministério da Aeronáutica. E ela estava sob o comando de um brigadeiro, João Aureliano Passos, fiel à cúpula militar de Brasília. Mas, como veremos mais adiante, o brigadeiro é deposto do comando por uma sublevação dos sargentos, que antes tinham esvaziado os pneus dos aviões bombardeios que descarregariam suas bombas mortíferas sobre a Praça da Matriz.

Um detalhe importante a observar aqui é que naquela época os rádios e os telefones não tinham sigilo garantido e todas as comunicações dos ministros militares com Machado Lopes eram acompanhadas no Palácio Piratini. As do Piratini, por sua vez, eram também ouvidas pelo comando do III Exército. O trecho do rádio, recebido do gabinete do Ministro da Guerra, é o seguinte, conforme foi transcrito do livro do marechal Machado Lopes, *O III Exército e a crise da renúncia de Jânio Quadros*, Allambra, Rio de Janeiro, 1980:

"O general Orlando Geisel transmite ao general Machado Lopes, comandante do III Exército, a seguinte ordem do Ministro da Guerra:

"O III Exército deve compelir imediatamente o Sr. Leonel Brizola a pôr termo à ação subversiva que vem desenvolvendo e que se traduz pelo deslocamento e concentração de tropas e outras medidas que competem exclusivamente às Forças Armadas. O governador colocou-se, assim, fora da legalidade. O comandante do III Exército atue com a máxima energia e presteza.

1. Faça convergir sobre Porto Alegre toda tropa do Rio Grande do Sul que julgar conveniente, inclusive a 5ª DI, se necessário.
2. Empregue a Aeronáutica, realizando inclusive o bombardeio, se necessário.
3. Está a caminho do Rio Grande do Sul uma força-tarefa da Marinha.
4. Qual o reforço de tropa de que necessita?
5. Aqui há um boato de que o general Muricy viria ao Rio. O Ministro da Guerra não quer acreditar nessa notícia e julga que o momento não é mais para parlamentar, mas requer ação firme e imediata.
6. O Ministro da Guerra confia em que a tropa do III Exército cumprirá seu dever".

***

Quando Brizola recebe o rádio de Geisel pelo serviço de escuta do Piratini, instala-se um clima de quase pânico entre as centenas de pessoas, todas armadas e muitas indormidas, devido à tensa vigília daqueles dias nervosos. Momentos depois de ter recebido a explosiva mensagem, o general Machado Lopes pede um encontro com o governador, o mesmo fazendo o arcebispo de Porto Alegre, D. Vicente Scherer.

Quase ninguém sabia das intenções do general de descumprir as ordens de bombardeio e por isso Brizola tomou duas atitudes: primeiro, só poderia falar com Machado se este fosse ali, ao Piratini, pois temia ser preso se fosse ao comando do III Exército; segundo, fazer uma proclamação ao povo, denunciando a ordem de bombardear o Palácio e a sua decisão de continuar resistindo, inclusive com sua família. Dona Neusa Goulart também permanecia no Piratini.

Não obstante, para quem conhecia a atmosfera reinante no III Exército, Machado Lopes já vinha evoluindo para se afastar de seus comandantes no Rio e em Brasília. Antes da ordem de bombardear o

Piratini, Machado já havia impedido que o general Antônio Carlos Muricy fosse assaltar com suas tropas os transmissores da Rádio Guaíba, na Ilha Pintada, no meio do rio Guaíba. Muricy já estava com a tropa pronta, e, em uniforme de campanha, foi pedir a autorização do comandante do III Exército para a largada. É o próprio Muricy quem conta a história naquele depoimento ao CPDOC, em 1981:

— Quando eu estava para partir com a tropa sobre o Guaíba, Machado Lopes mandou me chamar e disse: "Muricy, a tropa pára". Mandei a tropa para o quartel, mandei voltar tudo a zero e fiquei aguardando. E aí a situação empesteou ainda mais.

Em seguida o próprio Muricy reconhece que a operação seria uma loucura. Diz ele:

"De certo modo, foi bom a ocupação não ter acontecido. Porque ia ser um massacre. A minha companhia de polícia era muito boa. Era inferior em número, embora superior em armamento, aos elementos que estavam guardando a Rádio Guaíba, do Batalhão Pedro Paulo, que foi todo para lá. Então haveria um choque violentíssimo".

Por outro lado, o general Machado Lopes vinha sendo constantemente procurado pelos vários segmentos da sociedade, primeiramente um grupo de senhoras, temendo um banho de sangue, depois o arcebispo D. Vicente Scherer, um grupo de deputados estaduais e até o prefeito de Porto Alegre, Loureiro da Silva, um inimigo figadal de Brizola. Todos eles vieram pedir-lhe que o III Exército evitasse o choque e, se possível, se perfilasse entre a maioria do povo, que pedia o cumprimento da constituição com a posse de João Goulart.

Depois de acertado o encontro com Machado Lopes para o meio dia, Brizola decide dirigir-se ao povo, às 11 horas e 30 minutos daquela segunda-feia, 28 de agosto. Carregando sua inseparável metralhadora a tiracolo, Brizola desce aos porões para falar, "com o coração na boca e os pulmões para fora", aos gaúchos e aos brasileiros sintonizados na Rede da Legalidade. Este discurso, que passou a fazer parte da nossa antologia guerreira, merece um capítulo especial.

XV — "Esta rádio não será silenciada sem balas!"

— Em primeiro lugar, nenhuma escola deve funcionar em Porto Alegre. Fechem todas as escolas. Se alguma estiver aberta, fechem e mandem as crianças para junto de seus pais. Tudo em ordem. Tudo em calma. Tudo com serenidade e frieza. Mas mandem as crianças para casa.

Era o intróito para comunicar os graves acontecimentos que estavam por ocorrer. À Praça da Matriz não parava de chegar gente, apesar da chuva intermitente e do vento gelado que varria Porto Alegre.

"Fatos os mais sérios — continuou Brizola — quero levar ao conhecimento dos meus patrícios de todo o País, da América Latina e de todo o mundo. Primeiro: ao me sentar aqui, vindo diretamente da residência, onde me encontrava com minha família, acabava de receber a comunicação de que o ilustre general Machado Lopes, soldado do qual tenho a melhor impressão, me solicitou audiência para um entendimento. Já transmiti, aqui mesmo, antes de iniciar minha palestra, que logo a seguir receberei S. Exa. com muito prazer, porque a discussão e o exame dos problemas são o meio que os homens civilizados utilizam para solucionar os problemas e as crises.

"Mas pode ser que essa palestra não signifique uma simples visita de amigo. Que essa palestra não seja uma aliança entre o poder militar e o poder civil, para a defesa da ordem constitucional, do direito e da paz como se impõe neste momento, como defesa do povo, dos que trabalham e dos que produzem, dos estudantes e dos professores, dos juízes e dos agricultores, da família. Todos, até as nossas crianças, desejam que o poder militar e o poder civil se identifiquem nesta hora para vivermos na legalidade. Pode significar, também, uma comunicação ao Governo do Estado da sua deposição".

O momento é tenso. Aquela ordem de Denys, via Orlando Geisel, mostrava que a cúpula militar estava disposta a qualquer barbaridade para manter-se no poder. Mas ela esbarra na determinação do governador. É aqui que Brizola faz ao mesmo tempo uma quase despedida e uma advertência:

"Quero-vos dizer que será possível que eu não tenha oportunidade de falar-vos mais, que eu nem deste serviço possa me dirigir mais, comunicando esclarecimentos à população. Porque é natural que, se ocorrer a eventualidade do ultimato, ocorrerão, também, conseqüências muito sérias. Porque nós não nos submeteremos a nenhum golpe, a nenhuma resolução arbitrária. Não pretendemos nos submeter. Que nos esmaguem! Que nos destruam! Que nos chacinem, neste Palácio! Chacinado estará o Brasil com a imposição de uma ditadura contra a vontade de seu povo. Esta rádio será silenciada tanto aqui como nos transmissores. O certo, porém, é que não será silenciada sem balas. Tanto aqui como nos transmissores estamos guardados por fortes contingentes da Brigada Militar. Assim, meus amigos, meus conterrâneos e patrícios ficarão sabendo por que esta rádio silenciou. Foi porque ela foi atingida pela destruição e porque isso ocorreu contra a nossa vontade. E quero vos dizer por que penso que chegamos a viver horas decisivas".

Ele agora fala sobre o marechal Denys: "Muita atenção, meus conterrâneos, para esta comunicação. Ontem à noite o Senhor Ministro da Guerra, marechal Odylio Denys, soldado no fim de sua carreira, com mais de 70 anos de idade, e que está adotando decisões das mais graves, as mais desatinadas, declarou através do *Repórter Esso* que não concorda com a posse do Sr. João Goulart, que não concorda que o Presidente constitucional do Brasil exerça suas funções legais!"

***

Brizola ainda tem tempo para contra-argumentar com o que havia dito o ministro da Guerra:

"Porque, diz ele numa argumentação pueril e inaceitável, isso significa uma opção entre comunismo ou não. Isso é pueril, meus conterrâneos. Isso é pueril, meus patrícios! Não nos encontramos nesse dilema. Que vão essas ou aquelas doutrinas para onde quiserem. Não nos encontramos entre uma submissão à União Soviética ou aos Estados Unidos. Tenho uma posição inequívoca sobre isto. Mas tenho aquilo que falta a muitos anticomunistas exaltados deste País, que é a coragem de dizer que os Estados Unidos da América, protegendo seus monopólios e trustes, vão espoliando e explorando esta Nação sofrida e miserabilizada. Penso com independência. Não penso ao lado dos russos ou dos americanos. Penso pelo Brasil e pela República. Queremos um Brasil forte e independente. Não um Brasil escravo dos militaristas e dos trustes e monopólios norte-americanos Nada temos com os russos. Mas nada temos também com os americanos, que espoliam e mantêm nossa Pátria na pobreza, no analfabetismo e na miséria".

"Esses que muito elogiam a estratégia norte-americana", continua Brizola, "querem submeter nosso povo a esse processo de esmagamento. Mas isso foi dito pelo Ministro da Guerra. Isso quer dizer que S. Exa. tomará todas as medidas contra o Rio Grande. Estou informado de que todos os aeroportos do Brasil, onde pousam aviões internacionais de grande porte, estão guarnecidos e com ordem de prender o Sr. João Goulart no momento da descida. Há pouco falei, pelo telefone, com o Sr. João Goulart em Paris, e disse a ele que todas as nossas palestras de ontem foram censuradas. Tenho provas. Censuradas nos seus efeitos, mas a rigor. A companhia norte-americana dos telefones deve ter gravado e transmitido os termos de nossas conversas para essas forças de segurança".

Depois, fala sobre a recomendação que fez a João Goulart: "Hoje eu disse ao Sr. João Goulart: "Decides de acordo com o que julgares conveniente. Ou deves voar, como eu aconselho, para Brasília, ou para um ponto qualquer da América Latina. A decisão é tua! Deves vir diretamente a Brasília, correr o risco e pagar para ver. Vem. Toma um dos teus filhos nos braços. Desce sem revólver na cintura, como um homem civilizado. Vem como para um País culto e politizado como é o Brasil e não como se viesse para uma republiqueta, onde dominam os caudilhos, as oligarquias que se consideram todo-poderosas. Voa para o Uruguai, então, essa cidadela da liberdade, aqui pertinho de nós, e aqui traça os teus planos, como julgares conveniente".

Em seguida, Brizola se dirige aos soldados e oficiais do Rio Grande e do Brasil: "Vejam, meus conterrâneos, se não é loucura a decisão do Ministro da Guerra. Vejam, soldados do Brasil, soldados do III Exército! Comandante, general Machado Lopes! Oficiais, sargentos e praças do III Exército, guardiães da ordem da nossa Pátria. Vejam se não é loucura. Esse homem está doente! Esse homem está sofrendo de arteriosclerose ou outra coisa. A atitude do marechal Odylio Denys é uma atitude contra o sentimento da

Nação. Contra os estudantes e intelectuais, contra o povo, contra os trabalhadores, contra os professores, juízes, contra a Igreja. Ainda há pouco, conversando com S. Exª Revª Arcebispo D. Vicente Scherer, recebi a comunicação de que todos os cardeais do Brasil haviam decidido lançar proclamação pela paz, pela ordem legal, pela posse a quem constitucionalmente cabe governar o Brasil, pelo voto legítimo de seu povo. Essa proclamação está em curso pelo País. As Igrejas protestantes, todas as seitas religiosas clamam por paz, pela ordem legal. Não é a ordem do cemitério ou a ordem dos bandidos. Queremos ordem civilizada, ordem jurídica, a ordem do respeito humano. É isso".

***

Brizola diz ainda que Denys e a cúpula militar querem levar o país ao caos, pois, depois que eles ordenarem a chacina sobre Porto Alegre, e mesmo se esta for cumprida, ninguém mais obedecerá às suas ordens:

"Vejam se não é desatino. Vejam se não é loucura o que vão fazer. Podem nos esmagar, num dado momento. Jogarão o País no caos. Ninguém os respeitará. Ninguém terá confiança nessa autoridade que será imposta, delegada de uma ditadura. Ninguém impedirá que este País, por todos os seus meios, se levante lutando pelo poder. Nas cidades do interior surgirão as guerrilhas para defesa da honra e da dignidade, contra o que um louco e desatinado está querendo impor à família brasileira. Mas confio, ainda, que um homem como o general Machado Lopes, que é soldado, um homem que vive de seus deveres, como centenas, milhares de oficiais do Exército, como esta sargentada humilde, sabe que isso é uma loucura e um desatino e que cumpre salvar nossa Pátria. Tenho motivos para vos falar desta forma, vivendo a emoção deste momento, que talvez seja, para mim, a última oportunidade de me dirigir aos meus conterrâneos. Não aceitarei qualquer imposição".

Em seguida, Brizola se despede e faz um desafio aos golpistas: "Povo de Porto Alegre, meus amigos do Rio Grande do Sul! Não desejo sacrificar ninguém, mas venham para a frente deste Palácio, numa demonstração de protesto contra essa loucura e esse desatino.

Venham, e se eles quiserem cometer essa chacina, retirem-se, mas eu não me retirarei e aqui ficarei até o fim. Poderei ser esmagado. Poderei ser destruído. Poderei ser morto. Eu e minha esposa e muitos amigos civis e militares do Rio Grande do Sul. Não importa. Ficará o nosso protesto, lavando a honra desta Nação. Aqui resistiremos até o fim. A morte é melhor do que vida sem honra, sem dignidade e sem glória. Aqui ficaremos até o fim. Podem atirar. Que decolem os jatos! Que atirem os armamentos que tiverem comprado à custa da fome e do sacrifício do povo! Joguem essas armas contra este povo. Já fomos dominados pelos trustes e monopólios norte-americanos. Estaremos aqui para morrer, se necessário. Um dia, nossos filhos e irmãos farão a independência do nosso povo!"

***

Doze anos depois deste episódio, precisamente em 11 de setembro de 1973, o presidente do Chile, Salvador Allende, de 64 anos, já com o Palácio de la Moneda em chamas, pois vinha sendo atacado pelos aviões-bombardeios do general Augusto Pinochet, e também de metralhadora a tiracolo, aquela mesma que lhe havia presenteado Fidel Castro, fazia uma oração semelhante à do líder gaúcho:

"Esta será a última oportunidade para dirigir-me a vós. Minhas palavras não têm amarguras, apenas decepção. Que sejam elas o castigo moral para os que traíram o julgamento que fizeram. Soldados, comandantes, trabalhadores de minha Pátria, tenho fé no Chile e no seu destino. Outros homens superarão este momento cinza e amargo em que a traição pretende impor-se. Saibam que muito mais cedo do que tarde, de novo se abrirão as grandes alamedas por onde passe o homem livre, para construir uma sociedade melhor. Estas são as minhas últimas palavras e tenho a certeza de que meu sacrifício não será em vão. Tenho certeza de que pelo menos será uma lição moral que castigará a felonia, a covardia e a traição". Allende morreu em seguida, estralhaçado por uma patrulha do general Javier Palacios, que descarregou todas suas armas sobre o corpo cansado e solitário do Presidente. Segundo conta o escritor e amigo Gabriel García Márquez, Allende conhecia o general Palácios: "Poucos dias antes havia dito a Augusto Olivares que aquele era um homem perigoso, pois mantinha contatos estreitos com a embaixada americana. Tão pronto o viu chegar (ao La Moneda), Allende gritou: "Traidor" e o feriu na mão. Allende morreu numa troca de tiros com essa patrulha. Em seguida, todos os oficiais em um rito de casta, dispararam sobre o corpo. Por último um oficial destroçou-lhe o rosto com a culatra do fuzil".

Leonel Brizola, de 39 anos, teve mais sorte e, com aquele discurso, uma das páginas mais heróicas e marcantes da política brasileira, virou o jogo para o lado da legalidade. O golpismo tinha sido atingido de morte. E o general Machado Lopes entendeu para onde estava pendendo a história. Não por patriotismo ou por amor à Constituição, como ele mesmo confessaria em seu livro e outros depoimentos que concedeu depois da crise de 1961:

— Eu sabia que o Peri Bevilacqua — disse ele ao CPDOC[60] —, que comandava a 3ª Divisão de Infantaria em Santa Maria, e o Oromar Osório, que comandava Uruguaiana, eram muito ligados ao Brizola. Peri jantava com ele pelo menos uma vez por semana. Então Brizola, apoiado por eles em Santa Maria e em Uruguaiana, levantaria a Brigada Policial, eu teria que combatê-los, e começaria uma revolução no Rio Grande do Sul. Era o que o Muricy queria. Seria uma guerra fratricida, que se alastraria por todo o Brasil, sem nenhum resultado prático, porque João Goulart estava muito apoiado pelo povo. Era preferível tomar uma decisão que apoiasse João Goulart e que evitasse justamente essa guerra. Foi o que eu fiz. Fui mais político do que militar nessa solução.

A ida de Machado Lopes ao Palácio Piratini atravessando a pé em meio à multidão, na companhia de outros oficiais, todos fardados, foi outro momento de alto suspense daquela exaltada atmosfera gaúcha, que o jornalista Adauto Vasconcelos, da *Última Hora*, registrou com precisão e maestria:

"Brizola ainda não encerrara o pronunciamento e eu saía da redação com alguns companheiros e nos dirigíamos ao Piratini, da Rua Sete de Setembro, sede da *Última Hora*, à Praça da Matriz. Assistimos a cenas inenarráveis. Dezenas de pessoas chorando nas ruas. Mulheres do povo com os filhos ao colo, jovens e velhos su-

60 Op. cit.

biam às pressas a Rua da Ladeira dispostos a resistir e a morrer com o governador do Rio Grande.

Embora credenciados, não conseguimos entrar no palácio. Todas as portas de acesso estavam fechadas e guarnecidas por elementos da Brigada Militar fortemente armados. Alguém da multidão deu um grito que poderia ter determinado uma tragédia: "Ali estão os golpistas".

O general Machado Lopes, comandante do III Exército, à frente de um grupo de oficiais, aproximava-se do palácio lentamente. A massa começou a deslocar-se na direção dos militares.

Foram segundos da mais alta dramaticidade.

O Hino Nacional, brotado da garganta de milhares de pessoas, petrificou os oficiais. Eles pararam e cantaram com o povo. Machado Lopes estava emocionado e trêmulo".

Machado encontrou no Piratini um acampamento de guerra. Todo mundo armado até os dentes, desde os jornalistas que, além de cobrir, atuavam nos acontecimentos, até as mulheres, que entre o choro e o entusiasmo ajudavam nas tarefas da defesa do palácio. Eram instruídos militarmente por generais legalistas como Amaury Kruel, Osvino Alves e oficiais da Brigada Militar. À frente das mulheres estava Neusa Goulart Brizola, que não atendeu aos apelos do marido para que fosse para lugar seguro. "Os meus filhos já estão lá", disse ela, quando o coronel Emílio Neme, da segurança do governador, tentou convencê-la a sair da linha de tiro. Ela se referia aos três meninos, Neusinha, José Vicente e João Otávio, todos com menos de seis anos, que Neusa tinha mandado para a casa de uma amiga.

O general e seus oficiais talvez não soubessem que pisavam em terreno minado. Brizola havia dado ordens para prender todos eles, se estes ensaiassem qualquer manobra golpista. É que, ao pedir a audiência com o governador, o general não havia adiantado o assunto e Brizola achou melhor se precaver e até se preparou para dizer a Machado Lopes: "Aqui está o telefone vermelho, general, ligue para a Aeronáutica e mande bombardear-nos, mas o senhor ficará aqui preso e perecerá conosco".

Brizola sabia que o general não morria de amores por ele, impressão confirmada pelo próprio Machado Lopes, quando disse naquele depoimento ao CPDOC, em 1986:

— Eu não tinha relação nenhuma com o Brizola, não me dava, achava que ele era um demagogo, como acho até hoje, nunca lhe dei importância. Mas quando houve aquela Cadeia da Legalidade em Porto Alegre, eu o chamei, porque ele começou a agitar o povo, e os comunistas começaram a se infiltrar. Então peguei uma divisão de blindados que tinha em Bagé e levei para Porto Alegre, para agir contra os comunistas se fosse necessário. E o Brizola sabia disso. Depois resolvi tomar uma decisão política que evitasse uma guerra e foi o que fiz. Lá pelo dia 29, tive que apoiar Brizola.

Machado também estava cercado, não só pela multidão, como por seus próprios generais. Oromar Osório, do BC de Santiago; Peri Bevilacqua, de Santa Maria; e Santa Rosa, de Porto Alegre, que já haviam se declarado contra o golpe e a favor da causa de Brizola. Seu chefe do estado-maior, Antônio Carlos Muricy, tinha sido despachado para pedir socorro ao Rio de Janeiro.

Mas as intenções de Machado Lopes eram exatamente o contrário do que pensava o Piratini. Ele já havia queimado suas pontes quando, ao responder incontinenti ao rádio do ministro Odylio Denys, mandando explodir o palácio, disse que, a partir daquele momento, só cumpriria ordens se elas estivessem de acordo com a Constituição.

***

Sentaram-se à mesa Brizola, Machado Lopes, os três generais que o acompanhavam, o comandante da Brigada Militar, coronel Diomário Moojen, os secretários de Justiça e de Governo, João Caruso e Francisco Brochado da Rocha. Sem qualquer preâmbulo, Machado tomou a palavra.

— Governador — disse com toda a solenidade de soldado o velho general —, estou aqui para informar-lhe que o comandante do III Exército e os demais oficiais decidiram ficar com a Constituição e garantir a posse do Presidente João Goulart.

Surpreso, Brizola levantou-se da cadeira, deu-lhe a mão e disse ao general que, em vista disso, a partir daquele momento, lhe passava o comando da Brigada e das operações militares da Legalidade. Em seguida, os dois foram à sacada do prédio para saudar a multidão, que prorrompeu em choro, alegria e vivas ao Brasil, à Constituição, a Goulart.

Depois, Brizola fez questão de acompanhar Machado Lopes e os outros oficiais até o Quartel General do III Exército, localizado dali a umas duas quadras, na Rua dos Andradas. Lá redigiram uma nota oficial para distribuir à imprensa. Brizola voltou ao palácio. Machado Lopes enviou o seguinte rádio a todas as unidades do III Exército: "Comunico que, tendo recebido ordem do senhor Ministro, por intermédio do general Geisel, que implicaria deflagrar guerra civil, declarei que não a cumpriria e, a partir deste momento, enquanto Comandante do III Exército, só cumprirei ordens dentro da Constituição vigente. General-de-Exército José Machado Lopes".

A partir dali, Machado Lopes entra de cabeça na rebelião brizolista, ou como ele diz ao CPDOC, 25 anos depois:

— Havia o III Exército formal e o Denys montou no Rio de Janeiro um outro, em que o Cordeiro de Farias era o comandante. Cordeiro me telegrafou: "Participo prezado amigo fui nomeado comandante do III Exército." Respondi: "Agradeço participação prezado amigo. Se aqui chegar será preso." Ele não foi. Eles não caíram na asneira, porque quando tomei a decisão, minha primeira providência foi mandar duas colunas invadirem São Paulo, por Ourinhos e Itararé, e mandei 50 emissários para São Paulo dizendo que eu estava revivendo a Revolução de 1932, pela Constituição. De modo que eu tomava São Paulo em *marche au flambeau*, e vinha para o Rio direto. Eu não me incomodava com a ação deles.

O rumo da batalha tinha ali acabado de definir-se, mas muitos outros fatos ainda iriam conturbar o cumprimento da Constituição. Eram as manobras de assalto ao poder que se processavam dentro da própria cúpula militar e política, agora estatelada com a lição de civismo dos gaúchos. Mas antes de entrar nestas considerações, não podemos esquecer um fato também determinante dos acontecimentos, que foi a heróica resistência de Goiás, cujo governador, Mauro Borges, correndo todos os riscos de ser esmagado pelo poderio militar de Brasília, declarou o Estado em rebelião contra os ministros militares, aderindo à Campanha da Legalidade.

XVI — Goiás, um espinho na garganta dos golpistas

Os golpistas de 61 esbarraram em Goiás na altivez e valentia do governador Mauro Borges Teixeira, um brioso coronel do Exército, altamente patriota e de perfil nasserista, como costumam rotular os americanos. Politicamente, era ligado ao conservador ex-PSD, por causa de seu pai, o lendário Pedro Ludovico Teixeira. Pedro tinha forte viés nacionalista, desde que fora chefe estadual da Revolução de 30, interventor, governador e senador por Goiás. Foi também construtor de Goiânia e velho defensor da transferência da capital do Rio de Janeiro para Brasília.

Com 40 anos de idade, Mauro Borges tocava uma administração transformadora, que modificou a face do Estado, como constata o jornalista Aranha Araújo, que fazia parte de seu staff de imprensa. Borges também fez sua experiência de reforma agrária, defendeu os minérios contra a penetração das multinacionais e realizou seu programa educacional. Na crise de 1961, Mauro Borges estava em São Paulo, em reunião com o governador Carvalho Pinto, quando soube da renúncia de Jânio. Como todo mundo, não acreditou no que tinha ouvido. Ainda tentou, juntamente com outros governadores que se encontravam ou se deslocaram para lá, demover o Presidente daquele ato inusitado. Tudo em vão.

Aos poucos, foi percebendo que se urdia uma conspiração para impedir a posse do Vice-Presidente João Goulart, inclusive com o apoio de seus colegas governadores, na maioria representantes das oligarquias rurais e urbanas. Decidiu voltar a Goiás e levantar seu Estado contra o golpe que visivelmente se delineava no horizonte toldado da cena brasileira. Seu raciocínio de oficial de estado-maior, formado no exame das estratégias e táticas, indicavam que sua tarefa de resistência seria difícil, se não impossível. Goiás era ainda um Estado rural e atrasado, apesar dos intensos esforços de sua administração, de apenas dois anos, para modernizá-lo. Ainda havia o agravante de abarcar Brasília e todo o Distrito Federal, onde estavam instaladas unidades de elite de todas as armas. No próprio estado de Goiás, ainda havia três batalhões do Exército.

— E eu, de que dispunha para enfrentar as armas do governo? Menos de 300 homens da polícia militar — indagou-se o governador. A desproporção não o esmoreceu, pois, como conta em depoimento a Maria Dulce Loyola Teixeira[61], "o bravo povo goiano, tinha certeza, estava comigo. Se não tivéssemos sucesso inicial, partiríamos para a luta de guerrilhas, rurais e urbanas". E tocou pra frente a sua rebelião.

Já no dia 28, três depois da renúncia de Jânio Quadros, Mauro Borges lança um manifesto aos goianos e aos brasileiros, a partir da estatal Rádio Brasil Central, uma estação das mais potentes do país, com freqüência de 31 e 49 metros. Como foi favorável e entusiasta a reação dos goianos, da capital e do interior, o governador partiu para mobilizar a população e organizar a luta armada.

No manifesto, ele não deixava dúvidas: "Os ministros militares e alguns poucos generais estariam tentando degradar o Congresso, tornando-o um vil ajuntamento de hilotas (servis), ao pretender impor-lhe uma mistificação, que, numa solução pseudo-legal, consideraria impedido o Sr. João Goulart, manteria o atual presidente da Câmara, Sr. Ranieri Mazzili, ou qualquer outro civil, que se prestasse a esse papel, na Presidência da República".

O documento dizia que o país estava diante de dois dilemas: "a) caso o Congresso se submeta à pressão dos Ministros Militares, manipulados, ao que parece pelo general Cordeiro de Farias, teremos apenas um governo fantoche, desvinculado das origens que o legitimaram — o consentimento dos governadores; b) caso o Congresso não se submeta, será dissolvido e implantada uma ditadura militar, espúria como todas as ditaduras, contando ou não com a presença de um elemento civil, para melhor ilaquear a boa-fé popular".

O comando golpista em Brasília reagiu ao atrevimento do governador, mandando lacrar os transmissores da Rádio Brasil Central e censurar todo o sistema de comunicação do Estado. Mas o Mauro Borges se interpôs e ordenou à polícia que ga-

61 *Mauro Borges e a crise político-militar de 1961 em Goiás*. Maria Dulce Loyola Teixeira, Senado Federal, 1994.

rantisse a segurança da emissora, cujas transmissões passaram a operar sob o comando direto do governador, no Palácio das Esmeraldas.

***

Enquanto isso, o povo começou a se aglomerar em torno do Palácio, quando também foram erguidas as primeiras barricadas. Foi decretado feriado escolar em todo o Estado e se iniciaram o alistamento e o treinamento de voluntários, sendo os grupos determinados de acordo com as missões a que fossem designados.

Segundo o secretário de Segurança, Rivadávia Xavier Nunes, o governo também requereu armas e munições ao comércio, que dispunha de grande quantidade do material: "Se distribuídas ao povo, que estava grandemente motivado", disse Rivadávia[62], "poderia oferecer encarniçada resistência à determinação de Brasília. Uma verdadeira guerrilha seria travada com grande quantidade de franco-atiradores oferecendo intenso foco de inquietação ao Governo Federal.

Como a Rádio Piratini, em Porto Alegre, a qual logo se aliou, depois do manifesto, a Rádio Brasil Central foi decisiva na conscientização do povo goiano para aquela tomada de posição corajosa e idealista. A pregação contínua daquela emissora, feita através de entrevistas com líderes políticos dos diversos partidos, com dirigentes classistas e de entidades de serviço e, bem assim, através da irradiação de mensagens explicativas dos motivos da nossa atitude, conseguia fazer de Goiás um bloco monolítico a favor da democracia e da legalidade", disse o secretário.

***

Quanto às três guarnições do Exército (a maior delas, em Ipameri, no sul do Estado) estas ficaram quietas, talvez temendo a ira da população ou por lealdade ao governador, que era militar. Segundo o secretário Rivadávia Nunes, "o Exército em Goiás se

62 Op. cit.

portou com grande prudência e moderação, afirmando sempre, através de seu comandante, que acataria a decisão do Congresso Nacional".

Numa tarde, Mauro Borges recebeu, em palácio, a visita do comandante da 7ª CR e da Guarnição de Goiânia, coronel Eurico Seixo Brito, acompanhado do major Waldemar de Araújo, para comunicar que acatariam a decisão do Congresso Nacional, uma maneira indireta de dizer que estava e ao mesmo tempo não estava com a legalidade.

O fato é que elas permaneceram indecisas até o final da crise, como constata o ex-líder estudantil Tarzan de Castro, presidente da União Goiana de Estudantes Secundaristas — UGES: "(Elas) Não seguiam as ordens dos golpistas, mas sem aderir ao governador Mauro, a aparente neutralidade do Exército, as ameaças veladas e abertas ao movimento aumentavam a moral de suas fibras".

Aqui, também, os estudantes, secundaristas e universitários tiveram papel decisivo na criação do clima de entusiasmo que empolgou a multidão. Foram eles, juntamente com funcionários públicos e intelectuais, que formaram uma força paramilitar. Centenas de jovens foram mobilizados para receber instruções e treinamentos militares de emergência.

Georges Michel, mais tarde presidente do PDT-DF, que era estudante secundarista, em Goiânia, disse que recebeu todo tipo de treinamento, inclusive de guerrilhas, durante aqueles dias.

***

Outro fator determinante da vitória de Goiás foi a atuação da mulher do governador, a gaúcha Maria de Lourdes Estivallet, que se postou ao lado do marido no palácio, responsabilizando-se pela articulação das mulheres: "Vibrante, enérgica, de palavra fácil, sangue gaúcho nas veias, não titubeou um só instante", diz Nelson Siqueira, então deputado estadual do PSD, que julgou a participação das goianas corajosa e de grande valia.

Tão decisiva se mostrou a mobilização goiana, que a capital do Estado, Goiânia, foi cogitada para sediar a capital federal, no caso de o Congresso sentir-se ameaçado pelo Exército, ou de João Goulart não poder desembarcar como Presidente, em Brasília. Tratava-se de uma posição altamente estratégica, tanto do ponto de vista militar como político.

Entalados em Brasília e no Rio de Janeiro, com aquela espinha goiana, os golpistas ficaram meio sem ação. Estavam muito divididos e assustados com os furos e bolsões de resistência ao seu complô. Não obstante, se lançavam a toda sorte de boatos e chantagens. Noticiou-se a propósito que um grupamento de canhões antiaéreos, de 40 mm, e outro de pára-quedistas, estariam sendo enviados a partir de São Paulo e do Rio de Janeiro para sufocar os rebeldes em Goiânia.

Preocupado com a notícia, Mauro Borges telefonou para o general Ernesto Geisel, comandante militar de Brasília e designado pelos golpistas chefe da Casa Militar do presidente interino, Ranieri Mazzili. Geisel não o atendeu e Mauro falou com o general Dilermando Monteiro, chefe de Estado-Maior.

Mauro explicou sua posição em favor da posse de João Goulart, mas que esperava uma solução pacífica para a crise e indagou sobre canhões indo para Goiânia. O general limitou-se a dizer que aquela unidade deveria passar por Goiânia, porque esta ficava no trajeto de São Paulo para Brasília. Mauro sugeriu a mudança do trajeto via Belo Horizonte, mas o general resistiu. Foi quando ele disse ao general Dilermando que a unidade seria atacada na estrada, caso se efetivasse esse propósito.

Dilermando Monteiro ficou nervoso e disse que Mauro "ainda ia se arrepender" daquele gesto. Por via das dúvidas, Mauro Borges mandou instalar explosivos debaixo da ponte sobre o Rio Paranaíba, na divisa de Goiás com Minas, por onde passaria o comboio. Depois, reforçou o policiamento no Palácio das Esmeraldas e de toda a Praça Cívica, desta vez para prevenir o suposto ataque de pára-quedistas.

As ameaças permaneceram no ar e nunca desceram aos fatos. Na ocasião, os golpistas já davam sinais de desarticulação e muito medo. Havia ainda as deserções em suas trincheiras e o sabotamento de muitas de suas decisões. Os ministros militares, sentindo-se inseguros, em Brasília, tinham partido para o Rio de Janeiro, onde esperavam tocar o golpe, sob a proteção do governador Carlos Lacerda e do comandante do I Exército. Estavam cercados.

***

Tudo terminou com a decretação do Parlamentarismo, pelo Congresso, de comum acordo com os ministros militares, e a aceitação desta solução por João Goulart, para contrariedade de Leonel Brizola e de Mauro Borges.

A partir dali, selou-se uma grande aliança entre Goiás e o Rio Grande, que redundou, em 25 de outubro, na criação, em Goiânia, da Frente de Libertação Nacional, para congregar as forças antiimperialistas. Era presidida por Brizola, tendo Mauro Borges como secretário-geral, e membros diretivos Miguel Arraes, Barbosa Lima Sobrinho e o presidente da UNE, Aldo Arantes, este goiano.

Num manifesto denominado *Declaração de Goiânia*, a FLN defendia a nacionalização das companhias estrangeiras, a regulamentação da Lei de Remessas de Lucros e a implantação da reforma agrária. A entidade chegou a ter uma atuação destacada até a eleição de 1962 para o Congresso e a metade das governadorias de Estado, mas depois perdeu ímpeto em função de divergências políticas entre seus componentes.

Com o tempo, Mauro Borges desentendeu-se com João Goulart, chegando a romper com o Presidente. Pressionado pelas injunções locais, onde predominava o clientelismo, Mauro Borges acabou aderindo ao Golpe de 1964, premido por questões locais. Quando Goulart já estava deposto, os inimigos de Borges, no Exército e na política, não o perdoaram, e o humilharam, depondo-o do governo do Estado e depois o prendendo em condições degradantes para um alto oficial.

Não obstante, continuou sua amizade com Leonel Brizola, a quem apoiou, de forma pessoal, inclusive na campanha de 1989, quando era senador. Brizola era candidato pela primeira vez à Presidência da República.

Mas voltemos à conjura de 1961 para examinar que forças díspares alimentavam a disputa dos generais e dos políticos pelo lugar que a Constituição e a eleição diziam ser de João Goulart. No próximo capítulo, o amigo leitor terá um roteiro para entender o que se passava dentro daquelas mentes que se queriam iluminadas.

XVII — Faltou quem se declarasse golpista

Até hoje não ficou claro o que pretendiam os golpistas de 1961. É evidente que queriam o poder, mas nenhum deles ousava expor-se. A renúncia tinha sido um golpe muito forte e atordoantemente inesperado. Nem Getúlio tinha sido tão cruel com eles. O Presidente se matou, é verdade, provocando uma comoção nacional. Mas como Vargas já estava praticamente deposto na véspera da tragédia, a sucessão pôde ser esquematizada, inclusive com a formação do ministério. Mas aquele gesto aparentemente desvairado do Jânio de dar uma banana e ir embora passava dos limites. O que fazer? Quem iria ocupar o lugar do Vice João Goulart, que já julgavam uma carta fora do baralho?

É aqui que começa o desconcerto. Jânio Quadros só tinha governado seis meses e 25 dias, restando nada menos que quatro anos, cinco meses e cinco dias, quase um mandato inteiro a ser cumprido. Aquilo era um paraíso. E estava ali, à mão. João Goulart, o Vice-Presidente, que consideravam um demagogo cripto-comunista, era fácil de ser alijado. Ainda por cima, tinha acabado de visitar a China de Mao Tse Tung.

Desse modo, Jango não era problema.

O problema, este sim, era saber quem iria para o lugar tão cobiçado. É que todos os membros da cúpula político-militar eram candidatos em potencial: Denys, Lacerda, Mazzilli, Moura Andrade, Magalhães Pinto (governador de Minas), José Maria Alkmin, Cordeiro de Farias, os irmãos Orlando e Ernesto Geisel, Golbery. Claro, iria empalmá-lo aquele que mostrasse mais força e garra. Segue-se então uma corrida desesperada.

O marechal Odylio Denys ainda é ágil e esperto nos seus 69 anos. Logo ocupa todos os nacos do poder em Brasília. Concorda, contrafeito, com os cardeais do PSD e da UDN no Congresso, que, também na corrida pelo mando absoluto, e sem consultá-lo, declaram vaga à Presidência. Ato imediato à leitura do documento-renúncia, a velha cúpula política liderada pelo PSD, empossa correndo, no lugar de Jânio, o eterno interino Ranieri Mazzilli, presidente da Câmara (era a sétima vez que assumia a mais alta magistratura do país, em função de viagens ou doença do titular).

Mazzili vê-se logo prisioneiro ali mesmo no moderno e envidraçado Palácio do Planalto, do novo chefe da Casa Militar, o general Ernesto Geisel, a quem o deputado-Presidente fora obrigado a nomear pelo marechal Denys. Irmão mais novo do general Orlando Geisel, chefe-de-gabinete do ministro da Guerra, Ernesto era um velho conspirador. Fora o responsável pelo destacamento do Exército que tinha ido ao Catete, em 1945, notificar Getúlio de que estava deposto, na primeira deposição de Vargas. Enquanto isso, os problemas começam a pipocar.

Por sua vez, Carlos Lacerda, o eterno candidato a Presidente, então com 53 anos, é governador da Guanabara, um estado vital, em termos logísticos. Lá estavam as principais unidades militares. O Rio ainda se considera a capital de fato do país, pois Brasília tem pouco mais de um ano de inaugurada e a Cidade Maravilhosa ainda concentra a maior parte dos órgãos federais e o grosso das Forças Armadas. Mas Lacerda é macaco velho. Por causa de seu furor golpista, já tinha pagado um preço alto com várias ameaças de surra, em 1951, pelo general Mendes Moraes, prefeito do Rio; de morte, em 1954, no atentado da Rua Toneleros, e um exílio com o ditador Fulgencio Batista, em Cuba, em 1955.

***

Carlos Lacerda é também o mais inconformado com o desfecho dos acontecimentos. Triste ironia, logo ele, que se esfalfara pela candidatura de Jânio Quadros, de quem esperava ser o sucessor, com todas as glórias, em 1965. A sorte, decididamente não estava a seu favor. Em 1954, quando julgava ter derrubado Getúlio com aquele levante militar, que instigou com seus demolidores artigos e pronunciamentos, tinha sido obrigado a fugir do país para não ser linchado pela multidão. Seu jornal, a *Tribuna da Imprensa*, fora apedrejado pela turba enfurecida, pouco depois que saiu a notícia do sacrifício do Presidente.

Agora, sete anos depois, vem esta renúncia estapafúrdia, despropositada, descabida, desconexa. É verdade que ele mesmo, Lacerda, um gênio explosivo, tinha sido o grande culpado pelo gesto de Jânio Quadros, cujo temperamento imprevisível o governador carioca bem conhecia. Mas também não era para tanto. Só tinha denunciado uma manobra golpista por parte do Presidente. Isso jamais seria motivo para renúncia. Coisa de louco.

Daí a cautela em suas primeiras declarações. "O Vice-Presidente vai assumir e tudo vai acabar bem", despistava Lacerda. Por baixo do pano, descia o cacete na turba, mandando a polícia bater e prender. Era um delírio repressivo só parecido com o dos generais da Argentina, que em 1955 tinham derrubado o general Juan Domingo Perón, em nome da democracia, mas que na realidade instauraram uma das ditaduras mais cruéis da América Latina.

Aos 60 anos, o general Cordeiro de Farias, outro golpista memorável, chefe do Estado Maior das Forças Armadas, também se julgava, no direito de ocupar o Planalto. Era um dos mais ativos na repressão. No Rio, agia em coordenação com Carlos Lacerda, enquanto mandava navios — chegou até a mobilizar o Minas Gerais — para sufocar o movimento da Legalidade, no Rio Grande do Sul.

Os irmãos Geisel, soturnos e sempre agindo nas sombras, viviam uma história de conspirações remontando a 1930. Ambos agiam, cada um a seu modo, na espreita do poder. Ernesto, de 54 anos, tinha sido colocado pelo marechal Denys na Casa Militar, para vigiar e controlar o vaidoso Ranieri Mazzili. Neste cargo, concomitantemente com o comando da 10ª Região Militar, hoje Comando do Planalto, controlava e dirigia todas as ações militares na novíssima capital federal. Ele fazia a ponte de Denys com o Congresso, passando por cima do presidente Ranieri Mazzilli, que virara uma simples figura decorativa. Seu irmão, Orlando, dois anos mais velho, operava no QG do Rio de Janeiro, onde ficava seu posto de chefe-de-gabinete do Ministro da Guerra.

***

Na cúpula política, o assanhamento não era menor. A carta de Jânio Quadros sequer chegou a ser discutida. O presidente do Senado, Auro de Moura Andrade (PSD-SP), entendendo ser a renúncia um ato de vontade, que não cabe apreciação, mas apenas dele tomar conhecimento, declara vaga a Presidência da República. No mesmo ato, já convoca o presidente da Câmara, em virtude de o Vice-Presidente estar no exterior, para ocupar a dita vaga.

De nada adiantaram os apelos do chanceler Afonso Arinos, do ministro das Minas e Energia, João Agripino, para que o Congresso recusasse ou pelo menos se detivesse no exame da renúncia. Os governadores do Espírito Santo, Minas Gerais, São Paulo, Paraná, Piauí e Goiás também haviam assinado manifesto, insistindo na mesma tecla. Em menos de três horas, o fato já estava consumado. Jânio Quadros já era um simples ex-presidente e Ranieri Mazzilli, o presidente interino. A Constituição era clara, o cargo cabia ao Vice-Presidente eleito, no caso João Goulart e, na eventualidade de ausência ou impedimento deste, assumia o presidente da Câmara, mas somente por um mês, enquanto se convocassem novas eleições diretas para a escolha daquele que fosse completar o período, que ia até 31 de janeiro de 1966.

Mas Mazzilli prestou-se a um papel triste. Além de não mandar nada, era obrigado a transmitir recados dos ministros militares, usando inclusive o timbre oficial das armas da República. Num destes documentos de Mazzilli, estava o veto mais ilegal, explícito e descarado já cometido na história da República, aquele que impedia a posse de Goulart. Diz o documento:

"Acabo de assinar mensagem comunicando ao Congresso Nacional que, no exame da atual situação política criada pela renúncia do Presidente Jânio da Silva Quadros, os Ministros Militares, na qualidade de Chefes das Forças Armadas, responsáveis pela ordem interna, me manifestaram a absoluta inconveniência, por motivos de segurança nacional, do regresso ao país, do Vice-Presidente João Belchior Marques Goulart".

Depois de lida a mensagem presidencial, em sessão especial do Congresso, o deputado Neiva Moreira, secretário-geral da Frente Parlamentar Nacionalista, usa seu velho faro de antigo repórter dos mais bem informados do Brasil e lê da tribuna o veto, assinado pelos três ministros militares, a que antes apenas aludira Mazzilli. Constando de 63 linhas, o documento dizia, entre outras coisas:

"Já no tempo que exercera o ministério do Trabalho, o Sr. João Goulart demonstrara, bem às claras, suas tendências ideológicas, incentivando e mesmo promovendo agitações sucessivas e freqüentes nos meios sindicais.

"No cargo de Vice-Presidente, sabido é que usou sempre de sua influência em animar e apoiar, mesmo ostensivamente, manifestações grevistas promovidas por conhecidos agitadores. E ainda há pouco, como representante oficial, em viagem à URSS e à China comunista, tornou clara e patente sua incontida admiração ao regime desses países, exaltando o êxito das comunas populares.

"Na Presidência da República, o Sr. João Goulart constituir-se-á no mais evidente incentivo a todos aqueles que desejam ver o País mergulhado no caos, na anarquia, na guerra civil".

Assinava o documento, datado de 28 de agosto de 1961, os ministros da Marinha, vice-almirante Sílvio Heck; da Guerra, marechal Odylio Denys; e da Aeronáutica, brigadeiro do ar Grün Moss.

***

Ao ler a manifestação dos militares contida na mensagem presidencial, o presidente do Congresso, Moura Andrade, alega que ela "não constitui proposição capaz de sofrer desde logo tramitação". "Estou convencido de que", continua Moura Andrade[63]. "se depois da leitura desta mensagem o Congresso apenas responder 'ciente', estará apenas ciente do banimento do Vice-Presidente".

Em vez de arquivar o documento, como seria natural, o presidente em exercício do Congresso (o efetivo era João Goulart, na qualidade de Vice-Presidente da República, como dispunha a Constituição de 1946), constitui uma comissão mista de deputados e senadores, "a fim de que prolate um parecer, de modo que o Congresso possa conhecer da matéria já em termos de decisão".

Esta comissão, que tem como presidente o senador Jefferson Aguiar, PSD-ES, e como relator o deputado Oliveira Brito (PSD-

63 *Diário do Congresso*, 31 de agosto de 1961.

BA) apresentou depois o seu parecer, propondo a instauração do regime parlamentar de governo, com base no projeto do deputado Raul Pilla (PL-RS), que já vinha tramitando na Câmara.

A letra da Constituição, no entanto, era o que menos preocupava às cúpulas política e militar, cujo objetivo era brecar a posse do Vice Goulart e nomear um de seus integrantes Presidente. A forma para chegar a essa solução pouco importava, poderia ser uma eleição indireta pelo Congresso ou a simples mudança do regime, como acabou acontecendo. Havia vários juristas de plantão para dar sustentação "legal" e "constitucional" à medida.

Então, era grande o rebuliço, mas os dias passavam e nenhum nome conseguia afirmar-se, enquanto crescia o movimento pela posse de Goulart. A cúpula não mandava mais em nada e seus atos caíram no ridículo.

Um deles, assinado pelo sempre cordato Presidente Mazzilli e o ministro Denys, nomeava, com publicação no Diário Oficial e tudo, o general Cordeiro de Farias para comandante do III Exército. Outros atos previam o envio de uma brigada de um destacamento, a partir do Paraná, como forma de dominar o levante no Rio Grande do Sul. Arquitetado pelo general Ernesto Geisel, o plano foi abortado pelo próprio Denys, que o considerou inviável. Por sua vez, o envio de uma tropa de navios foi estancado, depois que Brizola ordenou o afundamento de dois batelões (barcaça de madeira ou ferro rebocada para transporte de tropas ou carga pesada) na costa do Rio Grande.

A cúpula política e os ministros militares que, àquela altura, já eram chamados de os *Três Patetas* decidiram então mudar de tática. Já não vetavam a posse de Goulart, contanto que o regime mudasse para o parlamentarismo, onde Jango reinaria, mas não governaria. Foi a forma que prevaleceu, apesar da oposição encarniçada de Brizola, que acabou sendo vencido na questão.

Para ele, o parlamentarismo era "uma meia sola nesta nossa decadente Terceira República, talvez mesmo uma regressão", pois "reconduzirá ao poder círculos da política que o povo brasileiro afastara nas últimas eleições". Quanto a Jango, Brizola foi profético: "O poder ficará com o Ministério (no caso o Gabinete), sob o domínio do PSD e da UDN. Ministério conservador, portanto contrário ao Sr. João Goulart e às forças renovadoras que ele representa".

João Goulart aceitou o remendo e com isso inviabilizou a marcha de 100 mil homens, entre civis e militares, do Rio Grande a Brasília, para empossá-lo na plenitude de seus poderes. E assim finda a Cadeia da Legalidade. Brizola não foi à posse de Jango, em protesto contra o engessamento imposto ao Presidente, que recebeu o ministério praticamente pronto do primeiro ministro Tancredo Neves. Preferiu comemorar o sete setembro em Porto Alegre, onde presidiu, ao lado do general Machado Lopes, uma grande parada militar, em que pontificaram os soldados e sargentos da Brigada Militar e do III Exército.

Ele ainda foi agradecer aos estudantes, sindicatos, intelectuais e artistas que haviam se deslocado dos mais diferentes Estados para Porto Alegre, com o fim de engajar-se na Rede da Legalidade e conclamar o país a lutar pela Constituição. Quando foi despedir-se dele no Piratini, o presidente da UNE, Aldo Arantes, estudante de Direito, Brizola deu-lhe um abraço e disse-lhe: "Tenho aqui uma lembrancinha de nosso movimento". E entregou-lhe uma caixa pequena, mas pesada como chumbo. Era um revólver *Taurus*, calibre 38, um daqueles três mil que expropriou da fábrica gaúcha para armar os gaúchos contra o golpe. Arantes, que foi depois deputado federal pelo PC do B de Goiás, e era líder desse partido na Câmara quando foi entrevistado pelo autor, disse que conservou enquanto pôde a lembrança, mas a perdeu nas corridas da polícia depois do Golpe Militar de 1964.

Já os golpistas foram todos para casa, tristes, cabisbaixos e muito ressentidos, mas nenhum preso ou espancado. Brizola e Jango não cultivaram a vendeta, mesmo tendo sido objeto da mais implacável perseguição daqueles que acabavam de nocautear politicamente. O general Golbery expôs o estado de ânimo reinante entre eles num desabafo:

"É claro que a batalha contra Jango estava perdida, mas o meu nojo veio da maneira como as pessoas se comportaram diante da adversidade. Tínhamos de um lado os malucos que queriam desencadear a Operação Mosquito[64] e do outro, os que não queriam se comprometer[65]".

XVIII — O dilema do parlamentarismo

Estamos no dia 1º de setembro de 1961. A rebelião da Legalidade havia vingado, os ministros militares estavam desmoralizados e arrumando as gavetas. A cúpula política e econômica, conformadas. Porto Alegre já pulava em festa comemorando a grande vitória. Mas um homem estava inconsolável, quase chorando.

— Estamos todos ralados — disse ele, levando às mãos à cabeça.

— Mas o Tancredo é um democrata... — tentou animá-lo Ajadil de Lemos, advogado, assessor e amigo pessoal do governador[66].

— Não é isso, é que o Jango não pode ver um papel em branco, que assina.

Leonel Brizola tinha antes se preparado para "reter"[67] (leia-se prender) o deputado Tancredo Neve, em Porto Alegre, na escala que este provavelmente faria, na viagem de Montevidéu para Brasília, onde havia se encontrado com João Goulart. Sua missão: obter a anuência para o acordão que se fazia em Brasília, com o fim de permitir a posse do Vice-Presidente, debaixo do regime parlamentarista.

Mas o mineiro Tancredo, velha raposa do PSD, foi esperto e evitou posar na capital conflagrada. Ele tinha ido a Montevidéu e convencera Jango a aceitar o que chamava de solução de compromisso para romper o impasse. Jango tinha acabado de chegar à capital uruguaia, depois de uma maratona de viagens de quase uma semana, a partir de Cingapura, pequeno país da Ásia, próximo à

64 Tentativa de oficiais da Aeronáutica de abater o avião de Goulart, em pleno vôo, quando este, já aceito como Presidente, sob a tutela parlamentarista, deixasse Porto Alegre, em 5 de setembro, para tomar posse em Brasília.

65 GASPARI, Elio. *A Ditadura Envergonhada*, p. 152, Companhia das Letras: São Paulo, 2003.

66 Depoimento ao autor de Flávio Tavares, então jornalista da *Última Hora*, cobrindo o Palácio Piratini, de onde o jornal passou a ser editado durante os dias que durou o Movimento da Legalidade.

67 Conversa informal de Brizola, na casa deste com o autor, em 1987, da qual também participou o assessor de imprensa Fernando Brito.

China, onde lhe chegou a notícia da renúncia do Presidente Jânio Quadros. De Cingapura foi para Paris, passando por Zurique, na Suíça. De Paris rumou para Nova Iorque, depois Miami, Lima, Buenos Aires e finalmente Montevidéu.

Até ali, como conta o jornalista Flávio Tavares, a partir dos porões do Palácio do Piratini, onde Brizola se encontrava com os jornalistas — na maioria militantes da causa —, o Vice-Presidente só vinha se comunicando com a cúpula política de Brasília, pouco falando com Brizola.

— É bem verdade — diz Tavares em depoimento ao autor, em 1997, em Buenos Aires, onde era baseado como correspondente de *O Estado de S.Paulo* — que as ligações internacionais eram muito difíceis e precárias na época, mas a verdade é que Jango parecia mais preocupado em dialogar com a cúpula do regime. E por isso não tinha muita noção do alcance da rebelião que Brizola comandava no Rio Grande do Sul.

Segundo a revista *O Cruzeiro* daquela semana, em reportagem de Luiz Carlos Barreto, o avião Viscount, que transportava Tancredo, chegou a sobrevoar o aeroporto Salgado Filho, de Porto Alegre, mas não pousou. "Matreiro", diz o jornalista, "Tancredo acha estranho que um estado sublevado há dias estivesse com o aeroporto vazio, sem esquema de segurança. Brizola havia armado um plano para prendê-lo tão logo pisasse em solo gaúcho e com o avião presidencial mandaria buscar Jango em Montevidéu."

Brizola pretendia, com a detenção de Tancredo — ele chegou muitas vezes a falar em "prisão[68]" daquele que seria eleito Presidente da República, em 1985 — criar um *fait-acconplis* e obrigar, não só Jango como o Congresso e o chamado *establishment*, a empossar o Vice na integralidade de seus poderes, conforme dispunha a Constituição. Faria como Getúlio procedeu na Revolução de 1930, que, rejeitando qualquer entendimento de cúpula com o presidente Washington Luiz, marchou resoluto para o Rio de Janeiro, então capital, varreu de vez o carcomido regime da República Velha e ainda amarrou os cavalos no obelisco da Avenida Rio Branco. O

68 *Jornal do Brasil*, op. cit.

plano de Brizola era de fazer uma marcha armada 100 mil homens de Porto Alegre a Brasília.

**

O parlamentarismo, no entender de Brizola, seria a negação de toda aquela luta do povo irmanado com os militares rebelados, inicialmente em Porto Alegre e depois, como se viu, no resto do Brasil. Com aquele acordo, Goulart assumiria a presidência com os poderes castrados. O ministério e o Programa de Governo seriam ditados — e operados — pelo Congresso, onde predominavam os interesses das oligarquias rurais e urbanas. Ainda por cima, o Presidente não teria a capacidade, como ocorre nas democracias parlamentaristas, de dissolver o parlamento, no caso de fracasso da administração. "Este é um parlamentarismo de araque", insistia.

Com efeito, o artigo primeiro do Ato Adicional, que implantou o regime, com base na emenda constitucional nº 4, de quatro de setembro de 1961, dispunha claramente: "O Poder Executivo é exercido pelo Presidente da República, e pelo Conselho de Ministros, cabendo a este a direção e a responsabilidade política do governo, assim como da administração federal".

Mas Jango já era o virtual Presidente e sua vontade deveria prevalecer. Ele chegou calado e cabisbaixo a Porto Alegre, onde uma enorme massa humana — cerca de cem mil pessoas, estas ainda sem saber do que se confabulava nos bastidores — concentrava-se em frente ao Piratini, ovacionando-o e dando vivas ao Brasil. O hoje cineasta Luiz Carlos Barreto, fotógrafo de *O Cruzeiro*[69], recordou o clima que encontrou em Porto Alegre naquele dia: "Quando ele chegou, a multidão gritava seu nome: Jango, Jango. Mas ele tinha instruções do Tancredo Neves (futuro primeiro-ministro de Goulart) para não falar. O Tancredo estava negociando o parlamentarismo. Então o povo foi ficando furioso e logo estourou uma vaia monumental", lembra Barreto. "Teve gente que avançou para cima do presidente ao saber que ele havia aceitado a proposta parlamentarista".

---

69 *Jornal do Brasil*, op. cit.

Já dentro do palácio e a sós com o cunhado, Brizola teve uma séria discussão com Jango: "Todo este esforço para você virar Rainha da Inglaterra?" Jango alegava que o importante era assumir o Governo, fosse em que circunstância fosse — "Depois é depois[70]".

Brizola não quis mais insistir. "Está bem, passo todas as funções que estava exercendo ao presidente da República. Compete a ele tomar as decisões a partir de agora. Eu já sei os pontos de vista dele, já sei os seus compromissos". O governador, que estava há mais de 48 horas sem dormir, perdeu a paciência e despediu-se do cunhado. "Dá licença que preciso descansar", disse e escreveu-lhe, num pedaço de papel, três itens cujo cumprimento julgava indispensável para que a rebelião da legalidade não se transformasse numa batalha de fancaria:

— Primeiro, subir por terra até Brasília, chegar lá, assumir o governo sem aceitar a diminuição dos seus poderes. Nós tínhamos gasolina para 14 dias e armamento e munição suficiente para 110 mil voluntários, além do 3° Exército. Ato contínuo, dissolver aquele Congresso, que havia violado a Constituição, e convocação de uma Constituinte, para demonstrar que não iria fazer uma ditadura[71].

Naquele momento, a proposta de Brizola não refletia apenas a firmeza de Getúlio ao enfrentar a cúpula do poder na então capital do Rio de Janeiro, com a Revolução de 1930. Era uma realidade que ele, como todo líder e estadista, ainda que aos 39 anos, pressentia no seu empirismo apurado. E uma realidade que não se limitava a uma república de banana. Três anos antes da Legalidade, o general Charles De Gaulle, para salvar e soerguer a França, exigiu, como condição para assumir as rédeas do país conflagrado de 1958, devido à guerra na Argélia e à queda de 24 gabinetes em apenas 12 anos, o fechamento do Parlamento por dois anos. Impôs também a edição de uma nova Constituição, que ele redigiu sozinho, como confessa em suas *Mémoires de Guerre*, e depois submeteu a referendo, que a aprovou por 79% dos votos. O Parlamento francês ficou fechado por apenas seis meses, mas quando voltou a funcionar (durante

70 *Jornal do Brasil*, op. cit.
71 *Jornal do Brasil*, op. cit.

apenas sete meses por ano, numa rotina respeitada até os dias de hoje) estava com os poderes muito limitados.

— Quanto a mim — conta *le général* em suas *Memórias da Esperança*[72] —, foi sem direito hereditário, sem plebiscito, sem eleição, mas apenas em atendimento ao apelo, imperativo ainda que mudo, da França, que me vi impelido a assumir sua defesa, sua integridade, seu destino.

Depois de alinhavar aqueles três pontos, Leonel Brizola se recolheu ao quarto, para dormir. Àquela altura, Jango havia caído em depressão. Não conseguia evitar a cena das vaias da multidão e as reclamações generalizadas contra a sua postura. Quase 40 anos depois, numa entrevista a Isto é[73], Brizola recordava o episódio, já sem mágoa do cunhado:

"Quando a notícia do acordo chegou à multidão em frente ao Palácio Piratini, em Porto Alegre, ele foi vaiado por 100 mil pessoas.".

Todos chiavam: companheiros de partido, os deputados em Brasília, como Neiva Moreira (PSP-MA) e Almino Afonso (PTB-SP); até os jornalistas, como Flávio Tavares, que chegou a rasgar em sua frente uma declaração do presidente aceitando o parlamentarismo, exigiam-lhe que rejeitasse "aquela proposta indecorosa".

— A Neusa (mulher de Brizola, irmã de Goulart) me acordou no começo da noite — relatou Brizola em agosto de 1991, quando a Legalidade completou 40 anos — para me dizer que eu precisava me levantar para colaborar com o Janguinho, que é como ela o chamava, que ele estava muito magoado e sofrendo porque foi muito hostilizado. O entendimento começou a caminhar, vinham as notícias de Brasília e o Jango não queria falar. Mas a multidão começou a reagir e a hostilizá-lo. Ele entrou e sentou ali na cama. E disse: "Olha, Brizola, se nós podemos ter um entendimento e chegar ao governo com alguns poderes diminuídos, o importante é que cheguemos lá e evitemos derramamento de sangue. Depois é depois". Nós evitamos o conflito, porque, em uma guerra civil, conflitos dessa dimensão, a gente sabe como entra, mas depois não

72 DE GAULLE, Charles. *Memórias de Esperança* (Mémoires d´Espoir), p. 247. Mundo Musical: Rio de Janeiro, 1971.

73 Revista *Isto é*, "Sr. Metralhadora", 9 de janeiro de 2000.

sabe nunca como sai. Não estava contra a posição dele. Hoje acho que era melhor a minha."

Foi quando Brizola endureceu: "Está bem, tu és o comandante. Mas só podes assumir se houver uma garantia de que haverá um plebiscito para decidir sobre a forma de Governo".

Jango concordou e o Congresso cedeu às pressões do líder da Legalidade, fazendo constar, no Ato Adicional, um emendão de 25 artigos, 19 parágrafos e 39 alíneas, aprovado "numa madrugada", dispositivo específico prevendo o plebiscito.

A data da realização do plebiscito, um instituto napoleônico e algo raro na cena política brasileira, foi cavilosamente marcada para "nove meses antes do término do mandato do atual Presidente", ou seja, quando Jango já seria, no dizer dos americanos, um presidente *lame-duck* (pato manco). Mas este seria outro abacaxi para Brizola descascar, o que ele faria com muita garra, como é do seu estilo, e o que contaremos adiante.

***

Sentindo-se liberado para assumir, Jango decide embarcar para Brasília, onde toma posse no dia sete de setembro, Dia da Pátria, com um ministério — ou gabinete, o termo mais próprio no regime parlamentar — imposto pela cúpula política de Brasília, no qual dominavam o velho PSD, a radical UDN, o PSP de Adhemar de Barros etc. Nenhum gaúcho foi contemplado com uma pasta ministerial. O deputado Almino Afonso (PTB-AM) enviou uma carta de protesto ao Presidente: "O que me dói é a certeza de que poderíamos haver vencido inteiramente: A opinião do povo estava conosco. Bastava um silêncio seu[74]".

Mais adiante, examinaremos o relacionamento de Brizola com Jango, que sofre uma grande avaria no episódio do parlamentarismo. Isto é matéria para depois. Chegou a hora de analisarmos a obra de Leonel Brizola na Educação. É o que vamos tratar na série de capítulos a seguir.

74 VILLA, Marco Atonio, *Jango-um perfil (1945-1964)*, p.57. Globo, São Paulo, 2004.

O Educador

XIX — O foco na Educação

Quando soube da morte de Brizola, naquela noite de 21 de junho de 2004, o jornalista Caco Barcelos[75], da Rede Globo, deu um testemunho: "Ao Brizola, eu devo o primeiro lápis que tive na vida, o primeiro caderno — que a minha mãe guarda até hoje —, a oportunidade de praticar esporte e música em um espaço digno e o acesso à alimentação com proteína de primeira linha".

Aparentemente, trata-se de um ex-aluno dos CIEPs, as 500 imponentes escolas integrais que Brizola construiu para os pobres no Rio de Janeiro. Engano. O menino pobre da família Barcelos tinha estudado numa das milhares de escolinhas que Brizola espalhou pelo Rio Grande do Sul, primeiro como prefeito de Porto Alegre e depois como governador, e que depois redundaram nos escolões cariocas, com a ajuda de Darcy Ribeiro.

— Impossível também esquecer o dia — continua Barcelos, em seu depoimento à jornalista Renata Giraldi, de *O Dia*, de 27 de junho de 2004 — em que eu e os meus colegas lá do (bairro) Paternon recebemos um tênis padrão das 'brizolinhas', como eram chamadas as escolas públicas que ele construiu nos bairros pobres de Porto Alegre. Lembro, como se fosse hoje, que ouvi a justificativa do Brizola pelo rádio: 'É um absurdo que os animais do nosso País sejam mais bem-tratados que nossas crianças. Nunca vi no Brasil um bezerro abandonado, nem cavalo sem

75 Caco Barcelos é também o autor do livro *Rota 66*. Bastante polêmica, a publicação revelou, no início dos anos 1990, as diversas irregularidades na ações da Polícia Militar de São Paulo, praticadas por integrantes do destacamento mais conhecido como Rota.

ferradura no casco. Toda criança pobre tem que ter, no mínimo, o direito a um sapato no pé'.

O esforço pela educação foi a marca maior da vida de Brizola. Sua noção é de que ela está na raiz da saída para o desenvolvimento e para a própria crise brasileira. Sem educação, insistia, não há nada: "Podem tratar de fábricas, de iniciativas destas ou daquelas — chame isso de moderno ou não... de inflação, de problema macroeconômico... Tudo isto, nada se mantém se o nível educacional de nosso povo não chegar àqueles patamares indispensáveis".

"O Brasil precisa encarar essa questão" — alertava Brizola — , "porque progresso, a saída destes bolsões de miséria, crise da pobreza e do subdesenvolvimento só têm um caminho: a educação. Agora, educação neste país não é mais aquilo que classicamente nós conhecemos". Sua visão era de que o problema deve ser atacado, numa verdadeira cruzada nacional. E partir da assistência à criança, desde o ventre da mãe. Não adianta dar só escola, porque a criança desnutrida, com "seus pequeninos organismos povoados de parasitas", como ocorre em mais de 80% dos lares brasileiros, não tem como aprender nem assimilar.

— Como uma criança doente e faminta vai-se interessar por estudar?

Daí a necessidade de o Estado proporcionar assistência completa, pois, só assim, como dizia em sua linguagem simples, podem funcionar as suas cabecinhas.

— Aí — insistia — esse computador maravilhoso, de uma capacidade infinita, que Deus nos colocou aqui (e apontava para a cabeça) tem condições de funcionar. Ora, se o computador comum precisa, uniformemente, de energia, de temperatura, de grau hidrométrico para funcionar, imagine-se o que não é a mente humana. E no computador comum, quando queima um circuito, muda-se um kit inteiro ali dentro, e resolve-se o problema; agora aqui, não (apontando novamente para a cabeça): queimou, fica queimado para sempre.

Então, é necessário nutrir as crianças para que elas possam ter sua mente capacitada e em ordem.

O que Brizola dizia não era baseado só em teoria, pois sua experiência no setor vinha de mais de meio século. Já como candidato a deputado estadual, defendia a idéia de que "não há desenvolvimento sem educação". E passou a estudar uma maneira de levar para a escola pública civil aquilo que se pratica na escola militar, onde o aluno recebe uniforme, material escolar e alimentação.

***

É como prefeito de Porto Alegre (1956-58), onde o menino Caco e outros inúmeros estudantes carentes que se tornaram profissionais bem sucedidos tiveram oportunidade de estudar, vestir-se e alimentar-se, que Brizola coloca em prática aquelas idéias. Foi quando se lançou a uma mobilização intensa para espalhar escolas por todos os cantos da cidade, através de construções simples, de preferência em prédios de madeira, mais rápidos de fazer e mais econômicos, além de aproveitar a grande oferta do produto, então abundante no Estado.

Brizola disse ter abandonado a tese, que considerava antidemocrática, de construir escolas apenas para alguns, como se fossem palácios: "Preferimos construí-las visando sua popularização. Multiplicá-las por todos os pontos do território gaúcho. Modestas, simples, mas ao alcance de todas as famílias e de todas as crianças, inspiração que talvez venha da minha própria origem". Ele entendia que a educação é uma oportunidade que deve ser oferecida em igualdade de condições e que deve ser levada à criança e aos jovens, encontrem-se eles nas zonas urbanas mais longínquas.

O Brasil e especialmente Porto Alegre viviam uma fase de grande carência educacional. Mesmo nos bairros mais nobres da cidade, como o Menino Deus, o déficit escolar era alarmante. Daí a urgência de botar mãos à obra. Para isso, era necessário, antes de tudo, que a população fosse sensibilizada para o empreendimento. Brizola usou toda a sua verve, e, em pouco tempo, a sociedade portoalegrense entrou de cabeça no programa educacional. Com isso, foi possível obter-se o barateamento do preço de material de construção, mão de obra barata e às vezes gratuita (muitas famílias se organizavam para trabalhar na construção das escolas do bairro), e facilitar a inspeção dos trabalhos.

Conta o jornalista Carlos Alberto Kolecza, antigo assessor, que, numa das inspeções que fazia quase diariamente às obras da prefeitura, Brizola foi abordado por populares do Menino Deus para pedir-lhe uma escola para o bairro.

— O problema é que aqui não tem espaço, como é que vamos fazer? — ponderou-lhes Brizola.

— Só se a gente interromper a rua, construindo uma escola neste espaço do entroncamento — arriscaram os moradores.

— Então vocês façam um plebiscito e mandem me dizer se a comunidade aprova a idéia.

Pouco tempo depois, Brizola recebia no Palácio os líderes daquela comunidade e o bairro do Menino Deus era aquinhoado com a sua escola. Outros moradores sugeriram a construção de escolas dentro de um quartel do Exército no bairro Paternon, então o mais populoso e constituído basicamente de moradores da baixa classe média. Brizola consultou o comandante da área, que concordou com a construção. Até o final de seu governo mais quatro quartéis tinham abrigado uma escola civil para servir à comunidade.

A simples construção de escolas não resolveria o problema, por causa da carência também alimentar das crianças. Por isso, em novo mutirão, e sempre indo buscar a interação com a comunidade, Brizola providenciou a merenda, material e o uniforme escolar, e o tênis de que fala Caco Barcelos era um de seus itens.

***

No Governo do Estado, para onde se deslocou depois de dois anos na prefeitura, Brizola dotou o Rio Grande do Sul de uma rede de ensino primário e médio que atingiu os mais longínquos e desassistidos municípios. Ao mesmo tempo, desenvolveu um programa de alfabetização para 1,5 milhão de adultos. Em quatro anos, já estavam prontas e funcionando 5.902 escolas primárias, 278 escolas técnicas e 131 ginásios, colégios e escolas normais, num total de 6.302 escolas, com 688.209 novas matrículas e 42.153 novos professores.

Mas seu governo não agia sozinho e sim com a participação direta da população, através de mutirões. As comunidades, contando com recursos do Estado (material de construção etc.) e a colaboração das Prefeituras (doação de terrenos e transporte), forneciam mão-de-obra semi-especializada (carpinteiros, pedreiros etc.), o que possibilitava a construção de centenas de escolas.

Como conta Moniz Bandeira, em seu livro *"Brizola e o Trabalhismo"*, Civilização Brasileira, 1979, "só no município de São Jerônimo, por exemplo, foram construídas e postas a funcionar 81 novas unidades. O plano de educação pôde assim alcançar inclusive as zonas do pampa gaúcho, onde a baixíssima densidade populacional dificultava as atividades de ensino".

É com esta bagagem de educação que Leonel Brizola aterrissa 24 anos depois no Governo do Estado do Rio de Janeiro, onde dá início à construção dos CIEPs —Centros Integrados de Educação Pública, agora com a colaboração de Darcy Ribeiro, considerado um dos maiores educadores brasileiros, desde a época em que participou da equipe de Anísio Teixeira.

Nos CIEPs — foram construídas um total de 508 unidades em todo o Estado —, os alunos pobres ficavam na escola o dia inteiro, lá recebendo educação formal, assistência médica e hospitalar; faziam os deveres de classe na biblioteca, quatro refeições diárias, além de receberem material e uniforme escolar e irem para casa de banho tomado, depois das 17 horas.

XX — A ESCOLA BUSCA A CRIANÇA

O lema *Nenhuma criança sem escola* foi adotado por Leonel Brizola desde que se candidatou pela primeira vez a deputado estadual, em 1946. Trata-se hoje de sovado slogan, fastidiosamente repisado, tanto por políticos como por tecnocratas, ao longo de quase todas as eleições ou de propagandas de governos estaduais ou federais, mera concessão retórica.

Com Brizola, o lema é tomado ao pé da letra e levado às últimas conseqüências. Na Assembléia Legislativa, a educação já era o seu tema prioritário. Mesmo ali, não ficou só no discurso. Com o apoio de estudantes e lideres da comunidade, pressionou o governo por mais escolas e a melhoria da qualidade do ensino. Teve até um projeto aprovado isentando os livros de impostos. Como secretário de Obras Públicas, seu primeiro posto no executivo, trabalhava em parceria com o secretário de Educação, Mariano Beck. (Beck seria depois confirmado no cargo quando Brizola tornou-se governador) para reaparelhar e construir escolas importantes, como o novo Colégio Júlio de Castilhos, o tradicional Julinho, de Porto Alegre. Como prefeito de Porto Alegre, de 1956 a 1958 construiu 135 escolas.

A preocupação de Brizola pelo ensino trazia no fundo uma indignação. Na vizinha Argentina, a escolarização era quase completa e o índice de analfabetismo, inferior a 10%. No Uruguai, a coisa não era muito diferente. Porque, naqueles anos 50, o Brasil, país muito maior e mais rico, pelo menos em recursos naturais, batia cabeça com aquelas astronômicas taxas de analfabetos e, no próprio Rio Grande do Sul, o segundo Estado mais escolarizado, só perdendo para São Paulo, este percentual era escandaloso?

Para tirar este atraso, era preciso urgência e determinação. E isso teve o voluntarioso administrador, que, já como Secretário de Obras, aos 29 anos, exercia presença hegemônica no secretariado do governador Ernesto Dornelles, do PTB, graças a seus métodos inovadores de trabalho e realização. Como governador, entendia que a Educação tinha que ser "o ponto dominante, aquele que representa o ápice de nossa ação administrativa, o vértice de nossa capacidade de ação[76]".

Mas Brizola era homem do Rio Grande profundo, ou seja, vinha lá das entranhas, daquele interior brabo e abandonado. Perambulou de pé no chão até os 14 anos. Não que lhe faltasse um par de sapatos, como costumava dizer, mas porque queria preservar os pisantes para passear aos domingos. Sua experiência de habitante de uma daquelas zonas isoladas do Rio Grande, Cruzinha, indicava que a escola, para cumprir sua missão, deveria ir até os alunos. É porque era difícil ou quase impossível o aluno ir à escola naquelas enormes lonjuras. Ocorre que grande parte das crianças com carência escolar estava espalhada em lugares ermos, quase inacessíveis. Este era o seu desafio. Como chegar até elas?

76 "As brizoletas cobrindo o Rio Grande", p. 19 — Mensagem do governador à Assembléia Legislativa, 1960.

Administrador prático, formado na escola da vida — e também do Estado, porque só estudou em escola pública —, Brizola concebeu um plano de custo baixo e, conseqüentemente, exeqüível, através de pequenas construções modulares em madeira. Eram escolas de 1 a 12 salas, que foram instaladas não só nos grandes centros, como também nos rincões mais distantes do Estado, e de acordo com as carências de cada comunidade.

Nos grandes centros, como Porto Alegre, Caxias, Pelotas, Bagé e Santa Maria, também altamente necessitados de ensino, o governador instalou grandes e sofisticadas escolas públicas, a partir de ampla reforma que introduziu no sistema da época — ensino primário, ginasial, médio e técnico. Lá, o estudante pobre também foi contemplado com alimentação na escola, material escolar e até como item do uniforme um par de tênis (ver adiante os capítulos sobre os CIEPs). O governo ainda se voltou para, massivamente, formar, atualizar e contratar professores, aparelhar os ginásios, colégios e escolas técnicas, com equipamentos modernos.

***

Sua preocupação centrou-se, inicialmente, em preencher as lacunas escolares, principalmente na zona rural, entregues ao abandono. Depois de minucioso levantamento, a nova administração, iniciada em 31 de janeiro de 1959, lançou-se à execução de uma série de projetos bem concatenados. Também foi levada em conta a bem sucedida experiência da administração brizolista na prefeitura de Porto Alegre, na base do mutirão: as comunidades contribuíam com parte da mão de obra e donativos; as prefeituras, com os terrenos e pagamento dos professores; e o Estado, com o material de construção, o planejamento e a técnica pedagógica

Brizola utilizou todo o seu charme de jovem governante e poder de comunicação para sensibilizar a população e os setores mais influentes da sociedade, de forma a incorporá-los naquele esforço, que exigia, além de vontade política, muitos recursos financeiros. O primeiro passo era assegurar o engajamento da população. Com esse fim, o governo do Estado lançou-se a uma cruzada para atrair as comunidades, as prefeituras, e o próprio ensino privado, com o qual trabalhou em franca parceria, apesar de todos os percalços provocados pela linha popular imprimida pelo governador. Em segundo lugar, o governo recorreu à criatividade para obter os enormes recursos necessários ao cometimento. Para isso, aumentou os investimentos em educação em 22,76% do orçamento global, criou uma taxa de educação, cobrando 20% sobre todos os impostos; emitiu apólices do tesouro estadual, rigidamente pagas, a ponto de seu valor igualar ao cruzeiro, a moeda nacional da época; e ordenou a transferência para a secretaria de Educação de todos os recursos humanos e materiais disponíveis ou subutilizados nos outros órgãos do Governo.

Como relata o professor Claudemir de Quadros, autor do livro *As brizoletas cobrindo o Rio Grande*[77], a primeira providência foi desmembrar a Secretaria de Educação em três subsecretarias: do Ensino Primário, do Ensino Médio e do Ensino Técnico. Um grupo de trabalho, chefiado pelo secretário Mariano Beck, procedeu a uma avaliação, quando concluiu que o déficit de matrículas para as crianças entre 7 e 14 anos era de 273.095, tanto nas escolas estaduais como nas municipais. O universo pesquisado abrangia 1.003.839 alunos, sendo que 281.370 no ensino estadual, 320.048 nas escolas mantidas pelas prefeituras e 129.317 pelo ensino privado[78].

A partir desse desmembramento, foi implantado o Plano de Emergência de Expansão do Ensino Primário, com duas metas principais: a escolarização de todas as crianças em idade escolar, dos 7 aos 14 anos, e a erradicação do analfabetismo. A primeira meta estabelecida foi a construção de duas mil escolas nos primeiros dois anos.

Foram criados o Serviço de Expansão Descentralizada do Ensino Primário (Sedep), para, sob o lema "expandir, descentralizando", fazer convênios com os municípios, dar orientação técnico-pedagógica e fiscalizar os trabalhos de execução do programa; e a

---

77 QUADROS, Claudemir. *As brizoletas cobrindo o Rio Grande*, Universidade Federal de Santa Maria, UFSM, Rio Grande do Sul, 2002.

78 Idem.

Comissão Estadual de Prédios Escolares (Cepe), órgão de cooperação entre a Secretaria de Educação e a Secretaria de Obras Públicas para superintender, estudar, planejar, projetar e executar as tarefas de conservação, reparos, adaptação, construção e aparelhamento dos prédios escolares. A Cepe era um órgão executivo com regionais instalados nas Delegacias de Ensino e constava de um Grupo de Arquitetura, encarregado de projetos, cálculos e orçamentos; um Grupo de Obras; um Grupo Administrativo e o Grupo de Parques e Jardins.

"As brizoletas" — diz o professor Quadros — "constituem-se num espaço planejado que educa. Não têm fachadas imponentes ou majestosas; muitas, tampouco, são sólidas, já que foram construídas em ritmo de emergência. Pelo contrário, são edifícios simples e modestos, mas que trazem na sua concepção uma missão civilizadora e modernizadora[79]."

Odete Piccoli, de Muçum, município de apenas três mil habitantes, foi professora de uma dessas escolinhas, aos 16 anos. Sua escola, de duas salas, situava-se em Linha Brava[80], a cerca de 10 quilômetros de Muçum. Como não havia ônibus, Odete viajava na garupa da lambreta de uma colega, também professora da mesma escola. Em depoimento ao autor, Odete, ex-diretora de Taquigrafia da Câmara dos Deputados, em Brasília, conta que havia cerca de 20 brizoletas no município, todas espalhadas pela extensa área do município.

— Eram escolinhas simples, mas muito organizadas — disse ela. Havia, além das salas de aula, uma cozinha com um pequeno depósito, onde era preparada a merenda escolar. Os alunos vinham de suas casas a pé, alguns descalços, às vezes em pleno frio, mas raramente perdiam uma aula. O desempenho deles, por sua vez, era avaliado em reuniões semanais dos professores com a coordenação do plano, na sede do município.

Para a professorinha, que recebia um salário-mínimo para dar cinco horas de aula, abrangendo os cinco anos primários, aquelas escolinhas foram "um achado", porque resolveram o problema da

79 Op. cit.

80 Linha é como se chamam os povoados menores que um distrito, onde há igreja; há ainda a picada, que são os povoados ainda menores e sem igreja.

escolarização além de proporcionar um salário razoável para o professor em formação: "Na minha área, o analfabetismo foi praticamente abolido no município", recordou.

***

A meta era cobrir o Estado, incluindo as comunidades mais isoladas, quase todas desprovidas de ensino, na época. Nestas localidades, a maior parte das escolas era construída em madeira, com duas ou três salas, sempre com capacidade para serem ampliadas a qualquer momento, dependendo do fluxo de alunos. A preferência pela madeira se dava, principalmente, por causa da abundância do produto e da disponibilidade de mão de obra no Estado. Com ela, uma construção se completava em menor tempo, e a um custo bem mais reduzido. Havia, finalmente, a facilidade no seu transporte, uma vez que a meta era atingir os municípios mais longínquos.

Uma característica do governo Brizola era a de, com seus projetos, explorar as potencialidades territoriais e os recursos humanos. Com isso, o Estado não só levava educação e progresso às comunidades, como criava empregos, incentivava as pequenas e médias empresas e promovia o crescimento da economia. Por esta razão, o esforço governamental recebeu a adesão de grande parte da população, inclusive das próprias elites do Estado, que viam a população progredir e o mercado crescer. Mas o programa educacional, temiam os setores reacionários, poderia afetar os interesses das escolas particulares, que tinham a Igreja Católica como a principal mantenedora no Estado. Com escola pública eficiente e barata, quem ia procurar o ensino pago?

Mas a Brizola interessava manter o ensino privado, primeiro por concordar com a sua eficiência, e, em segundo lugar, por necessitar dele para atingir a meta de escolarização. Seu objetivo não era ideológico, era dar escola para todos. No seu plano educacional constava um item básico, que era a parceria com as escolas particulares. Essa parceria constava da cessão de professores a essas escolas em troca de vagas para os alunos excedentes na rede pública. Entre 1959 e 1961, segundo o professor Claudemir de Quadros, foram 668 os professores cedidos pelo Estado ao setor privado, enquanto as matrículas gratuitas em escolas particulares passaram de 11.358 para 26.319. Houve também financiamentos diretos para a construção de escolas particulares, como o Ginásio São Judas Tadeu, de Porto Alegre, o qual, por sua vez, se comprometia a assegurar matrículas gratuitas a alunos excedentes nas escolas públicas.

À proporção que ia atingindo a meta de escolarização completa, no entanto, aumentava a intranqüilidade no setor privado. Este começou a mover os pauzinhos, tendo a igreja conservadora como líder, que jogou todo o peso político contra o governador. Numa votação decisiva de projeto do governo na Assembléia Legislativa, visando novo financiamento do mutirão escolar, estes setores conseguem maioria para rejeitar o projeto.

A derrota estancaria ou se não mutilaria de vez toda a estrutura da reforma. A criatividade e o alto crédito de Brizola junto à população e à própria sociedade, contudo, reverteram o panorama. Utilizando-se do formato *sui generis* da Constituição estadual, que conferia ao Rio Grande uma situação de Estado quase independente, o governador decide, numa iniciativa pioneira, hoje generalizada, autorizar a emissão de Letras do Tesouro (lei 3785/59), com vencimentos de um a cinco anos, podendo as mesmas ser utilizadas como pagamento de imposto. Como tais letras eram pagas rigorosamente pelo tesouro, seu valor chegou a igualar o cruzeiro. O artifício, somado a outros empreendimentos financeiros citados no capítulo sobre o primeiro Governo Brizola, ainda serviu para financiar, além da educação, projetos de vulto nas áreas de construção de estradas, reforma agrária e criação de distritos industriais.

Brizola conclui seu mandato de governador do Rio Grande do Sul com o Estado coberto de escolas e um índice ínfimo de analfabetos, já comparável à orgulhosa Argentina fronteiriça. Era uma experiência inédita no Brasil, que ele repetiria quase 20 anos depois, após uma série de percalços que o desviariam por todo aquele longo período de sua meta de arrancar o Brasil do subdesenvolvimento. É nesta experiência, a dos CIEPs, Centros de Integrais de Escolas Públicas, onde o estudante pobre passava o dia inteiro, que vamos nos deter nos próximos capítulos.

XXI — CIEP, A ESCOLA DE TEMPO INTEGRAL

Vinte anos depois da experiência educacional em seu Estado natal, Leonel Brizola desembarca, quase por acaso, no Governo do Rio de Janeiro. Chega mais convencido do que nunca de que o Brasil só tem saída através da Educação. Durante as seguidas viagens por países pobres e ricos dos vários continentes, como vice-presidente da Internacional Socialista, Brizola constatou que só as escolas do Brasil insistiam no velho esquema de turnos de quatro horas de aula. Para não ir muito longe, no vizinho e diminuto Uruguai, a maioria das escolas funcionava em regime de tempo integral.

Urgia dar uma sacudida naquele *status quo*, e fazer uma nova escola, além de reformular as já existentes, muitas das quais em estado precário. Ali no Rio, vitrine do Brasil, deveria servir de inspiração para o resto do país. Foi com essa perspectiva que concebeu os CIEPs, Centros Integrados de Ensino Público. Uma escola em que o aluno passasse o dia inteiro — estudando, se divertindo, pesquisando e se formando — e deles saísse de banho tomado. Juntamente com dois mestres, Darcy Ribeiro, da educação, e Oscar Niemeyer, da arquitetura, Brizola deflagrou uma nova visão educacional em que o Estado proveria, num ambiente saudável e acolhedor, não apenas o ensino, mas igualmente alimentação, assistência médica, dentária e higiênica, prática esportiva, estudo dirigido, animação cultural, material, uniforme escolar e transporte, tudo gratuito.

Delírio? Megalomania? Aparentemente sim, mas que funcionou nos oito anos em que Brizola governou os cariocas e fluminenses. A exemplo das gestões brizolistas como prefeito de Porto Alegre e governador do Rio Grande do Sul, grande parte dos recursos e prioridades do Estado passou a concentrar-se na educação, a ponto de comprometer, no seu último ano de governo do Rio, em 1994, 54,5% do orçamento global.

Brizola, aliás, nunca se preocupou com custos no que se relacionava à educação. Desde que foi secretário de Obras Públicas no Rio Grande, ele costumava dizer que "o dinheiro sai da cabeça do governante". Ou seja, o governante tem que se virar para, primeiro, ter o apoio e até a cumplicidade da população; depois, regular gastos e ampliar as fontes de renda do Estado. Foi o que fez no Rio, através da reformulação do sistema financeiro, o que será contado adiante.

Para fazer esta nova escola, era necessária a concepção de novos espaços físicos e de uma pedagogia apropriados. A projeção dos prédios, que possibilitaria, através da multiplicação, baixos custos e montagem rápida, foi confiada a Oscar Niemeyer. A pedagogia ficou por conta de Darcy Ribeiro, que, com o Programa Especial de Educação, incluiu o desenvolvimento de um currículo básico e atividades de animação cultural, estudo dirigido e educação física.

***

Cada CIEP era composto por três construções distintas: o Prédio Principal, o Salão Polivalente e a Biblioteca. No Prédio Principal, havia três pavimentos ligados por uma rampa central. No pavimento térreo localizavam-se o refeitório, com capacidade para 200 pessoas, e uma cozinha dimensionada para oferecer o café da manhã, almoço e lanche para até 1.000 crianças. No outro extremo do pavimento térreo ficava o centro médico e, entre este e o refeitório, um amplo recreio coberto.

Nos dois pavimentos superiores ficavam localizadas as salas de aulas, um auditório, as salas especiais (Estudo Dirigido e outras atividades) e as instalações administrativas. No terraço, havia uma área reservada para atividades de lazer e dois reservatórios de água. O segundo prédio era destinado à biblioteca e estudos de multimídia, e o terceiro, um ginásio poli-esportivo. No segundo governo de Brizola no Rio, foi acrescida ao projeto uma piscina olímpica, também aberta à comunidade, onde eram oferecidas práticas esportivas orientadas por especialistas em natação e educação física.

Os *escolões* ou *brizolões*, como foram apelidados os CIEPs pelos cariocas, eram destinados prioritariamente aos filhos de famílias pobres, uma forma que visava, ao mesmo tempo, resgatar aquelas populações do abandono e diminuir os índices de violência. A criminalidade provinha principalmente daqueles setores secularmente desassistidos. Por isso, eles foram construídos nas áreas de maior densidade e maior pobreza. Os 500 CIEPs foram projetados para atender uma média de mil crianças cada.

Eram edificações de grande beleza, apesar de seus custos serem 30% inferiores às construções convencionais. E chamavam a atenção das populações marginalizadas que passaram a ver ali um futuro mais digno para os seus filhos. E também dos adversários do governador, que viam naqueles prédios "exemplos de esbanjamento do dinheiro público e peça de propaganda eleitoral do governador".

Inicialmente, é autorizada a construção, em caráter experimental, de 30 CIEPs, ao preço de quase um milhão de dólares cada. O sucesso deles é tanto que Brizola, Darcy, Niemeyer e toda a equipe se entusiasmam e autorizam a construção de mais 120, e, logo depois, de mais 300. O Rio de Janeiro vira um canteiro de obras, pois, além dos CIEPs, se procede à remodelação das antigas escolas e à construção do Sambódromo, passarela destinada ao carnaval (dentro da qual funcionavam cursos pré-escolar, 1º Grau, uma escola normal, um ginásio de 2º Grau e um Curso Supletivo).

***

Os CIEPs passaram a ser aplaudidos no Brasil inteiro, por causa de sua concepção arrojada e inovadora de tratar a educação, até então empacada por índices cada vez maiores de repetência e evasão escolar. E a evasão se dava não porque faltassem escolas, mas porque a criança pobre não podia freqüentá-las. Disse Darcy Ribeiro[81]: "(...) Os pobres abandonam a escola antes de terminar o primeiro grau. Não podia ser diferente. Uma escola aonde a criança chega com fome, fica três horas e sai com fome, só pode formar marginais".

A concepção arquitetônica do CIEPs, ao mesmo tempo simples e econômica, mas de rara beleza e impacto, era apenas o invólucro vistoso de um projeto pedagógico que consistia, como no Rio Grande do Sul, em levar a escola à criança. Até ali, as várias experiências educacionais na ex-capital da República tinham falhado. Só metade das crianças que iniciava o primeiro ano na escola, conseguia ser aprovada para ingressar no segundo ano. Já na quinta série, a chamada evasão escolar subia a mais de 60%.

81 Revista *Senhor*, p. 38, 6 de maio de 1986.

Na escola convencional, o pobre é um rejeitado, como dizia Darcy: "Ela recebe as crianças populares massivamente, mas, tratando-as como se fossem iguais às oriundas dos setores privilegiados, assim as peneira e exclui da escola. Vale dizer que nosso pendor elitista começa na escola primária.".

***

E ao levar a escola até a criança estava implícito não apenas o ensino,como também o estímulo para ela estudar, divertir-se, alimentar-se e formar-se como cidadão capaz de arrumar um bom emprego e, ainda, aumentar o mercado de consumo. Darcy explicava que "o pequeno favelado, comendo pouco e mal, cresce raquítico. Às vezes é até prejudicado por malformações, se a fome ocorre muito cedo ou se é demasiada. Sua fala é também peculiar e atravessada, aos ouvidos da professora". Já "a criança afortunada se desenvolve bem fisicamente, fala a língua da escola, é ágil no uso do lápis e na interpretação de símbolos gráficos e chega à escola altamente estimulada pelos pais".

— Nessas circunstâncias — conclui Darcy Ribeiro —, um desempenho natural e inevitável é valorizado e premiado pela escola; o outro é severamente punido. Ela, de fato, se estrutura para educar as classes abonadas e não o povo, que constitui a imensa maioria de sua clientela.

Os Brizolões foram concebidos para atender a crianças de 1ª a 4ª série ou de 5ª a 6ª série, separadamente. Em uns e outros, elas eram atendidas de oito da manhã às cinco horas da tarde. Quando entravam na escola, iam direto para o refeitório tomar o café da manhã e, em seguida, se dirigiam para a aulas convencionais, onde permaneciam até às 12 horas. De lá, seguiam para o refeitório, com capacidade para 200 crianças por vez. Depois, às 14 horas, faziam as tarefas passadas nas aulas pela manhã, sob a orientação de professores, no chamado estudo dirigido. Em seguida, recebiam aulas de artes, música ou práticas desportivas, conforme sua preferência. Às 17 horas, elas iam para casa. O horário especial dos CIEPs visava ainda aliviar a sobrecarga dos pais, que poderiam trabalhar sossegados, pois sabiam que os filhos, em vez de ganharem a rua, pedindo esmola ou iniciando-se no crime, estavam estudando.

O novo Programa Educacional ainda incluía a figura do animador cultural, professor especialmente treinado para promover o relacionamento dos alunos com a comunidade onde se localizava cada CIEP. Cabia a ele associar a escola com seu contexto, oferecendo as facilidades com que ela contava — estádio esportivo, biblioteca, salão social e refeitório — para o uso comunitário, sobretudo nos dias em que não havia aula.

O turno da noite era reservado para aulas de alfabetização de jovens — cerca de 400 rapazes e moças, entre 14 e 20 anos, analfabetos ou insuficientemente instruídos. Cada prédio do CIEP também dispunha de um compartimento especial para abrigar seis meninos e seis meninas escolhidos entre crianças abandonadas e que estivessem sob a ameaça de cair na delinqüência. Eles recebiam os cuidados de um casal, também treinado para tanto. Este compartimento se localizava na parte superior do prédio da biblioteca, projetado como uma residência, com alojamentos para os 12 garotos, que poderiam ali morar, em caso de necessidade, sob a guarda do casal responsável (este com quarto próprio, sala comum, sanitário exclusivo e cozinha).

O segundo prédio do complexo do CIEP era o Salão Polivalente, um ginásio desportivo coberto, dotado de arquibancada, vestiários e depósito para guarda de materiais. Por fim, a terceira construção era a Biblioteca, idealizada para atender os alunos tanto para consultas individuais como em grupos supervisionados, estando também à disposição da comunidade.

***

Quanto às outras escolas, o Programa Especial de Educação cuidava de expandir a rede pública existente com o objetivo de extinguir o terceiro turno, garantindo pelo menos 5 horas de aula a todas as crianças e, simultaneamente, criar mil Casas da Criança. Deveriam ser implantadas onde a população é mais densa e mais carente, para acolher crianças de três a seis anos, no programa de educação pré-escolar. Para levar à prática essa meta, foi implantada uma Fábrica de Escolas que, operando com a tecnologia de argamassa armada, construía cerca de 600 m² de obras diariamente.

O governo ainda providenciou a reconstrução da rede escolar, que se encontrava em estado muito precário, a transformação da merenda escolar, de forma a assegurar diariamente dois milhões de refeições completas às crianças das escolas públicas e o transporte gratuito de alunos que vestissem o traje escolar.

Segundo Darcy Ribeiro, o Programa Especial de Educação foi elaborado com a participação do professorado do Rio de Janeiro. Eles se reuniram no que Darcy chama de "anticongresso", destinado a debater e revisar um corpo de teses elaborado pela Comissão Coordenadora.

Participaram diretamente desses debates 52 mil professores, em reuniões locais, que elegeram mil representantes para os encontros regionais, de que surgiram os 100 professores que discutiram a redação final das bases do Programa Especial de Educação junto com a Comissão Coordenadora. "O interesse despertado por esses debates foi tão vivo e intenso", diz Darcy Ribeiro, "que mais de 30 mil professores escreveram cartas dando sua opinião sobre as teses. Desse imenso esforço participatório resultou um diagnóstico e um corpo de teses desafiantes e provocativas".

O programa produziu, finalmente, farto material de apoio didático, tanto para os CIEPs quanto para a rede comum. Ao fim do primeiro Governo Leonel Brizola, do Rio de Janeiro, em março de 1987, deveriam ter sido inaugurados 500 Brizolões e mais de mil outras escolas menores de vários tipos para atender, em melhores condições, perto de um milhão de crianças e jovens.

Mas assim como embeveceram o Brasil e muitos outros países pobres e ricos, os CIEPs desataram uma reação furiosa do segmento conservador. Este, reunindo o Governo Federal, os grandes meios de comunicação e outros setores poderosos, como os bancos, multinacionais e o ensino privado, desencadeou virulenta campanha de descrédito e até de desestabilização do governador.

Multipicaram-se as intrigas, que eram amplificadas e incentivadas pele televisão, rádio e jornais. Adversário descomunal e predatório, o sistema de mídia era algo novo que começava a surgir no Brasil, juntamente com o fenômeno da globalização, que, para a sua felicidade, não era tão arrasador na época em que Brizola foi prefeito e governador no Rio Grande.

Como sua política não se submetia aos ditames do mercado e do capitalismo selvagem e aos grandes controladores dos meios de comunicação ou *mass media*, todas as suas obras, a começar dos CIEPs, passaram a sofrer impiedosa e truculenta campanha de desmoralização. Brizola ainda resistiu estoicamente àquele assédio midiático. Ele queria mostrar, a todo custo, que o Brasil era capaz de evoluir através dos próprios meios (os CIEPs eram construídos com recursos exclusivamente estaduais), oferecendo uma escola capaz de tirar seus filhos da miséria, forjando uma nova sociedade, em que o conhecimento e o saber não se restringissem a uma parcela privilegiada, mas a toda a população. Este detalhe, em virtude de sua transcendência no aspecto educacional e político, merece um capítulo à parte.

XXII — A depredação dos CIEPs

A repercussão dos CIEPs como a grande saída para o impasse brasileiro, da educação e de todo o nosso drama social, foi logo tomada pelos conservadores como um artifício eleitoral de Brizola para tornar-se Presidente da República. Cada CIEP inaugurado e aquelas crianças vindas da sarjeta, todas em volta daquele complexo escolar, alegres, saudáveis e educadas, poderiam se converter numa peça de propaganda imbatível. E isso era inadmissível para aqueles setores que viam no líder trabalhista uma ameaça aos grandes negócios, desde que ele encampou as multinacionais americanas, como governador dos gaúchos, em 1959.

Os CIEPs, junto com a nova política de segurança, que incluía a urbanização das favelas e a proibição de a policia invadir ou entrar atirando nos barracos, tornaram-se alvos de massacrante campanha nos jornais, no rádio e na televisão. A crítica concentrou-se em indispor a classe média contra a nova política educacional, sob a alegação de que as novas escolas, por serem destinadas prioritariamente aos pobres, iriam acabar tirando o direito de seus filhos à escola gratuita.

Pouco adiantavam as explicações oficiais de que o governo queria justamente o contrário: com o tempo, transformar todas as escolas convencionais em regime de tempo integral. Focavam igualmente o que consideravam ser o improviso e a rapidez fulminante das construções — que possibilitavam montar cada CIEP como um jogo de armar, em um prazo de apenas quatro meses.

Os boatos proliferavam e eram estampados na mídia, sem a menor preocupação em conferir sua autenticidade. Os mais comuns eram os de que os prédios, por terem sido construídos em tempo recorde, poderiam ruir repletos de alunos. Ninguém queria saber se Brizola, além de engenheiro, já havia construído perto de dez mil obras e nenhuma delas havia desabado: "Tudo foi feito sob o pior clima possível. Inventaram de tudo", relatou Oscar Niemeyer. Aquilo não poderia dar certo, alegava-se, e se censurava o que se considerava ser o abandono das escolas tradicionais em favor dos escolões, ainda que aquelas fossem objeto de cuidados redobrados na administração brizolista.

Os métodos altamente inovadores e a mão de ferro do governador, que fazia questão de controlar, pessoalmente, cada gasto e cada andamento das construções, acabavam detonando as suspeitas administrativas levantadas pelos adversários poderosos. Ao mesmo tempo, crescia o apoio da população em geral aos CIEPs.

Mas as críticas foram se avolumando, porque ocuparam grandes espaços dos meios de comunicação, cujo acesso foi hermeticamente fechado a Brizola. Ainda por cima, ele tinha arrumado uma briga com o governo federal, cujo Presidente, José Sarney, não perdoava as críticas do governador fluminense ao Plano Cruzado, o primeiro dos grandes pacotes. Por causa dessa ousadia, Brizola foi proibido de falar na televisão e seu governo sofreu o cerco mais draconiano que se tem notícia na história republicana.

***

Para falar mal dos CIEPs, a televisão e os jornais abriam todos os espaços, sobretudo a especialistas em educação desavindos com o programa e a professores das outras escolas estaduais, que ganhavam menos do que aqueles dos CIEPs, que recebiam mais em virtude da carga horária maior e do nível mais apurado de especialização exigido. Já o governador, proibido de falar diretamente na TV e não podendo fazer propaganda paga, porque era rejeitada pelas empresas, tentou se defender através de seus artigos semanais pelos quais tinha de pagar um custo quase proibitivo. Mas a TV já tinha invadido todos os espaços, e um simples artigo em um dos grandes jornais dificilmente faria chegar sua verdade ao povo.

Ainda que as críticas não encontrassem base na realidade e apelassem em geral para o preconceito ou para simples ofensa de caráter pessoal, na maioria das vezes, elas acabavam inoculando o seu veneno na opinião pública. Exemplo do furor dessas críticas foi dado pelo professor Lauro de Oliveira Lima, co-autor de algumas reformas do ensino da época da ditadura e dono de escola particular. Ele chamou o CIEP de "Frankenstein (corpo sem alma) criado nos porões do brizolismo". Sustentava que "dificilmente um grupo de educadores conseguiria dar tratamento pedagógico a uma massa de mil crianças drenadas das ruas e encaixotadas numa espécie de "campo de concentração".

Apelidando os CIEPs de "caixote de votos", o professor insistia que "manter em salas sem equipamentos mil crianças desenculturadas, durante oito horas diárias, confinadas em espaço restrito, termina exigindo o uso de processos repressivos". Pouco lhe importava que os alunos pobres, desfrutando de espaços amplos e acolhedores, ali se alimentassem, tivessem estudo dirigido, práticas esportivas e iniciação nas artes. Oliveira sustentava que "não cabe ao sistema escolar dar alimentação e cuidar de serviços tipicamente comunitários", pois "o único que interessa aos educadores é o aspecto pedagógico".

A crítica preconceituosa do educador Oliveira Lima não tinha limites éticos: "Uma comadre minha[82]", dizia, "tirou sua filha do CIEP porque precisava dela para cuidar dos irmãos menores. Temia ela também os hábitos que a menina estava adquirindo, perigosos na conflitiva convivência do morro (tomar banho nua, por exemplo). Embora seja lamentável, estas crianças, a partir de certa idade, começam a fazer biscates ajudando na vida familiar".

82 Jornal do Brasil, caderno *Idéias-Ensaios*, p.11, 6 de maio de 1990.

***

Por sua vez, os métodos revolucionários de Brizola para azeitar as finanças (mais detalhes serão apresentados no capítulo sobre os governos do Rio de Janeiro), punir os especuladores e arrecadar mais recursos dentro do próprio Estado, provocava ciumeira nos outros governadores. Um governador do poderoso Estado de São Paulo, por exemplo, visitou os CIEPs, a convite de Brizola, mas depois afirmou que as finanças paulistas não tinham como mantê-los. Brizola, para quem São Paulo investia mais em viadutos do que em escolas, ponderava ser aquilo uma questão de prioridade e se o Rio, cuja economia era bem menos desenvolvida do que a paulista, podia fazer 500 CIEPs, por que o governador paulista não poderia fazer mil por lá? Outro orgulho de Brizola era não depender de financiamento externo para aquela obra de educação: "Não veio um dólar de fora. Tiramos tudo daqui", costumava dizer apontando o indicador direito para a cabeça, sempre que as críticas focavam na questão do financiamento.

Paralelamente às críticas conceituais, apareciam denúncias de desvio de verbas e de outras irregularidades no cronograma das obras. O governo esforçava-se para desmenti-las através de documentos comprobatórios, mas só conseguia espaço através de ação na justiça, que levava meses e meses para ser despachada. Mesmo assim, quando era obtido, o direito de resposta era publicado sem destaque e ficava fora do contexto, porque se perdia o calor do momento.

Darcy Ribeiro respondia que "tudo isso esconde o juízo velhaco de que a criança não merece respeito". Por sua vez, Leonel Brizola via uma razão por detrás "dessa insistência de nossos adversários em, através da distorção dos fatos, tentar impugnar os CIEPs":

Brizola atribuía as críticas ao fato de não poderem seus adversários questionar abertamente a idéia dos CIEPs, pelo apoio que esta iniciativa recebia da população. "Por isso", dizia, "eles buscam nas intrigas e falsas suspeitas a cobertura para seus objetivos.

No fundo — lamentava — o que eles querem mesmo é o fim dos CIEPs[83]".

***

Apesar de todos os obstáculos e das críticas cada vez mais histéricas, os CIEPs acabaram virando o grande tema da eleição geral de 1986. Nenhum candidato a prefeito ou a governador deixava de incluir nas suas plataformas um item específico — e proeminente — sobre a educação, tendo sempre como meta a escola integral.

— Com seus CIEPs — afirmou a revista *Veja*, uma das maiores opositoras da obra —, Brizola deu o tom da disputa, que se alastrou com maior ou menor força por todos os Estados brasileiros, pela atraente fachada de governo no que diz respeito à educação.

A reportagem da *Veja*, datada de 11 de março de 1987, véspera da posse dos governadores eleitos em 1986, ainda assinalava: "Quando uma nova turma de governadores toma posse e começa a expor seus planos de ação, a idéia original dos CIEPs, a de assistência integral à criança, toma espaço em todas as comissões de transição que cuidam de desembarcar um governo e dar posse ao seguinte na máquina estatal".

Não obstante, a revista paulista ainda identificava uma ameaça: "Pelas avaliações que o próprio Ministério da Educação (MEC) fez e colocou à disposição dos novos governadores e pela própria intenção do novo governador do Rio, Wellington Moreira Franco, os CIEPs fazem este ano sua despedida da cena política do país".

Enquanto a campanha contra os CIEPs se situava no nível da crítica impressa ou televisada, o programa educacional conseguiu sobreviver, ainda que com sérios reveses, como o atraso na entrega das 500 unidades projetadas. O problema maior foi quando Brizola não conseguiu fazer seu sucessor, justamente o professor Darcy Ribeiro, candidato do PDT, que perdeu para Moreira Franco, do PMDB, eleito por uma poderosa coalizão de forças do sistema econômico. Moreira prometeu na campanha

83 BRIZOLA, Leonel. *Direito de Resposta, VI* — CIESPs, uma idéia que desagrada aos poderosos, *O Globo*, 12 de abril de 1990.

manter o programa dos CIEPs, mas quando chegou ao governo, deu início a um implacável processo de demolição dessas escolas, que, de tão violento, acabou propiciando, pela revolta que causou na população, na eleição posterior, por quase 70%, o retorno de Leonel Brizola ao governo do Estado.

O *Jornal do Brasil*, em foto de primeira página do dia oito de outubro de 1990, o mês da eleição, relatava a situação de um dos CIEPs na administração Moreira, quase no fim de mandato: "CIEP transformado em favela não é novidade — há muitos deles espalhados pela cidade. Mas os moradores da Favela da Maré, em Bonsucesso, no subúrbio do Rio, conseguiram inovar. Até no teto do CIEP existente na área — rebatizado de Maré Alta — construíram barracos. Depois de ocuparem, um a um, os espaços destinados às salas de aula, todos eles loteados em cubículos de às vezes quatro metros quadrados e habitados por dez pessoas, os invasores foram subindo e instalaram-se também na laje, onde hoje há pelo menos 50 barracos. Até uma mercearia surgiu no local. E o espaço foi ocupado de tal forma que o que sobrou para circulação foram vielas, da mesma forma como ocorre nos morros. Falta água, falta esgoto e faltam outros confortos, mas não falta luz no lugar que confirma uma maldição brasileira — mais vale uma favela na mão do que um projeto educacional voando".

Na eleição de 1990, Brizola era eleito para novo mandato no governo do Estado do Rio de Janeiro, quando ele pôde completar, a duras penas e enfrentando campanha ainda mais peçonhenta, o programa dos CIEPs, fazendo a entrega solene de 506 unidades. Como ele chegou lá é que vamos detalhar no próximo capítulo.

XXIII — Entregando todos os CIEPs

A eleição foi em outubro de 1990, e a posse, em primeiro de janeiro de 1991. Quando retorna ao Palácio Guanabara, Leonel Brizola arregaça as mangas para recuperar os CIEPs depredados e retomar a construção das outras unidades que deixou inacabadas na primeira gestão. Isso significava a recuperação física das cento e vinte e sete unidades destruídas e a finalização e construção de outras trezentas e setenta e nove. A Secretaria de Educação iniciou, ao mesmo tempo, a retomada do projeto pedagógico, também destroçado pela administração anterior.

O estrago pela descontinuidade do programa, porém, foi mais profundo do que se pensava. O governo Moreira não só abandonou ou propiciou a depredação de muitos CIEPs, como demoliu todo o programa, impedindo-o que funcionasse como educação integral, ou seja, com o aluno lá estudando o dia inteiro. Transformou-os, além do mais, em escolas convencionais com três turnos — turmas separadas para quatro horas pela manhã, quatro à tarde e quatro à noite.

A tarefa era árdua. Para retomar o projeto original e livrá-lo de qualquer embaraço burocrático, o governador decidiu criar, e entregar a Darcy Ribeiro, eleito senador em sua chapa majoritária, a Secretaria Extraordinária de Programas Especiais, com o objetivo específico de montar e implantar o II Programa Educacional. A estrutura da Secretaria de Educação, também dirigida por uma titular ligada a Darcy, foi reformulada para atender ao ensino convencional e prepará-lo para o regime dos CIEPs, já que a meta final do projeto de Brizola era a de que todas as escolas funcionassem em tempo integral para os alunos. O plano da primeira gestão teve de ser rediscutido e redimensionado, mas sempre com vistas a entregar 500 CIEPs prontos até o fim do mandato, em 31 de dezembro de 1994. Foi decidido que toda a equipe se concentraria na formação e reciclagem de professores, o maior gargalo da experiência anterior.

— Nossa conquista mais importante — afirmava Darcy Ribeiro, no final da segunda gestão brizolista — reside na preparação do magistério e na elaboração do material didático, tanto impresso, como em videocassete e em disquetes. Perto de 10 mil normalistas foram admitidas como bolsistas, depois de realizarem programas de aperfeiçoamento, através de recursos audiovisuais e de treinamento em serviço, orientado por educadoras experimentadas.

A solução dos bolsistas foi outro grande tento do programa, porque eles eram na maioria pessoas jovens, cheias de entusiasmo e sem os vícios nem o estresse natural dos outros professores. Estes, percebendo salários baixíssimos, eram obrigados a dar aulas em duas ou três escolas diferentes, para conseguir sobreviver. Eram também em grande número, muitos dos quais haviam sido nomeados por imposição política da fisiologia que dominava os governos anteriores.

Eles dificilmente se adaptariam ao regime dos CIEPs, que exigiam dedicação quase exclusiva e muita garra e desprendimento. Não obstante, a solução dos bolsistas criou uma situação difícil: de um lado, os professores do CIEPs, lecionando numa escola super moderna e eficiente e ganhando mais do que o dobro, ainda que num regime de 40 horas semanais; e de outro, os professores convencionais, trabalhando em escolas obsoletas e ineficazes, e recebendo a metade do salário, embora com carga horária pela metade. Os professores convencionais se revoltaram com a situação e passaram a atuar politicamente, a partir de sua estrutura de organização, constituindo-se nos grandes alimentadores das críticas aos CIEPs e, ao mesmo tempo, em seus piores inimigos.

O Governo, por seu turno, não poderia fazer muita coisa, pois, ou resolvia o problema do ensino e do quadro social de abandono das crianças, introduzindo a nova escola integral, ou aumentava o salário dos professores. Estes iam receber mais, mas não teriam escola dignas onde ensinar. A solução, no entanto, alegava a equipe do governador, viria depois da conclusão dos CIEPs, quando a administração se dedicaria a transformar todas as outras escolas convencionais do Estado em regime de tempo integral. Mas ninguém acreditou, e os professores partiram para a greve sistemática, a sabotagem, em uma verdadeira guerra contra os CIEPs.

***

Também foi dada ênfase ao material didático e aos recursos audiovisuais, com um centro de produção de programas educativos pela televisão, divulgados nacionalmente pela então TV Manchete, para que outros Estados também pudessem aproveitar o sistema na formação de professores. Segundo a professora Tatiana Memória, o centro de televisão produziu mais de 380 horas de programação didática e educativa para atendimento do aluno e do professor. Foram ainda produzidos 61 títulos de material didático, com tiragem de mais de 11.000.000 exemplares. "O Estado do Rio de Janeiro foi o maior comprador de livros, no ano de 1993", diz Tatiana, "para o maior número de bibliotecas existentes em qualquer outro estado do País". Integradas ao Sistema Estadual de Bibliotecas, cada CIEP tinha a sua, com cerca de 500 obras especialmente selecionadas. Mesmo o menor município do Estado do Rio de Janeiro possuía pelo menos uma biblioteca, a do CIEPs, à disposição de toda a comunidade.

Ao fim do segundo governo Brizola no Rio de Janeiro, Darcy Ribeiro pôde anunciar: "No plano numérico, alcançamos e superamos a meta de edificar os 500 CIEPs. Eles aí estão como grandes escolas magnificamente projetadas por Oscar Niemeyer, implantadas em amplos terrenos, funcionando como educandários e como dinâmicos centros culturais e civilizatórios para as populações da periferia metropolitana a que servem prioritariamente. No plano numérico, alcançamos e superamos a meta de edificar os 500 CIEPs".

A meta de Brizola, na verdade, era de, caso se elegesse Presidente da República, construir 20 mil CIEPs no Brasil.

Até ali, ele não havia empolgado outros governadores com a escola integral, à exceção de Alceu Collares, do PDT, que na posição de prefeito de Porto Alegre (1986-1989), fez 19 CIEPs e, como governador do Rio Grande do Sul (1991 a 1995), lançou, juntamente com a esposa, Neusa Canabarro, Secretária de Edificação, um programa específico, que produziu, no final da administração, 94 grandes unidades, inclusive com ginásio de esportes coberto. Alguns prefeitos, como Jackson Lago, de São Luis; Waldemar Tebaldi, de Americana; Jaime Lerner, de Curitiba; Leonel Pavan, de Balneário de Camboriu (SC), também fizeram suas experiências de escola integral, ainda que com programas limitados.

A grande surpresa ocorreu em 1991. Eis que, na azáfama da reconstrução dos CIEPs, surge, de forma totalmente inopinada, a aproximação de Leonel Brizola com o Presidente Fernando Collor, o adversário, eleito pelas forças conservadoras, que o haviam derrotado na eleição presidencial de 1989. Collor, eleito sem programa definido, vê na escola integral a grande saída para o seu governo. Empolga-se com os CIEPs e com o apoio, a assistência e todo o entusiasmo de Brizola e Darcy Ribeiro, lança, em 4 de maio de 1991, um programa federal para construir cinco mil escolas integrais, 350 das quais no Rio de Janeiro, denominadas CIACs — Centros Integrados de Assistência às Crianças. Menos de seis meses depois de lançado o programa, os CIACs começam a pipocar pelo Brasil. O primeiro deles foi o da Vila Paranoá, em Brasília, aberto com uma grande festa a que estiveram presentes o Presidente, o governador Leonel Brizola e o senador Darcy Ribeiro.

Naquela época, a Tailândia entrava para o seleto grupo dos *tigres asiáticos*, ao lado da Coréia do Sul, Singapura e Taiwan, que impressionavam o mundo pelo seu alto grau de tecnologia e desenvolvimento. E uma das razões para aquele progresso era o esforço na educação, que tinha como base a escola integral. Em 27 de outubro de 1991, o *Jornal do Brasil* publicava matéria na 19ª página, de autoria do jornalista Theodomiro Braga, informando que a Tailândia vinha crescendo a um ritmo de 11,2% ao ano, e dava as razões: "Com mais de cem mil escolas primárias públicas, a Tailândia não conhece a evasão escolar no ensino primário, uma das pragas do Terceiro Mundo. As aulas começam às 8h30m e só às 15h30m os alunos saem da escola, após receber suas refeições gratuitas. No ano passado, o governo aumentou o período de educação obrigatória de seis para nove anos".

Enquanto isso, aqui no Brasil, a fofoca política era a prioridade das prioridades. A reação aos CIACs de Collor e Brizola não se fez esperar e explode uma operação desestabilizadora destinada a solapar o Presidente e o governador. A operação é tão eficaz que, em menos de dois anos, primeiro abate o Governo Collor, o qual, envolvido com denúncias de corrupção, acaba sendo objeto de um *impeachment* no Congresso. No Rio de Janeiro, uma devastadora campanha de mídia é assestada sobre Brizola.

Os CIACs acabaram inviabilizados. O Presidente Itamar Franco, sucessor de Collor, tentou manter o programa dos CIACs, que passaram a ser chamados CAICs — Centros de Atenção Integral às Crianças, mas com muitos cortes. Quando o sucessor de Itamar, Fernando Henrique Cardoso, assumiu debaixo do compromisso de deslanchar as privatizações e promover o desmonte do Estado, o programa foi totalmente abandonado e as escolas, entregues ao deus dará. No final, somente 444 CIACs ou CAICs foram construídos.

No Rio de Janeiro, o governador Leonel Brizola, obrigado a desincompatibilizar-se do cargo de governador, em abril de 1994, para concorrer novamente à Presidência da República, teve seu governo abalado por outro petardo midiático. Mesmo assim, ele não só concluiu os 506 CIEPs, como ainda lançou um programa paralelo para a construção de piscinas olímpicas em frente a cada escola integral. Era uma resposta que ele dava à violência urbana que crescia, não apenas pela situação de extrema pobreza da maioria da população, aguçada com os arrochos dos vários planos econômicos federais, como da campanha de desestabilização desencadeada pelas forças conservadoras, que prometeram transformar o Rio num caos, enquanto Brizola fosse governador.

Apesar de todas as ações demolidoras, que chegaram ao paroxismo no governo Marcello Alencar, do PSDB, candidato que derrotou o Antony Garotinho, então do PDT, os CIEPs, passados quase 20 anos de sua introdução na paisagem brasileira, continuam a ser um marco na educação e um desafio para os governantes de todos os matizes políticos. Nem o PT, que criticava acerbamente o programa, conseguiu ficar imune. Jogando para o alto o bordão petista de que "escola não é pensão", a prefeita de São Paulo, Marta Suplicy, iniciou em 2003 um programa para a construção de 20 super CIEPs, a que deu o nome de CEUs — Centros Educacionais Unificados. Mas o que tem de inovador e de solução nesse projeto de escola integral? É o que vamos avaliar no próximo capítulo.

XXIV — Entendendo os CIEPs

A idéia dos CIEPs não era apenas ensinar, mas oferecer uma nova perspectiva para a criança pobre, raquítica e sem higiene, que era fatalmente condenada à mendicância ou à criminalidade, quando sobrevivia à morte precoce ou à invalidez provocadas pela desnutrição. Era imperativa a construção de um ambiente saudável, onde ela não apenas estudasse, mas brincasse, fizesse exercícios, se iniciasse nos esportes e se formasse como cidadão.

Os CIEPs acabaram redundando em outra inovação, que constitui outra contribuição importante de Leonel Brizola na área educacional. Trata-se da aprovação automática dos alunos, qualquer que seja o seu desempenho nas provas. Adotada para a toda rede pública do Estado, esta foi uma maneira encontrada para reter o aluno na escola e conter a brutal evasão escolar que ocorria não só no Rio como em todo o Brasil.

— Comprovamos que o sistema de reprovação primitiva, punitiva, que só se aplica em nosso país — avaliou Darcy Ribeiro —, é mais uma discriminação classista do que uma pedagogia. Nos CIEPs a progressão contínua permite aos alunos vindos das famílias mais atrasadas alcançar um rendimento progressivo e, a partir da 3ª série, equiparar-se aos alunos mais afortunados, aprovando um mínimo de 74% deles ao fim do curso fundamental.

Outra descoberta das escolas de Brizola, segundo Darcy, foi mostrar que todas as crianças são suficientemente inteligentes, sejam elas ricas ou pobres, para aprender o que se ensina no curso fundamental. O educador contesta, assim, a suposição de que a criança, por não ter comido bem nos três primeiros anos de vida torna-se irrecuperável para a educação. "É claro que a maioria delas necessita ajudas compensatórias da pobreza em que vivem e do atraso de suas famílias, que não tiveram escolaridade prévia, nem têm casas e facilidades para que seus filhos estudem orientados por algum parente letrado", explicava.

Como exemplo, citava que, mesmo entrando nos CIEPs com três a quatro centímetros menos de estatura e com a aparência tão raquítica, que pareciam ter cinco anos quando já completaram sete, todas elas, em seis meses, começavam a recuperar peso e altura e a ganhar vivacidade e alegria para a aprendizagem.

Uma pesquisa encomendada à empresa americana Price Waterhouse, em dezembro de 1993, concluiu que 93% dos alunos do 3º ano de escolaridade e 76,58% dos alunos do 5º ano de escolaridade tiveram aproveitamento satisfatório e teriam sido aprovados em escolas tradicionais.

Isto levava Darcy a insistir que a escola convencional de turnos, alguns de apenas três ou duas horas, os chamados turnos da fome, como ocorre até hoje na maioria dos Estados, era uma perversão. É que, em vez de abrigar a criança, ela a expele, na medida em que não lhe oferece estímulo nem as condições mínimas para que ela fixe o que aprendeu na sala de aula. Então, a culpa do fracasso da criança pobre em nossas escolas — a metade delas abandona os estudos já no primeiro ano do Ensino Fundamental — não é da criança, mas da própria escola, que de fato só é adequada para alunos que venham de famílias que tiveram escolaridade.

Esta a razão por que o projeto encomendado por Brizola a Niemeyer era uma coisa bonita e vivaz, onde a criança se sinta livre para brincar, correr, ser amada, além de estudar e de ser encaminhada para vida: "O Brizola era um idealista" — conta Oscar Niemeyer, o arquiteto que projetou os CIEPs. "Não queria fazer uma escolinha vagabunda. Pediu escolas grandes, com largas rampas. Uma escola em que as crianças entrassem e sentissem que poderia haver mudança em sua vida".

Era dentro desse espírito de prestigiar a criança pobre, a qual um dia iria se igualar às ricas e de classe média, porque tinha oportunidades iguais em matéria de cultura e conhecimento, que os CIEPs eram implantados em locais bem vistosos. Tal preocupação, no entanto, foi logo encarada pelos adversários de Brizola como propaganda eleitoral. Ao falar ao jornal *O Estado de São Paulo*, de 27 de junho de 2004, logo depois da morte de Brizola, Niemeyer confirmou ainda que o objetivo dos prédios das escolas integrais e que se tornaram ponto de referência na paisagem das cidades fluminenses, era chamar atenção. "A arquitetura dos CIEPs não era uma coisa rígida. Optamos por uma coisa que marcasse a presença da escola na cidade. Você vê um prédio do CIEP e não esquece", disse.

***

Por outro lado, a construção dos cinco mil CIACs projetados inicialmente pelo Governo Collor, importaria na criação de 800 mil empregos, diretos e indiretos entre professores, pessoal de apoio, construção civil etc. E ofereceriam escolas para 3,5 milhões do 1º grau, cursos de 2º grau e supletivo para 500 mil jovens e alfabetização de adultos, além de alojamentos para 100 mil menores abandonados.[84]

A nova escola federal, saída do forno dos CIEPs, trazia uma arquitetura e uma pedagogia ainda mais sedutoras, em termos eleitorais, no entender dos anti-brizolistas. De autoria de um dos arquitetos de Niemeyer, João Filgueiras Lima, o Lelé, pioneiro na industrialização de peças de argamassa armada, cada unidade tinha uma média de 4.500 metros quadrados de área construída, com 12 salas de aula com capacidade para 40 alunos; biblioteca, uma sala polivalente, para os laboratórios de ciência; cozinha e refeitório; sete banheiros, ginásio coberto e quadras de vôlei, futebol e basquete, um campo de futebol e um teatro de arena. Além disso, parte de um dos prédios — ao todo, eram quatro blocos, sendo um de dois pavimentos onde, na parte superior, ficavam as salas de aula — do conjunto do CIAC, abrigava a área destinada aos serviços administrativos e uma creche, em condições de atender até 160 crianças em idade pré-escolar. Havia ainda os núcleos de saúde e de proteção à criança e suas famílias. Nesses núcleos eram prestados atendimentos nas áreas de puericultura, pediatria, obstetrícia, odontologia e de complementação alimentar.

O programa dos CIACs previa que o Governo Federal bancaria 80% do custo de cada unidade e se encarregava de construí-la, mobiliá-la e fazer sua manutenção. O restante ficava a cargo dos governos estadual e municipal, cabendo a eles a responsabilidade de pagar professores, médicos, dentistas e todo o pessoal necessário ao funcionamento dos CIACs.

Era toda uma estrutura que visava atender à criança desde o ventre materno e tinha em conta o enorme déficit social naquele Brasil do final do século XX: 4,8 milhões de um total de 22 milhões de crianças, de 7 aos 14 anos, ou seja, 18%, não tinham escolas; e ainda havia 15 milhões de desnutridos e 10 milhões trabalhando precocemente.

Não obstante, o projeto foi alvo, desde o início, de uma bateria de críticas, que tinham a reforçá-las a inexperiência e os interesses escusos que cercavam o Presidente, desde a sua eleição, a começar

84 Reportagem, "Uma armadilha para o ensino", p. 10, *O Globo*. 15 de setembro de 1991.

pela figura altamente suspeita de Paulo César Farias, PC Farias, o chamado homem da mala (das finanças), primeiro da campanha e depois do governo. Misturaram tudo e acabaram atingindo de morte o programa dos CIACs, antes mesmo que o Presidente viesse ao chão, com o *impeachment* do Congresso, em 22 de dezembro de 1992.

No Rio, Brizola ainda se segurou, porque ele próprio e sua equipe não tinham vínculos com a corrupção. Isto não o livrou, porém, de avassaladora campanha de desestabilização, que abarcava desde o fomento de greves de professores e outros segmentos do Estado à exacerbação da violência e da criminalidade, com amplas coberturas na televisão, muitas das quais eram transmitidas por cadeias internacionais.

A ordem de demolição dos CIEPs já estava dada pelos poderosos adversários e ela veio com a eleição para Governador, em 1994, de um ex-aliado e que depois se tornou um de seus mais implacáveis opositores, Marcello Alencar, do PSDB, que venceu o candidato de Brizola e do PDT, Antony Garotinho.

Quando assumiu, em 1º de janeiro de 1995, Marcello Alencar recebeu todos os CIEPs do Estados novinhos em folha (97 CIEPs construídos na administração anterior haviam sido transferidos para a prefeitura) e com contratos de pessoal e manutenção estendidos até junho daquele ano.

Segundo a professora Tatiana Memória, um dos primeiros atos do novo governador foi o cancelamento de todos os contratos de alimentação e a demissão dos professores e bolsistas. Com a medida, foi para o espaço o regime de escola integral, porque não havia mais nem alimentação nem professores especiais. Por fim, Alencar estabeleceu o regime de turnos, o que foi à pá de cal nos CIEPs.

— Marcello, disse Tatiana, além de destruir um programa desta envergadura, mandou aterrar quatro piscinas das 22 deixadas pelo governo Brizola em vários CIEPs e doou mais de 200 equipamentos. Isto é dilapidação do patrimônio público.

Depois da morte de Brizola, Marcello Alencar disse, naquela reportagem de *O Estado de São Paulo*, que denunciou a depredação dos CIEPs, em 27 de junho de 2004, p. A16: "O único defeito que encontrei no projeto dos CIEPs foi o custo deles. O projeto, desprezada a fantasia que atrapalhava um pouco a sua concepção, merece toda a consideração. O ideal é a criança ficar o tempo todo na escola, mas não podemos fazer isso, para não deixar as outras nas ruas".

Sobre os custos dos CIEPs, Darcy citava alguns números: o custo mensal por aluno nos CIEPs é de 44,53 dólares, sendo 13,94 para custear a merenda, 4,24 para uniformes e 4,16 para saúde e esporte. Ele argumentava, contudo, que estes custos, aparentemente altos, na verdade, são mais baixos do que a escola pública que se oferece à infância brasileira, "porque o rendimento escolar se mede é por produto, correspondente ao número de crianças que completam o curso, e que nos CIEPs é três vezes superior".

Na eleição seguinte, Antony Garotinho elege-se governador pelo PDT com o apoio de Brizola, mas rompeu com este, e o compromisso de restaurar os CIEPs foi para o espaço.

O AGITADOR

XXV — A RELAÇÃO COM OS AMERICANOS

O contencioso de Brizola com os Estados Unidos data praticamente de seu primeiro dia como governador do Rio Grande do Sul, em 31 de janeiro de 1959. Até ali, ele não se havia aliado historicamente ao anti-americanismo, já que se considerava um executivo pragmático, voltado para os problemas de seu Estado. Ele até se empolgava com o espírito desenvolvimentista dos americanos, cuja reforma agrária estudou muito e considerava uma das mais progressistas do mundo ocidental. Chegou a fazer uma visita àquele país, logo depois de sua eleição como governador, para conhecer, inclusive, a agricultura, assunto que dominava bem, pois vinha do meio rural e era fazendeiro.

Quando, porém, chegou ao Palácio Piratini, Brizola diz ter-se surpreendido com o grau de ingerência dos americanos no Estado gaúcho, a começar pela área de segurança. Um acordo com governadores que o antecederam, uma prática que de resto ocorria nos outros Estados brasileiros, assegurava amplo acesso dos agentes da CIA e seus congêneres, principalmente através de funcionários de um programa chamado Ponto IV, aos fichários do DOPS, Departamento de Ordem Política e Social, subordinado à Secretaria de Segurança Pública. Este órgão, com similares em quase todos os outros Estados, depois se tornou um dos principais instrumentos repressivos do regime militar pós-64.

Logo depois de empossado governador, Brizola foi pressionado para assinar a renovação desse acordo, que também previa financiamento de dois milhões de dólares, destinado à compra de equipamentos para a polícia. Até no aeroporto, ele era abordado por funcionários da embaixada ou do consulado, tentando mostrar-lhe a conveniência daquela transação para o Estado.

Numa dessas abordagens, ocorrida no Aeroporto Santos Dumont, no Rio de Janeiro, quando dois funcionários brasileiros da embaixada lhe lembraram que os governos de Minas e de Pernambuco já o haviam assinado, Brizola aproveita a oportunidade para denunciar o acordo como lesivo ao Estado, já que "representava uma promiscuidade com a polícia estrangeira (e por isso era) inadmissível para o Rio Grande do Sul".

Antes do episódio no aeroporto carioca, o governador já havia sentido a dimensão dessa "promiscuidade", quando uma pessoa de sua relação, um piloto da Varig, teve negado seu visto de entrada nos Estados Unidos, porque o nome dela constava como integrante do Partido Comunista. Intrigado com aquela alegação, Brizola, que conhecia pessoalmente o piloto, cujo ambiente freqüentava como piloto amador e amante da aviação que era, procurou informar-se junto ao cônsul americano em Porto Alegre. Foi então por este informado que tal piloto, na época um comandante de *superconstelations*, um avião de vôo internacional da mais nova geração, era fichado no DOPS como sendo membro da Juventude Comunista. A investigação que Brizola mandou fazer em seguida concluiu que o piloto tinha apenas participado de uma passeata estudantil, como ocorre com qualquer jovem idealista, mas que um funcionário da polícia o teria fotografado e classificado como comunista, a título de mostrar serviços aos seus superiores.

Como era grande o número de denúncias e espionagens, que mais se prestavam a intrigas, pessoais, políticas e de grandes negócios, em vez do interesse público, Brizola foi pessoalmente à sede do DOPS e determinou a incineração de todos os arquivos, numa imensa fogueira. Instruiu, igualmente, que, a partir daquele momento, toda a atividade do organismo passasse a atender aos interesses estaduais e nacionais e não aos grupos políticos ou de potências estrangeiras.

A partir dali, Leonel de Moura Brizola passa a ser persona *non grata* e figura altamente suspeita à arapongagem americana. Naquela altura, a ascensão de Fidel Castro, em 1959, em Cuba, e depois a de João Goulart, em 1961, no Brasil, elevaram brutalmente os termômetros da *Guerra Fria*, que caracterizava o estado de tensão vivido pelos blocos de países comandados pelos Estados Unidos e a então União Soviética. Havia uma determinação e uma espécie de paranóia do governo americano para evitar, a todo custo, que o Governo Goulart seguisse os passos da Cuba de Fidel, aderindo ao bloco soviético. O general Vernon Walters, adido militar da Embaixada Americana e considerado o verdadeiro artífice militar do golpe de 1964, morto em 2002, aos 85 anos, costumava dizer, já no final da vida, que, "se o Brasil tivesse sido perdido, não seria (para os americanos) outra Cuba: seria outra China".[85]

Neste contexto, os serviços secretos americanos reforçam sua presença no território brasileiro. Foi num crescendo de tal magnitude que, já no ano de 1962, nossos serviços de imigração haviam constatado o ingresso de cerca de cinco mil agentes da CIA, como revelou Moniz Bandeira em seu livro *Governo João Goulart e As Lutas Sociais no Brasil*, em 1981. Segundo o escritor, "4.968 norte-americanos, conforme as estatísticas oficiais de desembarque, chegaram ao Brasil, apenas em 1962, batendo todos os recordes de imigração originária dos Estados Unidos e superando quase todos os números registrados durante os anos da II Guerra Mundial"[86].

O consulado de Porto Alegre foi também acionado para acompanhar os passos do "governador rebelde", que daria muito trabalho aos agentes com suas decisões de encampar duas multinacionais americanas e denunciar sistematicamente a ação das empresas e negócios americanos como os principais entraves ao desenvolvimento do Brasil e de toda a América Latina. A partir dali, Porto Alegre passou a ser um ninho dos espiões americanos, como demonstra a profusão de despachos enviados para Washington, como se pôde verificar 20 anos depois. Isso foi possível com a liberação de parte desses documentos para o público, em consultas aos Arquivos Nacionais e às Bibliotecas do Congresso, dos ex-presidentes da República, e várias universidades, em Washington e outras cidades americanas.

Brizola desenvolvia ao mesmo tempo uma ação política e administrativa altamente dinâmica e, por isso mesmo, polêmica. Ele

85 Folha ON LINE, *Morre nos Estados Unidos general que conspirou contra Jango,* 15 de fevereiro de 2002, 7h14m.

86 BANDEIRA, Moniz. *O Governo João Goulart: As lutas sociais Brasil 1961-1964*, p. 137, Civilização Brasileira: Rio de Janeiro, 1983.

entendia que o Rio Grande do Sul, por causa de suas tradições libertárias, deveria converter-se para o restante do país num Estado aberto à participação popular e num modelo de desenvolvimento autônomo. Nesta linha, incentivou a fundação e a consolidação de vários organismos representativos, como os das federações sindicais, da Frente Parlamentar Nacionalista, de jornalistas e radialistas e da UNE, União Nacional de Estudantes. Muitas das reuniões dessas entidades realizavam-se em Porto Alegre. Aí se respirava um clima de muita liberdade e participação política, enquanto as outras cidades brasileiras viviam sob o cutelo do conservadorismo.

***

Nos Arquivos Nacionais de Washington (*US National Arquives*), onde são guardados os documentos oficiais do governo dos Estados Unidos, incluindo os despachos ultras-secretos de suas embaixadas, da CIA e de outros organismos de espionagem e informação (*intelligence*), assim como o noticiário da imprensa de todo o mundo, Leonel Brizola passou a ser uma figura de destaque, mesmo antes de tomar posse, como governador, em 1959.

Em despacho ao Departamento de Estado e à CIA, de 22 de outubro de 1958, pouco mais de duas semanas depois da eleição, sob o número 19, seção 732.00/10-2258, XR 732.111, o cônsul americano em Porto Alegre, Russel B. Jordan, anunciava o propósito do governador eleito de reestruturar o secretariado, para o que dependeria de lei específica votada pela Assembléia, em que havia conquistado uma maioria de 30 deputados em um total de 55.

— A impressão — diz o despacho — é de que ele (Leonel Brizola) vá exercer, em larga medida, uma direção pessoal sobre o funcionamento de todas as secretarias de Estado. O governador eleito, como anteriormente informei, é um homem de extraordinária energia e seu desempenho como prefeito de Porto Alegre, pressagia um governo em que ele será o fator altamente dominante — concluía o despacho.

Depois, quando terminou seu mandato de governador e, atuando como deputado federal pela Guanabara, Brizola exacerbou suas críticas à interferência americana e à elite que dominava a nossa economia, tornando-se alvo constante das preocupações da Casa Branca. Isso é demonstrado numa das gravações secretas, que o então Presidente John Kennedy mandava fazer das conversas e despachos que tinha com seus interlocutores, no gabinete de despachos, cujas transcrições foram editadas pelo *Miller Center of Public Affairs*, da Universidade de Virgínia e colocadas na internet.

Naquela conversa, ocorrida entre 11h55m e 12h20m, de 30 de julho de 1962, na presença do subsecretário de Estado para Assuntos Interamericanos, Richard Goodwin e do assessor especial para Assuntos de Segurança Nacional, McGeorge Bundy, travou-se o seguinte diálogo entre o embaixador americano no Brasil, Lincoln Gordon, que tinha vindo a Washington relatar a conversa pessoal que havia tido com o presidente João Goulart, no último dia 23 de julho, em Brasília:

Lincoln Gordon: ...(ininteligível) nós ainda estamos muito bem, em termos pessoais, o que é muito bom. E ele (Goulart) me parece muito franco. Tivemos uma conversa na segunda-feira sobre seu partido (o PTB). Eu disse que teria de explicar a várias pessoas, inclusive ao senhor (Kennedy), como é que o novo ministro de Relações Exteriores diz que a Aliança pra o Progresso é uma coisa maravilhosa, enquanto a estratégia política do partido vem sendo conduzida pelo seu cunhado (Leonel), um cara jovem da extrema esquerda do Partido Trabalhista; e (Francisco) San Tiago Dantas, que se bandeou para a extrema esquerda desde que o senhor o viu (na viagem de Goulart aos EUA, em abril de 1962), com uma posição marcadamente anti-americana e anti-Aliança para o Progresso, em sua plataforma.

Presidente Kennedy: Eles se declaram como anti ou (isso é entendido) de uma forma indireta?

Lincoln Gordon: As falas de Brizola, na essência, são muito ruins. Uma atrás da outra na televisão... muito dinheiro. Quando começou, combatia apenas as empresas americanas. Agora, se voltou contra o governo dos Estados Unidos, dizendo que o senhor está no bolso dessas empresas. Eu ainda não fui atacado, pessoalmente, mas espero que isso ocorra nestes dias. Mas é certo. (Ele diz coisas como) Os Estados Unidos estão sugando o país, as empresas americanas estão drenando o país. Nós somos os responsáveis pelo atraso no desenvolvimento brasileiro. Eles são uma colônia dos Estados Unidos. Nós somos os responsáveis pela mortalidade infantil e tudo o que é de ruim que ocorre debaixo do sol. Tudo... muito irracional e altamente emocional... (ininteligível)

Agora, a resposta de Goulart para isso é que a esquerda representa apenas 30% do Partido Trabalhista: "Eu realmente simpatizo é com os 70%, que são muito mais moderados. Esta é minha posição pessoal. Mas, no momento, estou entre essas duas correntes, porque os conservadores do país são todos contra mim e eu preciso da esquerda como minha tropa de choque contra a maioria parlamentar".

Esta é a posição de Goulart até a eleição (de 1962). Não sei que diabo ele vai fazer se obtiver mais poderes. Ele quer desesperadamente ter mais poderes. Nesta conversa de uma hora e meia, ele parecia um disco de vitrola: ia e voltava 20 vezes para dizer que o Parlamentarismo não é bom.

Coincidentemente, foi naquela conversa, que inclusive inaugurou o sistema de gravação das audiências presidenciais de Kennedy e viria depois ricochetear 12 anos depois na renúncia do presidente Richard Nixon, em 1974, que o Governo americano definiu-se pelo golpe militar para derrubar João Goulart. Ali se decidiu, como mostra a gravação, a nomeação do então coronel Vernon Walters[87], como adido militar da embaixada americana, com o fim específico de armar a conspiração a partir dos quartéis.

Presidente Kennedy: O que temos de fazer para chegar aos militares?

Goodwin: Acho que temos de fortalecer nossas relações com os militares, precisamos deixar isso bem claro para eles. Talvez o (Robert) McNamara (Secretário de Defesa) tenha de rever o pessoal que tem lá e ver se ele pode (ininteligível).

87 Um tenente coronel do Exército e lingüista fluente em cinco línguas. Já tinha estado na embaixada no Brasil, durante três anos, como assessor do adido militar, depois de ter funcionado como intérprete de nossos militares com os americanos, quando o Brasil foi à Itália, lutar na II Guerra Mundial.

Gordon: Bom, nós precisamos e precisamos mesmo de um novo adido militar.

Goodwin: Então, o que mais...

Gordon: O Exército é muito... é ... a mais importante das três forças. Este é o homem-chave no nosso relacionamento.

Presidente Kennedy: E nosso homem lá (o adido), ele é bom?

Gordon: Nosso homem atual... ele é legal, mas é muito burro[88]. Eu falei com o general (ininteligível) sobre isso...

Presidente Kennedy: Mas é claro que não temos muitos caras que saibam falar português, não é?

Gordon: Bom, nós temos alguns por aí, não muitos. Mas acho que o McNamara...

Presidente Kennedy: Tudo bem. Agora vamos ao ... Quando você está voltando para lá?

Dez segundos (da gravação) suprimidos por razões de segurança nacional

Gordon: Sim

Presidente Kennedy: Quando examinarmos isso antes de nós... então sabemos para onde vamos?

Gordon: Bom, o senhor tem a última...

Presidente Kennedy: Sobre este (adido) militar... Com quem é que você vai falar sobre a mudança do adido militar?

Gordon: Eu falei com o general (ininteligível)[89]

Presidente Kennedy: Bom, adianta alguma coisa mudar um cara (o adido) se em três meses (provavelmente das eleições) você poderá... terá de... ele poderá estabelecer essas ligações em três meses?

Gordon: Ah, sim...

Presidente Kennedy — Há alguém que já tenha estado lá antes, que tenha boas relações e pode ser mandado de volta?

Goodwin: Que tal este (cara) do Eisenhower (ininteligível)?

Gordon: Dick Walters?

Goodwin: Sim.

Gordon: Ele está em Roma.

---

88 O adido da época era o coronel Stanley N. Lonning, como informa o próprio documento das gravações, em nota de rodapé, p. 21.

89 O mesmo documento diz, também, na p. 21, que se trata do general Andrew P. O 'Meara, Comandante em chefe nas Caraíbas.

Presidente Kennedy: E ele sabe alguma coisa de português?

Goodwin: Ele fala português fluentemente.

Gordon: Ele fala português fluentemente. É excelente e ainda tem um grande *feeling* político.

Goodwin: Ele era o intérprete de Eisenhower (durante a guerra) lá, não era?

Gordon: Sim. Ele seria maravilhoso. Ele era...

Presidente Kennedy: Então, o que vamos fazer? Eu digo, quem vamos escolher? Nós temos que mandar para lá alguém que possa estabelecer ligações muito rápidas... e tem de falar em português.

Goodwin: Por que não falamos com o Ros Gilpatric[90] ou alguém...

Presidente Kennedy: Ótimo, mas isto tem de ser feito hoje.

Quinze segundos suprimidos como documento classificado.

***

A implicância americana devia-se à visão de Brizola em relação ao desenvolvimento brasileiro, o qual, segundo ele, só será possível depois de uma profunda revisão dos termos de nossas relações com os Estados Unidos. No entender do ex-governador, "os resultados internos desse intercâmbio paralisam e retêm o Brasil numa cadeia de dependência que, além de econômica, é psicológica, e além de psicológica, é política".

— Quando falamos nas reformas internas das quais o nosso país necessita — dizia ele numa conferência aos estudantes da UNE, reunidos em congresso, em 16 de junho de 1961, no Rio de Janeiro —, devemos ter em vista os efeitos e implicações aqui determinados, internamente, pela rede das relações com os Estados Unidos.

Naquela conferência, que resumiu o pensamento que Brizola passaria a nortear toda a sua luta nacionalista, ele insistia: "Reformar, no Brasil, significa tocar nos interesses anti-sociais sustentados e mantidos pela rede de relações (Brasil-EUA). Ora, se tais interesses e privilégios estão incrustados no sistema de relações com os Estados Unidos, interesses que constituem o sistema interno que é

90 Rosswell Gilpatric era subsecretário de Defesa.

associado daquelas relações externas — como reformar sem tocar nesses interesses — como reformar sem tocar nas relações com os Estados Unidos?"

Ele sustentava que não preconizava o enfraquecimento ou o rompimento das relações entre os dois países, o que seria um absurdo, no seu entender. Defendia, sim, que essas relações se desenvolvessem em outros termos. E estes termos se traduziriam na autodeterminação: "São autodeterminadas as nações que, em primeiro lugar, disciplinam como querem as suas relações e o seu intercâmbio com as nações do universo. Em segundo lugar, só são rigorosamente autodeterminadas as nações que, através de meios ao seu alcance, são capazes de executar, realizar as reformas estruturais consideradas necessárias à sua prosperidade social e econômica."

Para resolver o impasse, Brizola propunha que "os homens públicos e as autoridades e agentes do Governo deveriam deixar de dar cobertura à ação dos interesses privados, dos trustes e monopólios americanos, porque, para uma nação como a nossa, e para os povos da América Latina, eliminar a interferência dos interesses privados, de trustes e monopólios na nossa vida econômica, constitui pré-requisito para o desenvolvimento".

E citava um exemplo: "Duvido muito que alguém, nesta cidade do Rio de Janeiro, consiga convencer um trabalhador que ele deve fazer um grande esforço para o desenvolvimento do Brasil. Não o conseguirá porque esse trabalhador está convencido de que ele não trabalha para o Brasil, mas para enriquecer ainda mais a *Light and Power*. Cito a *Light*, como poderia citar centenas e centenas de organizações espoliadoras que se beneficiam, direta ou indiretamente, do trabalho dos brasileiros".

Brizola insistia que precisava ser resolvido "o problema da ingerência, do controle remoto de grandes setores da nossa economia, da presença de grandes organizações e da casta de milionários seus associados e dependentes indígenas, porque é ele que gera no povo brasileiro e nos povos latino-americanos uma psicologia contrária ao esforço e ao sacrifício para o desenvolvimento".

E sem romper esta psicologia, segundo ele, torna-se muito difícil a mobilização para o desenvolvimento: "O desenvolvimento não se faz sem mobilização humana, sem a participação das grandes massas, porque tudo é o homem que faz, tudo depende do homem, tudo depende do povo e de bons dirigentes".

Naquela época, começavam a frustrarem-se as esperanças suscitadas no Brasil e na América Latina, com a eleição do novo Presidente dos Estados Unidos, John Kennedy, um membro do Partido Democrata, jovem (tinha 44 anos) e, embora filho de um banqueiro riquíssimo, era cheio de idealismo, inclusive em relação aos povos da periferia americana. Na época daquela conferência de Brizola aos estudantes da UNE, Kennedy já estava havia seis meses no cargo e empenhado na construção de um grande programa de ajuda, que veio depois a chamar-se Aliança para o Progresso, mas Brizola visualizava uma decepção que se constataria poucos meses depois:

— Quando o Partido Democrata subiu ao poder, nos Estados Unidos, criou-se a impressão de que as nossas relações se iriam modificar, num sentido justo para o Brasil e a América Latina. O que vimos? Promessas sobre a intensificação de programas como o Ponto IV; promessas sobre um "programa de alimentos para a paz" etc. Poderemos, nessa linha, consolidar as nossas dívidas — tudo isto pode ser útil, mas absolutamente não resolverá o nosso problema, que não é de adiamento de dívidas ou de seu resgate.

Brizola considerava que o problema só seria enfrentado com as reformas estruturais e, especialmente, reformas que nos permitissem "assumir o controle das organizações que interferem negativamente em nossa prosperidade econômica e social; só após essas reformas, o humilde trabalhador, modesto e simples, que esteja movimentando as nossas máquinas ou mesmo cuidando da terra, terá a certeza de que o fruto de seu trabalho, a riqueza que está criando é nossa, é do Brasil e dos brasileiros".

Já naquela época (junho de 1961), Brizola advertia para os riscos da explosão populacional: "O Nordeste terá em 20 anos 50 milhões de habitantes. Só a cidade de Recife, apesar das condições que conhecemos, terá três milhões de habitantes. Então pergunto: se os Estados Unidos não concordarem em modificar profundamente os termos de nossas relações, por conseguinte, das implicações internas e externas, se continuarem com a política que nos acenam, o que esperam de nós? Que receita é esta? É exatamente a receita que aplicaram a Cuba".

***

Os americanos irritavam-se igualmente com as posições de Leonel Brizola em relação a Cuba. Mas ele dizia que no "caso cubano" pode haver "um espelho" do que venha a ser o nosso futuro, se os termos de nossas relações com os Estados Unidos continuarem como até agora. Ele explicava que, se Cuba e seus dirigentes estavam quase desligados do mundo ocidental, "isto se deve exclusivamente aos Estados Unidos, à intransigência, à intolerância dos dirigentes públicos e dos chamados homens de negócios norte-americanos".

Na mesma fala à UNE, ele lembrou que os dirigentes revolucionários cubanos quiseram, logo que a revolução se tornou vitoriosa, encontrar um termo correto de vida com os Estados Unidos: "Mas montados na sua intolerância", observou Brizola, "os Estados Unidos recusaram-se a admitir qualquer forma de convívio que implicasse em abolir os inaceitáveis privilégios dos grupos espoliadores". E Brizola ainda fez um alerta: "Agora", disse ele, "pretendem nos engajar e arrastar toda a América Latina atrelada ao carro da sua intransigência. Não, decididamente, não".

Finalmente, citou sociólogos e professores das universidades americanas, que revelaram em documentos publicados na imprensa, o quadro real de Cuba antes da revolução: "Como aquele povo poderia autodeterminar-se", indagou Brizola, "se os cubanos, de tudo quanto tinham em seu país, nada era seu? Tudo era de propriedade estrangeira e norte-americana? Como poderiam dar terras aos que não tinham terras, se a maioria das terras era de empresas estrangeiras e norte-americanas?"

A polêmica de Brizola com os Estados Unidos merece um capítulo à parte, a bem da verdade, um livro inteiro. Tal é o volume de farpas trocadas pelas duas partes, tanto em matéria de notícias publicadas nos jornais de ambos os países, como nos bastidores de Washington, Brasília, Rio de Janeiro e Porto Alegre. Para não me estender demais, vou me concentrar no pequeno material que recolhi na Biblioteca do Congresso americano e no poderoso *US*

National Archives, um complexo quase do tamanho da Universidade de Brasília, situado no Estado de Maryland, nas cercanias de Washington D. C.

XXVI — A guerra de papéis entre Brasília e Washington

Leonel Brizola deu muito trabalho à CIA e aos outros órgãos que compõem a chamada inteligência americana, aqui incluídos os espiões de carreira, executivos de multinacionais e, principalmente, diplomatas, a começar do próprio embaixador. Isso é o que exibem os despachos enviados a partir da Embaixada dos Estados Unidos, de seus consulados, e das agências de informação, como a própria CIA, o USAID e outros órgãos agregados, para suas matrizes — a direção da CIA, o Departamento de Estado, o Pentágono e a Casa Branca. Tais documentos são liberados, parcialmente (muitos trechos continuam confidenciais), após 20 anos de seu encaminhamento, como manda a lei americana, e encontram-se à disposição do mortal comum no *US National Archives*, perto de Washington e nas 12 bibliotecas de ex-presidentes da República, entre as quais as de Kennedy, em, Boston; Johnson, em Austin, esta com 40 milhões de documentos; Nixon e Reagan, próximo a Los Angeles; Carter, em Atlanta, universidades e outras instituições americanas.

Em geral, o tom dos despachos é de puro mexerico, como sói acontecer na maioria do material de espionagem, ou de inteligência. Seu conteúdo, porém, é altamente revelador daquela época de Guerra Fria e de pavor dos americanos em ver o Brasil transformado numa nova Cuba.

Há peças preciosas, como os relatos pessoais dos embaixadores John Moors Cabot e seu sucessor Lincoln Gordon sobre as conversas confidenciais que eles tiveram com o Presidente João Goulart, militares, dirigentes da igreja, e outros setores formadores da opinião, os tais *moguls* da mídia, como eles chamam — Roberto Marinho, de *O Globo* e *TV Globo*, Nascimento Brito, do *Jornal do Brasil*, João Calmon, dos *Diários Associados;* Júlio de Mesquita Filho, de *O Estado de São Paulo*. Gordon também falava com freqüência com ministros, dirigentes do Congresso Nacional, líderes partidários e empresários. San Tiago Dantas, chanceler e ministro da Fazenda de

Jango; Augusto Frederico Schmidt, poeta, empresário e assessor do ex-presidente Juscelino Kubitsheck, e o próprio JK, Roberto Campos, embaixador de Jango em Washington, depois transformado no todo poderoso ministro do Planejamento do primeiro governo do Golpe de 64.

Brizola era, invariavelmente, o tema central daquelas conversas, conduzidas de forma quase sorrateira e extremamente reservada, na maioria das vezes na calada da noite, ou nas primeiras horas da manhã, de preferência na calma dos fins de semana. Os locais eram discretos e o mais distante possível dos jornalistas, com os interlocutores suplicando para que seus nomes jamais fossem revelados. Os informes sobre Brizola, na maior parte em inglês, começam ainda na campanha para governador do Rio Grande do Sul, em 1958, quando ele promete realizar um governo independente e livre da interferência estrangeira e dos grandes grupos econômicos.

Mais tarde, quando Brizola resolve doar parte de suas terras para deflagrar a reforma agrária no Estado, Hyman Bloom, este cônsul no Rio de Janeiro, diz no despacho de número 832.16, de 30 de junho de 1962, que "o governador está pegando pesado em favor de seu projeto e tem sido criticado por suas ações vigorosas de expropriação de fazendas e de incentivo aos agricultores sem terra, para que estes ocupem propriedades privadas".

John Moors Cabot, que antecedeu Lincoln Gordon como embaixador no Brasil, foi "visitar" o presidente Juscelino Kubitsheck, às sete horas da manhã de 28 de setembro de 1959, no Palácio Laranjeiras, a residência oficial da ainda capital, o Rio de Janeiro, situada no plácido bairro de Laranjeiras.

— O Presidente — disse o embaixador — começou se queixando das intrigas contra seu governo feitas pelos comunistas e pelo PTB, liderado por João Goulart (então Vice-Presidente da República). Ele enfatizou que aquilo (o que estava conversando) era altamente confidencial. Lembrou que esta conspiração estava por trás das recentes greves e do problema na Força Pública de São Paulo. Ele foi surpreendentemente severo em suas críticas ao PTB e a Goulart, mas eu não tive oportunidade de entender ou perguntar-lhe porque, nessas circunstâncias, como é que o PSD e o PTB poderiam permanecer aliados com vistas à próxima campanha presidencial.

O relato do embaixador Moors Cabot ainda revela: "O Presidente observou que o governador Brizola estava também envolvido nas intrigas contra o governo (federal). Ele falou da onda de greves, da constante agitação do PTB por melhores salários e do fato de muitos sindicatos serem controlados por líderes comunistas. Usando como pretexto a inquietação e a perplexidade da população por causa dos preços altos, todos esses elementos estavam tentando derrubar o governo".

Lincoln Gordon, que substituiu Cabot, em outubro de1961, aos 48 anos de idade, tinha um perfil bem diferente daqueles de seus antecessores e dos outros embaixadores nos demais países da América Latina, que eram na maioria empresários, fazendeiros, homens de negócios ou simples amigos do presidente de plantão na Casa Branca. Gordon tinha o típico perfil do scholar de Harvard, com charuto e tudo. Com PhD em Oxford, na Inglaterra, e *expert* em relações econômicas internacionais, era também um homem envolvido com o poder, desde a época de Harry Truman (1947), passando por Eisenhower, que o nomeou diretor da Missão do Plano Marshall, e conselheiro da embaixada em Londres (1952-55). Mais recentemente, havia integrado a equipe que formulou o programa Aliança para o Progresso, pouco antes da posse do Presidente John Kennedy.

Estas credenciais acadêmicas e de homem de Estado, no entanto, não o impediram de atuar como um dos americanos que mais se imiscuíram nos assuntos internos e nos fuxicos da política brasileira. Vivia viajando pelo interior e pelas grandes capitais, granjeando a amizade de importantes interlocutores, nos diversos ramos do poder no Brasil. O próprio João Goulart o considerava um amigo.

O embaixador, ademais, tinha acesso direto ao Presidente Kennedy, com quem se entrevistava, sempre que ia a Washington, o que acontecia, quatro vezes ao ano, em seu tempo de Brasil, como contou certa vez num depoimento à Biblioteca Lyndon Johnson, no Texas[91]. Era tal o prestígio de Gordon junto a Goulart, que este o recebia, de vez em quando, para tomar um uísque no Palácio da Alvorada, em Brasília, ou no Laranjeiras, no Rio.

Tais conversas estão quase todas relatadas nos despachos que o próprio Lincoln Gordon escrevia para o Departamento de Estado ou para a Casa Branca, ao longo dos dois anos e meio de convivência com Jango. Nesses colóquios, sem testemunhas, nem intérprete, porque Gordon falava bem o português, e sem qualquer tipo de gravação (nossa espionagem foi sempre muito desatenta a esses cuidados), o embaixador costumava dar seus recados, fazer ameaças e mesmo chantagens. O Presidente, que também era um tanto esperto, fazia que não entendia ou descartava os assédios do americano com uma boa piada gaúcha ou uma explicação jocosa das singularidades da políticos brasileiros. Como se viu no capítulo anterior, quando Gordon fazia um de seus relatos pessoais a John Kennedy, na Casa Branca, Goulart lhe causou boa impressão.

O embaixador, porém, tinha uma fixação no cunhado do presidente, o agitado governador dos gaúchos e depois deputado dos cariocas: "A pedido de Goulart, fui a Brasília no sábado" — conta Gordon no telegrama confidencial de número de 22 de setembro de 1962, dirigido ao Secretário de Estado, Dean Rusk—, para uma conversa informal seguida de almoço com o Presidente, Hermes Lima (Primeiro Ministro), Dias Carneiro (Ministro da Indústria e Comércio) e Bernardes (Arthur Bernardes Filho)".

Depois de dizer que Goulart começou a conversa falando longamente do plebiscito, cuja data acabava de ter sido marcada, e que era o momento para arrumar a casa e organizar as finanças, para o que esperava a compreensão de Kennedy, Gordon contou que "o Presidente se desculpou pelas atitudes de Brochado (Brochado da Rocha, o primeiro ministro que havia renunciado fazia poucos dias, em manobra para forçar o plebiscito), o que ele atribuiu a seus assessores comunistas".

"Disse que o Brizola" — continuou Gordon — "ficaria politicamente insignificante depois das eleições (marcadas para ou-

91 Entrevista à LBJ Library Oral History Collection, em 10 de julho de 1969 — http://www.lbjlib.utexas.edu/johnson/archives.hom/oralhistory.hom/Gordon-L/Gordon.pdf

tubro) e que ele, Goulart, tinha cortado uma longa passagem do discurso-renúncia de Brochado, contendo violento ataque aos Estados Unidos".

Noutro despacho, também encaminhado ao Secretário Dean Rusk, sob o número 16333, de 23 de fevereiro de 1963, o embaixador mostra como realmente interferia no governo, ao pedir satisfações quanto a nomeações inclusive para postos sem muita evidência, que teriam sido destinados a "comunistas" ou a brizolistas. Na época, Goulart estava em ascensão, porque o Parlamentarismo começava a fazer água e o Congresso se via cada vez mais pressionado a devolver-lhe as prerrogativas do presidencialismo. Ele havia recentemente modificado o ministério, indicando alguns brizolistas para ministérios não-essenciais, já que não havia contemplado o governador nos ministérios anteriores.

"No meu jantar de quinta feira com Goulart e Campos (Roberto)", diz Gordon no seu despacho, "comecei por ressaltar que nós (americanos) estávamos bem impressionados com os esforços do governo em promover a estabilização (da economia), tanto em termos de atos como de palavras. Ressalvei, entretanto, que havia uma natural preocupação em Washington quanto à sua durabilidade e continuação. E isto se devia ao colapso de outros planos econômicos como os de (Jânio) Quadros e de Moreira Salles (primeiro ministro da Fazenda de Goulart) e às críticas ao governo, despejadas por Brizola, deputados nacionalistas e grupos sindicais muito ligados a Goulart".

— Quanto a Brizola — continua o despacho —, fiz ver (ao Presidente) que o próprio Goulart, Hermes Lima e Dantas (San Tiago) tinham repetidamente me assegurado que Goulart discorda fortemente dele, mas que isso era difícil de assimilar, em face das recentes nomeações de correligionários de Brizola, como Cibilis Viana e João Caruso.

Gordon disse que a resposta do Presidente foi que ele, Goulart, realmente discordava de Brizola e só havia uma remota possibilidade de persuadi-lo a concordar com o plano (pacote econômico) ou, pelo menos, ficar calado: "Goulart vai fazer uma tentativa, neste sentido, no fim de semana, em São Borja. Sustentou que as diferenças entre eles já estavam ficando bem evidentes junto ao público brasileiro, mas que não queria um rompimento definitivo, pelo menos agora, porque Brizola tinha muitos correligionários que eram também seus correligionários (de Goulart), e que, quando o rompimento viesse, ele queria manter para si uma maior fração possível desses apoios". Sobre o "comunismo" de Cibilis Viana e João Caruso, Gordon diz ter ouvido de Goulart que tinha certeza de que Caruso não era e duvidava que Cibilis fosse: "Cibilis tinha trabalhado com ele havia muitos anos. Goulart considerou ambos os cargos como sendo de pouca importância. Concordou que as nomeações tinham sido concessões a Brizola, já que este desejaria um ministério ou outro posto-chave. E disse que havia recusado um pedido de Brizola para que Paulo Schilling fosse nomeado conselheiro presidencial, descrevendo Schilling como realmente perigoso".

No telegrama de 9 de abril de 1963, número 7279, relatando uma conversa com Goulart, "terça-feira, pela manhã", Gordon se mostra mais exigente e mesmo intolerante: "Disse-lhe de minha grave preocupação com o agravamento da crise política. Gostaria de voltar a Washington convencido de que o governo encarasse os problemas firmemente. A execução de uma política de estabilização (financeira), num cenário de inflação alta, seria difícil na melhor das circunstâncias políticas, mas impossível sem ordem política".

"Em vez disso", reclama Gordon, "Brizola continua sua campanha de agitação. Almino Affonso (ministro do Trabalho), aparentemente não coopera com a política salarial, (fica) fazendo discursos contra o FMI e trabalhando para legalizar o CGT (Comando Geral dos Trabalhadores) "

Em seguida, o embaixador mete o bedelho nos militares ligados a Jango, ao falar claramente: "As atitudes e ações do grupo militar de Osvino (Osvino Ferreira Alves) e Kruel são também muito perturbadoras". Osvino era um general de quatro estrelas, comandante do I Exército e depois presidente da Petrobras, considerado peça-chave no esquema popular de Brizola e Jango.

Depois, Gordon procura justificar as agitações de Carlos Lacerda, naquela época francamente golpistas, e em defesa da política de interferência direta dos Estados Unidos no Brasil: "Eu certamente não defendo os excessos do Lacerda, mas as reações me parecem desproporcionais e com o claro propósito de criar a desordem. Eu também tentei abordar a crise Kruel (general Amaury Kruel, (ministro da Guerra) e Osvino, mas ele (Goulart) descartou, apenas sublinhando que tudo aquilo, agora, estava em ordem".

— Goulart respondeu que toda essa política de agitação era superficial e que estava mais preocupado com a agitação social no Nordeste, especialmente em Pernambuco e na periferia de Brasília. Ele tinha acabado de enviar Dantas (San Thiago, ministro da Fazenda) ao Recife, para expressar o apoio do governo federal a Arraes (Miguel Arraes, governador de Pernambuco), em guerra para liquidar com Julião (Francisco Julião, advogado e deputado, líder das Ligas Camponesas), que estavam se tornando uma real ameaça".

Gordon disse ainda ter ouvido de Goulart, naquela conversa de abril de 1963: "Ele se queixou que o país estava cheio de esquerdistas oportunistas, principalmente entre os jovens, que sentiam a necessidade de algum tipo de transformação, mas que eles não tinham idéias claras do que desejavam. Estava preocupado com os comunistas, que sabem o que querem, mas estava convicto de que Arraes não era comunista e que iria agir com moderação, devido às pressões da responsabilidade do cargo executivo que exerce. Mas ele, Goulart, não tinha nenhuma intenção de dar ajuda ou conforto a Lacerda, Herbert Levy (presidente nacional da UDN) e outros direitistas, todos seguindo a linha do IBAD, que desejavam simplesmente preservar o *status quo* e derrubá-lo (Jango, do poder).

***

Ato contínuo, Gordon vira suas baterias contra Brizola: "Eu perguntei se a agitação política, que estava sendo liderada por Brizola, não era pelo menos tão séria quanto a de Lacerda, ou senão mais ainda. Goulart evitou dar uma resposta clara. Afirmou que as posições são diferentes. Brizola era um deputado num Congresso político, enquanto Lacerda, como governador de Estado, tinha o dever de cooperar com o governo nacional para que a coisa funcionasse. Eu respondi que o problema era para ser considerado do ponto de vista político e não jurídico, porque Brizola tinha um sistema publicitário que o projetava muito além de um simples membro do

Congresso. E ele também era ajudado pelo prestígio de sua ligação próxima com o Presidente".

Coincidência ou não, todos aqueles nomes censurados por Lincoln Gordon naquela conversa privada com Goulart, à exceção de Brizola, conheceriam a degola dali a pouco. Como se recorda, o relatório de Gordon era de 9 de abril de 1962. No dia 11 de abril de 1962, o *Jornal do Brasil* estampa o seguinte título, no alto de sua página 3: "Dispensa da assessoria de Brizola pode aumentar seu desgaste com Goulart". A mesma notícia enunciava no texto: "As relações entre o Presidente Goulart e seu cunhado, Sr. Leonel Brizola, que já sofriam progressivo desgaste, poderão ser profundamente afetadas com a dispensa, pelo Presidente, da assessoria técnica indicada pelo ex-governador gaúcho e encabeçada pelo economista Cibilis da Rocha Viana".

Cibilis contou em seu depoimento ao autor, que, na verdade, tinha pedido para sair, ao sentir-se desprestigiado com o fato de o então chefe da Casa Civil da Presidência da República, Evandro Lins e Silva, ter designado uma comissão técnica, "com um pessoal de São Paulo", sem nada lhe ter comunicado". Na edição de 10 de abril de 1962, o jornalista Carlos Castello Branco, afirmava, em sua *Coluna do Castello*, da página 6: "(...) o Senhor, João Goulart incumbiu o Sr. Evandro Lins e Silva de realizar uma espécie de expurgo em larga escala, através do qual se eliminou toda a assessoria posta ao lado do Presidente pelo Sr. Leonel Brizola".

Quanto a João Caruso, então presidente da SUPRA, Superintendência da Reforma Agrária, órgão federal criado por uma daquelas leis delegadas aprovadas pelo Congresso, teve seus poderes completamente esvaziados e não mais foi recebido nem pelo ministro da Agricultura, seu superior imediato, nem pelo Presidente Goulart, de quem era velho correligionário, no Rio Grande do Sul. Pouco depois, foi substituído pelo político mineiro João Pinheiro Neto, ligado ao velho PSD.

As demissões dos brizolistas provocaram o primeiro rompimento de Goulart com Brizola. Cibilis Viana, no entanto, voltaria um ano e três meses depois ao Palácio do Planalto, na chefia de um grupo de altos assessores, designado pelo Primeiro Ministro Brochado da Rocha. Sua missão era redigir um pacote de leis delegadas, requeridas pelo *Premier* ao Congresso, para tocar a máquina da administração, entravada com o jogo do empurra do Parlamentarismo.

O gabinete de Brochado da Rocha durou exatos dois meses, de 13 de julho a 13 de setembro de 1963, mas foi marcado, segundo Almino Affonso[92] —, por uma "incrível vontade transformadora".

— Sob a coordenação do economista Cibilis Viana — acentua o ex-deputado e ex-ministro —, as equipes de trabalho, em menos de um mês, formularam projetos de lei referentes à reforma tributária, à reforma cambial, à disciplina do capital estrangeiro, às medidas de revisão agrária, ao monopólio da importação de petróleo, à política de energia nuclear...

Brochado da Rocha, um legalista, profundamente ligado a Brizola, teria sido envolvido numa manobra destinada a dar um ultimato ao Congresso para apressar as reformas de base. O plano, segundo relatos de Almino Affonso e do economista Paulo Schilling[93], consistia em exigir dos parlamentares a votação imediata daquelas medidas delegadas, que possibilitariam a concretização das reformas de base, juntamente com a antecipação da data do plebiscito para 7 de outubro de 1963. Caso o Congresso não as aprovasse, seria dissolvido. Para isso, os brizolistas contavam com o apoio dos comandos dos quatro Exércitos, das organizações sindicais e populares.

Um dos comandantes militares, o general Jair Dantas Ribeiro, do III Exército, havia feito, com o consentimento dos outros comandantes, uma dura declaração, em que falava da "intransigência do Parlamento" e de "manifestações de desespero no território do III Exército". Ao saber da declaração, o ministro da Guerra, general Nelson de Mello, da linha ultra-conservadora, pediu a demissão de Dantas. Se concordasse com a demissão, Goulart se veria nas mãos da direita do Exército. Por isso, tinha de dar um jeito de demitir o ministro da Guerra. Tal hipótese, porém, só seria possível se caísse todo o Gabinete. Foi o que fez, ao pedir ao Premier Brochado que renunciasse imediatamente. Sem saída, Brochado atendeu ao apelo

92 AFFONSO, Almino. *Raízes do Golpe*. p. 74, São Paulo: Marco Zero, 1988.

93 SCHILLING, Paulo. *Como se coloca a Direita no Poder, 1 – Os protagonistas*. p. 234, São Paulo: Global Editora, 1979.

do Presidente e, com isso, frustrou os planos de Brizola de impor ultimato ao Congresso.

***

Assim, quando ocupou a tribuna para pedir a aprovação das leis delegadas, Brochado, em vez de desafiar o Congresso, fez uma longa defesa das reformas de base e, no parágrafo final do discurso, apresentou, para o espanto geral, sua renúncia ao cargo. Exatos 13 dias depois da renúncia, Brochado, um homem de grande respeitabilidade nos meios jurídicos, morreria de enfarte, em Porto Alegre, sua terra.

Jango voltava a se fortalecer, porque, no imbróglio do ultimato, conseguiria do Congresso a antecipação da data do plebiscito, afinal marcada para 6 de janeiro de 1963. Os parlamentares ainda aprovaram, sob a pressão daqueles acontecimentos, algumas das leis delegadas, como a criação da SUPRA, Superintendência da Reforma Agrária, mas jogariam para as calendas gregas aquelas das reformas de base.

***

Outra notícia surpreendente do *Jornal do Brasil*, publicada na edição de 10 de abril, em manchetão de primeira página, um dia apenas depois do relato de Lincoln Gordon: "Kruel adverte Osvino e CGT transfere comício". A notícia dizia que "o Ministro da Guerra, General Amauri Kruel, advertiu o Comandante do I Exército, General Osvino Ferreira Alves, de que seu pronunciamento de sábado passado "comprometera a própria estrutura do Exército, arranhando o princípio da autoridade, e ferira as normas disciplinares". Naquele pronunciamento, também objeto de outro manchetão de primeira página do JB ("Osvino garante apoio total a Goulart"), o general afirmou seu propósito de "dar garantia ao povo para que ele se reúna em praça pública, a fim de desagravar o seu Presidente e manifestar justas aspirações". Na mesma edição do JB de 11 de abril de 1962, o colunista Carlos Castello Branco começava sua *Coluna do Castello*, na página 4, com o título "Kruel executa plano de Jango para conter Osvino e Brizola".

Seja como for, o fato é que general Osvino, que caiu na compulsória em junho e não mais podia comandar o I Exército, designação antiga do Comando do Leste, foi depois nomeado presidente da Petrobrás, de onde seria forçado a demitir-se pouco depois, por força, aparentemente, da pressão gordoniana. Já o general Amauri Kruel, um gaúcho compadre de Jango, também perde o cargo de Ministro da Guerra, sendo nomeado para o comando do II Exército, hoje Comando Sudeste, de onde traiu o Presidente, bandeando-se para as forças do Golpe de 1964, poucas horas após este ter sido deflagrado. Na campanha da Legalidade e instalado no Palácio do Piratini, o general Kruel foi o principal interlocutor de Brizola com os militares do III Exército e a cúpula militar, em Brasília.

***

Naquele início de abril de 1962, que coincidiu com a Semana Santa, pipocou uma série de crises, fabricadas ou não, que fizeram muitos temerem pela sorte do regime. No dia primeiro, a Guanabara amanheceu sem ônibus, lotações e bondes (ainda não havia metrô) e com uma ameaça de greve de professores e dos responsáveis pelo fornecimento de gás, luz e água. O ministro do Trabalho, Almino Affonso, culpou a intransigência do governador Carlos Lacerda, "o poder concedente", em não cumprir o acordo salarial firmado em 19 de fevereiro.

Lacerda, acusado de perseguição pelos trabalhadores, uma vez que havia mandado prender líderes sindicais do movimento, reagiu com violento ataque ao Presidente Goulart: "Tinham razão os ministros militares do ex-presidente Jânio Quadros, quando consideraram sua posse como uma ameaça ao regime". Disse ainda que o processo de comunização do Brasil já começou: "Estamos chegando a um ponto em que ninguém pode fingir que não sabe. O Sr. Leonel Brizola quer a intervenção na Guanabara. Não temo ninguém. Tenho a absoluta convicção de que, a partir de uma tentativa dessas, como a paralisação do transporte, no momento em que fizerem a intervenção, ocorrerá o fechamento do Congresso e daí para a ditadura é um passo"[94]. O governo respondeu através de um pronunciamento do Primeiro Ministro Hermes Lima, que acusou Lacerda de pregar a queda de Goulart.

***

Quanto aos americanos, Brizola vinha denunciando há muito tempo a interferência da Embaixada Americana. Em abril de 1962, ele concede uma entrevista ao jornalista Lucídio Castello Branco, irmão de Carlos Castello Branco e correspondente em Porto Alegre do *Jornal do Brasil*, cuja íntegra é enviada pelo segundo secretário (da embaixada) Harry Weiner a Washington, sob o despacho número 732.00, de 12 de abril de 1962.

Nela, Brizola acusa a embaixada de "exercer a corrupção política no Brasil". Muito antes do estouro do escândalo do IBAD e da avalanche de dólares para financiar "candidatos amigos" nas eleições que iriam se processar em outubro daquele ano, ele sustentava, naquela oportunidade, que a Embaixada dos Estados Unidos "passou a distribuir entre governadores, prefeitos, homens de empresa etc., recomendações para favores econômico-financeiros, que são, rigorosamente, da competência do governo brasileiro e de suas agências oficiais de crédito".

— Esse derrame de dinheiro — afirmou o governador — é feito com o objetivo de deformar o pronunciamento das urnas e de impedir a formação de um Parlamento nacional capaz de votar medidas destinadas a promover a emancipação econômica do país da tutela dos Estados Unidos. A Embaixada financia, assim, a corrupção política como um meio de manter o nosso país na dependência dos trustes.

Brizola ainda se dizia convencido de que "uma conspiração econômica está sendo articulada de forma a transformar a eleição num episódio sem significação transcendental, que ele deve possuir como agente do processo de transformação social."

E exemplificou: "As oligarquias econômicas articulam-se: as empresas ou pessoas associadas e implicadas no processo espolia-

94 "Lacerda acusa Goulart de trair o regime", *Jornal do Brasil*, pp. 1 e 3, 2 de abril de 1962.

tivo não pouparão recursos para eleger, em todo o país, deputados dóceis e uma representação reacionária, e ela só poderá ascender ao poder regada por rios de dinheiro".

Considerando essa intromissão "um verdadeiro ato de alienação da soberania nacional", Brizola anunciou seu propósito de formular uma representação, em nome do governo do Rio Grande do Sul, ao Governo Federal. E fez uma ameaça: "A persistir tão acintosa intervenção, prefiro ver o meu Estado excluído da parte que ao Brasil tocava no programa Aliança para o Progresso".

Quando Brizola deu aquela entrevista, o Presidente Goulart acabara de voltar dos Estados Unidos onde se encontrou com o Presidente Kennedy e outras autoridades americanas. O governador considerou a viagem positiva "quanto às relações de amizade entre o povo brasileiro e o povo norte-americano", mas se reservou à observação de que virá futuramente para julgar dos resultados da visita do ponto de vista do intercâmbio comercial e a liquidação do processo espoliativo, "os dois grandes fatores condicionantes do nosso desenvolvimento".

***

Chegamos ao ponto em que é importante analisar o relacionamento dessses dois cunhados. Desde que se conheceram, por volta de 1947, Leonel Brizola e João Goulart tornaram-se muito amigos. Neusa, namorada e depois esposa de Brizola, tinha Jango, seu irmão homem e mais velho, a quem chamava de Janguinho, como seu parente mais próximo. Na época, os dois varões eram deputados estaduais, ambos em primeiro mandato e ambos indicados candidatos por decisão pessoal de Getúlio Vargas, então no auto-exílio, em São Borja. Goulart com 28 e Brizola com 25 anos. Embora de temperamentos diferentes — o primeiro era farrista e o outro mais comedido, — os dois conviviam alegremente, sobretudo nas conversas masculinas sobre mulheres e, mais ainda, nas articulações políticas.

Quando Getúlio Vargas reassumiu o governo da República, em 1951, Jango tinha sido designado secretário da Justiça, pelo governador petebista Ernesto Dornelles, primo de Vargas. Reassumindo a presidência da república, em 1951, Getúlio chamou Jango para assessorá-lo no Palácio do Catete e presidir nacionalmente o PTB.

Além do trabalho junto ao Presidente, Jango, rapaz rico e simpático, logo toma gosto pela noite carioca e faz amizades nos meios artísticos e culturais. Tanto que, quando Brizola se candidata a prefeito de Porto Alegre, em 1953, Jango leva algumas artistas do rádio, veículo de comunicação em pleno apogeu, para impulsionar a campanha do cunhado. As cariocas vestiam-se muito à vontade e portavam decotes um tanto cavados demais para a pacata sociedade porto-alegrense. "Aquilo nos derrubou, porque a igreja deu logo em cima", conta Sereno Chaise, ex-companheiro de pensão de Brizola e um dos coordenadores daquela campanha.

O fato é que Brizola perdeu por menos de mil votos para Ildo Meneghetti, da aliança conservadora. Brizola, que contava com uma vitória certa, atribuiu a derrota ao seu impulso e arrogância juvenis — "eu queria ganhar todas" — e não levou muito a sério a influência do decote das artistas. O fato é que numa reunião realizada pelo partido, o PTB[95], para avaliar o fracasso nas urnas, Jango, já homem forte no Governo, tanto da República como do Estado, pondera ter chegado a hora de Brizola ser testado no executivo. Até ali ele tinha sido eleito duas vezes deputado estadual e escolhido líder do governo na Assembléia. "Você precisa ser conhecido como administrador, em primeiro lugar". A proposta é aceita e Brizola inicia uma brilhante carreira como secretário estadual de Obras Públicas. Ele se elege prefeito quatro anos depois, com vitória estupenda, e realiza uma administração que o credencia, dois anos depois, a outro retumbante êxito nas urnas, desta vez para governar o Estado. Enquanto isso, Goulart elege-se Vice-Presidente da República, eleito em1955, na coligação PSD-PTB, de Juscelino Kubitsheck.

A amizade permanece sem tropeços maiores até a instauração do parlamentarismo, em 1961. Goulart, sempre que vem a Porto Alegre, hospeda-se na casa de Brizola, para alegria da irmã Neusa. É tal a cumplicidade entre os dois, que Jango e Brizola formam, em meados de 1950, uma dupla invencível, maquiavélica até, como se

95 Relato do ex-deputado Wilson Vargas da Silveira, em depoimento ao autor.

queixavam os adversários. Esta ação conjunta viria a provocar dor de cabeça em muitos caciques da política, como o presidente Juscelino Kubitsheck, que era do PSD. JK acusava os dois de conspirar contra seu governo, ao incentivar greves e outros tipos de pressão para levar o Presidente a escolher um candidato de cunho popular à sua sucessão, no pleito de 1960. Juscelino, que sonhava retornar ao poder, em 1965, trabalhava um nome conservador, se possível da UDN, o partido que nunca tinha tido vez nas urnas para o Catete. Segundo JK, os dois aceitariam até a reeleição do próprio Juscelino, desde que o Catete não apoiasse um udenista ou um conservador.

***

A amizade começa a desandar na Campanha da Legalidade, quando Jango, para a surpresa de Brizola, aceita o parlamentarismo. E aqui afloram e explodem as diferenças de índole da dupla até então inseparável: Jango era indeciso e de feitio contemporizador, preferindo o contorno à abordagem direta, e Brizola, mais decidido e afeito ao enfrentamento e à ação.

Até ali, as ações de Jango, ainda que com sua exposição na qualidade de Vice-Presidente, se davam amiúde num nível de bastidores e por isso podiam, de alguma forma, ser administradas sem afetar a relação de ambos. No caso do parlamentarismo, Brizola jogava um lance crucial. Conhecendo como ninguém as tergiversações do cunhado nos momentos decisivos, ainda tentou dissuadi-lo, procurando mostrar-lhe que a batalha estava ganha. Conseqüentemente, aceitar o parlamentarismo significaria não só a capitulação como a renúncia à oportunidade de ouro para fazer o governo dos sonhos de Vargas, do PTB e deles próprios, Jango e Brizola.

Como última cartada, Brizola manda um avião com 40 jornalistas do Brasil e do exterior, para não só dar garantias ao Vice-Presidente, ameaçado de ter seu avião derrubado por uma operação de oficiais da Aeronáutica, chamada Mosquito, mas também para informar-lhe exatamente do que estava se passando no Brasil. Brizola estava desconfiado de que Jango tinha recebido informações distorcidas do avanço da Legalidade, e os jornalistas poderiam transmitir-lhe vivamente o que estavam vendo em Porto Alegre: a vitória já irreversível do movimento.

Jango, porém, estava em outra. Ao que parece, já teria se comprometido com Tancredo Neves a aceitar o parlamentarismo, como o menor dos males, e mais ainda: a não abrir a boca até assumir o poder em Brasília. Ao perceber a manobra de Jango, Brizola não o perdoou e dizem que tiveram uma briga feia, que poderia ter ido às vias de fato, não fora a presença de Neusa, irmã de Jango e esposa querida do líder da Legalidade. Depois, houve todas aquelas escaramuças no período Goulart no Planalto, a recusa de Jango em resistir ao golpe e, finalmente, a luta pela resistência no Uruguai, cujos métodos separaram para sempre os dois antigos amigos de juventude. Brizola deixou de falar 12 anos com o cunhado, mas admitiu depois que tinha sido muito duro com Jango e deveria respeitar mais seu temperamento, que não era de confronto, como o seu próprio, mas sim da conciliação e do deixa disso.

Essa história da amizade dos cunhados é longa e ainda vai render. Mas é hora de abordarmos a ação parlamentar e de rua de Leonel Brizola, que começa com sua primeira eleição como deputado federal. Veja a história a seguir.

O Deputado

XXVII — Questionando Carlos Lacerda

O noviço deputado federal Leonel de Moura Brizola, como gostava de ser chamado, chega à Câmara dos Deputados, ainda com sede no Rio de Janeiro, em 31 de janeiro de 1955. Aterrissa em meio às brasas ainda fumegantes do incêndio desatado pelo suicídio de Getúlio Vargas, em 24 de agosto de 1954. Naquele momento, intensificavam-se as articulações golpistas contra as eleições presidenciais marcadas para 3 de outubro daquele ano e, depois, contra a posse dos eleitos. O jornalista Carlos Lacerda, a maior estrela da política nacional da época, escancaradamente, prega o golpe militar contra as instituições. Chega a pedir inclusive o fechamento do Congresso, em furibundos artigos publicados em seu jornal, a *Tribuna da Imprensa*, e proclamações pelo rádio e a TV — esta ainda incipiente.

Brizola era um político em ascensão no Rio Grande do Sul, mas quase desconhecido no restante do Brasil. No pleito de 1954, tinha se elegido com a maior votação para deputado federal[96], no Estado, apesar da *débâcle* da seção regional de seu partido, o PTB, em virtude da derrota dos candidatos Alberto Pasqualini, a governador, e João Goulart, ao Senado. Neste mesmo pleito, Lacerda, oito anos mais velho que Brizola, é também eleito pela primeira vez deputado federal pela UDN, igualmente com a maior votação na cidade do Rio de Janeiro, então Distrito Federal.

A crônica política logo voltaria sua atenção para aquele gaúcho esquentado e de sotaque rascante. Exatamente no dia da posse dos

---

96 Brizola obteve 103.003 votos, 12,29% da votação gaúcha para a Câmara, e com quase o dobro do segundo colocado, Fernando Ferrari, que viria a ser seu principal adversário dentro do PTB, partido que Ferrari abandonaria em 1955 para candidatar-se, sem sucesso, à Vice-Presidência da República.

novos deputados, 1° de fevereiro, quando os nomes destes são chamados, um a um, para prestar juramento à constituição, Brizola intervém, depois que o presidente chama o deputado Carlos Lacerda [97]. Aos 33 anos e num território que lhe é inteiramente estranho, pois não conhecia praticamente ninguém, o ardente representante gaúcho questiona a legalidade da investidura de quem "ainda hoje defendia no seu jornal o fechamento desta Casa"[98]. Os deputados, no seu entender, se viam então num dilema[99]: "Ou aceitaremos o juramento como válido e legítimo, e então o panfletário está enganando o povo lá fora, ou o panfletário está falando a verdade, e assistiremos aqui, consternados, a um juramento falso".

O provinciano Brizola flagrou ali, sem querer, outra escorregadela de Lacerda: o fulgurante e cosmopolita representante carioca não estava presente ao próprio juramento, como este viria a confessar. No dia seguinte, ao responder à interpelação do deputado trabalhista, Lacerda disse[100]: "... Se ontem não dei pronta réplica à questão de ordem, foi, primeiro, porque não compete aos deputados resolver questões de ordem, mas à Presidência; segundo, porque estava ausente e não podia, portanto, a não ser por fenômeno espírita, ter conhecimento dela" — disse Lacerda em discurso de 2 de fevereiro de 1955. O DCN, *Diário do Congresso Nacional*, de 3 de fevereiro de 1955, que reproduziu a sessão destinada ao juramento dos novos deputados no dia 1 de fevereiro de 1955, informa que Lacerda se apresentou depois de terminada a solenidade do juramento.

Na presidência dos trabalhos, estava interinamente o deputado Carvalho Sobrinho, do PSP de São Paulo, segundo secretário e único membro reeleito da mesa diretora anterior. Carvalho, a quem caberia tomar o compromisso constitucional dos deputados

---

97 O juramento, estabelecido pela Constituição, no caso a de 1946, ainda vigente, dizia: "Prometo guardar a Constituição Federal, desempenhar fiel e lealmente o mandato que me foi confiado e sustentar a União, a integridade e independência do Brasil".

98 A *Tribuna da Imprensa* daquele dia, 1 de fevereiro de 1955, trombeteava: "Não há que esperar democracia desse monturo. O que resta é ajudar o Sr. Café Filho (Presidente da República, que estava tutelado pelos militares) a levar às necessárias conseqüências o seu apelo pela União Nacional. Se esta não for atendida por bem, há de ser realizada de qualquer maneira".

99 Diário do Congresso Nacional (Seção I), 3 de fevereiro de 1955.

100 Diário do Congresso Nacional (Seção I), 4 de fevereiro de 1955.

e presidir depois a eleição do novo presidente da Câmara[101], indeferiu de pronto a questão de ordem de Brizola, com um simples despacho verbal, ato contínuo à sua apresentação: "A presidência não considera as palavras de V. Exa. uma questão de ordem, nos termos regimentais".

Aquela ousadia iria causar alguns incômodos a Brizola, em termos de noticiário. Lacerda era jornalista profissional e desfrutava da amizade e até da paixão de muitos colegas da bancada de imprensa, tendo, ademais, proteção dos donos dos grandes veículos de imprensa. Os jornais do outro dia, porquanto, registraram com desprezo olímpico e quase asco a intervenção de Brizola. Talvez tenha se intensificado ali mesmo o implacável antagonismo que a mídia passaria a devotar-lhe ao longo de praticamente toda a sua vida pública.

O *Jornal do Brasil* disparou: "Fiel ainda ao 'janguismo' da famosa 'República Sindicalista', o Sr. Brizzola (assim mesmo, com dois zz) não perdeu oportunidade para uma nota lamentavelmente triste num cerimonial de natural imponência, como o do juramento dos novos deputados". Mais adiante, o jornal, depois de acusar Brizola de "deturpar os fatos, porque não interpretou bem o artigo de Lacerda", assinalou que a atitude do "irrequieto representante gaúcho" foi "a explosão indiscreta e precipitada dos demagogos que tentam, ainda, interromper a marcha de recuperação moral da Nação, iniciada a 24 de agosto".

Um dia depois A *Tribuna da Imprensa* publicou uma "resposta à provocação", com chamada de primeira página: "Ao que parece" — afirmou o jornal de propriedade de Carlos Lacerda —, "confirma-

101 Uma luta surda se tramava nos bastidores. Os partidários de Lacerda e da conspiração militar defendiam a eleição de Carlos Luz, deputado do PSD de Minas, enquanto os adeptos de Juscelino apoiavam o deputado paulista Ranieri Mazzili, também do PSD. Carlos Luz acabou sendo o eleito, numa sessão que se deu em seguida àquela destinada ao juramento dos novos deputados e cujo resultado foi interpretado pelos jornais como um sério revés para a candidatura de JK, então governador de Minas, à Presidência da República. No imbroglio da eleição interna da Câmara, a interpelação de Brizola a Lacerda foi maliciosamente considerada, pela grande imprensa, como um dos fatores da derrota de Mazzili. Disse o *Jornal do Brasil*, de 3 de fevereiro de1955: "Todavia, já ontem, as probabilidades de triunfo pendiam acentuadamente para o Sr. Carlos Luz, que teve um grande eleitor na sessão de ontem: o Sr. Leonel Brizzola".

se a informação há tempos recebida: um grupo de gregórios[102], mancomunados com os comunistas, pretende provocar-nos para tumultuar os trabalhos da Câmara e forçar-nos a uma atitude de defesa que justifique a violência. No primeiro dia da Câmara, foi instrumento adequado o Sr. Brizola (cunhado do Sr. João Goulart)".

Brizola não se intimidou com a imprensa negativa. Pelo contrário, intensificou seus ataques a Lacerda, a quem elegeu como alvo prioritário. Ele, na verdade, não parecia interessado na cassação de seu colega de Câmara, mas tão-somente, como frisou, em que Lacerda repetisse "o compromisso (com a Constituição), para ficar bem claro e bem expresso perante a Nação", como assinalou em sua intervenção daquele dia. Embora calouro na Câmara, o deputado gaúcho conhecia as manhas regimentais, ao longo de dois mandatos como deputado estadual na província. Sabia, por isso mesmo, que não era fácil privar um deputado de seu mandato, por mais golpista que ele se apresentasse. Seu interesse estava em expor a contradição do jornalista-parlamentar, que acabava de ser aceito numa casa cuja estrutura ameaçava implodir.

***

Tanto é assim, que nove dias depois do episódio do juramento, Brizola sobe à tribuna, desta vez para "defender" o mandato de deputado de seu contendor. Naquela altura, corriam rumores de que Lacerda estava pretendendo renunciar: "A presença desse deputado na Casa constitui até uma segurança para ela, porque evita, impede e desmoraliza todas as medidas de nosso melhor conhecimento que têm sido praticadas lá fora, muitas vezes longe do alcance desta Câmara" — disse Brizola em discurso publicado no DCN, de 12 de fevereiro de 1955. Em 1° de julho, Brizola voltaria à carga: "Precisamos da presença deste deputado, tendo em mente aquele velho

102 Referência a Gregório Fortunato, apelidado *o anjo negro*, chefe da guarda pessoal de Getúlio Vargas no Palácio do Catete, e acusado de autor do atentado contra Carlos Lacerda, na Rua Toneleros, em Copacabana, em 5 de gosto de 1954, onde foi assassinado o major Rubens Vaz, da Aeronáutica. Esse episódio é considerado o estopim dos acontecimentos que levaram à deposição e suicídio do ex-Presidente Vargas, em 24 de agosto de 1954.

ensinamento de que os inimigos do regime, como quaisquer tipos de adversários, deverão ser mantidos sempre perto de nós".

Brizola desconfiava que Lacerda estivesse manobrando para desmoralizar a Câmara com uma renúncia espetaculosa ao mandato que lhe confiara o povo carioca, a exemplo daquela que perpetrou, em 1947, dois meses depois de ter sido eleito vereador da Câmara Municipal do Distrito Federal: "Dentre os motivos com que seria justificada essa renúncia está o de que a Câmara, como já foi dito no plenário, estaria enveredando pelo roldão do debate estéril, perdendo-se em discussões políticas intermináveis e, mais, que aqui só se faziam provocações, especialmente por parte de um representante do Rio Grande do Sul", justificou Brizola naquele dia.

Naquela altura, Lacerda estava em franca escalada em direção ao golpe. Convencido da inevitabilidade da vitória da chapa PSD-PTB, com Juscelino Kubitsheck para Presidente e João Goulart para Vice-Presidente, na eleição que teria lugar em 3 de outubro, Carlos Lacerda, que tentou sem sucesso interditar a posse de Getúlio Vargas, em 1951, desandou, a partir de janeiro de 1955, a conclamar os militares, entre os quais tinha muita influência, a tomar o poder.

Em virulentos editoriais na *Tribuna da Imprensa*, Lacerda pedia a entrega do governo a "mãos fortes", enquanto desancava JK e Jango[103]. Na essência, ele preconizava o adiamento da eleição para 1956, a dissolução do Congresso, constituído da Câmara e do Senado, a instituição do parlamentarismo ou de um colegiado, com "a chefia do primeiro Governo entregue a um militar", a instituição da eleição indireta e "a revisão da política de petróleo da Petrobras, com a cessão do direito de pesquisa ao capital privado estrangeiro".

***

103 Carlos Lacerda era um homem culto e refinado. Aos 25 anos faria a melhor tradução do livro *My Early years* (*Minha Mocidade*), de Winston Churchill, e mais tarde traduziria algumas obras de Shakespeare. Seu jornal, no entanto, descambava para as intrigas mais torpes. Em 15 de setembro de 1955, a Tribuna da Imprensa estampa a seguinte manchete de 1ª página: "Jango explora o lenocínio. Dono de um "cabaré", em São Borja, revela o jornalista Vinicius Lima — Testemunhos colhidos no local — Voto de louvor na Câmara Municipal do Rio ao repórter que descobriu e documentou a história — "Copacabana" é o nome do bordel do candidato à Vice-Presidência."

O batismo de fogo de Leonel Brizola na política nacional, que ocorreu com aquela interpelação a Carlos Lacerda no dia da posse de ambos na Câmara, coincidiu com a cruzada que ele empreenderia dali por diante na denúncia do golpe que se urdia nos porões do regime e que viria a desembocar, nove anos mais tarde, no *pronunciamento* de 1964. Ele centrou a marcação em Lacerda, já que era considerado o pivô de toda a agitação golpista. Lacerda, naquele mesmo discurso em que se defendeu da questão de ordem sobre a legitimidade de sua posse como deputado federal, reconheceu em Brizola um "jovem brilhante, ardente e impetuoso". Sobre a legitimidade de sua representação, o deputado-jornalista explicou que havia conquistado seu mandato "nas prisões do fundador do partido a que pertence o eminente deputado pelo Rio Grande do Sul".

Em seguida, Lacerda afirmou: "Não sei onde estava o meu jovem e impetuoso colega. Eu estava na Casa de Correção no dia 10 de março de 1937 e de lá voltei, e de lá saí". Brizola respondeu, em discurso de 12 de fevereiro que estava na escola (à época tinha15 anos de idade): "Até estranhamos como podem acusar muitos elementos do Partido Trabalhista de falsos democratas, quando no Estado Novo, esses mesmos eram simples estudantes de ginásio. Fui um deles. Mesmo no período da redemocratização do país ainda era estudante secundário".

Quanto à ditadura, iniciada, em 1937, por Vargas, Brizola emitiria um conceito que iria repetir de forma insistente ao longo do tempo: "Com o Estado Novo, temos compromissos assumidos espontaneamente, porque nele procuramos justamente ver o que havia de bom, o que havia de conveniente e oportuno aos interesses do Brasil". Em seguida, indagaria: "Por que nos acusam, quando eles mesmos andam em longos debates, gastando palavras e um esforço imenso para fazer a União Nacional? E a União Nacional com quem? Precisamente com aqueles com que foram solidários, que foram os chefes, os sustentáculos do Estado Novo de 1937. Onde estava o Sr. Nereu Ramos? Na interventoria de Santa Catarina. Onde estava o general Cordeiro de Farias? Era interventor do Estado Novo no Rio Grande do Sul".

***

A preocupação com o golpe está praticamente em todos os discursos de Brizola, no seu primeiro mandato de deputado federal, que foi de 1º de fevereiro de 1955 a 31 de janeiro de 1956. Em discurso publicado no DCN de 12/02/55, ele conclama os parlamentares a reagir: "O dia em que nós, representantes do povo brasileiro, tivermos que transigir nos nossos princípios ante ameaças e possibilidades de golpe militar, estaremos traindo o nosso mandato, estaremos nos corrompendo". O representante gaúcho assinalava, contudo, que não "se intimidava com aquelas ameaças golpistas, principalmente daqueles que tiraram autênticos atestados de defensores da lei; daqueles que se consideram as vestais da democracia brasileira, embora sejam estes os que mais toleram os desrespeitos e os atentados a dispositivos expressos da Constituição brasileira".

Em outro discurso de 2 de julho de 1955, Brizola chamava a atenção para "certas ameaças de golpe contra as instituições. Aquilo que era prurido, hoje é ostensivo". E acrescentou: "Aqui, toda a Casa e toda a opinião pública sabe: certo deputado foi à televisão pregar abertamente soluções extra-legais". Depois ele iria em cima dos conspiradores, os quais qualificava como "grupos políticos totalmente isolados pela odiosidade que semearam, e especialmente pela orientação que adotaram discriminando brasileiros".

Ele se referia aos recalques dos udenistas, liderados por Carlos Lacerda e sua tropa de choque, chamada Clube da Lanterna, um aglomerado de políticos, agitadores e leões de chácara, que um dia chegou a invadir a Câmara Municipal do Distrito Federal. Derrotados em 1946, com a eleição do general Eurico Gaspar Dutra, que bateu o brigadeiro Eduardo Gomes, candidato da UDN, os udenistas deflagraram um movimento entre os militares e os detentores do capital financeiro para invalidar as urnas. Em 1950, quando Getúlio Vargas foi eleito Presidente, provocando nova derrota ao brigadeiro Eduardo Gomes, os udenistas, já com Lacerda à frente, tentaram impedir-lhe a posse, primeiro através de uma ação no Supremo, depois, com uma conspiração militar.

Naquela campanha eleitoral de 1955 em que Brizola chega à Câmara, eles haviam tentado aprovar uma emenda constitucional, que o Congresso rejeitou em setembro, menos de um mês antes da eleição, transferindo o poder de eleger o Presidente da República, que no Brasil sempre foi do povo, à Câmara dos Deputados, no caso de o candidato vitorioso na eleição popular não ter alcançado a maioria absoluta dos votos. A ansiedade de Lacerda e dos udenistas não conhecia limites. Iam da achacação pura e simples à chantagem mais vil. Exemplo disso foi a divulgação, em plena campanha, pela *Tribuna da Imprensa*, da Carta Brandi, documento que uma investigação do próprio Exército julgaria forjado. A carta, datada de 5 de agosto de 1953, quando Jango ainda era ministro do Trabalho, atribuía a João Goulart uma conspiração com o ex-presidente da Argentina, General Juan Domingo Perón (este tinha sido deposto em 16 de setembro de 1955), para implantar uma "república sindicalista no Brasil".

A manobra não funcionou e a UDN viu-se derrotada pela terceira vez consecutiva, na eleição presidencial de 1955, desta vez com um general do Exército, Juarez Fernandes Távora. O fato levou os udenistas a empreenderem ações mais ousadas, quase desesperadas. Em colérico discurso da tribuna, Lacerda pediu a suspensão da Constituição de 1946, o que implicaria, como assinala o *Dicionário Histórico Bibliográfico Brasileiro*, do CPDOC da Fundação Getúlio Vargas, "a supressão de todos os direitos individuais — 'até que o país voltasse à normalidade", mas a sugestão não encontrou eco no interior da própria bancada udenista".

Apesar disso, obcecado em sua proposta, (Lacerda) continuou "a publicar na *Tribuna da Imprensa* inflamados artigos defendendo a interdição da posse dos eleitos e a intervenção dos militares na política nacional. Em matéria datada do dia 5 de outubro, lançou um apelo àqueles que tinham 'nas mãos a força capaz de decidir a questão', afirmando ser preferível ferir a legalidade a 'entregar o Brasil a contraventores e criminosos do pior dos crimes, que é o de enganar o povo com o dinheiro que lhe roubam" — afirmou Lacerda.

***

Em discurso publicado no DCN, de 22 de outubro de 1955, o deputado Leonel Brizola denuncia "certas manifestações, certos vícios militaristas" e "a pregação ostensiva da subversão da ordem e da violência". Eram episódios que, no seu entender, só serviam para "inferiorizar, degradar e humilhar o nosso país perante o concerto das nações civilizadas". Ele ressaltava, porém, que este clima só prevalecia no Rio de Janeiro, mais precisamente na Avenida Rio Branco (via próxima à Câmara, onde os cariocas mais debatiam política), porque, no interior, todos estavam trabalhando: "Aqueles milhares, milhões de riograndenses estão neste momento preocupados apenas em produzir, em lançar suas sementes à terra e não em preparar golpes, em provocar, como (o faz) esse criminoso Clube da Lanterna".

Brizola ainda disse não compreender "a omissão" do ministro da Justiça (o deputado udenista Prado Kelly (RJ), nesta hora em que um panfletário declara que, se a Justiça Eleitoral não revisar os resultados do pleito, a corrente que ele lidera apelará para as armas". "Quando um clube, como o Clube da Lanterna, lança manifesto subversivo à nação, quando se desrespeita a lei e contra ela se atenta a todo o momento, é inadmissível, incompreensível que um homem como o Senhor Prado Kelly esteja de braços cruzados".

Em aparte a Brizola, o deputado Affonso Arinos (MG), líder da UDN, registra sua "sincera admiração pela forma elevada e extremamente parlamentar com que o nobre parlamentar vem conduzindo sua crítica". Arinos disse, porém, que "o Brasil está vivendo uma fase de extrema conturbação econômica, social e política", cuja contenção estaria acima das forças do ministro, seu companheiro de partido (era deputado licenciado pelo antigo Estado do Rio). Em outro aparte, Arinos ironiza as preocupações do representante trabalhista: "V. Exa. está culpando o diretor do Observatório Nacional, por declarar que vai haver tempestade". Resposta pronta de Brizola: "Só existe tempestade na Avenida Rio Branco. No interior, todos estão trabalhando".

Neste primeiro mandato de deputado federal, que só duraria um ano, pois viria a ser eleito em 3 de outubro prefeito de Porto Alegre, Brizola ainda porfiou com figuras eminentes do bacharelismo da UDN, como Affonso Arinos, Aliomar Baleeiro, Adauto Lúcio Cardoso, Pedro Aleixo, entre outros.

No dia 11 de novembro, o ministro da Guerra, general Henrique Duffles Teixeira Lott, que será depois reverenciado como o militar mais legalista de nossa história, dá um basta na conspiração que já havia se instalado no Catete, o palácio presidencial. Aí, com a complacência do Presidente Café Filho, que misteriosamente cai enfermo e passa o governo ao substituto, e a indiscutível adesão do Presidente interino, o deputado Carlos Luz (PSD-MG), que havia assumido a presidência da Câmara dos Deputados, abria-se o caminho para a interdição da posse dos Presidente e Vice-Presidente eleitos. Tanto Café Filho como Carlos Luz são depostos por Lott, num contragolpe. Assumiu então a presidência da República o senador Nereu Ramos, vice-presidente do Senado, terceiro na linha de sucessão, depois de se comprometer a passar o poder aos eleitos, legitimamente, em 3 de outubro de 1955 — o Presidente Juscelino Kubitsheck de Oliveira e ao Vice-Presidente João Goulart, no dia 31 de janeiro de 1956.

Carlos Lacerda, depois de liderar uma reação armada a partir do cruzador Tamandaré, fundeado na baía da Guanabara, refugia-se num breve exílio em Cuba, concedido por Fulgêncio Batista, seu amigo ditador sanguinário e corrupto, derrubado em 1959 pela revolução liderada por Fidel Castro e Che Guevara. De Cuba, Lacerda deslocou-se para os Estados Unidos e Portugal, para depois retornar, no bojo de novas conspirações. Já Leonel Brizola, sentindo o país seguro, volta para o Rio Grande a fim de preparar-se para a posse como prefeito de Porto Alegre. Nosso próximo capítulo vai retomar a atuação do deputado Leonel Brizola, no seu segundo mandato de deputado federal, dentro e fora da Câmara dos Deputados.

XXVIII — Sacudindo o Brasil

Leonel Brizola chega a Brasília naquele início de 1963 tendo que lutar ao mesmo tempo em duas frentes. De um lado, com o imenso polvo das forças dominantes, que se assenhorearam do poder desde o Descobrimento. De outro, com o feitio tímido e conciliador do homem que instalara no Palácio do Planalto. João Goulart, três anos mais velho que ele, e irmão de Neusa, sua mulher, não partilhava exatamente do fogo cívico do cunhado. Eram antípodas em temperamento e de visão quanto aos rumos do Brasil. Apesar de companheiro de juventude e correligionário político havia mais de 15 anos, Jango fazia um tipo mais bonachão e festeiro e preferia os conchavos e a boa conversa ao estilo agressivo e quase monástico de Brizola.

O novo deputado sentia que, além da paralisia do Congresso, precisava sacudir a pachorra do Presidente, como já o fizera algumas vezes antes. Se não fosse a sua insistência em percorrer o Brasil em pregação, incitando as greves e pregando aos estudantes e militares nacionalistas, o plebiscito contra o parlamentarismo jamais teria saído do papel.

Com o Congresso não era diferente. A maioria parlamentar parecia sentar-se em cima dos projetos de transformações da vida brasileira, principalmente a reforma agrária, contra a qual teria feito uma espécie de pacto de honra. Para cumprir este pacto não era difícil, bastava que fosse obtida a aprovação de um terço dos 409 deputados para brecar uma emenda constitucional, ponto de partida para qualquer medida renovadora mais ampla.

Assim, duplamente coagido, Brizola vai cumprir seu segundo mandato de deputado federal na distante Brasília, a nova capital, ainda em construção, situada muito fora do eixo Porto Alegre — Rio de Janeiro, por onde ele costumava se movimentar em intermináveis viagens, que às vezes esticava até o Nordeste.

Chegando à ainda novíssima capital de menos de três anos de idade, ele encontra um ambiente hostil e polarizado, de que foi exemplo o inopinado pedido da cassação de seu mandato. E ali mesmo quase se convence de que "deste mato não vai sair coelho". Ainda retiniam em seus tímpanos as queixas de Jânio Quadros, antes da renúncia, que costumava dizer aos interlocutores: "Com este Congresso, é impossível governar". Por isso avisou, logo na sua primeira intervenção, em resposta ao requerimento do deputado Carvalho Sobrinho, o mesmo que encontrara na presidência, por ocasião de seu primeiro mandato, em 1955: "(...) o povo brasileiro quer desta Assembléia não a vigência do formalismo que o requerimento do deputado espelha, mas decisões. E quero dizer-lhe, Senhor Presidente, que aqui estou para, modestamente, com humildade, pedir, apelar, rogar, com o direito que tem qualquer cidadão, mas se não for ouvido, passarei a exigir deste Congresso as decisões que dele se esperam". Mais adiante, depois de afirmar que não estava ali "por prazer, para fazer discursos com "V. Exa. para cá" e "V. Exa. para lá", diz peremptório: "Não permanecerei aqui. Vou-me embora".

Ressaltou que não se justificava o fato de que "nós, deputados, investidos nesses deveres e com tais compromissos, deixemos as nossas funções para ir cuidar das nossas indústrias, das nossas fazendas, dos nossos bancos". Mas insistiu que ficaria permanentemente naquela cadeira até o dia em que (percebesse) "perante a minha consciência, que, se realmente esta casa não for aquilo que o nosso povo reclama, por direito, enfim o caminho da sua própria realização, modestamente, como um simples cidadão, também saberei deixar esta casa e esta tribuna para ir buscar outros caminhos". E encerra aquela sua primeira intervenção, em 2 de fevereiro de 1963: "Porque democracia não é subversão, não é um regime onde as classes dominantes exercem o poder para submeter 80 milhões de habitantes".

***

Por enquanto, não desiste. Vê inviabilizado seu pleito de retomada normal dos trabalhos, a partir daquela sessão preparatória (de 31 de janeiro a 2 de fevereiro), pois os parlamentares (ele queria que os trabalhos legilsativos fossem logo retomados, como forma de apressar a apreciação dos projetos) entraram mesmo em recesso de 1 mês e 15 dias, como dispunha o regimento. Depois, quando a Câmara reabre, em 15 de março, Brizola tenta antecipar a instalação das comissões técnicas, algo demorado, já que depende da indicação dos membros por parte de todos os partidos. O processo ainda vai demorar mais de um mês, e o debate da reforma agrária, que ele tinha proposto para ser a primeira das reformas de base analisada, só foi tramitar de fato em julho.

Em 3 de maio, Brizola apresenta uma série de projetos, incluindo dispositivo que institui a propriedade familiar e a isenção de imposto para as operações da reforma agrária e um plano nacional de escolarização para construir e "fazer funcionar" 100 mil escolas primárias para 12 milhões de novas matrículas e colocar em exercício 220 mil novos professores e auxiliares de ensino.

Na sessão de 18 de abril, Brizola não esconde sua impaciência com a morosidade dos trabalhos legislativos e chega a dizer, num tom de ameaça, que logo provoca repulsa na bancada conservadora: "Não vou me afastar desta linha de conduta, insistindo pelas decisões. Mas afirmo que, a partir de hoje, vou alargar meu campo de ação, que agora não se restringirá, como até aqui, irrepreensivelmente o foi, na minha insistência, aos apelos às reclamações, aqui dentro desta casa. Vou para o contato dessas multidões esquecidas da justiça social, famintas e maltrapilhas".

À indagação do deputado Brito Velho, seu antigo adversário na política gaúcha, que quis saber se aquilo era uma "ameaça", Brizola afirmou: "Vou alertar o nosso povo, porque estou convencido de que não sairá decisão alguma do Congresso se o povo não se mobilizar nas ruas por toda parte. Não há como negar que há uma correlação entre a maioria da Câmara e do Senado com as classes dominantes e privilegiadas[104]".

Dali ele viajaria aos Estados em pregação pelas reformas, em agressivos comícios e apresentações na *Rádio Mayrink Veiga*, do Rio de Janeiro, que fazia cadeia com outras emissoras nos Estados, e também em programas esparsos de televisão. Já usando uma linguagem incendiária, Brizola, servindo-se da Frente de Mobilização Popular, FMP, que havia criado, juntamente com o Comando Geral dos Trabalhadores, o CGT, a União Nacional dos Estudantes, a UNE, e a Frente Parlamentar Nacionalista, a FPN, ele também passa à ofensiva contra o presidente João Goulart, a quem acusa de "conciliar com os conservadores e com os pró-imperialistas".

Jango se via no sério dilema de manter a frágil maioria no Congresso, de que era peça principal o Partido Social Democrático, PSD, representante da oligarquia rural, mas que tinha uma aliança

---

104 *Diário do Congresso Nacional*, Seção I, p. 2.069, sábado, 4 de maio de 1963.

eleitoral histórica com o PTB, e de implantar as reformas. Ainda por cima, debatia-se com as pressões dos Estados Unidos e do FMI para endurecer a política econômica, comprar o ferro velho das multinacionais da AMFORP[105] e IT&T e abandonar a política externa independente, sobretudo o apoio a Cuba.

Em abril de 1963 estoura o acordo secreto, acertado por San Thiago Dantas, ministro da Fazenda, com o governo americano, para a compra da AMFORP pelo preço sobrevalorizado de 133 milhões de dólares. Brizola vai à televisão e à tribuna da Câmara e critica severamente o presidente, San Thiago Dantas, e os outros dois ministros envolvidos nas negociações: o general Amaury Kruel, da Guerra, nome utilizado pelo ex-ministério do Exército, e o da Indústria e Comércio, Antônio Balbino. O deputado tachou o acordo de lesivo ao país e avisou que a sua consumação provocaria "um rompimento irreparável das forças nacionalistas de esquerda com o governo".

Em 5 de maio, Brizola viaja a Natal, capital do Rio Grande do Norte, para um encontro com o prefeito Djalma Maranhão e um comício, organizado pela Frente Parlamentar Nacionalista. Lá, volta a fustigar o Congresso, dizendo ser necessário "colocar mais fogo na fogueira e aumentar as pressões sobre os parlamentares para conseguir a aprovação das reformas indispensáveis à vida brasileira".

Ele aproveita a ocasião para denunciar o general Antônio Carlos Muricy, comandante da Infantaria Divisionária da 7ª Região Militar (ID-7), sediada naquela capital, já considerado um dos mais ativos articuladores do golpe contra Goulart. Brizola o chamou de "gorila" e "golpista". Naquele momento do comício, o general jantava com o embaixador dos Estados Unidos, Lincoln Gordon, no Palácio Potengi, do governo potiguar. O anfitrião era o governador Aloísio Alves (UDN), jornalista que trabalhou com Carlos Lacerda na *Tribuna da Imprensa* e fora secretário-geral a UDN. Dois dias depois, Brizola embarca para Recife e lá é recebido por Miguel Arraes. À noite, em cadeia de televisão, volta a insistir nas críticas e concitar o povo a pressionar o Congresso pelas reformas.

105 *American Foreign Power*, holding da *Bond and Share*, expropriada por Brizola, no Rio Grande do Sul, mas com atuação na Guanabara e outros Estados.

Dias depois, na Câmara, o deputado Oscar Correa Dias (UDN-MG) lê telegrama do general Nelson de Melo ao general Muricy, com o seguinte teor: "Envio ao prezado camarada votos de integral solidariedade, ante as infâmias com que tentou feri-lo o agitador comunista Leonel Brizola". Depois de fazer uma série de críticas a Brizola, que estava presente àquela sessão, Correa pediu sua versão sobre o episódio de Natal. Brizola respondeu: "Declarei o que é verdade. Aquele general foi um golpista em agosto de 61. Foi desleal ao general Machado Lopes. Veio ao Rio de Janeiro para ter um entendimento, portando um apelo, em nome da paz. Traiu o general Machado Lopes, descumprindo a missão que trouxe e, ao voltar, foi preso. Preso em casa, sob palavra. Destituído do cargo de chefe do Estado Maior do III Exército. E assim mesmo, embora tenha dado a sua palavra, fugiu. Fugiu[106] e foi se proteger em algumas unidades militares, em Florianópolis, e de lá foi embora. Foi isto o que eu declarei. Foi um golpista. Golpista, que inclusive acabou de confessar agora nas suas próprias declarações".

Sobre o telegrama do general Nélson de Melo, Brizola disse: "Quanto às suas (de Oscar Correa) declarações e às do general Nélson de Melo, através deste telegrama que V. Exa. acabou de ler, quero dizer que serão motivos de uma interpelação judicial". Depois observou: "É interessante notar como V. Exa. e outros setores da opinião pública e de jornais, como *O Globo* e outros se tomaram de dores pelo general Muricy, quando vivem agredindo, grosseiramente, o general Osvino (Ferreira Alves, comandante do I Exército). Aplaudiram as reservas, as resistências, as restrições e até a atitude que assumiu o ministro da Guerra, general Kruel, pedindo demissão do cargo, em face do discurso do general Osvino. Todos esses setores, inclusive V. Exa., acharam isso muito censurável. Agora, ele foi atacado e tem sido atacado. Defendeu-se. Admitamos que esse general tenha sido também vítima de ataques.

---

106 Em 1981, em depoimento de 57 horas ao CPDOC, o general Antônio Carlos Muricy fala assim sobre sua saída de Porto Alegre: "Eu disse ao Machado Lopes que viria na frente de tropas para combater e vou na frente de tropas para combater. Então não tinha dúvida nenhuma que eu vou sair de Porto Alegre. Por onde vou sair? (...) só havia um caminho livre: Florianópolis, onde estava o almirante Clóvis Oliveira. Então, decidi ir para Florianópolis, levando minha família".

Falou, publicamente. E não é motivo de censura desses setores. E eu quero ver se o senhor ministro da Guerra também vai censurá-lo. Eu estou esperando. A única diferença é que o general Osvino é um general nacionalista e o general Muricy é um golpista. E, como nós costumamos chamar, gorila... Foi um golpista em 61. E eu lá disse uma verdade. Falei e revelei verdades. Exatamente isto".

O episódio ocupou as manchetes de todos os jornais, porque Muricy encarnava de algum modo os interesses das forças conservadoras. Brizola foi chamado de arruaceiro e provocador. O general Humberto de Alencar Castello Branco, outro adversário do governo, que comandava o IV Exército, queixou-se de Brizola ao ministro da Guerra, general Amaury Kruel.

Há quem enxergue na descompostura de Brizola ao general Muricy o estopim para que os militares indecisos se convertessem ao movimento golpista, inclusive porque Goulart viu-se depois premido a transferir os dois generais — Muricy e Castello —, além do próprio ministro Amaury Kruel, dada a evidência do envolvimento de todos estes três na conjura militar que iria explodir dali a menos de um ano.

**

Nessa temperatura já elevada, aporta no Brasil a sempre presente missão do FMI, desta vez para avaliar a quantas andava o Plano Trienal do ministro San Thiago Dantas. Tal plano arrochava os salários, cortava os gastos, subia os juros e diminuía os créditos, provocando aumentos de impostos e de tarifas. O plano visava conter uma inflação, que já beirava 25% ao ano. Percebendo que o FMI ia exigir mais arrocho, Brizola e seus seguidores voltaram as baterias contra o governo, para reclamar menos subserviência ao poder econômico e menos sofrimento para o povo.

Pressionado, San Thiago Dantas vai à televisão para defender seu plano e criticar Leonel Brizola. Levantou então a tese da *esquerda negativa*, na qual incluía Brizola, Neiva Moreira, Sérgio Magalhães e a FMP, e a *esquerda positiva*, na qual ele se incluiu, apesar de sua política recessiva. Na verdade, como depois informou o jornalista Élio Gaspari, em seu livro *A Ditadura Encurralada*, da Editora Companhia das Letras, 2002, San Thiago também estava envolvido com o golpe de 64: "(...) San Thiago estivera convencido", diz Gaspari, na p. 98-99, — "de que Brizola planejava um golpe. E chamara um jovem diplomata[107] para um conversa. Falou-lhe de seus temores e contou-lhe que apoiava um projeto de resistência em Minas Gerais. Precisava que o amigo estivesse a postos para a eventualidade de ir aos Estados Unidos negociar o suprimento de armas".

Aos poucos, Brizola vai se afastando da Câmara. Impaciente com a modorra legislativa, pede licença, em 13 de agosto, para aí nunca mais voltar como deputado. Assume em seu lugar, o primeiro suplente, Roland Corbusier (PTB-GB). Convencera-se de que, de motu próprio, o Congresso não se dispunha a aprovar nenhuma reforma. Com efeito, em outubro, é rejeitado seu projeto de reforma agrária.

Por isso, urgia chamar o povo para sair às ruas em protesto. Não foram afinal essas manifestações, com greves e pronunciamentos de militares nacionalistas, comícios e passeatas pelas principais cidades do Brasil, que haviam levado o Congresso a antecipar a data do plebiscito, de 31 de abril de 1965 para 6 de janeiro de 1963?

Intui que sua luta será muito mais eficaz se dedicar seu tempo às viagens que faz pelo Brasil, falando diretamente ao povo, conferenciando com as várias entidades representativas da sociedade, falando ao rádio e à televisão. Também vai, paulatinamente, se afastando de João Goulart, por considerá-lo muito chegado ao que chama de "classes dominantes".

Logo, porém, Jango pressente seu isolamento e chama Brizola para duas conversas, uma antes da demissão do general Amaury Kruel, em junho, e outra quando pretende decretar o estado de sítio, idéia da qual desiste, em outubro. Mas as coisas vão mal e os dois não se entendem, enquanto as articulações pelo golpe vão se avolumando num ritmo alucinante.

---

107 Este diplomata, como ainda lembra Gaspari na nota de roda-pé do *A Ditadura Envergonhada*, p. 99, era Marcílio Marques Moreira, fiel escudeiro de San Thiago. No livro *Diplomacia, política e finanças*, Gaspari ainda se refere a um telegrama do embaixador Lincoln Gordon ao Departamento de Estado, no qual relata que San Thiago estivera consigo, em dezembro de 1963, e o "aconselhou a comunicar-se com alguns círculos do Exército, entendendo que o Brasil possa vir a precisar de matérias-primas, peças de reposição e petróleo".

Brizola não pára e aperta fundo o acelerador. Nós vamos abordar estes momentos finais pré-golpe mais adiante. Antes, porém, é importante que nos detenhamos um pouco nas razões que determinaram o confronto permanente de Brizola com o chamado poder estabelecido. É do que tratamos no próximo capítulo.

XXIX — Marcação por toda a vida

Espírito polêmico, Brizola era alvo irresistível para a crítica e o ataque. E ficou ainda mais exposto depois que expropriou a primeira multinacional, em 1959. A partir daí, passou a sofrer marcação cerrada por todos os segmentos de poder, a começar da imprensa. Foi um assédio implacável que se estendeu até seus dias finais.

Só um espírito talhado para a luta e o enfrentamento, como ele demonstrou ter sido ao longo da sua árdua caminhada, poderia sobreviver a este cerco, que não compreendia apenas a mídia como também — e com igual ferocidade —, outros setores determinantes: a Igreja, muito temida e arqui-conservadora na época, as oligarquias rurais e urbanas, o capital financeiro, nacional e internacional, a CIA etc.

Além do noticiário negativo, e na maioria das vezes insultuoso e discriminatório, os jornais e as emissoras de rádio e de televisão escalavam seus mais brilhantes jornalistas, escritores e até políticos, para, em colunas diárias ou semanais, publicadas com grande destaque, dissecá-lo, desmoralizá-lo, devassá-lo e denegri-lo. Não importava se dissessem a verdade, gerassem ou repetissem invenções ou injúrias, o que interessava era nocautear o terrível inimigo, custasse o que custasse.

Até aí se compreende, porque na liça política os ataques e contra-ataques fazem parte da própria atividade. O problema é que a Brizola era sistematicamente negado o direito de defesa. A ele só restava o penoso recurso à justiça, que, morosa pela própria natureza, jamais poderia fornecer-lhe os meios ágeis necessários para revidar uma nota, um artigo ou uma declaração, que pipocavam quase a toda hora em diferentes meios de comunicação. Ele contou num de seus artigos semanais, conhecidos como *Tijolões*, cujo espaço era obrigado a comprar nos jornais, a um preço altíssimo, de 22 de abril de 1990[108], que teve de entrar com 20 ações para conseguir direito de resposta a uma série de artigos assinados por um político denominado A. Fonseca, no jornal *O Globo.*

Brizola se valia, especialmente, de seu grande poder verbal e de uma imantação quase natural com as massas, além de muita coragem física e de grande criatividade. Arrostava, na maioria das vezes com sucesso, muitos desses assaltos, rebatendo com novas e certeiras invectivas ou criando situações embaraçosas para seus detratores.

Não se tem notícia, contudo, se algum dia utilizou-se da força ou do poder do Estado, ainda que tivesse sido três vezes governador, da polícia ou de capangas, para perseguir, acampanar ou agredir adversários. Revoltado, mas paciente, ele percorria o caminho da lei e se valia dos instrumentos democráticos. Não obstante, era chamado de comunista, atrabiliário, vingativo, rancoroso, ditador e, para não perder o costume, caudilho.

— Não há quem não veja as proporções da agitação subversiva comunista. Não é preciso dizer, toda gente vê. E, mais ainda, toda a gente vê a utilização dos recursos públicos, dos instrumentos do Governo, dos recursos do povo em fins subversivos, como, aliás, denunciou bem o arcebispo de Porto Alegre — bradava da tribuna da Assembléia Legislativa gaúcha, em 20 de outubro de 1961, o jovem deputado Paulo Brossard de Souza Pinto, do PL.

Brossard, dois anos mais moço que Brizola (o primeiro então com 37 anos e o segundo com 39) foi depois eleito senador, em cuja eleição recebeu o apoio decisivo do "subversivo comunista", ministro da Justiça, ministro do Supremo e presidente do Tribunal Superior Eleitoral.

Já tendo ingressado e trabalhado ativamente na conspiração que levaria ao golpe militar de 1964, como admitiria depois, Brossard voltaria à carga em 6 de setembro de 1962 para alertar os ca-

108 Diz Brizola, no *tijolão*, publicado no *Jornal do Brasil*, de 22 de abril de 1990, p. 7: "A publicação de respostas a infâmias propaladas por *O Globo*, através de publicações de textos com a assinatura de A. Fonseca, não decorreu de um ato de cortesia do jornal. Ao contrário, só após as primeiras decisões da justiça a nosso favor, em uma série de 20 iniciativas judiciais, é que ensejou um entendimento entre os nossos advogados (sob a coordenação do Dr. Nilo Batista) e representantes das Organizações Globo, para a publicação de nossas respostas, com base em nossos direitos legais".

riocas, povo que subitamente havia se apaixonado pela pregação brizolista, apesar do sotaque rascante e dos regionalismos do líder gaúcho: "Não confundam a posição de governador do meu Estado, Sr. Leonel Brizola, com a do povo rio-grandense. Os sentimentos democráticos e a formação cívica dos rio-grandenses não podem, de maneira alguma, confundir-se com os desse demagogo e mau brasileiro que está pretendendo incendiar o país".

***

Antes, no dia 5 de setembro de 1962, Brossard tinha ido mais longe: "Quem está pregando a revolução na Guanabara não é um governador, mas um agitador, um delinqüente, que desrespeita as leis". O deputado aludia a uma denúncia que Brizola fizera em comício no Rio de Janeiro e noticiada em 3 de setembro pelo jornal *O Estado de S. Paulo*, de um golpe "que estaria sendo articulado por elementos à cuja frente se colocaria o governador da Guanabara, Carlos Lacerda". Segundo o jornal, Brizola tinha apelado aos cariocas com estas palavras: "Vamos nos manifestar, vamos nos levantar, vamos para as ruas, vamos para o nosso protesto".

O Rio Grande vivia na época, como o restante do Brasil, o clima apaixonado da campanha eleitoral para escolher os governadores da metade dos Estados, inclusive o dos gaúchos, (na época, as eleições não eram coincidentes) dois terços do Senado e a totalidade da Câmara dos Deputados. Brizola, que trabalhava para eleger o seu sucessor na pessoa do candidato Egídio Michaelsen, foi chamado de "comunista" por ninguém menos que D. Vicente Scherer, cardeal arcebispo de Porto Alegre, numa época em que uma crítica da Igreja equivalia a uma excomunhão.

Mas Brizola não se intimidava e contra-atacava dizendo que a Igreja dispensava "escandalosa proteção à oposição", e insistia: "O fato é anormal e precisa ser extirpado da vida pública brasileira". Queixou-se que a Igreja "espalhara o terror" entre os eleitores do interior, exercendo pressão a favor dos candidatos privilegiados por seu apoio.

Seus candidatos a governador e ao Senado perderam, mas Brizola foi eleito pelo Rio de Janeiro, com a maior votação já registrada em todo o Brasil para a Câmara dos Deputados, 269.84

votos[109], o que representava um terço do total de eleitores da cosmopolita Cidade Maravilhosa, onde reinava como governador seu arquiinimigo Carlos Lacerda. O jornal *O Estado de S. Paulo*, no entanto, tendo como base as derrotas no Rio Grande, previu seu "radical aniquilamento político", num editorial intitulado "Terrorismo cristão".

— Foi, particularmente, no pleito para a renovação do Senado — diz o editorial — que se mostrou mais profundo o radical aniquilamento político do Sr. Brizola, em seu próprio Estado: os dois ilustres parlamentares preferidos pelo eleitorado e que receberam votação consagradora[110], dois baluartes na luta contra as exageradas pretensões do modesto caudilho — Daniel Krieger e Mem de Sá. O jornal não se referiu, porém, ao estrago que Brizola havia feito nas forças conservadoras do Estado da Guanabara. Lá, apesar da vigilância e do poderio de seu chefe e governador, Carlos Lacerda, os conservadores haviam perdido fragorosamente a única vaga do Senado, a maioria na representação para a Câmara dos Deputados e a vaga de vice-governador, para a qual havia sido eleito o jornalista Eloy Dutra, anti-lacerdista visceral[111]. O cargo de governador não estava em disputa, pois o mandato de Lacerda só terminaria em 1966.

Como deputado federal pela segunda vez e já utilizando uma linguagem desabrida na denúncia contra as injustiças sociais e o

109 O total poderia ter ultrapassado os 300 mil, porque muitos votos teriam sido dados a Brizola, mas não foram considerados pela Justiça Eleitoral, em razão de equívoco de eleitores na hora de depositar o voto no político gaúcho.

110 Revista Brasileira de Estudos Políticos, nº 16, janeiro 1964, UFMG, Belo Horizonte. Números oficiais da eleição, segundo o Tribunal Superior Eleitoral: Para Governador: Ildo Meneghetti (ADP), 502.356; Egídio Michaelsen (PTB), 480.131; Fernando Ferrari (MTR), 290.384 — Para o Senado: Mem de Sá (ADP), 572.334; Daniel Krieger (ADP), 567.882; Antônio Brochado da Rocha (PTB); José Mariano de Freitas Beck, (PTB), 531.601. Na votação de legenda, o PTB o inverteu a situação: Assembléia Legislativa, PTB, 23 deputados; PSD, 11; PL, 6; UDN, 3; PRP, 3; PDC, 4; ARS, 1; MTR, 4; Total, 55.

111 TSE — Dados Estatísticos — 6º Volume, 1962. Eleição para vice-governador: Eloy Dutra (PTB-PSB), 484.842 votos; Lopo Coelho (PSD), 402.292; Mário Martins (PL), 39.998. Para o Senado: Aurélio Viana (PTB-PSB), 509.979 — eleito; Gilberto Marinho PTN, 431.284 — eleito; Juracy Magalhães (UDN), 371.892; Mourão Filho (PST), 347.379. Legendas para Câmara: Aliança Trabalhista (PTB-PSB), 428.979 votos, 11 deputados eleitos; UDN, 259.206, seis deputados; Frente Popular (PSD-PST), 119.841, três deputados; PDC, 54.031, um deputado. Total da representação: 21.

golpe que se tramava contra o Governo constitucional, com o financiamento escancarado da CIA, Brizola era o alvo principal das colunas políticas, dos editoriais e de verdadeiros espadachins da pena, contratados a peso de ouro, para desmoralizá-lo. Um deles era o já citado David Nasser, que utilizou muitos de seus artigos de fundo na revista *O Cruzeiro* para alvejá-lo.

Em *Cobras criadas*[112], Luiz Maklouf cataloga alguns adjetivos pespegados pelo jornalista-mor dos Diários Associados: "bonitinho, mas ordinário", "rebotalho humano", "pangaré mordido de cascavel verborrágica", "cafajeste inibido", "boçal que aprendeu a ler com o minuano na ampla universidade de ladrões de cavalo", "ladrão" e "covarde".

***

As origens humildes de Brizola, aliás, constituíam um prato cheio para seus detratores, que viam nelas, numa atitude marcadamente preconceituosa e discriminatória, o que consideravam um recalque, um complexo ou uma revolta do deputado contra o meio em que vivia, dominado por gente de famílias tradicionais e abastadas. Mesmo David Nasser incidia no preconceito odioso. Nasser, como Brizola, carregador de malas na estação de Carazinho aos oito anos de idade, vinha igualmente de origem modesta, tendo vendido doce na rua, aos 12 anos, para ajudar no sustento da casa, quando a família morava no interior de Minas.

Em 12 de julho de 1963, num artigo intitulado "Resposta a um pulha", Nasser afirma: "Um homem tem muitas maneiras de não dignificar a espécie humana. Uma é contrariar as leis da natureza. O seu caso, acredito, não é esse, mas o da natureza vilipendiada. Trouxe da sua genealogia, agredida por um difícil processo de aclimatação ao meio e à ordem, velhos e irreversíveis recalques, dolorosas taras que a terra saudável, a gente boa do Rio Grande do Sul, o seu sucesso na vida não conseguiram remover, mas agravar".

Quando Brizola se preparava para o retorno do exílio, a máquina moedora de sua reputação, relegada a segundo plano naqueles 15 anos de oblívio ditatorial, era reativada de súbito. O propósito

112 Op cit. p. 424.

aparente era advertir em relação aos perigos que representavam o passado de menino pobre e órfão de pai, desde o primeiro ano de idade do líder trabalhista. Em artigo sem assinatura, a revista *Legenda*[113], dirigida por Arnaldo Lacombe, depois de referir-se ironicamente ao pai de Brizola, degolado na Revolução Gaúcha de 1923, chega a lançar dúvidas sobre a própria honra de sua mãe, obrigada pela viuvez a cuidar de cinco filhos menores:

— Pode-se compreender a criança (Leonel Brizola) por intermédio do adulto; pode-se compreender a pregação da violência, cujo preço seria a execução de um esquema cubano-castrista que ensangüentaria, enlutaria e dividiria o Brasil, pela pressão da frustração e dos conflitos emocionais em que o menino cresceu, exposto ao desamparo, órfão de pai com menos de dois anos, a mãe sobrevivendo Deus sabe como, no rancho de beira de estrada em que Leonel nascera, em Carazinho, em 1922.

O artigo peca, inclusive, por erro de informação, pois a vida de Brizola, devassada ao longo de toda sua atuação como homem público, jamais demonstrou uma mente recalcada e muito menos infeliz. Todos os testemunhos indicam que ele foi uma criança saudável, um garoto e um jovem bonito, que gostava de namorar e de dançar, nas horas que sobravam de sua dura luta pela sobrevivência: "Guapo, vistoso, com pinta de astro", disse dele Mem de Sá, seu ex-companheiro e correligionário de Assembléia Legislativa, em 1947, mas que depois se transformou num de seus maiores adversários.

O artigo também é inexato quanto ao que chama de espírito vingativo de Brizola. Este, como governador do Rio Grande do Sul, poderia ter feito pressões para hostilizar o coronel Victor Dumoncel, considerado o mandante do assassinato de seu pai, José de Oliveira Brizola, em 1923. Mas fez questão de deixar que a justiça se encarregasse do caso, sem qualquer interferência. Recorda o ex-deputado Vivaldo Barbosa (PDT-RJ) que Brizola tinha uma atitude permanente de superar episódios, inclusive rancores pessoais: "Ele sempre

113 *Legenda*, revista, diretor Arnaldo Lacombe, São Paulo, agosto de 1978. O mesmo artigo, intitulado "Brizola é quem sempre foi", seria reproduzido na íntegra na edição de janeiro/março de 1983, sob o argumento de que "é sempre útil manter viva a memória do passado que lhe explica a personalidade singular".

lembrava o caso de seu pai, morto e degolado, em 1923, por homens ligados ao então governador do Rio Grande, Borges de Medeiros. Ocorreu depois que Brizola, eleito governador do mesmo Estado, foi visitar Borges de Medeiros, no leito de morte, pouco antes de completar 100 anos de idade. Então ele dizia, a título de enfatizar a necessidade de superar ressentimentos: "Olha, o Borges morreu praticamente em meus braços".

O artigo de *Legenda* ainda transcrevia trecho de um livro do mesmo Mem de Sá, citado anteriormente, com o fim de desmerecer o espírito revolucionário do pai de Brizola, em que se lia:

"José de Oliveira Brizola, no curso do movimento armado, se envolvera, em companhia de alguns 'índios', numa escaramuça típica das ações táticas que caracterizam o conflito, tirando das cachoeiras e afugentando para o mato os cavalos de (Victor) Dumoncel. Aprisionado, não fugiu ao destino dos vencidos: e foi degolado. Daí a versão falsa de que era ladrão de cavalos".

Os ataques redobraram depois que o ex-exilado elege-se governador do Rio de Janeiro, produto da fusão do antigo Estado da Guanabara com o Estado do Rio de Janeiro, e que ocorreu três anos após sua chegada ao Brasil.

— A posse de Leonel Brizola no Governo do Rio — dizia ainda o artigo da revista *Legenda* — pode significar o maior tropeço com que o país se defrontará enquanto caminha para a democracia. E acrescentava: "É que o gaúcho que ascendeu à chefia do executivo fluminense nunca teve nada e nunca terá coisa alguma de democrata. Os traumas que carrega consigo, advindos de uma infância infeliz, marcaram-no para sempre. Ele é um radical de extrema esquerda. E não mudou, porque ninguém muda; com o passar do tempo, as características pessoais de cada um apenas se acentuam".

A campanha de descrédito enveredou pelos dois governos do Rio de Janeiro (1983-86 e 1991-94) e chegou ao auge na campanha presidencial de 1989. Nertan Macedo, um jornalista cearense, ex-integralista e ligado aos altos negócios do Rio de Janeiro, onde residia, era "o pistoleiro de aluguel da vez", como dizia Brizola. Ele escrevia para *O Estado de S. Paulo* e o *Jornal do Brasil*, em coluna especial e de grande destaque, geralmente na terceira ou quinta páginas, consideradas nobres. Dizia Macedo em uma dessas colunas, datada de 18 de dezembro de 1988:

"Esse cordeiro de docilidade, esse homem quase conservador (...) é o candidato à Presidência da República Leonel de Moura Brizola, em sua última versão. (...) Mas o engenheiro Leonel não engana ninguém. Pouco ou nada adianta para os seus sonhos puxar o saco das Forças Armadas. Esta instituição é seguramente a única do País impermeável ao carisma gaiato do pampeiro populista".

Além das ameaças veladas, os colunistas *experts* repetiam *ad eternum* historinhas mal explicadas, como aquela em que Fidel Castro só vivia chamando Brizola de "el ratón", porque este teria surrupiado o dinheiro que Cuba lhe havia encaminhado para fazer a guerrilha no Brasil.

Um dos últimos a abordar o assunto foi A. Fonseca, como assinava sua série de "reportagens" que escreveu para *O Globo*, o ex-deputado estadual Alcides Fonseca, ex-PDT, em março de 1990. Segundo ele, Fidel teria feito o seguinte desabafo a "um grupo de brasileiros":

— *Digan a su jefe lo que yo pienso que ele es un ratoncito.*

O deputado não forneceu a identidade desses brasileiros nem indicou a que setor eles pertenciam, dando a entender que seriam *jefiados* por Brizola. Na verdade, A. Fonseca repetia uma história que há muito circulava nos meios anti-brizolistas, igualmente sem fundamentação e que serviu de combustível para muitas das catilinárias contra Brizola. Em três de agosto de 2003, o site de busca *Google*, da Internet, a partir da digitação de "brizola+ratón", disponibilizava nada menos do que 25 *home pages* tratando do assunto, mas nenhuma delas apresentava provas de que Fidel tivesse dito aquilo.

Depois do exílio, Fidel recebeu e visitou Brizola algumas vezes e o governante cubano nunca se referiu ao tal episódio, e foi um dos primeiros chefes de Estado a enviar telegrama lamentando a morte do líder trabalhista brasileiro, quando este morreu em 21 de junho de 2004. Ora, como relata o deputado Neiva Moreira (PDT-MA)[114], Brizola foi o único líder revolucionário a devol-

114 Depoimento ao autor.

ver parte do dinheiro que recebeu, quando resolveu abandonar a guerrilha (tema de que trataremos mais adiante), por considerá-la inviável para o Brasil. "E todo mundo sabe disso em Cuba" — sustenta Neiva.

Mas o grande filé mignon dos "colunistas especializados" em Brizola eram as declarações incendiárias do jovem deputado gaúcho eleito pelo Rio de Janeiro, na eleição de 1962. Eles costumavam comparar estas declarações com a nova postura do líder retornado à Pátria, de cunho mais maduro e comedido, mas que eram no entender deles simples "piruetas político-ideológicas", como alertava Nertan Macedo. Vale a pena saber o que dizia esse incendiário que agora era chamado de "cordeirinho".

XXX — No contato dessas multidões...

Em 3 de maio de 1963, menos de quatro meses depois de assumir seu mandato de deputado federal e de inteirar-se do veto da oposição ao projeto das reformas de base, Leonel Brizola provoca um sobressalto, ao despedir-se virtualmente da Câmara: "[115]Vou alertar o nosso povo, porque estou convencido de que não sairá decisão alguma do Congresso, se o povo não se mobilizar nas ruas, por toda parte. Não há como negar que há uma correlação entre a maioria da Câmara e do Senado com as classes dominantes e privilegiadas".

O anúncio de Brizola foi tomado pela alta cúpula política — não se sabe se seriamente ou de molecagem — como sendo uma senha para que as populações empobrecidas das cidades na periferia de Brasília partissem em massa para invadir o Congresso Nacional, com o fim de pressionar os deputados e senadores a votarem as reformas. Brizola estava no auge da popularidade e sua palavra tinha grande poder de penetração. Além da tribuna da Câmara, onde sua simples presença atraía muitos populares, ele tinha à sua disposição uma rede de emissoras espalhadas pelo país e comandadas pela Rádio Mayrink Veiga, do Rio de Janeiro. Ele também falava muito na

115 *Diário do Congresso Nacional*, p. 2.069. Seção I, 4 de maio de 1963.

televisão e dava inúmeras entrevistas durante suas constantes visitas aos diversos Estados, principalmente do Nordeste.

Por esta razão, aquela simples menção ao "contato dessas multidões" repercutiu com estrondo na imprensa e foi manchete no Brasil inteiro. O presidente do Senado, Auro de Moura Andrade, e vários senadores e deputados do PSD e da UDN distribuíram nota oficial, pedindo "garantias para o Congresso". Não se sabe se eles estavam mesmo assustados com aquela perspectiva de invasão do plenário ou quiseram assustar Brizola.

O fato é que a crise se desfez como qualquer guerra de papel. Tudo acabou num encontro com o Presidente João Goulart, que, matreiro com a história, botou panos quentes, se comprometendo a viabilizar todas as garantias de funcionamento ao Congresso, sem dar muita importância ao fato.

Ainda houve uma tentativa de envolver o comandante da 11ª Região Militar, hoje Comando Militar do Planalto, o general nacionalista Nicolau Fico, acusado de querer tirar suas tropas responsáveis pela proteção dos parlamentares, para facilitar a suposta invasão. Mas como não tinha sustentação, o boato também teve vida curta.

Na ocasião, o embaixador Lincoln Gordon, que fazia uma de suas misteriosas viagens pelo Nordeste, voltou às pressas a Brasília e pediu, com urgência, mais um encontro reservado com o Presidente da República, para inteirar-se da crise. Ao comentar o episódio, Goulart respondeu que aquilo era um exagero: "Ele (me disse que) tinha relações pessoais muito próximas com Brizola — disse Gordon em um de seus despacho secretos para Washington — "e, em questões puramente pessoais, um ajudaria o outro"

"Mas que, em política" — continua Lincoln Gordon — "ele (Goulart) discordava inteiramente de Brizola, como sempre me disse. Afirmou que a direita estava exagerando muito a importância de Brizola, atribuindo a ele um poder de fechar o Congresso e de criar tumultos de rua em todo o país, que ele realmente não tem. (Goulart) tinha dito aos líderes do PSD, Amaral Peixoto (Senador pelo ex-Estado do Rio), Moura Andrade (Auro) e Mazzilli (Ranieri), todos muito preocupados com Brizola, que a melhor maneira de combatê-lo era se as forças moderadas do Congresso adotassem a bandeira das reformas e fazendo delas seus próprios projetos de reformas, principalmente a agrária".

A crise esfumou-se e Brizola cumpriu sua promessa de encontro com as multidões, intensificando suas visitas aos Estados e seus pronunciamentos no rádio e na televisão. Articulou a Frente de Unidade Popular, para congregar as várias entidades sindicais, políticas e estudantis. Ainda voltaria à tribuna da Câmara umas duas ou três vezes. Numa delas, interpelou o ministro da Fazenda, San Thiago Dantas, convocado para prestar esclarecimentos sobre as denúncias (relatadas em capítulo anterior), de autoria do próprio Brizola de que a encampação das multinacionais dos telefones e da energia elétrica, pelo Governo brasileiro, eram lesivas ao país.

Sua última intervenção em plenário, registrada pelo Diário do Congresso, deu-se em apartes ao deputado e ex-Premier Tancredo Neves (PSD-MG), na ocasião Líder do Governo Goulart, no dia 24 de julho de 1963. Num desses apartes, Brizola insistia na denúncia da penetração internacional no Brasil[116]:

"E quando o eminente líder aludiu ao poder econômico, espero estivesse realmente em seu pensamento, também, a influência estrangeira, que aqui alimenta verdadeiros sistemas de submissão, visando domesticar o nosso povo, verdadeiras fábricas de deformação".

No dia 14 de agosto, porém, o Diário do Congresso Nacional publicava, na página 5394, requerimento deferido "do Sr. Leonel Brizola, solicitando 95 dias de licença para tratamento de assuntos particulares[117]". Ele, porém, nunca mais voltou à Câmara como deputado. Dali a sete meses era desencadeado o Golpe de 31 de março de 1964, que imporia uma ditadura de 21 anos ao país e 15 de exílio a Leonel Brizola.

****

Num discurso de pré-despedida, em 18 de abril, Brizola apresentou um pacote de cinco projetos de largo alcance. O primeiro

116 *Diário do Congresso Nacional*, p. 4.937, 30 de julho de 1963.

117 Em seu lugar, assumiu o primeiro suplente da Bancada Federal da Guanabara, Roland Corbisier.

instituía a propriedade familiar e a isenção de imposto de renda para as operações de reforma agrária. Seu projeto estabelecia: "A cada família será assegurada uma propriedade rural ou urbana que satisfaça o mínimo vital que a lei estabelece"; o segundo projeto criava a Justiça Agrária, para dirimir os conflitos e litígios e apressar a reforma no campo.

O segundo projeto, baseado na experiência de seu governo no Rio Grande do Sul, quando construiu 5.537 novas escolas, cria o Sistema Nacional de Escolarização, com o objetivo de construir, e fazer funcionar, 100 mil escolas primárias para 12 milhões de novas matrículas e colocar em exercício 220 mil novos professores, no espaço de três anos. O terceiro projeto garantia o voto do analfabeto, uma velha reivindicação das esquerdas e só impedia de votar "os que não saibam exprimir-se na língua nacional e os que estejam privados, temporária ou definitivamente dos direitos políticos".

No quarto projeto, Brizola abreviava drasticamente os prazos de apreciação de matérias pelo Congresso, limitando em 30 dias sua apreciação nas comissões, após o que a matéria subiria automaticamente ao plenário, que tinha 20 dias para se pronunciar: "A discussão do projeto de lei de iniciativa do Presidente da República" — dizia um dos itens da proposição — "começará na Câmara dos Deputados, considerando-se o mesmo aprovado caso não tenha sido ultimada a sua tramitação, dentro prazo improrrogável de 60 dias. A partir desta data, se não apreciado em igual prazo pelo Senado, o Presidente da República o sancionará desde logo".

Na quinta proposição, ele propunha a inclusão de um item na constituição para "permitir a redução do quorum para a votação das reformas de base, que, pela constituição de então, só poderia efetivar-se se aprovada por uma maioria qualificada de 2/3 dos membros de cada uma das duas casas do congresso — Câmara e Senado. Todos os seus projeto foram engavetados.

Naquele mesmo discurso de abril, Brizola ainda denunciou o "terror ideológico", exercido pelos meios de comunicação: "Tudo é comunismo, todos são comunistas. Basta defender as transformações, basta ser contra o americano espoliador deste pobre país, e passa a ser comunista. Basta ser contra as corporações americanas para ser comunista e estar ao lado da Rússia. Como se precisássemos de patrões".

Indagado pelo deputado Padre Vidigal (PSD-MG) porque combatia os americanos e elogiava Cuba, Brizola disse: "Os americanos é que estão nos sugando, fazendo a desgraça do nosso povo e do nosso país. Não é o povo americano. São as suas organizações internacionais, que têm lá sua sede e que estão inclusive tendo cobertura oficial do Estado. Contra tudo isto é que me volto".

E por que ele não atacava a Rússia? "Como é natural, um chefe de família que está defendendo a sua casa" — respondeu — "não se vai preocupar com assaltantes que estão a 200 quilômetros de distância, deixando de lado aquele que está arrombando a sua porta". Explicou, então, que "o povo húngaro pode preocupar-se com os russos e têm a nossa solidariedade moral. Mas nós nos temos que nos preocupar é com os americanos que estão liquidando a nossa vida, que estão desgraçando este País e toda a América Latina".

Sobre Cuba, afirmou: "Confesso que tenho admiração pela coragem daqueles barbudos. Eles têm coragem porque suportar o que eles têm suportado não é brincadeira. Fico, em relação a Cuba, ao lado do Santo Padre, que, de vez e quando, manda até santinhos para o Sr. Dorticós (Oswaldo Dorticós, então chefe de estado daquele país). Sua Santidade não rompeu relações com Cuba, e eu fico com o Santo Padre, que é, particularmente, na pessoa de S. S. João XXIII, uma santa criatura, que está realmente deixando muitos padres vidigais neste Brasil mal colocados".

Em discurso de 3 de maio de 1963, ele se queixou das pressões da Igreja Católica no Brasil: "Algumas autoridades eclesiásticas têm sido sumamente injustas em seus pronunciamentos". Mas sustentou que "nada disso nos desviará de nosso caminho. Amplos setores da Igreja, pelos seus maiores expoentes, eram também contra a República. Os propagandistas da República, porém, não se desviaram do caminho e aí estão as liberdades republicanas. O último estágio desses processos diversionistas e reacionários é o golpe, é a supressão das liberdades, é o modernamente chamado gorilismo, já instalado em alguns países da América Latina".

Em seguida, indagou: "Importa o gorilismo? Para as classes privilegiadas, não, pois elas não estão sequer queixosas quanto ao que acontece na Argentina, no Peru, no Equador, na Venezuela. Ninguém fala sobre nada disso. Só se comentam as ocorrências em Cuba, parecendo que somente lá é que as liberdades públicas foram suprimidas". Consideram as classes privilegiadas que o regime está muito bem naqueles países porque há liberdade de lucrar".

De licença da Câmara, Brizola parte para o confronto com um sentido de missão, disposto inclusive a morrer, como antecipara em discurso de 29 de março de 1963:[118]

— Se essas decisões (as reformas) não vierem, teremos o direito de buscar outros caminhos. Que caminhos serão esses? Não sei, falo com sinceridade, mas esses caminhos existem. Aqueles que lutaram pela libertação de nosso país do jugo português souberam seguir esses caminhos; os republicamos os seguiram. E quanto tributo de sangue foi necessário! Nós também, para libertar 60 milhões de brasileiros da submissão, daremos nosso tributo de sangue como o deram nossos antepassados para as conquistas alcançadas pelo nosso povo, através da História. No próximo capítulo, procuraremos levar o leitor a percorrer aqueles caminhos da luta de Brizola fora do Parlamento, uma história de muitos atropelos e sobressaltos.

XXXI — Na reta final: o golpe ou as reformas

Ainda no governo do Rio Grande do Sul, e, a partir da vitória da Campanha da Legalidade, em 1961, onde se projeta nacionalmente como uma sólida liderança e administrador consumado, Leonel Brizola organiza-se para aprofundar a penetração de sua mensagem pelas reformas estruturais e a soberania nacional, em todo o país.

Aos poucos, ele vai assumindo, e enfeixando em torno de sua personalidade forte, desassombrada e agora histórica, a liderança das forças populares, nacionalistas e de esquerda. Ele havia batido os militares e as elites civis golpistas, coisa que, até ali, nenhum civil tinha conseguido. Sua fantástica capacidade de trabalho e o feitio minucioso, que o levava a se preocupar com os mínimos detalhes de organização, logo lhe asseguram a simpatia daqueles setores dispersos e mesmo díspares, que há décadas vinham denunciando, de

118 DCN, p. 1.240, 5 de abril de 1963.

forma lírica, a penetração do capital estrangeiro e sua associação com as elites dominantes no país.

— O nome de Brizola passou a significar, naquele momento, o que de mais à esquerda havia no trabalhismo brasileiro, expressando e unificando idéias e crenças de grupos esquerdistas heterogêneos e muitas vezes divergentes — afirma o cientista político e professor Jorge Ferreira, da Universidade Federal Fluminense (UFF), na sua tese *A estratégia do confronto: A Frente de Mobilização Popular*[119].

Nessa direção, Brizola vai, aos poucos, unificando a mensagem e a estratégia nacionalista. Em 1962, ele funda com Mauro Borges, Miguel Arraes e Barbosa Lima Sobrinho a Frente de Libertação Nacional. Ao lado da Frente Parlamentar Nacionalista, com atuação restrita ao Congresso Nacional, a FLN chega a influenciar nacionalmente, mas tem vida curta. Os problemas surgem na acomodação dos interesses locais com vistas à eleição que terá lugar a sete de outubro daquele ano para renovar a totalidade da Câmara e Assembléias Legislativas, dois terços do Senado e a metade dos governos de Estado (na época as eleições não eram coincidentes para todos os Estados).

A penetração da imagem brizolista no Brasil reflete-se em sua retumbante vitória como deputado federal pela Guanabara, à frente de uma coligação que impõe pesada derrota ao governador Carlos Lacerda, tanto para a Assembléia Legislativa, como na representação da Câmara dos Deputados e para o cargo de vice-governador, que estava em disputa.

Mas Brizola não consegue eleger seu candidato, Egídio Michaelsen, para sucedê-lo, no governo do Rio Grande do Sul, nem os brizolistas que disputavam as duas vagas para o Senado. Ildo Meneghetti, do PSD, liderando a coligação PSD, PL, UDN e PSD, denominada Ação Democrática Popular (ADP), elege-se governador. Brizola sente ainda um baque com os resultados da eleição nacional para o Congresso, em que não ocorreu, como esperava, a vitória das forças populares, apesar de seu partido, o PTB, ter quase dobrado

119 FERREIRA, Jorge. *A estratégia do confronto: a frente de mobilização popular. Rev. Bras. Hist.* [online]. 2004, vol.24, nº 47 [cited 18 January 2005], p.181-212. Available from World Wide Web: <http://www.scielo.br/scielo.php?script=sci_arttext&pid=S0102-0188200400010000 08&lng=en&nrm=iso>. ISSN 0102-0188.

o número de deputados. A forças conservadoras, concentradas no PSD, formalmente aliado ao PTB de Jango, na UDN, PL, PDC e outros pequenos partidos fisiológicos, saem da eleição com ampla maioria, chegando a mais de dois terços das duas Casas, pouco antes do Golpe.

A derrota, no Rio Grande, vai lhe trazer sérias conseqüências, como a descontinuidade dos projetos de seu governo, a começar da reforma agrária, além de privá-lo de uma retaguarda crucial no momento da conspiração contra Goulart, como se verifica mais adiante. Mas Brizola não esmorece e, com ânimo de um missionário, lança-se pelo Brasil afora fazendo sua pregação nacionalista e promovendo movimentos de protesto, reuniões, passeatas e greves, como forma de viabilizar as reformas de base.

Em 31 de janeiro de 1963, termina seu mandato de governador e, no outro dia, assume o de deputado federal mais votado do Brasil, pela Guanabara. Na Câmara, já percebe o clima hostil de seus colegas deputados, que pedem a cassação de seu mandato, no primeiro dia de funcionamento da casa, como foi relatado anteriormente.

Brizola tenta utilizar-se da experiência de seis anos como deputado estadual e um como deputado federal, para levar os deputados a engajar-se nas reformas. Esbarra, porém, numa maioria conservadora, um bloco monolítico firmemente comprometido com seus projetos eleitorais, em grande parte financiados pelo IBAD. Bastam dois meses de Câmara para ele se convencer de que ali não é seu cenário para a luta.

Seu campo está nas ruas das grandes cidades, onde ocorre uma grande pulsação renovadora, propiciada pelo governo Goulart. São os sindicatos que se revigoram, nas cidades e no campo, influindo na política, através da ameaça ou mesmo da realização de greves, algumas delas desnecessárias, mas que acabam determinando o curso dos acontecimentos. Foi uma greve geral, por exemplo, que forçou o Congresso, em julho de 1962, a antecipar o plebiscito para acabar com a palhaçada do parlamentarismo. Por causa disso, o Presidente Kennedy, dos Estados Unidos, suspende a visita que faria ao Brasil naquele mês, como conta o embaixador Lincoln Gordon em um de seus memorandos.

Os estudantes universitários, congregados na UNE, e os secundaristas, na UBES, vivem momentos de grande atividade, não só fazendo ou ameaçando greves, mas principalmente incentivando o debate da educação e a promoção de eventos culturais, a partir do Centro de Popular de Cultura, um órgão da UNE, que teve o seu papel na renovação do teatro e da música.

Era também a época em que explodiam os jornais de todas as tendências e a grande imprensa, para não ficar atrás, renovava sua diagramação e sua maneira de fazer jornal, de que foi exemplo o *Jornal do Brasil*, em 1963, quando se transformou no nosso modelo de jornal nacional, condição essa que perduraria por quase 30 anos. É desta época também que surge a turma de Glauber Rocha e o *Cinema Novo*. Tom Jobim e Vinicius de Moraes entram em cena com *Garota de Ipanema*. Era a *Bossa Nova*, o movimento musical que, revolucionando e internacionalizando o samba, vai varar o mundo e o milênio.

Era esta a atmosfera que buscava. No Congresso, ele se sentia como num seminário de padres, onde tudo era fora da realidade, rigoroso e formal: "É Vossa Excelência para cá, Vossa Excelência para lá...".

***

Até as Forças Armadas eram atraídas para aquele clima de liberdade:

— O sentimento nacionalista e reformista — analisa o professor Jorge Ferreira, da Universidade Federal Fluminense — não circulava apenas entre setores da oficialidade das Forças Armadas, mas também entre os sargentos. Sobretudo com a crise política de agosto de 1961, eles entraram no cenário político como força atuante no campo da esquerda. O processo de politização, após a Campanha da Legalidade, foi crescente. Apresentando-se como o "povo em armas", eles, afinados com as demandas de democratização que se abriam para os "de baixo", aprofundaram suas reivindicações, como eleger e serem eleitos para cargos legislativos.

Conta ainda Jorge Ferreira que a penetração da FMP entre os subalternos das Forças Armadas era algo sem precedentes: "Cálculos sugerem! — diz ele — "que, dos 40 mil sargentos na ativa, 22 mil eram brizolistas". Lembra igualmente o professor da UFF que, ao falar na televisão, "Leonel Brizola muitas vezes aparecia com dois fuzileiros navais, empunhando seus fuzis, um de cada lado do líder".

A FMP, na verdade, era uma imensa organização, altamente politizada, que abarcava estudantes da UNE e da União Brasileira de Estudantes Secundaristas (UBES), o Comando Geral dos Trabalhadores (CGT), o Pacto de Unidade e Ação (PUA), as Ligas Camponesas, e outros movimentos de operários, militares subalternos, oficiais nacionalistas, intelectuais e organizações populares das várias tendências, como a Frente Parlamentar Nacionalista (FPN), o Partido Comunista Brasileiro e suas dissidências, como o PCdoB e a Ação Popular.

Seu objetivo era o controle do capital estrangeiro, o estabelecimento do monopólio estatal de setores estratégicos da economia e a promoção das reformas de base, "na lei ou na marra", conforme passou a se difundir depois que o Congresso rejeitou, em setembro de 1963, o projeto respectivo de autoria do Governo Goulart.

Sua estratégia era a de pressionar o Presidente Goulart, a quem acusava de conciliar com os representantes do grande capital e o imperialismo americano. Jango tinha frustrado os setores nacionalistas quando, ao assumir seus plenos poderes no sistema presidencialista, adotou o Plano Trienal, nos moldes da receita do FMI, ou seja, com a restrição ao crédito aos reajustes de salário e o corte de investimentos. Aquilo foi uma ducha de água fria.

Para os setores que mais tinham trabalhado pela queda do Parlamentarismo, à frente dos quais estava Brizola, o plano chegava a ser uma traição. Além do mais, o Governo cedia às pressões dos Estados Unidos e dos setores conservadores, como se viu anteriormente neste trabalho, para demitir ou esvaziar o poder dos brizolistas e nacionalistas nomeados para a administração.

***

O Presidente João Goulart, na verdade, se encontrava num fogo cruzado, pois havia recebido o país com as finanças em frangalhos, abaladas pelas crises políticas sucessivas, que vinham desde 1954, as despesas com a construção de Brasília e o escarcéu da renúncia de Jânio Quadros. Havia ainda a pressão dos Estados Unidos e da oposição ferrenha da UDN e do governador Carlos Lacerda, que àquela altura estavam engajados em plena conspiração com a cúpula militar, para derrubá-lo. Os americanos, por sua vez, só se dispunham a renegociar a dívida externa, que já havia ultrapassado todos os limites do razoável, caso o governo se entendesse com o FMI, afastasse os brizolistas e os comunistas e abandonasse a linha de política externa independente.

Jango, que se orgulhava de seu poder pessoal de persuasão, tentava tergiversar, mas qualquer concessão que fizesse aos conservadores, sempre resultava em prejuízo para as posições nacionalistas. Homem de temperamento contemporizador e mais afeito ao jogo político do que às ações de governo, João Goulart, na verdade, só agia debaixo de pressão. Tinha sido assim com o plebiscito.

Esperavam Brizola e seus seguidores, agora já em plena escalada para a radicalização, — já usando uma linguagem violenta e estimulando agitações cada vez mais ousadas —, enquadrar o Presidente e levá-lo a realizar as reformas. Jango, porém, continuava reticente e fazia um jogo dúbio, o que irritava ainda mais os nacionalistas. A relação do Presidente com Brizola chegou à tensão máxima, em fins de setembro de 1963, quando o Presidente decidiu, por recomendação dos ministros militares, pedir ao Congresso a decretação do estado de sítio.

A medida, que há tempos vinha sendo soprada pelos ministros militares, como forma de conter as greves e as agitações dos subalternos das três armas, utilizava como pretexto a necessidade de intervir na Guanabara, onde o governador Carlos Lacerda lançava-se à mais ostensiva das conspirações contra o regime. Dois dias antes, ele tinha dado uma entrevista ao jornal americano *Los Angeles Times*. Nela, Lacerda, pedia a intervenção americana no governo do Brasil e previa a queda iminente de João Goulart. "o regime do Presidente Goulart poderia cair antes que termine o ano" — disse ao Los Angeles Times, edição de 30 de setembro de 1963 — "e que os militares ainda discutem se é melhor tutelá-lo (a Goulart), patrociná-lo, colocá-lo sob controle até o término de seu mandato, ou destituí-lo agora mesmo[120]".

Em princípio, Brizola tinha até concordado com o estado de sítio, quando o Presidente o consultou, antes de atender ao pedido dos militares. Depois, no entanto, percebeu que aquilo poderia traduzir-se numa armadilha dos conservadores, resultando na intervenção da Guanabara e prendendo Carlos Lacerda, mas que também poderia atingir o governador de Pernambuco, Miguel Arraes, outro expoente da esquerda, e, ele próprio, Brizola.

Com efeito, o pedido de sítio havia partido dos militares, tendo até sido objeto de uma manchete de 1ª página do *Jornal do Brasil*, de 18 de setembro, 12 dias, portanto, antes da entrevista de Lacerda, alegando "os sucessivos manifestos que causaram a prisão de 40 sargentos em Natal, as rebeliões nas Polícias Militares do Piauí e do Rio Grande do Norte, anteriores ao levante armado de Brasília (setembro), a greve dos bancários e outras greves apenas adiadas".

A grita foi tal, tanto da esquerda como da direita, que Goulart sentiu-se obrigado a retirar o projeto do Congresso, causando sérios danos a seu prestígio pessoal e ao do Governo. É neste momento que Brizola se afasta de João Goulart. A FMP se reúne em Brasília, com representantes de Brizola e o governador Miguel Arraes, e emite nota oficial declarando o virtual rompimento com o Governo. No dia 14 de outubro, o ministro da Educação, Paulo de Tarso Santos, que, embora ligado ao PDC, tinha posição destacada na FMP, renunciou ao cargo, em protesto. Alegou que sua posição de homem de esquerda o incompatibiliza com as últimas decisões do Governo, "ainda mais porque sua administração na Pasta é apoiada pelas forças esquerdistas que acabam de assumir atitude de independência em relação ao Sr. João Goulart".[121]

Na nota, a FMP denunciava "a vacilação do Executivo em relação à adoção de uma política popular, a inatividade do Legislativo e a parcialidade do Judiciário". Reivindicava ainda a reforma agrária, o direito de voto aos analfabetos e aos soldados e de elegibilidade

120 Reprodução do *Jornal do Brasil*, pp. 1 e 4, 1 de outubro de 1963.

121 *Jornal do Brasil*, 1ª página, 15 de outubro de 1963.

aos sargentos e praças de pré, a anistia aos sargentos que haviam participado da rebelião de Brasília, contra a decisão do STF, que lhes tolheu o direito de serem votados; o congelamento das remessas de lucro, a suspensão da dívida externa e o monopólio estatal do câmbio e das exportações.

***

Goulart se sente isolado e pede uma reunião a sós com Brizola. Os dois conversam durante horas e concluem que o rompimento não é a solução para nenhum dos dois. As tensões, no entanto, continuam, e as relações entre eles voltam a estremecer de maneira quase irreparável, em dezembro, quando Jango recusa a nomeação de Brizola como ministro da Fazenda, advogada pela FMP. O momento era aquele, porque o então ministro da Fazenda, Carvalho Pinto, ex-governador de São Paulo, um nome imposto pelos conservadores, se encontrava demissionário.

Goulart não quis arriscar, ou porque temia uma reação violenta dos Estados Unidos, que já naquela altura, em plena conspiração com os militares brasileiros, faziam uma política de estrangulamento da economia brasileira, ou que o prestígio de Brizola suplantasse o seu, de Presidente.

A situação, contudo, exigia uma definição, porque Goulart já não mais poderia servir, ao mesmo tempo, a dois senhores: ou aderia de vez aos conservadores, como o fizeram tantos outros líderes, ou se reincorporava ao campo popular. Jango, porém, não era homem de decisões ousadas e muito menos de confronto, como demandava aquele cenário polarizado. Confiava no seu charme pessoal, que encantava muitos interlocutores, como tinha acontecido em outros momentos difíceis.

A saída, como defendia a FMP, seria o reencontro com as esquerdas, a começar pela nomeação de Brizola para o ministério da Fazenda. Brizola no comando da economia, por outro lado, poderia representar um virtual rompimento com os americanos. Nas suas manifestações pela Rádio Mayrink Veiga e em alguns canais de TV, Brizola vinha defendendo o controle estatal do câmbio, o controle rígido da remessa de lucros das multinacionais e, em caso extremo, a encampação daquelas companhias.

Jango, igualmente, temia que uma administração bem-sucedida de Brizola (sua fama de bom gerente já corria o mundo) no ministério pudesse suplantá-lo, de forma irreversível, e transformá-lo num presidente decorativo, uma vez que teria sonhos de reeleger-se. Aliás, teria sido por causa de alguns sucessos na Fazenda, a ponto de alguns jornais o terem cogitado como presidenciável, que Carvalho Pinto tinha se desgastado com o Presidente.

No afã de reconciliar-se com o cunhado, Jango oferece-lhe o Ministério da Agricultura. Brizola riu da oferta e indagou: "O que é que eu vou fazer lá? Ser mais um áulico?". Sua meta era a economia: "É lá, no Ministério da Fazenda, que está o controle de tudo. É lá que está a chave do poder, o comando do governo", dizia Brizola numa de suas falas a Mayrink Veiga. Chegamos a um ponto crucial da crise do Governo Goulart, onde a Rádio Mayrink Veiga, funcionando como uma verdadeira Rede Globo das esquerdas, exerce um papel fundamental na mobilização popular. É também o começo do desfecho. Isto certamente merece um capítulo próprio, do qual cuidaremos a seguir.

XXXII — Mayrink Veiga e os Grupos dos 11

A Rádio Mayrink Veiga foi uma das estações de rádio privadas mais antigas do Brasil, surgindo em 1926, quatro anos depois de o Presidente Epitácio Pessoa inaugurar as transmissões radiofônicas no Brasil e três após Edgar Roquete Pinto colocar no ar a Rádio Sociedade do Rio de Janeiro. A Rádio Nacional só surgiria em 1936, e foi encampada por Getúlio, em 1940.

Como as outras rádios, naquela época todas privadas, a Mayrink — tinha esse nome por causa de seu dono, Antenor Mayrink Veiga — vivia inicialmente de contribuições dos ouvintes, que também doavam discos, já que a publicidade só foi permitida em 1932, através de um decreto do Presidente Getúlio Vargas. Ela foi a primeira emissora de Nelson Gonçalves e Ângela Maria e teve outros nomes que marcaram a música, a crônica, o jornalismo e o teatro brasileiros — Ary Barroso, Bibi Ferreira, Mário Lago, César Ladeira, Oduvaldo Cozzi. Alcançava sempre os primeiros lugares, situação em que permaneceu desde a década de 1920 até a década de 1950.

Quando Leonel Brizola começou a usar seus microfones, a emissora já tinha passado por diversos donos, como o grupo Victor Costa, o jornalista Assis Chateaubriand, o grupo Simonsen e, finalmente, o deputado federal Miguel Leuzzi (PTN-SP), dono da Rede Piratininga de Radiodifusão. A emissora ocupava o terceiro lugar em audiência, só perdendo para a Nacional e para a Tupi. Havia ainda a Globo, a Tamoio e outras.

Brizola começou com um programa todas as sextas-feiras, às 21h30m, como fazia no Rio Grande do Sul, na época em que era governador. Falava durante horas seguidas, entrando pela madrugada, já que seu programa começava por volta das 21h30m. Ele mesmo contava a história de um casal que certa feita foi cumprimentá-lo pelo seu programa radiofônico: "Olha governador, o senhor fala e fala bem. Nós às vezes caímos no sono, depois acordamos, e o senhor continua no microfone".

Era incendiário nas suas proclamações, que muitas vezes rendiam manchetes de jornal no outro dia. Mas Brizola também conversava informalmente com os ouvintes. Sempre procurava, didaticamente, e muitas vezes com bom humor, já que era um bom contador de histórias, explicar-lhes os problemas intricados da economia e da política.

Sua voz chegava às localidades mais recônditas do país e não era escutada apenas pelos adultos. Eram exatamente os jovens que ela mais empolgava, em virtude possivelmente de sua figura romântica e de seu jeito franco de se posicionar, sem panos-quentes, sem meias palavras: "O brasileiro dorme, hoje, com uma nota de mil cruzeiros na mesa de cabeceira, e só tem 999 cruzeiros quando levanta de manhã".

A audiência da Mayrink explodiu e a repercussão das apresentações radiofônicas de Brizola começaram a assustar os conservadores, que decidiram revidar, fazendo uma grande cadeia de rádio, a Rede da Democracia, reunindo as Rádios Tupi, Globo, Jornal do Brasil (Rádio JB). Os apresentadores mais ilustres desta rede eram nada menos que Lacerda, Adauto Lúcio Cardoso, Aliomar Baleeiro e Raul Brunini.

****

A fala de Brizola batia todos os recordes. Logo outras emissoras de diversos Estados se filiaram à Mayrink Veiga, formando a Rede do Esclarecimento. Percebendo o alcance de sua palavra e convencido de que seu partido, o PTB, por causa das contradições internas e do avanço do fisiologismo em seus quadros, não se empenhava na defesa das reformas, Brizola tem a idéia de lançar um movimento de massa, com capilaridade, para atuar em todo o território nacional.

Esse movimento deveria ter um caráter orgânico e flexível e uma agilidade tal que pudesse ser acionado a qualquer momento. Também deveria consistir numa "organização simples, ao alcance de todos, mesmo nas áreas mais isoladas e distantes". Estes eram os

Comandos Nacionalistas ou *Grupos dos 11 Companheiros*, que entraram para a História, simplesmente, como os *Grupos dos 11*.

No início de outubro de 1963, quando os conservadores já haviam obtido a maioria de dois terços, quorum que bloqueava qualquer projeto cujas metas fossem reformas de base, e a conspiração contra Goulart tornava-se cada dia mais evidente, Brizola lança a proposta dos *Comandos Nacionalistas*.

Cada um desses comandos deveria ser integrado por 11 pessoas, atuando à semelhança de um time de futebol, esporte altamente popular no Brasil e praticado tanto por ricos como pobres ou remediados. Por isso, a cartilha do movimento preceituava: "Todo mundo sabe que um time de futebol é composto de onze integrantes, cada um com suas funções específicas e dentre eles um é escolhido para capitão ou comandante da equipe; todos sabem que neste caso deve haver uma ação coordenada entre todos e que a equipe pouco significa se cada um de seus integrantes age por si, isoladamente, sem comando, sem unidade de conjunto, sem adequada comunicação entre todos"[122].

Estas pequenas unidades de 11 pessoas poderiam ser articuladas e reunir "imensos contingentes do povo brasileiro às organizações existentes, como sejam a FMP, o CGT, os sindicatos, a UNE e suas organizações, a Frente Parlamentar Nacionalista (FPN), as organizações dos Sem Terra, as Ligas Camponesas e outras organizações locais ou regionais".

A *Cartilha dos Grupos dos 11* ainda advertia que o país aproximava-se rapidamente de um desfecho: "E como será esse desfecho?", indagava para depois responder: "Não é fácil prever. O povo, cada dia com mais intensas manifestações de inconformidade (protestos, lutas por reajustamentos de salários, greves, choques no campo, alastramento da luta nacional). O antipovo, a minoria privilegiada e dominante em crescente reação, apertará o cerco contra o povo, procurando manter o controle da situação em suas mãos. ...Aproxima-se para todos nós brasileiros a hora da grande opção. Ou es-

122 *Cartilha dos Grupos dos 11*, transcrita na íntegra em anexo do livro *Os Grupo dos 11 — Uma insurreição reprimida*, de autoria da professora Elenice Szatkoski, Universidade de Passo Fundo (RS), 2003.

tamos com o povo ou com o antipovo; ou seremos patriotas ou traidores, com nossas atitudes ou nossa indiferença".

***

Os *Grupos dos 11* deveriam ser criados a partir de cada bairro ou de cada rua, nas cidades, ou de cada aglomeração humana, no meio rural: "O ponto de partida seria o entendimento entre dois ou três companheiros, perfeitamente identificados e entendidos. Depois desse entendimento é que devem partir para outros contatos e para o recrutamento dos demais companheiros. Decidida em reunião a fundação do Grupo, deve ser lavrada uma ata assinada por todos e em que constem os objetivos acima estabelecidos".

Era objetivo dos *Grupos dos 11* traçar "a ação organizada em defesa das conquistas democráticas de nosso povo, pela instituição de uma democracia autêntica e nacionalista, pela imediata concretização das reformas, em especial das reformas agrária e urbana, e sagrada determinação de luta pela libertação de nossa Pátria da espoliação internacional.

Por fim, a *Cartilha dos Grupos dos 11* estabelecia um dever de casa: "Tarefa importante para os companheiros é acompanhar as transmissões da Rádio Mayrink Veiga. Convém que se torne uma tarefa obrigatória ouvir a Rádio Mayrink Veiga, às sextas-feiras, a partir das 21h30m. Logo após a meia noite de sexta-feira, serão lidas as comunicações enviadas pelos companheiros e difundidos os esclarecimentos e instruções para as atividades dos Grupos integrantes da organização".

***

A idéia logo obteve sucesso, não só porque as falas de Brizola tinham uma grande audiência, como também em virtude dos propósitos dos comandos, que eram lutar pela melhoria das comunidades e das condições de vida de cada um de seus membros. O movimento, entretanto, assustou os conservadores, que aumentaram a carga contra Brizola, a quem agora denunciavam como terrorista, por tentar organizar "grupos paramilitares", nos moldes dos sovietes, na União Soviética, e dos comitês revolucionários de bairro, em Cuba, como alegavam seus detratores.

Seja como for, o fato é que até às vésperas do golpe, já haviam se formado cerca de 100 mil *Grupos dos 11*, em todo o Brasil, segundo conta o professor Cibilis Viana[123], que era um dos membros dirigentes do comitê nacional de organização. Seus cálculos baseiam-se na vasta correspondência despejada todo dia na Rádio Mayrink Veiga, a qual, em anúncios e programas específicos, explicava como deveriam ser formados os grupos. Segundo Cibilis, alguns grupos já funcionavam informalmente, e recebiam instruções nos programas de Brizola ou de manifestações oficiais da FMP. Poucos dias antes do golpe estavam programadas as primeiras reuniões setoriais dos grupos nos Estados, que precederiam uma reunião nacional, no Rio de Janeiro.

Os 11 ainda contavam com o semanário *Panfleto*, detentor de uma tiragem média de 400 mil exemplares. O jornal, distribuído nos locais de grande aglomeração, inclusive pelos próprios militantes dos Grupos, trazia artigos e conclamações de Brizola e dos outros membros da FMP.

***

O Golpe, porém, estava em plena marcha, e o volume de recursos fartos e estruturas que recebiam seus articuladores — quase todos os meios de comunicação, bancos, multinacionais, associações comerciais, a Igreja — inviabilizava qualquer veleidade de organização para fazê-lo retroceder.

Havia, igualmente, o excesso de autoconfiança das esquerdas, inclusive do próprio Brizola, seguras estavam de que os golpistas seriam esmagados pela avalanche das multidões. Mas tudo refluiu como num passe de mágica e o governo acabou caindo como um castelo de cartas.

A precipitação do movimento golpista, em 31 de março, conseqüentemente, sustou todo o processo de organização, e o professor Cibilis Viana, juntamente com um companheiro do comitê

---

123 Depoimento ao autor.

executivo, teve de destruir a documentação, pois, do contrário, teria exposto os integrantes dos comandos a perseguições políticas e pessoais de toda ordem: "Conseguimos a tempo esvaziar todos os arquivos, colocar o material numa Kombi para um lugar ermo, onde o incineramos", disse Cibilis, que, em seguida, teve de se esconder no interior de São Paulo, para não ser preso pelos agentes da nova ordem.

Os *Grupos dos 11* pareciam reeditar outros movimentos de organização popular surgidos no bojo de revoluções, como a da proclamação da República brasileira, em 1989, com os *Batalhões Patrióticos*, comitês formados por militantes republicanos e militares ligados ao Marechal Floriano Peixoto. Na Revolução de 1930, surgem os comandos do Clube Três de Outubro, comandados pelos "tenentes" e igualmente empenhados na defesa dos princípios revolucionários.

Se tivessem sido criados — e operados — com mais antecedência, os *Grupos dos 11* poderiam, por causa de seu poder de mobilização, ter evitado ou dificultado o golpe, cujo sucesso é atribuído principalmente à falta de uma reação mais consistente por parte do regime deposto. Na Venezuela, 40 anos mais tarde, o Presidente Hugo Chávez, também deposto por um golpe cívico-militar-midiático, em 11 de abril de 2002, foi resgatado e reinstalado no poder, menos de 48 horas depois da eclosão do golpe, pelos seus Comitês Bolivarianos.

Os *Comitês Bolivarianos*, que tinham mais ou menos as mesmas características dos *Grupos dos 11*, conseguiram mobilizar quase um milhão de pessoas nas ruas de Caracas e de outras grandes cidades do país para exigir — e obter — a volta do Presidente Chávez, que estava preso, na Ilha de Margarita. Naquela altura, o presidente golpista Pedro Carmona, que dirigia a Fedecamaras, uma espécie de FIESP venezuelana, já havia assumido o lugar de Chávez. Ansioso, determinou a imediata revogação da Constituição e a supressão dos poderes legislativo e judiciário. Mas, por causa da mobilização dos Comitês Bolivarianos, Chávez voltou ao governo e despachou Carmona para o exílio, colocou na reserva quase duas centenas de altos oficiais e retomou com mais força seu programa nacionalista e de justiça social.

Não foi, porém, o que ocorreu com os *Grupos dos 11*, os quais não tinham por trás uma estrutura de Governo a alimentá-los, como no caso da Venezuela. O Governo Goulart era dominado por uma coalizão inimiga do Presidente, de sua política e de suas origens. Tal aliança, de base marcadamente fisiológica, acabou tolhendo-lhe todos os movimentos até os instantes finais, quando deram o empurrão que faltava para o precipício, em 1º de abril de 1964.

Não obstante, os 11 constituíram uma novidade na mobilização, como reconhece o sociólogo Herbert de Souza, um dos últimos coordenadores dos *Grupos dos 11*: "Era uma coisa que crescia espontaneamente. O Brizola pegava o Rádio, a Rádio Mayrink Veiga, que todo mundo escutava, e dizia o seguinte: 'Reúnam 11 companheiros, peguem os nomes deles e nos enviem cópias". E começavam a surgir os comitês. Tinha um semanário que era dirigido pelo padre Alípio (Alípio de Freitas) e o Neiva. E se formou *Grupo dos 11* em todo lugar.".

Betinho ainda recordou que os integrantes dos 11 passaram a existir e a constituir uma massa relativamente organizada, "não estava todo mundo sozinho". "Eles escutavam o programa no Rádio e seguiam as orientações que o Brizola lançava. Todos eram pela reforma agrária. Enfim, existia um ideário[124]".

Com o Golpe de 64, estes comandos foram brutalmente desarticulados pela onda de prisões, torturas e assassinatos praticados pelo novo regime. Conta a professora Elenice Szatkoski, no livro *Os Grupos dos 11 — Uma insurreição Reprimida*[125], que a repressão lhes acarretou "o afastamento de todas as atividades sociais, privando-os de seus direitos de cidadão e tornando-os, por longos anos, conhecidos como 'comunistas', pessoas perigosas e malvistas na comunidade".

Mas voltemos àqueles momentos cruciais, quando o Brasil foi impelido a escolher o caminho da democracia ou da ditadura. É dele que vamos cuidar no próximo capítulo.

---

124 SOUZA, Hebert de, *No Fio da Navalha*. Rio de Janeiro: Revan, 1996.

125 Op. cit., p.20.

XXXIII — Derradeiros momentos da democracia

O ano de 1963 termina com um saldo negativo para o Governo, tanto do ponto de vista administrativo como político. A inflação assumia um ritmo galopante e o golpe contra Goulart já estava praticamente armado. No início de 1964, o presidente opta, finalmente, mas sem abandonar de vez sua política de diálogo com os conservadores, por reintegrar-se às suas forças nacionalistas de origem.

Mas já era tarde. Havia perdido muito terreno e, como Brizola costumava dizer, "a casa já estava tomada". Agora, sem receio das pressões americanas, já inteiramente engajadas e no comando da conspiração, Jango promulga, no início de janeiro, a regulamentação da lei de controle das remessas de lucros das empresas estrangeiras, denunciadas como exorbitantes pela Carta Testamento de Vargas, em seu suicídio, em 1954.

A reação conservadora foi delirante, mas deu um passaporte a Jango para reconciliar-se com sua tradicional base de apoio. O presidente ainda programou uma série de comícios para pressionar o Congresso a fazer as reformas. O primeiro deles foi realizado em 13 de março, uma sexta-feira, na Praça da Central do Brasil, no Rio de Janeiro. Para lá convergiram, sob a maior tensão, traduzida em ameaças de morte, incêndio e pancadaria, cerca de 150 mil pessoas.

O Exército assumiu a segurança da Praça, já que a Polícia Militar do Estado da Guanabara estava sob o comando do governador Carlos Lacerda, que não mais fazia segredo de suas atividades conspiratórias. Havia muita preocupação diante das promessas públicas dos comandos lacerdistas incendiarem o palanque e, com isso, espalharem o pânico, ou tumultos para amedrontar a multidão.

Na preparação do boicote para o comício, que foi convocado por edital, em 19 de fevereiro, Carlos Lacerda anunciava sua disposição de sabotar ou impedir de vez a sua realização. Os lacerdistas ameaçavam tumultuar o trânsito, para impedir a chegada dos ônibus vindos dos subúrbios e dos estados vizinhos, transportando os trabalhadores. Mas o Governo Federal tinha suas formas de pressão e esvaziou a fúria do DETRAN carioca, concitando seus funcionários a aderir a um plano de opção para se tornarem funcionários federais. O mesmo já tinha sido oferecido, com sucesso, aos bombeiros e outras categorias estratégicas do Estado.

O terrorismo também rondava o comício. Na madrugada de 12 para 13 de março, como relata o site da Associação Brasileira de Imprensa, ABI[126], houve uma tentativa de incendiar o palanque armado em frente à estação da Central do Brasil, confirmando as denúncias de que grupos de extrema direita tentariam impedir a sua consumação.

"As mulheres da Campanha da Mulher pela Democracia (Camde)", destaca o informe da ABI, "empenharam-se numa campanha telefônica pedindo ao povo para não comparecer à concentração, ao mesmo tempo em que persuadiam os moradores das ruas entre o palácio das Laranjeiras e a praça da República a colocar velas acesas nas janelas para que o presidente as observasse, como sinal de luto, em seu trajeto de ida e volta do comício".

Alguns grupos mais moderados ligados a Goulart quiseram impedir a fala de Brizola, mas este rompeu o cordão de isolamento e exigiu que seu nome constasse da lista de oradores. Ele estava armado, como mostraram depois as fotografias. Já numa escalada rumo ao confronto e com a conspiração civil e militar contra o governo bem patente nos jornais e em várias manifestações de rua, Brizola prega o fechamento do Congresso, seguido da convocação de uma Assembléia Constituinte para editar uma nova Constituição:

"O Congresso não dará mais nada ao povo brasileiro", disse ele a certa altura. "O Congresso não está identificado com o povo... Se os poderes da República não decidem, por que não transferirmos essa decisão para o povo brasileiro, que é a fonte de todo o poder?".

No discurso, ele ainda se queixou do Governo Goulart, defendendo medidas mais definidas, como o fim da política de conciliação do Presidente, além da formação de um governo popular e nacionalista que representasse a vontade do povo e atendesse às suas aspirações.[127].

126 http://www.abi.org.br/primeirapagina.asp?id=475

127 Prof. Jorge Ferreira, op. cit.

Para ele, o Congresso a surgir da Constituinte deveria ser constituído por todos os setores da sociedade, incluindo ricos e pobres, e também os operários, camponeses, oficiais militares nacionalistas e sargentos, todos "autênticos homens públicos, para eliminar as velhas raposas do Poder Legislativo". Contundente, Brizola afirmou: "Irão dizer que a minha proposta é ilegal, que é inconstitucional. Por que então não resolvem o problema através da realização de um plebiscito em torno da questão da Constituinte?

***

O comício foi um sucesso em termos populares, mas teve o efeito de apressar o golpe. As forças conservadoras, recebendo pesado financiamento dos bancos e multinacionais, e contando com a colaboração sistemática das associações comerciais e industriais, realizaram gigantescas manifestações, a começar por São Paulo e depois Belo Horizonte e Rio de Janeiro. Como tinham grande cobertura da imprensa, tais manifestações acabaram ofuscando o comício da Central do Brasil, para prejuízo dos nacionalistas, que disputavam a guerra pela popularidade.

O Governo havia planejado realizar outros comícios em Porto Alegre, São Paulo, Belo Horizonte e Recife, culminando com uma megademonstração, no 1º de maio, dia do Trabalhador, no Rio de Janeiro. Mas os acontecimentos começaram a se precipitar com a *Marcha da Família com Deus pela Liberdade*, em São Paulo, um megaevento, patrocinado pelo grande poder econômico, que teria reunido 500 mil pessoas, à frente mulheres brandindo terços e velas contra "a ameaça do comunismo". O poder econômico mostrou que tinha muito mais cacife em reunir gente. No caso de São Paulo, bastou que a Associação Comercial e a FIESP determinasse o encerramento do expediente às 15 horas. Como os ônibus para tomar o rumo de casa só saíam depois das 18 horas, os trabalhadores na rua não tinham outra opção que não engrossar as fileiras da Marcha conservadora, mesmo sem saber do que se tratava.

Os generais, a começar por Humberto Castello Branco, o cérebro da conspiração entre os militares brasileiros, começaram a engrossar as fileiras dos golpistas. Castello, que se impôs como o primeiro Presidente do Golpe, era chefe do Estado Maior do Exército, um cargo considerado decorativo e, por muitos, uma "geladeira". Antes tinha sido comandante do IV Exército, com sede em Recife, de onde fora deslocado por Jango para o EME, depois do episódio (relatado anteriormente, neste trabalho) da troca de farpas de Brizola com o general Antônio Carlos Muricy, subordinado de Castello na guarnição de Natal.

Castello, embora tido como um militar legalista, pertencia ao núcleo de conspirações contra Getúlio e Jango, originado na chamada *Cruzada Democrática.* Este era um grupo compacto, liderado pelo general Cordeiro de Farias, sob a inspiração do general Juarez Távora, e que tinha como seus auxiliares, entre outros, os coronéis Golbery do Couto e Silva e os irmãos Geisel (Ernesto e Orlando). A Cruzada, que também deu origem à Escola Superior de Guerra (ESG), fundada nos moldes do *War College*, dos Estados Unidos, contrapunha-se ao grupo dos Oficiais Nacionalistas, que deflagraram a campanha do *Petróleo é Nosso*. Enquanto o primeiro defendia a entrega de nosso petróleo à iniciativa privada, de preferência a empresas estrangeiras, pois consideravam o Estado excessivamente lento e incompetente para cuidar desta área, os nacionalistas advogavam o monopólio do comércio, do refino e da exploração das jazidas por uma agência estatal.

Os nacionalistas ganharam a eleição no Clube Militar, em 1950, numa disputa com os *entreguistas*, como eram chamados os integrantes da Cruzada Democrática, elegendo o general Estilac Leal, como seu presidente. Sua eleição significou a primeira vitória do *Petróleo é nosso*. Mas o governo era chefiado pelo general Eurico Gaspar Dutra, eleito democraticamente, inclusive com o apoio de Getúlio Vargas, mas de caráter ultraconservador e dócil aos interesses americanos. No seu governo é que foram dilapidadas todas as reservas acumuladas pelo Brasil durante a II Guerra, quando a Inglaterra passara de credora para a condição de devedora. Uma orgia de importações sem o menor controle levou novamente o Brasil à condição de país subalterno no plano internacinal.

Os derrotados fizeram, então, toda espécie de manobra para esvaziar o poder dos nacionalistas no Clube Militar, que tinha voltado à sua condição histórica de grande fórum das questões nacionais e estratégicas. Muitos dos militares membros da chapa eleita ou que a ela deram apoio ostensivo foram punidos com transferência para as áreas mais remotas do país. Era tal o poder da *Cruzada*, que Getúlio, eleito presidente pouco depois e que havia feito o general Estilac Leal seu ministro da Guerra, teve de demiti-lo, premido pelas pressões dos cruzadistas.

Foi também a Cruzada Democrática, através do Memorial dos Coronéis, que exigiu a demissão de Jango do Ministério do Trabalho, no início de 1954, por ele ter solicitado um aumento de 100% para o salário-mínimo. Finalmente, a Cruzada foi o grande esteio no golpe que redundou no suicídio de Getúlio Vargas, no dia 24 de agosto daquele mesmo ano de 1954.

***

João Goulart conhecia o poder dos remanescentes da Cruzada, que naquele momento se multiplicavam dentro e fora das três armas. No âmbito civil, foi fundado o IBAD, com financiamento direto dos Estados Unidos (só a embaixada em Brasília colaborou com 20 milhões de dólares), que teria elegido quase a metade da Câmara, do Senado e dos governadores dos principais Estados, no pleito de 1962. Na área empresarial, funcionava o Instituto de Pesquisas Econômicas, IPES, em que era providenciado financiamento internacional para a administração dos governadores e prefeitos simpáticos ao golpe, à frente dos quais estava Carlos Lacerda. Foi a partir do fichário do IPES que o general Golbery do Couto e Silva organizou o banco de dados do Serviço Nacional de Informações, o SNI, o grande instrumento de espionagem e repressão do regime de 1964.

O Presidente confiava, no entanto, no espírito legalista dos generais. Era compadre do general Amaury Kruel. Padrinho de Denize, filha menor de Jango, Kruel era comandante do II Exército, quando foi cooptado pelos golpistas, nas últimas 48 horas da conspiração.

Seu ministro da Guerra, general Jair Dantas Ribeiro, hospitalizou-se na semana da derrubada do Presidente. Do leito do hospital, pediu ao Presidente que decretasse o fechamento das entidades sindicais, da UNE e mandasse prender os comunistas e os líderes grevistas. O cerco tinha sido fechado sobre o Presidente, só faltava um louco para disparar o primeiro tiro.

O louco surgiu na figura atípica do general Olímpio Mourão Filho, comandante da IV Divisão de Infantaria, sediada em Juiz de Fora, em combinação com o Governador Magalhães Pinto, da UDN. Magalhães era também um dos "amigos" de Jango, pois fazia oposição a Lacerda entre os udenistas e queria ser candidato a Presidente. Não obstante e com dinheiro internacional, Magalhães aumentou a força policial do Estado em 10 mil homens. Estes homens foram treinados pelo agente da CIA, Dan Mitrione, depois assassinado pelo grupo guerrilheiro Tupamaros, quando estava lotado em Montevidéu, no Uruguai.

Mourão Filho era um tipo de general escrachado e falastrão, que se orgulhava de ter feito a Revolução, "em casa, de pijama". O nome que ele deu à sua rebelião foi *Operação Popeye*, no que seria uma homenagem à marca de seu cachimbo. Como capitão, em 1937, tinha urdido o Plano Cohen, um dos muitos documentos falsos que passaram para a História, e que consistia num plano comunista para a tomada do poder. Foi com base neste "plano" que Getúlio e os militares deram o golpe daquele mesmo ano de 1937. Foi aí que se e estabeleceu o Estado Novo, regime que durou até 1945.

Mourão Filho, na verdade, conspirava abertamente contra Jango, desde 1961, numa guarnição do interior Rio Grande do Sul, mas, ao ser transferido para São Paulo, aprontou uma cena do agrado do Presidente. Retirou-se com estridência de uma solenidade na Assembléia Legislativa, em 9 de julho de 1963. Era um "protesto" contra discurso do ex-secretário de Justiça do Estado, Waldemar Ferreira, durante o qual acusou Goulart de tramar um golpe comunista para perpetuar-se no poder. O Presidente soube do episódio e compensou Mourão com o comando estratégico de Juiz de Fora.

Mas Mourão Filho não era tão destemperado como se pensava. Sua rebelião tinha como comandante de honra o marechal Odylio Denys, ex-ministro da Guerra e chefe do golpe contra Jango, em 1961. Já o homem destacado para comandar as tropas que saíram de Juiz de Fora para ocupar o Rio de Janeiro era o general Antônio Carlos Muricy, o militar a quem Brizola tinha chamado de *gorila*, em Natal. Teve, porém, o mesmo destino de Lacerda, Magalhães e Ademar de Barros: o ostracismo. Mourão também foi escanteado e ficou tão decepcionado com o tratamento que lhe deu a cúpula golpista no Rio, que se denominou a si próprio "uma vaca fardada".

Mas a rebelião de Mourão Filho vingou, particularmente, porque tomou todo mundo de surpresa, inclusive o alto comando do golpe no Rio de Janeiro. Suas tropas quase não encontraram resistência. O 31 de março, data em que elas saíram de Juiz de Fora, era uma terça-feira seguida do *domingo de ramos*. Quase todo o governo, inclusive o chefe do chamado — e decantado — *dispositivo militar* de Jango, general Argemiro Assis Brasil, tinha aproveitado a semana santa para tirar umas férias extras. Assis Brasil, também chefe da Casa Militar da Presidência da República, tinha embarcado para o Rio Grande, para onde também havia seguido o Presidente. Jango, porém, ao perceber o agravamento da crise, volta às pressas para o Rio de Janeiro, no dia 27, sexta-feira santa, com Assis Brasil a tiracolo.

***

Os autores do golpe costumam atribuir ao comparecimento de Jango a um encontro com sargentos e soldados a gota d'água que disparou a conspiração. Este encontro se deu no dia 30 de março, na sede do Automóvel Clube, centro do Rio, onde os sargentos e soldados das três Forças Armadas, da Polícia Militar e do Corpo de Bombeiros da Guanabara comemoravam o aniversário de sua associação.

Na ocasião, Goulart exaltou-se e fez um discurso com severas críticas às elites dominantes. Abandonando um texto antes preparado pela assessoria, fez um improviso em que ressaltou a importância do sargento como um meio de ligação entre as Forças Armadas e o povo, e condenou a campanha de difamação movida por seus inimigos, e os embaraços que estes causavam ao seu governo.

Aquilo foi tomado como uma séria quebra da disciplina e da hierarquia militar e um ato de subversão praticado pelo Presidente. Foi o mote que faltava, dizem os conspiradores, para vencer a resistência dos que ainda estavam indecisos, e deflagrar a conspiração, apeando-o do poder. A situação, na verdade, já havia se agravado depois que Jango decidira não reprimir uma manifestação de marinheiros e fuzileiros navais, ocorrida 4 dias antes, na sede do Sindicato dos Metalúrgicos, no Rio de Janeiro.

Os marinheiros estavam rebelados, em protesto contra os maus-tratos e o tratamento discriminatório que sofriam de seus superiores nos quartéis. Liderando os marinheiros, se empoleirava o marujo José Anselmo dos Santos, chamado Cabo Anselmo, mas que, na verdade, não era cabo, era muito mais: era um agente da CIA infiltrado. Cabo Anselmo tinha se postado ao lado de Jango, na confraternização com os subtenentes e sargentos, no Automóvel Clube.

A CIA, como todo o complexo do governo americano, aliás, era "um personagem onipotente, onipresente, onisciente e onívoro", na definição de Paulo Schilling: "estava presente em todas as partes, que tudo sabe e que tudo devora". Além da infiltração de Cabo Anselmo entre os suboficiais, a CIA tinha seu dedo na formação da Campanha da Mulher pela Democracia (CAMDE). Foi criada pelo Padre Payton, um cidadão americano, que não só fundou e comandou a CAMDE, como teve a idéia de as mulheres fazerem passeatas, brandindo os terços de rezar ou segurando velas acesas, a título de exorcizar a ameaça comunista; na desestabilização do governador de Pernambuco, Miguel Arraes; no treinamento da polícia de Minas (Dan Mitrionni), na formação do IBADE e do IPES e no auxílio aos governadores golpistas, Lacerda, Magalhães, Adhemar e Meneghetti.

Outro agravante no episódio dos marinheiros, foi o contingente de fuzileiros navais enviado para prendê-los, que infringiu a lei e aderiu ao movimento, juntando-se à manifestação. Tropas do Exército cercaram o prédio e, depois de uma negociação, levaram presos os insurretos para uma unidade do Exército. No outro dia, 28 de março, houve uma ordem para liberar os presos. Eles saíram da prisão em ruidosa passeata para comemorar a vitória, carregando nos braços dois almirantes. O ministro da Marinha, almirante Sílvio Mota, renuncia ao cargo, em protesto. Jango nomeia um almirante da reserva, Paulo Mário, para substituí-lo.

***

Poucas horas mais tarde, na madrugada de 31 de março, o general Olímpio Mourão Filho, comandante da 4ª Infantaria do Exército, com sede em Juiz de Fora, declara-se em rebelião e manda o Destacamento Tiradentes, com três mil homens, marchar sobre o Rio de Janeiro, para a tomada do poder. O movimento tinha o respaldo do governador de Minas Gerais, tido como aliado de Jango, Magalhães Pinto.

Aquilo era uma terça-feira depois da semana santa. Todo mundo foi pego desprevenido, inclusive o comando golpista do Rio, que não contava com a sedição inopinada do general Mourão Filho. Brizola pressentiu o problema e deslocou-se para o Rio Grande do Sul, onde tentou comandar a resistência. Chegou até a reunir algumas emissoras de rádio para falar, reconstituindo em parte a Rede da Legalidade, mas o cenário estava altamente envenenado pela publicidade antigoverno.

Brizola já não comandava o Estado, como em 1961, cuja máquina tinha passado ao comando de seu maior adversário, Ildo Meneghetti, a quem não conseguiu derrotar na eleição de 1962. Mas amedrontou o governador, que fugiu para Passo Fundo, quando soube da intenção dos brizolistas de tomarem o Palácio Piratini.

O comando do III Exército, por sua vez, encontrava-se minado pelos revoltosos, ainda que o general Ladário Teles, o novo comandante, que só foi tomar posse no dia 1º de abril, tenha se mostrado fiel e mesmo disposto a resistir ao golpe. Mas Jango desautorizou qualquer resistência.

Numa reunião tensa, ocorrida durante alta madrugada, na residência do general Ladário Teles, Brizola ainda tentou convencer Jango e os poucos generais presentes a resistir.

Goulart já tinha sido informado de que o presidente do Senado, Auro de Moura Andrade, havia declarado a vacância do cargo de Presidente da República, na noite anterior. Aquilo era uma ilegalidade flagrante, mas os golpistas não vacilavam e trabalhavam para impor o fato consumado. Outra informação na posse de Jango era de que os Estados Unidos estavam em vias de reconhecer o novo regime, como de fato ocorreu, poucas horas depois.

***

O governo recém instalado tinha como fachada o eterno interino, deputado Ranieri Mazzilli, presidente da Câmara, e o primeiro na linha de sucessão. Mazzilli fora empossado no Palácio do Planalto, às 2h40m do dia 2 de abril, também ilegalmente, porque todos sabiam, inclusive oficialmente, da presença de Jango em território nacional, minutos após a declaração da "vacância".

Goulart, antes de embarcar de Brasília para Porto Alegre, na noite daquele 1º de abril divulgou um manifesto à Nação, que foi censurado por quase toda a imprensa, já sob o domínio da repressão, anunciando seu propósito de resistir, onde ressaltava:

"Estou firme na defesa e ao lado do Povo. Do Povo em que deposito a certeza da vitória de nossa causa. Não recuarei, não me intimidarão. Reagirei aos golpes dos reacionários, contando com a lealdade, a bravura e a honra das forças militares e com a sustentação das forças populares".

Antes, Goulart já havia designado seu chefe da Casa Civil, Darcy Ribeiro, para dirigir-se às duas Casas do Congresso Nacional e informar aos deputados e senadores que o Presidente da República tinha viajado para o Rio Grande do Sul, em busca de segurança pessoal, uma vez que, como era fato notório, a sua vida estava ameaçada na Capital da República. Darcy era também portador de carta do Presidente ao Congresso. Tal documento chegou a ser lido, minutos antes da inopinada declaração da vacância, na sessão da madrugada do dia 2 de abril, como registra o Diário do Congresso Nacional:

"O Senhor Presidente (senador Auro de Moura Andrade):

— Está reaberta a sessão. Comunico ao Congresso Nacional que o Sr. João Goulart deixou, por força dos notórios acontecimentos de que a Nação é conhecedora, o governo da República.

(Aplausos prolongados, protestos, tumultos)

— Sobre a mesa, ofício do Sr. Darcy Ribeiro, Chefe da Casa Civil da Presidência da República, que será lido pelo Senhor 1º Secretário:

Brasília, dois de abril de 1964

Senhor Presidente:

O Senhor Presidente da República incumbiu-me de comunicar a Vossa Excelência que, em virtude dos acontecimentos nacionais das últimas horas, para preservar de esbulho criminoso o mandato que o povo lhe conferiu, investindo-o na Chefia do Poder Executivo, decidiu viajar para o Rio Grande do Sul, onde se encontra à frente das tropas militares legalistas e no pleno exercício dos poderes constitucionais, com seu Ministério.

Atenciosamente — Darcy Ribeiro, Chefe da Casa Civil".

A matéria foi lida, mas dela não se tomou conhecimento. Moura Andrade, como Mazzilli, era um Presidente marionete e apenas recebia ordens. E as ordens vinham do agora chamado Alto Comando da Revolução, instalado no Rio de Janeiro. Lá, o general Costa e Silva, se declarando o oficial superior mais antigo, assumira no peito o ministério da Guerra. Por sua vez, o general Castello Branco, arquiteto militar do golpe, articulava, também no Rio, sua candidatura a Presidente da República, cargo para o qual foi "eleito" pelo Congresso Nacional, em 15 de abril.

Auro de Moura Andrade não quis saber de nada e apelou para um ato de força, em aberta violação aos termos do Regimento e da Constituição. Em suma, deu o golpe, porque o Presidente constitucional estava em território nacional, como era fato notório e de que também a nação era conhecedora. Nem chegou a tomar conhecimento da questão de ordem levantada pelo deputado Sérgio Magalhães, do PTB do Rio de Janeiro, que, com base no Art. 1º do Regimento Comum do Congresso, provava que a comunicação que ia fazer Moura Andrade era "anti-regimental, como anti-regimental, em conseqüência, era a convocação do Congresso para ouvi-la". Como no episódio da castração dos poderes de João Goulart, em 1961, essa era a segunda vez que a cúpula política passava por cima do texto constitucional. Auro de Moura Andrade seria pouco depois descartado pelo *nouveau régime*, junto com Lacerda, Adhemar, Kruel e outros conspiradores, apesar de, naquela hora, tê-lo ajudado de forma tão decisiva. Ali, ele simplesmente decidiu declarar vago o lugar constitucionalmente destinado a João Goulart. E o fez sob os argumentos mais desconcertantes, numa sessão tumultuada da madrugada, que ele tratou de encerrar imediatamente após aquela declaração, também em outro ato de força, porque não permitiu que o plenário se manifestasse. Disse ele:

"O Senhor Presidente da República deixou a sede do Governo. Deixou a Nação acéfala, numa hora gravíssima da vida brasileira em que é mister que o Chefe de Estado permaneça à frente de seu Governo.

O Senhor Presidente da República abandonou o Governo.

A acefalia continua. Há necessidade de que o Congresso Nacional, como Poder civil, imediatamente tome a atitude que lhe cabe, nos termos da Constituição... para o fim de restaurar, na Pátria conturbada, a autoridade do Governo, a existência do Governo. Não podemos. Não podemos permitir que o Brasil fique sem Governo, abandonado.

Assim sendo, declaro vaga a Presidência da República. E nos termos do Art. 79 da Constituição Federal, investido no cargo o presidente da Câmara dos Deputados, Sr. Ranieri Mazzilli:

Está encerrada a sessão".

***

Agora é o momento de voltarmos a Porto Alegre, mais precisamente à reunião na casa oficial do comandante do III Exército, onde se reunia a cúpula do governo constitucional. Como era de seu estilo, Jango ouviu a opinião de todos os presentes, a começar do general-comandante. O general Ladário Teles comunicou-lhe que a situação estava difícil, mas que ainda dispunha de alguns meios militares para resistir. Brizola, que estava presente, fez uma ardorosa defesa da resistência. Naquele momento, ele já havia requisitado as principais emissoras de rádio do Estado, que faziam cadeia com a Rádio Mayrink Veiga, do Rio, ainda no ar, naquele momento. Jango, porém, parecia já haver definido sua posição de conformar-se com o golpe.

Brizola tentou convencê-lo a resistir, sugerindo que ele nomeasse o general Ladário Teles como ministro da Guerra, e a ele, Brizola, ministro da Justiça. A Capital da República seria transferida momentaneamente para Porto Alegre, de onde passaria a ser operada a reação ao Golpe. Mas Goulart respondeu que, naquelas circunstâncias, tudo parecia inútil. Era outra ducha de água fria que o Presidente jogava sobre o entusiasmo de seus correligionários. Todos tiveram então de curvar-se à sua vontade, pois ainda reconheciam nele a condição de Presidente da República e comandante das Forças Armadas. (No próximo capítulo, nos deteremos mais nos aspectos da resistência articulada por Leonel Brizola).

Depois de agradecer a colaboração de todos, Jango seguiu para refugiar-se na sua fazenda Rancho Grande, em São Borja, situada a cerca de 700 quilômetros de Porto Alegre. Ele passou cerca de 50 horas na região. Depois seguiu para outra fazenda de sua propriedade, a Cinamomo, de onde tomou o avião, rumando para o exílio, em Montevidéu, no vizinho Uruguai, para só voltar morto ao Brasil, em 1976, quando foi enterrado, em São Borja. Com ele, seguiu o indefectível general Assis Brasil.

Ainda antes de embarcar para Montevidéu, Jango procurou saber se poderia refugiar-se em São Borja. Afinal de contas, tinha sido ali, onde Getúlio Vargas se retirou, após ser derrubado do Palácio do Catete, em 1945, e onde passou 15 anos à testa do poder federal. Mas Jango foi informado de que se permanecesse, correria risco de vida, prisão, ou de, no mínimo, uma grande humilhação.

Foi naquele instante que Goulart percebeu a natureza inusitada do golpe militar de 1964. Ela não seguia a tradição das outras quarteladas incruentas ocorridas no passado. Na mais recente, aquela que derrubou Getúlio Vargas, em 1945, o Presidente deposto e seus correligionários foram mandados para casa, com a recomendação de não atrapalhar a nova ordem. Getúlio partiu para um auto-exílio em São Borja, mas ainda conseguiu eleger-se senador, vencendo o pleito em sete Estados, inclusive São Paolo.

Fixado neste raciocínio, Jango, no vigor de seus 44 anos, calculou, inicialmente, que fosse ter um exílio tranqüilo, na Meca trabalhista, terra onde tinha nascido e recebido a formação política e as bênçãos de Vargas. São Borja, pequena cidade localizada às margens do rio Uruguai, era a cidade ideal para retomar a vida, pois se localiza bem perto das fronteiras com a Argentina e o Uruguai, países com os quais Jango tinha íntimas relações, além de negócios.

Goulart até ali acalentava a idéia de um dia ser chamado de volta ao poder, assim como tinha ocorrido com seu pai espiritual e mentor político, pois acreditava que os militares ou os civis que estivessem com eles, chegariam inevitavelmente a uma fase de relaxamento ou de exaustão. Ele ainda duvidava que os golpistas pudessem satisfazer as demandas daquela população, já em parte conscientizada de seus direitos, por obra das liberdades franqueadas pelo seu Governo.

Ledo engano. Logo foram decretadas prisões indiscriminadas. Quase duas mil no Rio Grande do Sul, mais de mil em São Paulo, mil no Rio de Janeiro e mil em Recife. As notícias de torturas nas masmorras do regime correram o mundo. Houve os primeiros assassinatos políticos, ali mesmo no Rio Grande do Sul, que os jornais, debaixo de truculenta censura ou autocensura, não puderam sequer noticiar.

Perseguições de toda ordem atingiam famílias inteiras, denunciadas por um novo elemento trazido pelo novo regime: o dedo-duro, aquele indivíduo mesquinho, na busca de fama ou de dinheiro fácil, que delata o vizinho, o adversário, o amigo ou mesmo a própria família. E o Rio Grande do Sul foi um prato cheio para isso, pois era o berço daquela vanguarda que sonhava com um Brasil soberano e com justiça social.

Este golpe de 1964 diferia muito dos anteriores. Ele tinha o dedo direto do Pentágono e todo o esquema de segurança americano. Muitos dos generais golpistas, inclusive alguns dos que seriam ungidos presidentes, haviam feito cursos especiais nos Estados Unidos. Eles eram treinados no US War College e, particularmente, na antiga School of the Américas (Escola das Américas), situada na zona do Canal do Panamá, onde eram submetidos a intensa lavagem cerebral, por oficiais americanos. Estes eram altamente especializados em lutas antiguerrilhas, tortura de presos e na chamada contra-insurgência *(counter-insurgency)*, uma nova e sofisticada categoria de combate aos movimentos populares. Os mesmos generais foram depois contemplados com posições-chaves no regime de 1964, de Presidente da República a Ministros de Estado e, na aposentadoria, recebiam polpudos cargos na diretoria de multinacionais ou de grandes estatais brasileiras.

Jango acaba se convencendo do perigo, inclusive de vida, que corria no Brasil, e embarca para Montevidéu, em quatro de maio de 1964, na condição de exilado político, até morrer, em 6 de dezembro de 1976. Quase não teve permissão de ser enterrado na terra natal, São Borja. A chamada linha dura do regime quis vetar o ingresso do corpo em território brasileiro. E era tal a intolerância militar, que o caixão de Jango só conseguiu atravessar a fronteira (ele morreu em Mercedes, cidade argentina da fronteira), para chegar a São Borja, depois de muitas negociações com os agentes do regime pós-64. Nada de pensar em ser homenageado em Brasília, como ocorreu com todos os estadistas brasileiros, inclusive Juscelino Kubitscheck, também ex-presidente e ex-cassado. E muito menos em Porto Alegre, a capital de seu estado natal. A ordem era que ele fosse enterrado escondido. As rádios e TVs receberam instruções dos censores de só noticiar o fato depois das 22 horas, quando estava todo mundo dormindo. Mas voltemos ao clima tenso das horas que antecederam o golpe de 1964.

XXXIV — O choque da realidade

Quando as nuvens começam a toldar-se no horizonte, o *feeling* de Brizola o atrai para o Rio Grande do Sul. Ele deixa o Rio de Janeiro, na sexta-feira que precede a semana santa de 1964. E, como de hábito, não avisa para onde vai. Mas seu destino, alguns pressentem, é Porto Alegre. As informações que vinha recebendo de seu Estado eram preocupantes. Ao chegar à capital sulina, encontra o esquema quase todo acionado para a sustentação do golpe. O governo do Estado, grande parte do III Exército, as classes produtoras e os políticos de quase todos os partidos, já haviam chegado a uma unidade de pensamento e de ação em favor da derrubada do regime. O governador Ildo Meneghetti, seu rival do PSD, em combinação com o comandante do III Exército, general Benjamin Rodrigues Galhardo, e a maioria das guarnições das três forças, algumas delas colocadas em regime de prontidão, tinham em mãos o domínio do Estado e o esquema para prevenir e esmagar qualquer resistência.

Alertado, Brizola elabora um plano alternativo próprio. Prova que ainda é guerreiro e estrategista. Trabalha, inicialmente, em três linhas de ação: a primeira, junto ao Presidente Goulart e aos altos oficiais nacionalistas; a segunda com sargentos e suboficiais; e a terceira, com as organizações sindicais, operárias, camponesas e estudantis. Com Goulart, através de comunicação pelo rádio, porque os telefones são precários, além de vulneráveis à espionagem, providencia a remoção de todo o comando do III Exército, já então quase totalmente comprometido com a conjura. Indica como novo comandante o general Ladário Teles, um gaúcho nacionalista e filho de estancieiros, que vinha exercendo o comando da 1ª Região do I Exército, a chamada Vila Militar, no Rio.

Brizola ainda tenta mexer na cúpula militar do Rio e de Brasília, insistindo na substituição e prisão do general Humberto Castello Branco, chefe do Estado Maior do Exército (EME), e outros conspiradores ocupantes de comandos-chaves. Tais medidas, entretanto, não podem ser concretizadas porque o golpe já havia corroído quase toda a autoridade de Jango na antiga capital da República. O Palácio das Laranjeiras, àquela altura, já estava entregue às moscas, e Jango parte para Brasília na busca de proteção.

Aos líderes sindicais e estudantis, Brizola pede a deflagração de manifestações de rua, greves e outras formas de protesto. Em Porto Alegre, ele mesmo inicia a mobilização, convocando o povo à praça. Numa conversa telefônica, na madrugada do dia 31 de março, com o deputado Max da Costa Santos (PTB-GB), que estava no Rio, ouvida e relatada por Sebastião Nery[128], Brizola está decidido:

— Vamos resistir! Como em 61, vamos resistir de qualquer maneira! Isso é um golpe dos interesses norte-americanos com tropas brasileiras. O Jango está hesitando, mas a UDN vai querer fazer agora o que Vargas impediu, em 54, com o suicídio. Temos que jogar tudo. Aqui no Rio Grande, vou marchar com o povo e ocupar o governo. É preciso segurar o Lacerda aí. Vão para a Rádio Mayrink Veiga. O Miguel Leuzi está sem querer fazer de novo a Cadeia da Legalidade, mas temos que pôr no ar, imediatamente, pela nossa Mayrink.

No dia 31 de março, a notícia da sedição do general Mourão Filho, em Minas, leva o governador Ildo Meneghetti a ocupar as estações de rádio e televisão, requisitar as reservas de combustíveis e a instituir feriado bancário e escolar por toda a semana. O III Exército entra de prontidão e seu comandante, o general Galhardo, com-

128 Site da Tribuna da Imprensa, coluna *Sebastião Ney, 40 anos — memória do Golpe* — http://www.tribunadaimprensa.com.br/especial26.asp.

bina com Meneghetti de não passar o comando ao general Ladário Teles, que acabava de ser nomeado para o cargo. Ladário será preso se chegar a Porto Alegre, promete Galhardo. O general Benjamin Rodrigues Galhardo, de 63 anos, tinha sido um fervoroso defensor da Campanha da Legalidade, em 1961. Ele comandava a 5ª Região Militar, com sede em Curitiba, e tomou posição com suas tropas, na Rodovia Curitiba-São Paulo, declarando que iria deter as forças enviadas do Norte pelos ministros militares.

Mas Brizola tem um trunfo para consolar o velho general. Faz com que Jango o nomeie para o Estado Maior do Exército, no lugar do general Castello Branco, que o ainda Presidente chega a substituir por um decreto, que não será cumprido. Um avião da Presidência da República parte do Rio de Janeiro com destino a Porto Alegre, às 21h55m, conduzindo o general Ladário e os outros oficiais nomeados para substituir os golpistas do III Exército.

A manobra de Brizola dá certo e Galhardo volta atrás, admitindo receber e dar posse a Ladário. Galhardo, entretanto, jamais receberá o comando do EME, porque, àquela altura, os golpistas já tinham tomado conta do velho Ministério da Guerra, no Rio. O general Ladário Teles chega a Porto Alegre, a 01h20m da manhã do dia 1º de abril, e às 02h50m toma posse, como ele próprio relata: "Em cerimônia formal, com a presença de todos os oficiais do Estado Maior, o general de exército Benjamin Rodrigues Galhardo me passou o comando do III Exército. Pronunciamos apenas as palavras regulamentares[129]".

Empossado, Ladário transmite imediatamente a Galhardo e ao general Adalberto Pereira dos Santos, comandante da VI Divisão do Exército, situada em frente ao quartel-general, a determinação do Presidente Goulart no sentido de que os dois regressassem ainda no dia 1º ao Rio de Janeiro. Adalberto, comprometido até à medula com a conspirata, alegou que estava com uma irmã gravemente enferma e pediu para permanecer na capital gaúcha. Na boa fé, Ladário atende ao pleito de Adalberto. No outro dia, Adalberto Pereira dos Santos segue para Passo Fundo, juntando-se a Ildo

129 Depoimento escrito do general Ladário Teles ao historiador Hélio Silva e publicado no livro 1964 — *Golpe ou contragolpe?"*, Rio de Janeiro: Civilização Brasileira, 1975.

Meneghetti. Adalberto viria a ser Vice-Presidente da República, já como general-de-exército, no período do general Ernesto Geisel (1974-1979).

Às sete horas da manhã, Ladário recebe Brizola, acompanhado de Ajadil de Lemos, vice-prefeito de Porto Alegre. Brizola lhe solicitou que fizesse a requisição das estações de rádio e de televisão que, "sob a sua direção e controle, passariam a fazer a propaganda da Legalidade". Ladário determinou imediatamente a ocupação das estações, entregando todas a Brizola e depois ordenou as providências relativas a combustíveis e à requisição da Brigada Militar (polícia gaúcha).

Paralelamente, Brizola articula manifestações de rua e reconstitui a Cadeia da Legalidade, conseguindo inclusive falar pela Rádio Mayrink Veiga, antes de esta ser fechada pelos militares, no dia 2 de abril. As ruas estão cheias de manifestantes pregando contra o golpe. "Os discursos eram inflamados", conta o historiador Hélio Silva, "e faziam apelos aos sargentos para que prendessem os oficiais do Exército e da Brigada contrários a Jango".

No dia anterior, 31 de março, numa manifestação, em frente à prefeitura de Porto Alegre, com a participação do prefeito Sereno Chaise, Brizola havia feito um discurso exaltado: "Quero pedir a deposição desses militares golpistas. Atenção sargentos do III Exército. Atenção sargentos dirigidos por esses generais golpistas. Atenção sargentos: O povo de que vocês fazem parte inseparável, pede que se levantem, ocupem os quartéis e prendam os generais". O povo respondia: "Paredón!... Paredón! Para eles!"

— Chegou a vossa hora, sargentos! Aliem-se! Prendam os oficiais gorilas. Chegou a hora dos golpistas, gorilas e traidores de Minas, de São Paulo e da Guanabara". Em seguida Brizola procurou se justificar, insistindo que "nós não começamos a revolução. Foram eles. A resposta do povo gaúcho à insurreição golpista será:

1) Ajuda às tropas do III Exército, à V Zona Aérea e à Brigada Militar;
2) Organização de corpos provisórios para aglutinar os elementos civis para participar na luta, ao lado das forças legalistas do III Exército e da Brigada Militar".

Ao se referir aos golpistas, Leonel Brizola afirmou: "Eles deverão dar conta ao povo pelos crimes que estão cometendo contra a Constituição. Digo a eles: conheço bem vocês e não adianta dizer que somos extremistas ou comunistas. Digo-lhes que o que temos vermelho é o sangue gaúcho, que estamos dispostos a derramar[130]".

Brizola ainda faz uma advertência a Jango, talvez já pressentindo a propensão do Presidente em recuar: "Pedimos ao Presidente Goulart, aqui e agora, que nem lhe passe pela cabeça a idéia de renunciar, porque queremos ter as mãos livres para obter nós mesmos as conquistas sociais". Ele ainda confiava que o Presidente fosse resistir, quando afirmou naquela manifestação: "Disseram que Jango havia renunciado, viajando para Brasília e de lá para o exterior. Quero dizer a vocês que há poucos minutos falei com ele pelo serviço de transmissão do III Exército. Ele manda dizer que é mentira. Manda dizer que com ele não haverá renúncia. Jango está em Brasília, mantendo contato com o nosso III Exército e estou autorizado a dizer a vocês que sua ordem é: lutar e resistir".

Ao despedir-se daquele que seria seu último encontro com as massas, como deputado federal, Brizola pediu ao Almirante Cândido Aragão que, no Rio de Janeiro, "tome a iniciativa de prender o verdugo Carlos Lacerda. Lacerda é um homem perigoso. Um contraventor, um criminoso. Confiamos que Aragão, com seus fuzileiros navais, o prenda e que ele seja julgado".

"Aos meus conterrâneos" — finalizou Brizola — ao valoroso povo de Porto Alegre, quero dizer-lhes de minha confiança pela vossa lealdade. Quanto a mim, podem ter a certeza de que meu lugar é aqui, a vosso lado. E aqui ficarei".

***

Brizola, contudo, só pôde ficar mais um mês na querência. Cinco mil soldados de todas as forças armadas, além de sua antes leal Brigada Militar, vasculhavam casa por casa de Porto

130 Tanto a manifestação como o discurso de Brizola foram totalmente censurados. A reprodução que aqui fazemos é uma tradução do jornal *Época*, de Montevidéu, edição de 4 de abril de 1964.

Alegre, à sua procura, com ordens inclusive de atirar para matar. Quase toda a resistência havia se desarticulado por ordem de João Goulart, que, ao chegar a Porto Alegre, vindo de Brasília, na madrugada do dia 2 de abril, recusou os clamores de Brizola e de Ladário Teles no sentido de fazer face ao golpe. Muita gente havia dormido na praça, desde aquele comício da prefeitura, no dia 31 de março; o governador Meneghetti tinha fugido, assustado, para Passo Fundo, e os comandos do III Exército aos poucos estavam sendo refeitos para desmantelar a rebelião. À uma reunião realizada na casa de Ladário, no bairro Higienópolis, perto do Hospital Militar, na manhã do dia 2, Jango parece ter chegado decidido a sustar qualquer veleidade de reação. Na verdade, esta era sua linha desde que rebentou o golpe em Juiz de Fora, a julgar pelas ordens que imprimiu a partir do Palácio Laranjeiras, quando ainda estava no Rio. Suas instruções eram para debelar a sedição, mas desde que não houvesse choques, segundo contou, em entrevista à revista *EleEla*[131], o general Assis Brasil: "O Presidente chamou-o (o general Moraes Âncora, comandante do I Exército), e também o ministro da Aeronáutica (brigadeiro Anísio Botelho), afirmando que ele não queria que houvesse choque de tropas; que parlamentassem, que jogassem boletins. Ele não queria derramamento de sangue. As coisas foram se desenvolvendo da maneira como todos sabem". Tal postura, naquele momento crucial, estimularia inevitavelmente a adesão e a capitulação, já em grande parte incentivada pelo descomunal aparato de mídia e publicidade do golpe e todo um clima psicológico artificialmente criado contra o Governo constitucional. Não deu outra coisa, como ainda relata Assis Brasil nesta entrevista: "O general Âncora me telefonou e disse: 'A situação está preta! O Norte já aderiu à revolução. Minas está toda revoltada. O batalhão que mandei daqui passou-se para o lado dos revoltosos. O batalhão de Barra do Piraí passou-se também para lá. As tropas de São Paulo já estão marchando. Colocaram a Academia

131 Reprodução sem data na página do general Assis Brasil: http://assisbrasil.org/argemiro/eleela.html

Militar na vanguarda'. Por outro lado, a posição do general Assis Brasil, o arquiteto do propalado *dispositivo militar* de Jango, era de franca capitulação, como ele conta nesta entrevista. Depois de mencionar que o Presidente o tinha deixado no Rio de Janeiro como retaguarda, o general afirma com todas as palavras: — Resolvi viajar também para Brasília. Antes de ir para lá, fiz uma reunião com os ministros militares e depois com os civis. O único que queria resistir era o da Marinha (Almirante Paulo Mário), justamente o que não tinha tropas. Mandamos embora as tropas do palácio para que não pensassem que queríamos resistir. Ficou só a guarda normal do palácio. Fui para Brasília, e o Presidente estava no aeroporto. Eram cerca de oito horas da noite e havia um avião da *Panair* do Brasil sendo preparado. Jango iria para algum lugar. Ao chegar ao aeroporto, antes de falar com Goulart, disse aos oficiais da Casa Militar que fossem para seus postos e passassem os cargos aos substitutos. Ninguém falou em resistência entre os meus auxiliares. Assis Brasil acompanhou Jango até o dia 4 de abril, quando o Presidente deposto chegou a Montevidéu: — Fomos recebidos pelas autoridades e alguns populares bateram palmas. Não havia muita gente. Receberam-nos muito bem. Quiseram entrevistas, mas eu me neguei. Fomos para uma casa que tinham preparado para Jango. Quando estava tudo no lugar, eu disse: — "Presidente, a minha missão está cumprida." Ele respondeu: — "Mas, Assis, se você voltar para o Brasil eles vão judiar de você." Eu insisti: — Sou soldado e tenho de me apresentar. Não quero ser considerado um desertor. Vou avisar ao Ministro da Guerra que vou voltar". No dia seguinte passei um Western (telegrama) avisando da minha chegada. Desembarquei no Brasil e fui preso. Aí termina meu episódio[132].

***

Tal não era a disposição de Brizola nem de Ladário. Eles achavam que uma firme reação do Rio Grande, como tinha acontecido em 1961, botaria abaixo o golpe. É verdade

132 Op. cit.

que o ambiente não era o mesmo. Havia o desgaste do Governo e do próprio Presidente, cuja política vacilante não impediu o aumento do custo de vida (a inflação ameaçava chegar aos 10% ao mês) e a massiva propaganda dos golpistas, dominando todos os meios de comunicação e da produção. Brizola tinha tomado Porto Alegre, o comando do III Exército, e já reorganizava a Cadeia da Legalidade, com várias rádios transmitindo sua voz para muitas partes do país. O povo também estava na rua. Mas todo esse entusiasmo tropeça no desalento do Presidente e do seu *dispositivo militar*. Goulart tinha chegado a Porto Alegre às 3h58m da madrugada do dia 2 de abril, acompanhado dos ministros Amaury Silva (Trabalho), Oswaldo Lima Filho (Agricultura), Wilson Fadul (Saúde), do general Assis Brasil, de Eugênio Caillard, seu secretário particular, e do coronel-aviador Ernani Fitipaldi, subchefe da Casa Militar para a Aeronáutica. No Aeroporto, a aguardá-lo, estavam o general Ladário Teles, já em posse do comando do III Exército, o brigadeiro Otelo Ferraz, o deputado Leonel Brizola, o prefeito Sereno Chaise, deputados estaduais e alguns correligionários políticos. Jango se dirige à casa do comandante do III Exército, onde fica hospedado, faz um pequeno repouso e, às oito horas da manhã, convoca Ladário, os generais, Brizola e outras lideranças políticas para avaliar o quadro.

***

Tem lugar uma tensa reunião, em que desatam as emoções daqueles que querem a resistência e dos que advogam a capitulação. Jango, no seu estilo calmo e comedido, ouve a todos sem muito interesse e, aparentemente, distante de toda aquela arenga. Na verdade, ele já havia mandado preparar o avião que o levaria para fora de Porto Alegre, dali a pouco.[133]

Aberto o debate, falam, inicialmente, os generais que, embora se dizendo legalistas, eram golpistas, tinham simpatia pela rebelião ou consideravam que a batalha estava perdida. Segundo o depoi-

133 Depoimento do coronel Ernani Fittipaldi ao autor, em 30 de agosto de 1993 e 5 de fevereiro de 2005.

mento de Ladário Telles ao escritor Hélio Silva[134], o general Floriano Machado, o primeiro a se pronunciar, disse que "julgava uma aventura qualquer resistência, pois, no Rio Grande do Sul, já não dispúnhamos de meios suficientes e, no resto do País, a situação estava completamente tomada pelas forças revoltadas".

Segundo ainda o depoimento de Ladário, "o deputado Leonel Brizola interveio nas declarações do general Floriano para dizer que, a despeito da sua dialética, não julgava a situação como era descrita, e que, a seu ver, havia condições e meios para a resistência". Falou depois o general Saraiva, que também se externou pessimista. Quando chegou a vez do comandante Ladário Teles, este disse: "Afirmei ao Presidente que discordava inteiramente dos meus camaradas. Julgava que dispúnhamos de meios suficientes para iniciar uma resistência". E explicou por que:

"As guarnições de Porto Alegre, São Leopoldo (a maior do III Exército) e Vacaria estavam fiéis; e, possivelmente, no resto do Estado poderíamos contar com outras unidades. A Brigada Militar, mediante decreto, se colocaria sob nosso comando. Ademais, dispúnhamos de 20 mil armas e cerca de seis milhões de tiros, que nos possibilitaria mobilizar muitas unidades".

Ladário diz ainda neste depoimento ter indagado, naquele momento, ao deputado Brizola "quanto tempo teria para colocar à minha disposição cinco mil homens. Poderíamos então, em seis horas, mobilizar dez Corpos Provisórios sob o comando de oficiais da Brigada Militar". Finalmente, Ladário faz um apelo aos brios de Goulart: "Além disso, V. Exa. é um homem do povo, nossa resistência aqui levantará a opinião pública do País e se tornará incontrastável".

— O deputado Leonel Brizola toma, então, a palavra — continua o relato do general Ladário Teles — para, energicamente, dizer que estava de pleno acordo comigo. Poderíamos e deveríamos resistir e, incisivo, acrescentou "organize aqui seu Governo, Presidente: Nomeie o general Ladário ministro da Guerra e, quanto a mim, só desejo que me entregue o Ministério da Justiça".

---

134 Op. cit.

Segundo outro relato, desta vez do coronel Ernani Fittipaldi, ex-ajudante de ordens de Getúlio Vargas e subchefe da Casa Militar de Jango, quando Brizola o viu na sala, e sabendo que não havia ninguém ali mais representativo da Aeronáutica, teria dito: "E nomeie o Fittipaldi ministro da Aeronáutica".

É aqui que o caldo engrossa, porque o general Adalberto Pereira dos Santos, que ouvia em silêncio as diversas ponderações, toma a palavra e diz: "Presidente João Goulart, o senhor é um líder neste país e não pode, como tal, aceitar a sugestão do deputado Brizola, porque, afinal de contas, ele é reconhecidamente um comunista, pelo povo brasileiro".

Brizola parte de dedo em riste para o general e pergunta: "Comunista, pelo povo brasileiro?"

Assustado, o general gagueja: "Bom, quer dizer, digamos, (considerado) pelas elites, pelas cúpulas?" Brizola lhe devolve: "Cúpulas de filhos-da-puta como o senhor, que, para conseguir esta estrela que está no seu ombro não me considerava comunista, porque veio me pedir para interceder junto ao Presidente e obter a sua promoção".

Arma-se o tumulto, que era a deixa que Goulart estava esperando para encerrar a reunião. Novamente tomemos o depoimento de Ladário para descrever a atitude de Jango: "O Presidente João Goulart já tinha sua decisão tomada e atalhou: 'Agradeço sua lealdade, general Ladário. Não desejo derramamento de sangue pelo meu mandato. Seguirei para algum lugar do País, onde aguardarei os acontecimentos. Não renunciarei, entretanto. Mande tomar as providências para me dirigir ao Aeroporto"'.

Ouvindo isto, o general comandante do III Exército concluiu: "Nesse momento, dei por encerradas minhas funções de Comando no III Exército. Nada mais havia a fazer. Determinei as providências para a partida do Presidente João Goulart e fui tomar café. Eram então 10 horas da manhã".

****

Brizola sentiu aquela atitude de Jango como uma paulada naquilo que chamava de forças progressistas. Jango frustrava, assim, mais uma vez, as oportunidades que lhe abriam "os setores mais autenticamente populares", como dizia. A primeira vez tinha sido ao aceitar o parlamentarismo, em 1961, quando tudo indicava que poderia assumir a Presidência da República, em seus plenos poderes: "Mas ele preferiu o caminho fácil e se tornou rainha da Inglaterra", costumava dizer Brizola.

A segunda oportunidade de ouro, no entender de Brizola, foi o plebiscito que botou abaixo o capenga parlamentarismo. O Presidente, graças sobretudo à luta e às articulações de Brizola junto às massas, aos sindicatos, aos militares nacionalistas, aos estudantes e aos políticos progressistas, havia precipitado a antecipação do plebiscito sobre o regime em três anos. Convocado a se pronunciar se desejava mantê-lo ou derrogá-lo, o povo deu-lhe um sonoro "NÃO" nas urnas, com nada menos de 82% dos votos.

O resultado constituiu, igualmente, uma consagração pessoal para Goulart, que ganhava assim um novo mandato popular. Com aquilo, acreditava Brizola, Jango poderia calar a boca da estridente oposição que lhe fazia a UDN, os conservadores e os golpistas, que já há tempos tramavam a sua derrubada. "Estavam todos derrotados. Era o momento exato de partir para as reformas de base. Mas o Jango, em vez de engajar-se nas reformas, embarcou no Plano Trienal para agradar ao FMI. Naquela hora decisiva, ele novamente dava as costas às forças populares, numa política suicida, pois jamais seria assimilado pelas classes dominantes[135]".

Com efeito, ao chegar a Porto Alegre, naquele fatídico 2 de abril, praticamente escorraçado pela cúpula política e militar do Rio e de Brasília, Jango é recebido com um grande aparato popular e militar. O povo tinha saído de suas casas, mobilizado por Brizola, para manifestar seu apoio ao Presidente. No Regimento que controlava o Aeroporto e a Base Aérea, um capitão, juntamente com vários sargentos, haviam prendido o general que se colocara a favor do golpe, e assegurado o pouso tranqüilo do avião presidencial, um Avro, da FAB. "Eles estavam em quatro tanques e fizeram questão de escoltar o Presidente até a casa do comandante do III Exército", conta o coronel Ernani Fitipaldi, que funcionou como co-piloto no vôo presidencial.

135 Frases extraídas de conversas informais de Leonel Brizola com o autor.

***

Aquela reunião resultou na imediata desmobilização da resistência. Pressentindo a disposição do Presidente em capitular, os revoltosos começaram a agir com a rapidez e a truculência de um raio. Baixaram o cacete nos manifestantes, inclusive matando alguns deles, e encheram as prisões. Leonel Brizola teve de sair escondido, pois sua cabeça já era posta a prêmio pela nova ordem. O prefeito Sereno Chaise, recebendo ordem do general Ladário Teles, que depois seria preso, foi à prefeitura para desfazer a manifestação que ocorria na praça em frente e silenciar a Cadeia da Legalidade.

Inconformado, Brizola embrenhou-se pelo interior à procura de levantar a população ou os militares contra o regime, mas encontrou a grande maioria conformada.

No Estado, o ambiente ainda era tenso. O tenente-coronel aviador, Alfeu Alcântara Monteiro, tentou impedir a posse do novo comandante, nomeado pelos golpistas, e foi assassinado com oito tiros, quatro pelas costas e quatro pela frente, na Base Aérea de Canoas, no dia 4 de Abril.

O coronel Alfeu tivera papel decisivo, com os sargentos e outros oficiais legalistas, em impedir que os jatos da base aérea bombardeassem o Palácio Piratini, em 1961, quando ocorreu o movimento pela Legalidade. Com a revolta dos sargentos, os oficiais golpistas não puderam levantar vôo e, quando tropas legalistas do 3º Exército ocuparam a base, eles fugiram para São Paulo.

Enquanto isso Brizola, usando diversos disfarces, visitou muitas casas não só no Rio Grande, como Santa Catarina, Paraná, São Paulo e até o sul do antigo Mato Grosso. Ele relatou algumas daquelas suas andanças ao jornalista e escritor Eduardo Galeano, numa reportagem para o jornal uruguaio *Época*, no dia 6 de maio de 1964, pouco depois de ter chegado a Montevidéu para o seu longo exílio:

"Decidi permanecer um mês na clandestinidade, não só para ter uma idéia de como iriam as coisas, como também para dar assistência, nestes momentos amargos, aos companheiros de nosso movimento, e ao povo. Percorri milhares de quilômetros, estive em centenas de casas. Onde quer que eu chegasse, era recebido como um filho, principalmente nos ranchos e nas casas humildes. Verifiquei que o povo tem consciência de tudo quanto ocorreu, uma vez vencida a perplexidade provocada pelos acontecimentos que se precipitaram tão surpreendentemente".

Sua base continuava a ser Porto Alegre, onde se hospedava na casa do vice-prefeito Ajadil de Lemos, a uma quadra do Palácio Piratini. Ainda tentou inutilmente algum meio de sublevação, até 4 de maio. No dia 3 de maio, o *Correio da Manhã*, do Rio de Janeiro, publicou, em manchete de primeira página, uma mensagem pungente, escrita do próprio punho, numa letra nervosa, em que se lia:

"Rogo ao Correio da Manhã *a publicação desta:*

"Encontro-me no interior do País. Percorri milhares de quilômetros, centenas e centenas de casas e ranchos. Aonde chego sou recebido como um filho. Todos sabem que o Governo mudou e que agora são os generais, grandes fazendeiros e comerciantes, e os velhos políticos que estão mandando.

Todos sabem que a vida, para o operário, para o agricultor e o camponês vai ser dura, e que pretenderão resolver a crise nas suas costas. Dizem: nada melhor do que um dia atrás do outro. Sabem que eu não sou comunista e não acreditam nesta história de comunismo. Quanto a mim, depois de tudo o que fizeram à minha família (invadiram e depredaram a minha casa), o que me resta senão o exílio e a luta clandestina? A violência não partiu de nós. Estes dias têm sido muito importantes para mim. E para o povo brasileiro, principalmente. Caíram as máscaras. Posso dizer ao menos que:

1) Em que pesem as difamações, nada fiz em minha vida que possa desmerecer a confiança que me dedicaram:

2) Deus não permitiu que medrasse o ódio no meu coração. Mas fez-me um homem mais determinado ainda:

3) Que os vencedores do golpe trazem no ventre o germe da sua própria deterioração: o ódio e os sentimentos de vingança.

Ninguém nos impedirá de servir ao nosso povo, de defender seus sagrados direitos e de libertar nossa Pátria da espoliação internacional. Seguirei, proximamente, para o Uruguai, onde me reunirei com minha família, Leonel Brizola".

Aqui termina uma fase conturbada da vida de Brizola para começar outra, ainda mais incerta e temerosa, o exílio, que ele previa fosse durar, no máximo, seis meses, mas que se prolongou por intermináveis 15 anos, cinco meses e três dias. É do que vamos começar a tratar a partir do próximo capítulo.

O EXILADO

XXXV — Chegada a Montevidéu

Estamos em 6 de maio de 1964, 37 dias após o golpe militar. Às 17 horas, quando começa a escurecer naquela fase de outono, Brizola chega à *jefatura* de polícia de Montevidéu para registrar-se como o mais novo exilado brasileiro. Assina os documentos de expatriado e experimenta, pela primeira vez, o acolhimento das autoridades e do povo uruguaios, que o tomam quase como um herói. A partir dali e durante os primeiros anos de desterro, vão tratá-lo com especial carinho, como à maioria dos brasileiros que lá já haviam aportado em igual situação.

Brizola ainda pegou um pouquinho do que era a chamada *Suíça Sul-americana*, epíteto dado àquele país, por causa de sua democracia vigorosa, dos altos índices sociais, da relativa estabilidade econômica, do desenvolvimento cultural e da amabilidade de seu povo. Não que o uruguaio seja uma gente conformista, pois é tão esquentada quanto qualquer hispânico. Entre 1839 e 1851, o país viveu uma guerra civil de 12 anos, por causa da sanguinolenta disputa entre os adeptos dos Partidos Nacional ou Blanco (conservadores) e Colorado (liberais), agremiações até hoje existentes. Também sofreu — e rechaçou invasões e dominações — por parte da Argentina, Inglaterra, França e também do Brasil, que chega a anexar o país a seu território a Província Cisplatina, entre 1821 e 1825.

A razão da qualidade de vida é atribuída ao alto nível educacional da grande maioria da população e, na época, às boas cotações dos produtos de sua exportação, principalmente a carne, a lã e a madeira, no mercado exterior. Para citar um exemplo, a constituição estabelecia a obrigatoriedade e gratuidade do ensino para os alunos de nível médio e secundário, numa época em que no Brasil mal se iniciava na universalização do ensino primário. Outro exemplo: a lei do divórcio data de 1907, promulgada 70 anos antes da brasileira, adotada em 28 de junho de 1977. O país orgulha-se igualmente de ter sido o primeiro a criar seu sistema previdenciário na América do Sul.

Os uruguaios têm ainda uma verdadeira obsessão pelas práticas democráticas. Em 1951, temendo que o sistema presidencialista levasse de algum modo à ditadura, eles emendaram a Constituição para que o poder fosse exercido por um Conselho Nacional de Governo. Tal conselho era constituído de quatro membros, eleitos diretamente, a cada quatro anos, com todos os seus integrantes alternando-se na presidência, com um ano de mandato cada. Quando Brizola e Jango lá chegaram, em 1964, presidia o país o conselheiro Luís Gianasttasio, engenheiro e empresário, filiado ao Partido Blanco.

A partir de 1966, quando retorna ao sistema presidencialista, com o general Oscar Gestido, do Partido Colorado, eleito pelo voto direto, o Uruguai passa a viver uma situação econômica difícil, decorrente, sobretudo, da queda vertiginosa dos preços de suas exportações. Uma onda de greves e protestos sindicais que depois desembocam na guerrilha urbana, liderada pelos Tupamaros, vai, aos poucos, empurrando o país para o endurecimento político. Paralelamente, a contaminação autoritária, provocada pela queda da democracia nos países vizinhos — Brasil, Bolívia, Argentina, Chile e Peru — transforma aquele regime num dos mais reacionários e truculentos do mundo, segundo o relatório da Anistia Internacional de 1976.

Em maio de 1964, porém, tudo ainda são flores para os recém-chegados exilados brasileiros. Quando Brizola ingressa no país, ele vira manchete internacional. Os jornais fotografam-no ainda vestindo o que parece ser a farda de major da Brigada (Polícia) Militar gaúcha, o disfarce com que driblou as forças da repressão brasileira.

Dois dias antes, o pequeno avião (um Cessna de propriedade de João Goulart, pilotado por Manoel Soares Leães, o Maneco) que o trouxera numa fuga rocambolesca do balneário de Cidreira, norte do Rio Grande do Sul, tinha aterrissado em Sarandi Grande, no departamento da Florida, a 60 quilômetros de Montevidéu.

O pouso em Sarandi, um nome, aliás, muito grato a ele, pois lembrava sua experiência revolucionária de reforma agrária no Rio

Grande (Fazenda Sarandi), representou a sua primeira sensação de liberdade. Finalmente, ele tinha varado o cerco da polícia da ditadura e conseguido chegar a um território amigo. Antes disso, consumira várias noites em preparativos, cotejos e simulações da fuga, que ocorreu na manhã do dia 4 de maio.

***

Desde que submergira na clandestinidade, em 2 de abril, Brizola quase não tinha tido mais sossego. Na primeira semana, foi obrigado a dormir em uma casa diferente todos os dias. Várias vezes escapou, por pouco, de ser preso ou assassinado. As casas de amigos e parentes por onde andou, depois descobertas por uma polícia odienta e adestrada na caça aos inimigos do regime, foram saqueadas e depredadas. A casa de João Fidelis Ramos Coelho, onde ele passou a primeira noite, foi metralhada pela madrugada, quando a família dormia. Até mesmo a residência da mãe, dona Oniva Brizola, localizada na distante cidade de Carazinho, no centro do Estado, foi revirada pelo avesso numa das ações dos órgãos de repressão.

Lá pelo dia 9 de abril é que ele consegue um refúgio mais ou menos seguro. Foi num apartamento da rua Duque de Caxias, 1327, a uma quadra do Palácio Piratini, que, por ironia, era guardado por forças do Exército, temerosas justamente de um ataque de forças brizolistas. Lá residia o advogado e vice-prefeito deposto de Porto Alegre, Ajadil de Lemos, que morava sozinho com a esposa Lenir Pezzi Culau. O casal era dos militantes trabalhistas da absoluta confiança do ex-governador.

Apesar de todos esses sobressaltos, Brizola continua a mil por hora. Desse refúgio, providencia a retirada da esposa Neusa e dos filhos, do Brasil, enviando-os para Montevidéu, em 23 de abril, tarefa da qual incumbe o ex-deputado Wilson Vargas. Vargas também é o emissário de Brizola junto a Jango e a Maneco para encaminhar os planos do ex-governador de ele também partir para o Uruguai.

A chegada de Neusa ao Uruguai constituiu um acontecimento à parte. Ela desembarca de chofre em Montevidéu, às 14h50m do dia 23 de abril. Toda a imprensa uruguaia é tomada de surpresa. Coincidentemente, os jornalistas estavam no Aeroporto de

Carrasco, aguardando a chegada dos jogadores do time Nacional, inicialmente prevista para as 15 horas, que deveriam embarcar para um jogo em Assunção, no Paraguai. Vestindo um tailleur verde e portando óculos escuros, aquela mulher esbelta e altiva, no seus 43 anos, puxando pelas mãos os três filhos menores, assoma na ala internacional.

Havia dias os jornais uruguaios e do mundo inteiro, menos os do Brasil, afundado nas trevas da censura absoluta, vinham especulando sobre o paradeiro de Brizola e sua família. Desde 2 de abril, quando comandou o último comício de resistência ao golpe, em Porto Alegre, ele mergulhara na clandestinidade. Só se sabiam dos lugares por onde havia andado e que a casa da família fora saqueada pela polícia. Mas nada se comentava de nenhum dos Brizola.

Entendia-se a ansiedade dos repórteres que cobriram de perguntas a mulher de Brizola:

— Seu marido já está no Uruguai, correto?

— Acho que não, pois faz dias que não o vejo e não sei de seu paradeiro.

Neusa Brizola, que não quer encompridar a conversa com os jornalistas para não comprometer os planos de fuga do marido, aproveita para dar um recado ao regime brasileiro: "Venho ao Uruguai porque este é um país onde se respeitam as liberdades individuais das pessoas, sejam públicas ou privadas". Antes, explicara aos jornalistas que ela e os meninos só vieram com a roupa do corpo, pois os militares não lhe permitiram trazer mais do que duas pequenas malas contendo objetos pessoais.

O ex-deputado Wilson Vargas, que escoltou Neusa e os filhos até Montevidéu, e que já havia acertado com Brizola os planos desta para a fuga ao Uruguai, também teve de observar contenção verbal. Limitou-se a dizer aos jornalistas que Brizola estava bem e que, em breve, mandaria ou, no caso, traria, pessoalmente, as notícias.

***

Enquanto isso, de seu esconderijo privilegiado próximo à Praça da Matriz de Porto Alegre, Leonel Brizola trabalha intensamente. Ao lado dos cuidados com a família, não negligencia as ações políticas, mesmo naquela situação de fugitivo altamente perseguido. Esse período que vai do ingresso na clandestinidade, em 2 de abril até 4 de maio, quando embarca para o exílio, é ainda uma zona de sombras. Ninguém sabe ao certo de suas atividades. Ele contou, ao chegar ao Uruguai, que costumava sair do apartamento, pela madrugada, em viagens pelo interior do Rio Grande e por outros Estados, chegando a atingir o Mato Grosso. Nessas viagens, onde corria sérios riscos de ser agarrado, preso ou morto pela polícia, ele buscava desesperadamente uma forma de organizar algum tipo de levante contra o regime. Com o tempo, convenceu-se da inutilidade daquelas tentativas. Decidiu então deixar o país ou entregar-se às autoridades.

Esta última hipótese implicava um grande risco de vida, já que a polícia tinha iniciado os justiçamentos e as torturas de milhares de adversários. Previu-se que, se optasse por essa hipótese, ele se entregaria aos deputados, numa sessão da Assembléia Legislativa, em Porto Alegre, diante de toda a imprensa. Iria incógnito pela madrugada para um dos gabinetes dos deputados petebistas e de lá sairia, num dado momento, para se apresentar e ser preso, no meio da sessão ordinária. Mas a idéia revelou-se igualmente arriscada, pois havia o perigo de um metralhamento por parte da polícia e a matança de muita gente.

A segunda hipótese era uma fuga através do Aeroporto Salgado Filho. Um avião sem prefixo, enviado por um amigo de algum ponto do país ou do exterior, pousaria de súbito, simulando pertencer ao serviço secreto do Presidente da República. Brizola o esperaria no meio da pista, onde seria embarcado. Esta hipótese foi também descartada, porque a FAB, cuja base aérea ficava em Canoas, próxima a Porto Alegre, poderia perseguir e abater o avião, em pleno ar.

Prevaleceu, finalmente, a fuga pelo norte, uma região menos vigiada, porque longe da fronteira. Foi escolhida a praia de Cidreira, um recanto distante cem quilômetros da capital e quase desabitado na época, pois ainda não tinha sido descoberto pelos turistas. No dia 4 de maio, às três horas da madrugada, Brizola deixa o apartamento da Duque de Caxias, no banco traseiro do *Aereo Willys*, um automóvel muito em voga na época, conduzido por Lenir, que tinha a seu lado, na parte dianteira, o marido Ajadil de Lemos. Brizola ficou no lado direito do banco traseiro.

Brizola usou como disfarce um uniforme de oficial da Brigada Militar depois de ter rejeitado a batina que lhe havia sido oferecida por um padre amigo da Igreja Católica. O motivo da rejeição é prosaico: "A batina exalava um cheiro terrível de CC, que não suportei usar por mais de dois minutos", disse ele numa de suas várias conversas com o autor deste trabalho.

Talvez tenha partido daí a intriga que lhe pespegaram os adversários de que tivesse "fugido de saia para o Uruguai". A operação de fuga previa uma primeira parada, às 03h20m, no hospital do bairro Moinhos de Ventos, onde deveria esperá-lo o piloto campeão de *baratas* (carros próprios para correr em areia), José Azmud, que conduziria Brizola até o local combinado onde pousaria o avião de Jango, pilotado por Maneco Leães, vindo de Punta Del Este. O percurso era de cerca cem quilômetros, mas, de carro, durava mais de quatro horas, pois a estrada era de areia pura.

Ocorre que o piloto de *baratas* não apareceu no horário marcado (a combinação era de um esperar pelo outro durante cinco minutos, uma vez que seus relógios haviam sido acertados antes para garantir a pontualidade). Brizola ainda esperou mais cinco minutos e decidiu, com Ajadil e Lenir, tocar para frente, no mesmo Aéreo Willys. A segunda etapa do plano incluía a entrada em cena de uma família de parentes de Ajadil, que, viajando num fusca, portavam roupa de banho, varas de pescar, anzóis e comida, para dar a impressão de estarem fazendo turismo. Essa família se juntou aos viajantes do Aéreo Willys, como previsto, numa localidade ao longo do trajeto.

Os dois carros seguiram tranqüilos na viagem até chegar a um ponto cerca de 20 quilômetros da cidade de Cidreira. Lá o Aéreo Willys, que havia se distanciado do fusca, sofre uma pane e não mais consegue dar partida. O jeito foi esperar a passagem do fusca, que acabou levando Brizola ao local combinado, um pouco além de Cidreira e já a meio caminho da praia do Pinhal. Ajadil acompanhou Brizola com o parente que dirigia o fusca, deixando a esposa e os outros junto ao Aéreo Willys.

Eram mais ou menos sete horas, quase 30 minutos antes da hora aprazada com Maneco Leães. Este tinha saído duas horas e meia antes, num vôo escuro a partir do Aeroporto de Punta Del Leste, com a permissão oficial de fazer um vôo até um pouco antes da fronteira com o Brasil, no norte do país. Quando entrou em território brasileiro, Maneco teve de voar a pouco mais de 20 metros de altitude para evitar ser detectado pelos radares.

Ao se aproximar do local, o piloto só vê um carro e não os três acertados antes na operação: o do piloto de baratas, que não apareceu; o Aéreo Willys de Ajadil, que quebrou; e o fusca dos parentes deste. Os dois últimos carros deveriam estar de frente um para o outro e com as portas abertas e os faróis ligados. Mas só havia o fusca e como este estivesse de portas abertas e com as luzes acesas, Maneco, um tanto tarimbado em matéria de furos nos planos, resolveu arriscar, não sem antes fazer um vôo rasante, no qual reconheceu Brizola, que lhe acenava em cima de um dos cômoros (dunas) de areia. O avião parou ali perto, embarcou Brizola e tomou o rumo de volta, descendo um pouco antes, porém, em Sarandi Grande, a cerca de 80 quilômetros de Montevidéu. De Sarandi, Brizola seguiu direto para Solymar, a 25 quilômetros da capital, onde se hospedou no chalé Vicentina, de propriedade de seu amigo João Alonso Mintegui, um brasileiro casado com uruguaia e que havia exercido posto importante na embaixada brasileira durante o governo Goulart. Fazia parte do plano, como forma de driblar os serviços de informação do Brasil, que Brizola mergulhasse no interior, antes de chegar a Montevidéu. Era também uma forma de preservar a incolumidade do piloto Maneco, igualmente um exilado residente naquele país, e do próprio Jango, patrão de Leães e dono do avião. Assim Brizola fica dois dias em Solymar, onde não faz a barba para que, quando chegue a Montevidéu, dê a impressão de que estava vindo direto do Brasil.

No segundo dia de Solymar, Brizola recebe a mulher Neusa e os três filhos. Ele tinha visto a esposa, uma semana antes da partida desta para o Uruguai, numa outra operação logística de alto risco, envolvendo amigos e parentes dos dois lados do casal. A operação deu certo e os dois acabaram passando uma noite juntos, matando a saudade de quase um mês de separação. Brizola, porém, não pôde ver nenhum dos filhos desde o dia 2 de abril.

João Octávio Brizola, o filho do meio, na época com 11 anos, contou, em depoimento ao autor, em Montevidéu, como tomou conhecimento da chegada do pai:

— Um dia, a mãe nos chama a todos para almoçar fora, num restaurante, com o Sr. Mintegui. Percebo que eles cochicham. Noto minha mãe visivelmente alterada. Chego a pescar uma ou outra expressão, algo assim "Ele vem mesmo? Está tudo certo?" Nós vivíamos uma paranóia, porque o destino do meu pai não estava nada claro. As especulações abundavam, o que nos dava muito medo. Temíamos que o agarrassem ou mesmo matassem. Como a conversa em voz baixa da mãe e do Mintegui continuasse, indagamos a ela, peremptórios:

— O que está acontecendo?

— Nós vamos encontrar o pai daqui a pouco.

"Houve espanto geral", continua João Octávio, "e poucas explicações. Dali a uns minutos e já com todo mundo impaciente, porque o almoço se prolongava indefinidamente, com o restaurante já se preparando para fechar, desce um senhor de um carro e avisa: "Está na hora. Vamos para lá". E lá encontramos meu pai bem, feliz por estar em liberdade e com a barba grande".

***

De Solymar, os quatro embarcam num carro para Montevidéu, parando em primeiro lugar na *Jefatura de Policia*, para apresentar-se às autoridades. Alertada, a imprensa comparece em peso ao local, mas Brizola pede para falar somente às 20 horas, no Hotel Lancaster, onde já está hospedada sua família. Antes faz um galanteio com os uruguaios: "Quando se busca a liberdade, todos os caminhos levam ao Uruguai".

Agora ele quer curtir a cidade, vê *la gente* montevideana abraçar as centenas de brasileiros asilados, que vão acolhê-lo e com ele desencadear a resistência ao golpe no Brasil. Ao sair da delegacia, ainda mal acreditando que está de volta à civilização, Brizola faz um passeio a pé pela Avenida 18 de julho, a principal da cidade.

De mãos dadas com Neusa e puxando pela outra mão os três filhos pequenos (José Vicente, 12 anos; João Octávio, 11; e Neusa Maria, 9), ele respira fundo o ar ameno daquela cidade, de arquitetura e clima europeus. É o momento de saborear o primeiro dia de plena liberdade, depois de mais de um mês escondendo-se e escapando das armadilhas que lhe lançavam as onipresentes forças policiais da ditadura.

Na entrevista com os jornalistas, ele faz questão de, em primeiro lugar, agradecer a acolhida do povo e do Governo uruguaios: "Aqui me encontro vivendo a hospitalidade tradicional deste país, como na minha própria casa. Ambos, povo e país, podem ter a certeza de que sou exatamente o mesmo: hoje, como perseguido político e ontem, como governador do Estado do Rio Grande do Sul. Continuo sendo o amigo leal, o cidadão latino-americano que sempre lutou pelo entrelaçamento destes dois povos. Nas horas difíceis do Uruguai, quando das inundações de 1959, como governador. Sou exatamente o mesmo, o amigo de sempre".[136].

***

Apesar do cansaço e do cuidado com as palavras para não infringir as leis de asilo, Brizola mostra-se determinado. Demonstra que quer começar logo o esquema para derrubar o regime em seu país e sugere que a luta não será longa. Estava convicto de que "a Nação havia sido surpreendida pelo golpe e logo começaria a esboçar uma reação"[137]. Seu otimismo era tal que o prazo do contrato de aluguel do apartamento para morar com a família, em Montevidéu, é fixado em apenas seis meses. No seu empirismo, ele ainda não havia aquilatado a dinâmica e a complexidade dos tentáculos que haviam imposto aquele regime no Brasil e que, dali a pouco, se iriam espraiar por quase todo o continente latino-americano.

"A todos nós, democratas e patriotas, não nos resta outro caminho senão o exílio e a luta clandestina", diz ele, acrescentando: "(No Brasil) não houve revolução e sim um golpe de Estado"; e que

---

136 *Jornal EL País*, pp. 1e 4, Moutevidéu, 7 de maio de 1964.
137 KUHN, Dione. *Brizola — da Legalidade ao Exílio*, p. 104. Porto Alegre: RBS Publicações, 2004.

"lá não há mais democracia, porque se instituiu um regime totalitário, um poder militar que anulou todas as instituições e a ordem jurídica: o Poder Judiciário está atuando sob pressão das armas e o Parlamento foi esmagado, sem levar em conta o pronunciamento popular".

Depois de frisar que os milhares de dirigentes sindicais estudantis e políticos detidos no território brasileiro dão o tom preciso da repressão golpista, Brizola assinalou que esta campanha reconhece os mesmos vilões do "anticomunismo" que definem "a massiva campanha de publicidade que antecedeu o golpe, e na qual este buscou justificar-se, atemorizando o povo com o perigo comunista".

Nessas declarações reproduzidas pelo jornal uruguaio *Época*[138], de 7 de maio de 1964, Brizola ainda constata: "Isto é uma grande farsa. No Brasil, não há perigo comunista: os que se empenham na transformação do Brasil e em sua liberação da exploração imperialista não são comunistas. Eu não sou — nunca fui — mas tampouco fiz do anticomunismo um negócio".

***

Gradativamente, no entanto, Brizola vai sentindo a dimensão de todo o problema, inclusive social, que vivem centenas de patrícios asilados, numa terra hospitaleira, mas estranha aos hábitos brasileiros, a começar pela cor da pele, de maioria européia, e da comida, muito insossa para o seu paladar, sem falar no frio de rachar. São centenas de homens, mulheres e crianças arrancados de seu *habitat* natural e arremessados numa terra distante, falando uma outra língua, aparentemente parecida com a sua, mas para eles quase ininteligível. Estão sem emprego, desorientados, aturdidos. A uni-los, só a esperança de voltar à pátria o mais breve possível. Neste contexto, a presença do líder antigolpista, com seu carisma e vontade férrea, poderia imprimir um rumo mais seguro às incertezas e desavenças daquele aglomerado de sentimentos e tendências díspares. Brizola ainda sentia o peso da responsabilidade de, sem

138 *Brizola exilado: la lucha continua*, jornal Época, pp. 1 e 14, 7 de maio de Montevidéu 1964.

grandes recursos, dar sustento a grande parte daquela gente, na maioria de classe média, que estava passando necessidade.

É aqui que o exílio exibe sua face mais cruel, mesmo para homens curtidos na luta, como Brizola. Sua mulher, Neusa Goulart, filha de rico estancieiro, irmã de Presidente da República, ex-primeira dama do Estado, e que nunca tinha ido para a cozinha, viu-se de repente obrigada a fazer sopa para às vezes 300 pessoas. E pessoas, na maioria, impacientes, decepcionadas com seu destino e difíceis de contentar. Ela nunca mais teve saúde. Os três filhos do casal sofreram traumas que depois perduraram e foram impiedosamente explorados pelos adversários: "Ficamos com a minha mãe num hotelzinho de Montevidéu. Minha mãe rezando o terço, a gente rezava terço todo dia, pedindo para o meu pai ficar bem. Minha mãe fazia todo mundo ir à igreja todo dia. Para mim foi como se tivesse ido dormir como princesa e acordasse como sapa[139]", conta Neusinha Brizola.

***

Todo aquele drama não constituía empecilho para o nosso indômito guerreiro, que aportou no Uruguai com todo o seu ímpeto físico e vigor intelectual. Dá de cara, porém, com uma massa heterogênea, no que diz respeito a tendências ideológicas, formas de luta e, sobretudo, muito voluntarismo, para não falar no excesso de vaidades dos exilados. Para agravar o quadro, as diferenças de concepções de luta contra o golpe que o separavam do cunhado e ex-presidente João Goulart, só tendiam a adensar-se e impedir qualquer ação conjunta dos dois líderes.

Nem a solução simples da criação do governo no exílio, como forma de facilitar o reconhecimento e a ajuda internacional, chegou a ser possível, porque sempre se esbarrava na dualidade de lideranças. Quem seria o chefe desse Governo, Brizola ou Jango? Enquanto o primeiro pressionava pela organização da luta armada, Jango trabalhava em torno de uma saída política pacífica, a partir das dissidências

139 *A morte de meu pai foi uma surpresa* — Entrevista com Neusinha Brizola, Isto é / Gente, nº 256 — http://www.terra.com.br/istoegente/256/entrevista/

que, com o tempo — acreditava —, surgiriam, inevitavelmente, entre os militares e políticos que o haviam defenestrado.

Por outro lado, o romantismo dos rapazes de Sierra Maestra, que haviam posto abaixo, cinco anos antes, o regime despótico de Fulgencio Batista, estabelecendo um governo socialista em Cuba, dominava os corações e mentes. Tal apelo não atraía somente os jovens, mas também os mais experientes, aí incluídos os intelectuais, fascinados pelo exemplo heróico dos cubanos. Ninguém resistia ao charme da boina do Che ou ao charuto de Fidel. Os dois jovens revolucionários, o primeiro, com 31, e o segundo, com 32 anos, haviam derrotado o Tio Sam, ali nas suas barbas, a menos de 90 milhas de Miami. Havia ainda a mística do Vietnã, uma nação paupérrima e camponesa, que vinha impingindo humilhantes perdas ao mais pujante dos exércitos. E quem ganhava a guerra? Os esmolambados guerrilheiros de Ho Chi Minh.

Ocorre que a topografia, as dimensões continentais e as enormes complexidades do Brasil não são as mesmas das de Cuba, uma ilha quase 80 vezes menor — tampouco do Sudeste Asiático. Brizola, um romântico incorrigível e admirador de Fidel Castro e de Che Guevara, havia comandado uma rebelião, a da Legalidade, e conhecia bem a topografia e a história de nossas revoluções. Por isso, insistiu na linha de sublevação popular-militar, através da mobilização do povo e da sensibilização dos militares. A tese brizolista, que se inspirava nas raízes das lutas gaúchas, que, entre outras conquistas, culminaram na vitória da Revolução de 1930 e na própria Legalidade, não sensibilizavam muito aquele grupo estridente, ansioso por ações rápidas e fulminantes. Uma sublevação armada, além de lenta e complexa, redundaria noutro *putsch* burguês, para novamente relegar o socialismo ao segundo plano, argumentavam os defensores da guerrilha. Estes se entusiasmavam cada vez mais com a teoria do *foco*, desenvolvida pelo francês Régis Debray. Debray, que teve uma vivência em Cuba, e se transformara no grande filósofo da libertação da América Latina. Não importa que, anos mais tarde, o escritor se tivesse convertido num burocrata bem comportado no governo socialista de François Mitterand, na França, a partir de 1981.

O resto da história, todo mundo conhece, Che Guevara saiu pelo mundo tentando levantar os povos oprimidos, mas acabou crivado de bala, juntamente com seu grupo fechado e distante da população, pelas forças de segurança do general René Barrientos, presidente da Bolívia, em 8 de outubro de 1967.

***

Os exilados brasileiros viviam, assim, uma situação delicada, que exigia muito tato e inteligência. De índole arrebatada, mas que aos poucos se amoldava aos reveses e atropelos daquela época de incertezas, Brizola logo ganhou uma ascendência sobre os demais exilados, inclusive Jango.

Nesta condição de líder de fato no exílio, ele recebe a maioria dos brasileiros que desembocam no Uruguai. Estes vêm em busca de alternativa para o regime militar instalado no Brasil. São perseguidos políticos, militares cassados, integrantes do movimento dos suboficiais e marinheiros que ainda não foram punidos, ou simples idealistas que não se conformam com o quadro brasileiro. Brizola, a seu ver, é o único líder com embocadura para peitar a ditadura.

Mas o quadro vai se tornando cada dia mais adverso. A ditadura tem uma força descomunal, porque sustentada pelo complexo industrial — militar dos Estados Unidos. Ela praticamente isola todos os seus inimigos no pequeninho Uruguai. Brizola mal consegue driblar a censura, enviando mensagens radiofônicas a seus adeptos no Rio Grande do Sul e em alguns poucos Estados, então submetidos aos rigores da repressão mais irascível já registrada em nossa história. Nessas mensagens, ele anuncia que estará de volta ao Brasil antes do fim do ano de 1964, na crista de uma insurreição popular, a partir do território gaúcho. Esta promessa, no entanto, nunca será cumprida, porque ele voltará, sim, mas pela anistia política, depois de intermináveis 15 anos de desterro.

A inexorabilidade do tempo vai aos poucos estreitando a base de apoio de Brizola até tornar-se de todo impotente. É crescente o cerco das forças repressivas, que prendem ou botam para correr suas principais lideranças. Os *Grupos dos 11*, cuja eficiência poderia ter sido maior se dotados de uma maior organicidade e tivessem sido criados no início do governo Goulart, como fez Hugo Chávez, na Venezuela, com seus Comitês Bolivarianos, estavam todos fora de combate.

Brizola ainda não se dá por vencido. Cuida de estreitar contatos com representantes internacionais, como os de Cuba, Argentina, Argélia, e de outras nações defensoras da autodeterminação dos povos. O serviço secreto brasileiro[140] diz que ele ainda elaborou um *Livro de Ouro* para angariar recursos financeiros no Brasil e no exterior, e um *Regulamento Revolucionário*, com dez mil exemplares, impressos em Montevidéu.

Os problemas maiores *interna-corporis* provocam outros incômodos. Os exilados não se entendiam em torno de uma plataforma comum. Estavam divididos em três campos diferentes: 1) os que defendiam a luta guerrilheira, ou o foquismo, tese esposada pelos intelectuais e estudantes, e parte dos políticos; 2) os que pleiteavam a insurreição popular-militar, caso de Brizola e seus seguidores mais próximos; e 3) os que preferiam a saída pela negociação, caso de João Goulart e seus adeptos.

***

Otimista incorrigível, Brizola não perde tempo e se lança, de forma um tanto atabalhoada, à arregimentação para sublevar o Rio Grande do Sul e de lá para uma ação mais abrangente visando Brasília. Sua tese de luta armada popular se traduzia em ataques a determinados quartéis do Exército, da Base Aérea de Canoas, guarnições da Marinha e da Brigada Militar. Estas ações deveriam ocorrer simultaneamente com a realização de manifestações populares de protestos nas principais cidades. Se empolgassem a população, estas manifestações culminariam com o retorno do líder trabalhista ao Brasil. Os planos iniciais previam que ele viajaria para Porto Alegre, de onde tomaria o rádio para conclamar o país a se rebelar, como o fez em 1961.

Mas o moral entre os exilados e os opositores do *nouveau régime* era pouco promissor. Brizola se depara com aliados desunidos,

140 *Terrorismo nunca mais.* Site na Internet: http://www.ternuma.com.br/historia.htm.

as dificuldades se amontoam. Entre eles impera a inexperiência, a dificuldade de comunicação, a falta de cuidado com o sigilo, a improvisação. Há ainda as depressões de caráter pessoal e a falta de autoconfiança que, a par da eficiente espionagem da ditadura, anulava qualquer ação de grande vulto. Em contrapartida, os adversários ganhavam cada vez mais terreno e, ao final do primeiro mês de regime, já constituíam um grupo monolítico empalmando todo o país.

No Brasil, a perplexidade entre os militantes não era menor, por causa da ação fulminante das forças da repressão. Em conseqüência, as operações rebeldes se arrastavam indefinidamente. Com prisões indiscriminadas, torturas e assassinatos, estas forças, numa operação conjunta das três armas e as polícias militares, inviabilizavam qualquer plano preparado em Montevidéu.

Segundo Betinho, o sociólogo Herbert de Souza, que depois se tornaria famoso pelas suas campanhas de combate à fome, havia esperança de uma reviravolta: "No clima lá (no Uruguai), principalmente com o entusiasmo do Brizola nos primeiros meses, a gente achava que tinha jeito. Com o passar do tempo e o andar da carruagem, a insurreição nunca saía[141]".

Tal quadro impacientava os exilados mais afoitos, sobretudo os militares, sequiosos de ações e resultados imediatos. Um desses grupos, constituído de cerca de 25 pessoas, e liderado pelo coronel do Exército Jefferson Cardim Osório, resolve agir por conta própria. Sem o menor preparo, parte para uma investida sobre o Rio Grande e toda a região Sul. Isto ocorre no dia 18 de março de 1965. O objetivo era fazer uma ação de grande repercussão para estragar as festas de comemoração do primeiro aniversário do Golpe, em 31 de março. Eles saem do Uruguai de táxi e, entrando no Rio Grande, começam a atacar na cidade de Três Passos, no norte do Estado. Lá ocupam, pela madrugada, a Rádio da Difusora, e às seis horas da manhã, divulgam um manifesto à Nação, quando todo mundo estava dormindo. De Três Passos, a coluna segue em direção ao Norte, atravessando todo o Estado de Santa Catarina e chegam a Francisco Beltrão, perto de Foz do Iguaçu, no Paraná. No trajeto, assaltam

141 SOUZA, Hebert de, *No Fio da Navalha*, Depoimento a Emir Sader, Fernando Molica, Franklin Martins, Marceu Vieira e Suely Caldas. Rio de Janeiro: Revan, 1996.

alguns quartéis do Exército e da Polícia, apreendendo algumas munições. A idéia era seguir até o Mato Grosso, onde pretendiam reunir-se a outra coluna de militares rebeldes vindos da Bolívia.

Em Francisco Beltrão, tentam assaltar uma agência do Banco do Brasil, mas são informados pelo gerente de que a chave do cofre não estava com ele. Eles vão embora, de mãos abanando. Depois de muitas peripécias e combates com a polícia, o Exército e a Aeronáutica, os invasores são batidos e presos. Os embates provocam a morte do 3º sargento Carlos Argemiro Camargo, da Companhia do Exército, sediada no município de Francisco Beltrão. O incidente dá forte munição à publicidade da ditadura para desmoralizar e ridicularizar a ação dos exilados. Humilhados, Cardim e o sargento Albery Vieira dos Santos Júnior resolvem pôr a culpa do fracasso da operação em Brizola. A versão é categoricamente desmentida por todos os grupos de exilados, mas, mesmo assim, se transforma em poderosa peça de propaganda contra os movimentos rebeldes.

Betinho de Souza explicou: "O Jefferson Cardim foi por conta dele mesmo, porque o Jefferson era um cara completamente tresloucado, que, depois de ter participado de várias tentativas, com várias datas desmarcadas da insurreição, resolve fazê-la por conta dele".

A repercussão negativa desse episódio, provoca profundo abatimento entre os exilados, que se sentem cada vez mais tentados pela tese da guerrilha. Pressionado inclusive por Cuba, cujo governo condiciona o financiamento das operações a uma experiência guerrilheira, Brizola resolve ceder. Conta Betinho: "O Brizola disse: olha, vamos fazer o seguinte, vamos decidir isso. Eu sigo na insurreição e vocês fazem a guerrilha".

A capitulação de Brizola à tese guerrilheira, por suas implicações em todo o cenário, merece um capítulo especial, que o leitor vai ler no próximo segmento.

XXXVI — A opção guerrilheira

O recurso à guerrilha foi uma das decisões mais dramáticas de sua vida. Aqueles que o conheciam de perto a atribuem a um ato de quase desespero. Eles sabiam de suas restrições a qualquer movimento que não envolvesse um mínimo de motivação popular. Mas reconhecem que, naquele estágio, com o fracasso de várias tentativas para levantar o Rio Grande e o cerco que se apertava cada vez mais contra os movimentos de libertação, não havia outra opção.

Quando voltou do exílio, 14 anos depois, Leonel Brizola ainda insistia em seu ponto de vista:

— Nunca acreditei — disse — na ação guerrilheira como processo de luta possível contra o regime no Brasil, por sua inviabilidade. Não acredito em guerrilhas no Brasil nem na América Latina, que são uma espécie de grande ilha rodeada não de oceanos, mas de controle militar. Nesse processo de guerrilha faltaria retaguarda[142].

Mas o fato é que, na época, as pressões eram muitas e ele tinha de indicar uma opção. Antes de tomar qualquer decisão, chamou ao Uruguai o deputado cassado e jornalista Neiva Moreira, que estava na Bolívia, trabalhando com o governo progressista de Victor Paz Estenssoro. Naquele final de 1964, Estenssoro tinha acabado de ser deposto por um golpe militar, "muito à brasileira, com mulheres nas ruas exorcizando os comunistas", no dizer do parlamentar. Neiva Moreira era um dos brizolistas da pesada, desde a Campanha da Legalidade. Atuou em várias ações com Brizola, como secretário-geral da Frente Parlamentar Nacionalista, nas pressões junto a Goulart e nas articulações para conter o golpe.

Ele estava presente, inclusive, no atentado a Brizola, em Belo Horizonte, pouco antes de deflagrado o movimento militar. Foi no dia 25 de fevereiro de 1964, quando a polícia, já em plena conspiração contra o governo Goulart, juntamente com um grupo de provocadores e senhoras de terço na mão, tentou impedir uma manifestação brizolista. O plano, comandado pelo general José Lopes Bragança visava, na verdade, de acordo com o relato de Neiva, matar Brizola e, depois, numa outra oportunidade, João Goulart.

— No começo da tarde, conta Neiva, piedosas senhoras vestidas de preto ocuparam o palco onde Brizola deveria falar e desandaram a rezar. Foram também aparecendo o grupo de milicianos, articulados por uma organização ultradireita mineira, os *Novos Confidentes*, mais a Liga da Mulher Democrática e os capangas enviados

142 REBELLO, Gilson. *A Guerilha de Caparaó*. p. 162, São Paulo: Alfa Ômega, 1980.

pelos latifundiários de Curvelo e Corinto. Esse pessoal passou a agir sob o comando do general Lopes Bragança.

O impasse só foi rompido depois que os jornalistas José Maria Rabelo e José Gomes Pimenta e outros militantes forçaram a entrada no auditório.

Arnaldo Mourthé, que depois funcionou como Secretário Internacional do PDT, era estudante em Belo Horizonte e estava bem próximo a Brizola naquele momento. "Quando eu vi aquele clima pesado, achei que todos fossem recuar, mas Brizola deu o grito de comando: "Vamos tocar pra frente".

Mas a polícia, vendo que o palco tinha sido liberado, jogou gás lacrimogêneo no auditório, potencializando o tumulto. Ao chegar com Neiva Moreira ao recinto, Brizola viu que não dava para fazer o evento e deitou falação: "Ali mesmo improvisou-se um comício-relâmpago, que se resumia num duro e vibrante discurso, denunciando o golpe iminente e seus cúmplices", relata Neiva.

Esta convivência, aliada à prática pessoal de Neiva Moreira nos conflitos com a oligarquia de seu Estado, a partir do início dos anos 1950, conferiam ao parlamentar maranhense uma autoridade ímpar para resolver aquele dilema em que se debatiam os brasileiros desterrados. Inquieto com o golpe na Bolívia, e tendo bem presente os três meses que estivera preso nas masmorras do regime brasileiro, logo depois da cassação de seu mandato, Neiva recebe um dia um emissário de Brizola:

— Era o Mauro Santayana (jornalista e correspondente internacional), que chegou com a convocação para me mudar para o Uruguai e uma encomenda. A encomenda era uma pistola, junto com 300 dólares — conta, rindo, Neiva Moreira, aos 87 anos, ao relembrar aquela manhã de muitas elucubrações em La Paz.

Ele de pronto atende ao chamamento. Quando chega a Montevidéu, na passagem de 1964 para 1965, Neiva se sente em casa: "Foi uma alegria ver aquela brasileirada na Praça da Independência, muitos de lenços vermelhos no pescoço, fazendo conspiração na via pública. Eram 200 ou 300 que acorriam ali todo dia para conspirar e saber informações do Brasil. Só havia um probleminha: ninguém guardava segredo do que se tramava contra os militares no Brasil. Ora, isso era terrível para qualquer plano insurrecional".

Para avaliar seriamente as tendências dos exilados, Brizola convidou Neiva e o coronel Dagoberto Rodrigues, ex-diretor-geral dos Correios no governo Goulart, e seu braço direito em Montevidéu, para se internarem, durante três dias, numa praia distante de Montevidéu. Lá, eles chegaram à conclusão de que não mais havia como desconhecer a opção guerrilheira, ainda que continuassem a insistir na fórmula da insurreição cívico-militar. A partir daí, foi constituído um comando central, para coordenar, de modo uniforme, as ações cívico-militares e as guerrilheiras. Do comando participavam, sob a liderança de Leonel Brizola, Neiva Moreira, o coronel Dagoberto, o tenente do Exército José Wilson da Silva, representando os sargentos e marinheiros, Herbert de Souza (o Betinho), que, junto com Aldo Arantes, falava pelos estudantes favoráveis às guerrilhas, e os economistas Paulo Schilling e Cibilis Viana.

***

Todas estas movimentações eram monitoradas pelo regime brasileiro, através da CIA e de sua própria rede de informantes. O incessante movimento de pombos-correio entre o Rio Grande e o Uruguai e o número crescente de brasileiros que aportava em Montevidéu para fixar residência ou manter um simples contato com o líder trabalhista, levaram o governo do Marechal Castello Branco a requerer a expulsão de Brizola daquele país.

Mas Brizola, como a maioria dos exilados brasileiros, gozava de sólidas amizades com o governo uruguaio, que, na época, era composto de membros do Partido Socialista e de outras alas simpatizantes da esquerda. Aquele pequeno país resistiu bravamente até onde pôde às pressões brasileiras, respaldadas que eram pelo governo americano. No sufoco, tiveram de confinar Leonel Brizola, em abril de 1965, no balneário de Atlântida, a 50 quilômetros de Montevidéu. No início, o confinamento teve alguma rigidez e vigilância da polícia durante 24 horas, mas com o tempo, a coisa foi relaxando. Tanto é assim que Brizola não se sentiu tolhido para deflagrar suas operações insurrecionais, chegando mesmo a abrigar, no prédio de apartamentos em que morava, vários líderes políticos, entre os quais, alguns guerrilheiros.

Com essa relativa liberdade de ação, Brizola pôde organizar o comando do exílio e iniciar as providências para o seu pleno funcionamento. Uma das primeiras medidas foi formalizar suas relações com Cuba, enviando um emissário a Fidel Castro. Betinho foi o escolhido para fazer a ponte. Ele gozava de grande prestígio junto a Brizola e aos outros exilados. Líder estudantil e dirigente da UNE, integrava, na época, a Ação Popular, uma dissidência da JUC — Juventude Universitária Católica, que fez a opção pela luta armada. Betinho atuava sempre ao lado de Aldo Arantes, ex-presidente da UNE, e com ele deixou o Uruguai, 11 meses depois de lá ter chegado, atendendo a uma convocação da AP. Organizado, ponderado e dotado de grande perspicácia, a missão cubana de Betinho era apresentar os planos dos exilados brasileiros e solicitar ajuda financeira, que se limitava, segundo disse, a custear o envio de militantes brasileiros e o treinamento de guerrilhas naquele país.

Naquela época de regimes ditatoriais e guerra fria, uma viagem a Cuba constituía-se numa maratona. Pois havia que driblar os agentes da ditadura e os da CIA, percorrendo uma longa e sinuosa rota. Como se sabe, a América do Sul vinha aos poucos sendo tomada por regimes discricionários pró-americanos. O mais lógico seria usar a rota natural via México. O problema é que o México, ainda que tenha sobrevivido às trevas da ditadura, vivia infestado de agentes americanos, que, praticamente assumindo o controle da alfândega, fotografavam, denunciavam, quando não seqüestravam, os viajantes "suspeitos" com rumo a Cuba. Betinho descreve o trajeto:

— Então, houve uma primeira negociação, a que eu fui. Isso foi em 64. Fui por um caminho absolutamente fantástico — Montevidéu, Buenos Aires, Paris, Praga, Irlanda, Canadá. Cuba. 24 horas de vôo, sem contar chegar até Praga, que era outro tanto.

Depois a rota se alongou mais ainda, por razões de segurança. O deputado Neiva Moreira, integrante do alto comando, substituiu Betinho e, nomeado como emissário de Brizola a Fidel Castro, teve de fazer algumas viagens à Ilha. Ele saía de Montevidéu para Santiago, Lima, Quito, Bogotá, Caracas, Guadalupe, Lisboa, Madri e Paris. Na capital francesa, trocava de avião e de nome. Lá, o ex-deputado Max da Costa Santos era o encarregado de preparar os documentos falsos e as passagens. De Paris, Neiva seguia para Praga, Moscou e Murmansk, no Mar Ártico; Groenlândia, Terra Nova (Canadá) e Havana. Eram 56 horas de viagem.

Neiva recorda a angústia que lhe assaltavam aquelas viagens:

— Quando passava sobre aquelas geleiras da Groenlândia, de uma beleza fascinante, que mais parecia representar a criação do mundo, sentia uma dor no coração. Imaginava: se aquele avião caísse por ali, ninguém ia saber que eu morrera! Estava com passaporte falso e nome fictício: Juan González. Quem ia saber que o Neiva estava enterrado naquele gelo pré-histórico? E o Juan González não existia.

Ao chegar a Cuba, Neiva é instalado numa casa de hóspedes, em Vedado, mansão que havia pertencido a um magnata das comunicações, "o Roberto Marinho cubano", como ele diz. Um dia, no final da noite, chega Fidel Castro, Manuel Pinheiro e Osmany Cienfuegos para conhecer a proposta brasileira e fazer uma exame da situação global da América do Sul.

Ao reportar sua missão ao comandante, Neiva disse que havia solicitado aos cubanos "que transportassem do Uruguai certo número de militantes para que se instruíssem em táticas militares na Europa e outras áreas, Cuba inclusive, e que nos ajudassem a estabelecer certos aparelhos de apoio à luta armada".

Neiva é depois convidado a visitar algumas regiões de Cuba, como a Serra do Escambray, onde os americanos estavam desembarcando seus agentes. "Nesta ocasião, me vesti de soldado cubano para participar de uma manobra militar", conta Neiva, que também freqüentou por uma semana um curso de guerrilheiros, em Piñar del Mar. Na volta por Paris, Neiva se encontra com o filósofo Régis Debray, que lhe apresenta sua esposa venezuelana, Elizabeth Burgos.

****

Como se sabe, foi do financiamento de Cuba às guerrilhas brasileiras que surgiram as intrigas, atribuídas à CIA, de que Brizola se tinha apropriado de grande parte do dinheiro que lhe fora enviado por Fidel. É dessa época a história de que ele teria sido chamado de "el ratón" (ladrão) por Fidel. Este o teria acusado " de haver abocanhado os parcos recursos economizados pelo sofrido povo cubano". Mas a versão é veementemente contestada, tanto por Betinho como por Neiva Moreira e outros exilados, ainda que houvesse alguns cubanos interessados em disseminar o boato.

Os cubanos, na verdade, ficaram por um tempo agastados depois que Brizola, devido ao fracasso dos focos da guerrilha de Caparaó e Imperatriz, resolveu em meados de 1967 colocar um ponto final à luta armada como forma de combate ao regime brasileiro. Betinho conta, a propósito:

"A história que eu conheço é a seguinte: primeiro que o Brizola fazia um controle estrito de dinheiro. Ele anotava tudo que entrava, tudo que gastava, tudo certo. Porque ele achava que era um dinheiro que ele tinha de prestar contas. Acho que, na cabeça dele, se ele chegasse ao poder, devolveria esse dinheiro para Cuba".

O fato, como alegam muitos exilados, é que o dinheiro era curto e se limitava ao financiamento daquelas viagens infinitas e das operações de guerrilha. A dificuldade de transportes impediu que os castristas contribuíssem com armamentos pesados, limitando-se à distribuição de umas poucas mini-metralhadoras, que eram trazidas, a duras penas, pelos emissários de Brizola ou pelo pessoal que freqüentava os cursos de guerrilha em Cuba. Este pessoal, na maioria constituída de ex-sargentos e líderes estudantis, era também reduzido para as proporções brasileiras. Segundo Neiva Moreira, seu número não ultrapassou a 100.

Neiva, que trouxe na bagagem de Havana cinco dessas metralhadoras, fala sobre o propalado "dinheiro de Cuba":

— Nada mais falso e ridículo do que essa história do "dinheiro de Cuba", que a direita vem orquestrando desde então para comprometer os cubanos e os que, como Brizola, viveram aquelas responsabilidades históricas. Este dinheiro jamais existiu, a não ser recursos para o pagamento de certo número de passagens aéreas e modestas quantias para apoiar a viagem dos companheiros escolhidos para o treinamento, incluindo diárias de hotéis de escassas estrelas, no percurso até Praga.

****

A parceria com Cuba levou à criação, em meados de 1966, do Movimento Nacional Revolucionário, o MRN, ou Morena, como preferia chamar Brizola. Este movimento, cuja operação coincide com a presença de Che Guevara na Bolívia, à frente de um foco guerrilheiro, deveria inserir-se no plano de insurreição continental, arquitetado por Cuba. No Brasil, deveriam se instalar três focos: o primeiro na divisa do Rio Grande do Sul com Santa Catarina; um segundo no Mato Grosso, próximo à Bolívia; e um terceiro no Brasil Central, depois deslocado para o Norte de Goiás (hoje, Tocantins) e fronteira com o Maranhão (Imperatriz). Os planos foram alterados com a prisão e assassinato, em meados de 1965, do ex-sargento Manoel Raimundo Soares, pela polícia de Porto Alegre. Em vez da divisa do Rio Grande com Santa Catarina, local muito vigiado por ser considerado território brizolista, o comando do movimento deslocou-o para a Serra do Caparaó. Outra divisa, desta vez entre Minas e Espírito Santo. Caparaó era mais famosa por abrigar o Pico da Bandeira e seus 2.892 metros de altitude, atraindo então muitos turistas.

Por esta razão havia sido tombada em 1961 como Parque Nacional. Surpreendentemente, era também considerado o local mais adequado para uma guerrilha, no Brasil, devido à sua proximidade geográfica com os grandes centros do Rio de Janeiro e de São Paulo, e às dificuldades de acesso à sua mata fechada e montanhas escarpadas.

A instalação das estruturas de apoio logístico dos três focos levou mais de dois anos, consumidos em muitos reveses, adiamentos, deserções, cerco policial e confusões geradas pela distância, em que se encontravam, comandantes e comandados. Inicialmente, o movimento enfrentou a carência de armamentos.

O Brasil ficava muito distante das fontes que poderiam provê-lo, como Cuba, China e os países do leste europeu. Neiva Moreira conta que se chegou a contatar um navio polonês, que, para fazer a rota de Cuba, passava pelo Brasil para depois seguir rumo à Polônia, na Europa, e poderia desembarcar uma boa quantidade de armas em alguma praia erma do Rio Grande do Sul: "Os poloneses desistiram do negócio na última hora", diz Neiva.

Outro governante que teria se comprometido a enviar armamentos foi Chedi Jagan, ex-primeiro ministro da Guiana. Sua intenção era mandar um avião DC-3 cheio de armas, que aterrissaria em Goiás. Um campo de pouso chegou a ser preparado pelo foco do Brasil Central, a mando de Flávio Tavares, mas o premier foi derrubado antes de praticar sua boa ação.

A China, por sua vez, mostrou-se pouco receptiva ao movimento brasileiro, apesar deste lhe ter enviado a Pequim nada menos de três missões. Na última delas, liderada por Neiva Moreira, os chineses prometeram algum apoio logístico: "No fim, eles nos deram uns livros do Mao Tse Tung e umas fórmulas para fazer bombas, que já conhecíamos. E saímos de lá sem uma bala e sem um tostão", disse Neiva.

Paralelamente, a infiltração da CIA e do regime brasileiro são outras constantes no movimento. Delas, a mais espetacular foi a de Cabo Anselmo, o marinheiro José Anselmo dos Santos, líder da revolta de sua categoria, no final do governo Goulart.

Dotado de uma personalidade forte e encantadora, Anselmo cativava a todos pela seriedade com que recebia qualquer missão. "O Brizola tinha uma grande admiração por ele", diz Neiva Moreira. Resgatado da prisão, por um comando ligado ao MNR de São Paulo, por orientação do grupo situado no Uruguai, Anselmo segue direto para Montevidéu e de lá para o Balneário de Atlântida, onde Brizola já estava confinado. Anselmo é então instalado no mesmo prédio onde morava Brizola com a família. O líder trabalhista estava confinado, mas por liberalidade do governo e da polícia uruguaia, recebia e hospedava, em apartamentos separados, quem quisesse. Assim, muitos políticos, legais ou ilegais, que o visitavam, geralmente recebiam abrigo naquele prédio. Um deles foi Flávio Tavares, com o codinome de Dr. Falcão e Félix, que articulava em Brasília o apoio logístico para o foco de Imperatriz.

— Numa vez, passei uma semana encerrado num apartamento do seu prédio, em Atlântida, dois pisos acima, e ele mesmo me levava as refeições, numa bandeja. Batia na porta com jeito próprio e eu já sabia quem era — conta Tavares.

Bem próximo do comandante, o Cabo Anselmo foi logo despachado como um dos primeiros enviados ao curso de treinamento de guerrilhas, em Cuba. Ninguém desconfiava de suas vinculações com a CIA e a cúpula da repressão. Nem os cubanos, com toda a sua tradição de contra-espionagem, tiveram a mínima suspeita. Neiva Moreira, por exemplo, diz ter recebido uma carta do comandante dos treinamentos em Cuba, recomendando que Anselmo ocupasse um posto proeminente nas guerrilhas brasileiras, dada a sua "alta qualidade" profissional.

De Cuba, de onde saiu, no início de 1967, Cabo Anselmo retornou ao Brasil, para engajar-se em outros movimentos da chamada luta armada, onde, segundo as denúncias de tortura, delatou uma série de companheiros, muitos dos quais morreram, além de ajudar a repressão no desbaratamento de muitas ações guerrilheiras. Cabo Anselmo, no entanto, jamais participaria de um foco brizolista, opção já descartada pelo líder trabalhista, depois dos brutais reveses das primeiras experiências. A quase experiência guerrilheira de Brizola merece uma apreciação em separado. É o que vamos fazer no próximo capítulo.

XXXVII — No mato, sem guerrilha

A história das guerrilhas brizolistas é carregada de transtornos e desencontros, ao longo de seus mais de dois anos de confusa preparação. Nenhuma delas, entretanto, conseguiu passar à ação de fato, tendo sido abortadas na fase de treinamento — outras, nem tanto. Ainda que contasse com a simpatia e a torcida de muitos brasileiros insatisfeitos com a ditadura, os contingentes reunidos naqueles três focos eram infinitamente inferiores ao necessário para abalar o complexo de forças do regime.

Ao assumirem, em 1964, os militares não contavam apenas com o poder bélico, mas principalmente com o controle absoluto da opinião pública e do poder econômico. Aquilo constituía um bloco monolítico invulnerável a qualquer ação isolada, por mais sofisticadas que fossem suas técnicas militares ou psicossociais.

O MNR contava a seu favor com o clima hostil da população aos militares, que haviam atropelado um governo democrático, no qual se alimentavam esperanças de realização das aspirações de moradia, emprego, melhores salários, educação e cultura. Nos dois anos e meio de governo Goulart, o povo tinha aprendido a se congregar para defender seus direitos, não só nas cidades como no campo, de que foi exemplo a bandeira das reformas estruturais.

Aquele governo idealista e sorridente, encarnado na figura amena de Jango, um governante que estava sempre perto das multidões, era substituído por um regime fechado, despótico e carrancudo, que só sabia mandar prender, arrochar salários e entregar nossas riquezas ao exterior. Nesse cenário, todos torciam pela volta de Brizola, o líder romântico, que havia pregado as reformas de base e a transformação do Brasil num país verdadeiramente autônomo e independente.

Daí o MNR ter contado com o apoio de muitas correntes do pensamento, apesar da vigilante censura à imprensa e das onipresentes forças de segurança. Muitos intelectuais, jornalistas e artistas envolveram-se direta ou indiretamente nos preparativos das guerrilhas. Neiva Moreira, por exemplo, orgulha-se de, como integrante do comando central, em Montevidéu, ter enviado o poeta Thiago de Mello treinar guerrilha, em Cuba. O escritor Antônio Callado chegou a ir a Montevidéu, onde conversou pessoalmente com Brizola. Outros intelectuais preferiram ajudar o movimento de forma mais discreta, limitando-se a redigir textos ou a assinar manifestos, como Carlos Heitor Cony, Dias Gomes e Ênio da Silveira.

Não obstante, apenas 14 homens se dispuseram a se embrenhar nas montanhas de Caparaó. É verdade que os guerrilheiros vitoriosos de Sierra Maestra não passavam de 23, mas estes contavam com o elemento surpresa, tinham grande penetração popular e combatiam um ditador sanguinário e cujo regime estava quase nos estertores. No Brasil, o regime recém começara.

Quanto aos guerrilheiros de Caparaó, eles se constituíam na grande maioria de suboficiais cassados e estudantes, na faixa de 25 a 38 anos, alguns deles com curso de guerrilha em Cuba. Comandados diretamente pelo ex-sargento gaúcho Amadeu Felipe da Luz Ferreira, antes responsável pelo mal sucedido foco do Rio Grande do Sul, os guerrilheiros ainda obedeciam a um comando político no Rio de Janeiro, a cargo do advogado Amadeu Rocha, de Minas, mas com residência no Rio, o qual, por sua vez prestava contas ao comando nacional, na pessoa do professor Bernard Demaria Boiteux, também residente no Rio de Janeiro.

O jornalista Gilson Rebello, autor do livro A *Guerrilha de Caparaó*, fixa o dia 26 de novembro de 1966 como o início do treinamento dos guerrilheiros: "Os treinamentos e manobras (em Caparaó) estenderam-se ao longo de 150 dias, durante os quais foram ocupados os diversos acampamentos, como o do *Macuco*, da *Escada*, do *Tatu* e do *Cristal*, armados sempre em pontos diferentes da região, por medida de segurança[143]", relata o jornalista.

O movimento não conseguiu entabular uma empatia com a população local, que via os guerrilheiros como elementos estranhos e suspeitos, porque estes não estavam integrados no seu dia-a-dia e toda a sua esteira de problemas. Daí a razão da principal crítica que se faz às guerrilhas brasileiras, não só as brizolistas, como também aquelas outras que logo depois fizeram algum estardalhaço com o seqüestro de embaixadores e assaltos a banco: o seu isolamento dos movimentos sociais.

O foco de Caparaó acabou, se isolando na imensidão da selva. Ninguém se deu conta do desprendimento e patriotismo com que eles enfrentavam os enormes sacrifícios, as doenças, a privação da comida, do sono, do lar, da família. Tampouco vieram os protestos e os distúrbios que aguardavam das grandes cidades, para dar respaldo à sua ação.

Naquelas condições inóspitas, com um frio cortante, a ponto de congelar um lago ali perto, os guerrilheiros começaram a se desentender e daí entraram em desespero. Quando foram presos, entre 12 e 25 de abril de 1967, em meio a uma cinematográfica operação, desencadeada, primeiro pela Polícia Militar de Minas e depois pelo Exército, ao custo estimado de um milhão de dólares, eles se viram impotentes para opor qualquer tipo de resistência, não chegando a disparar um só tiro.

Não obstante um ex-capitão (Juarez) foi atingido no abdômen pelo disparo das forças da repressão, enquanto o metalúrgico gaúcho Milton Soares de Castro apareceu morto, depois de preso e torturado, em 28 de abril de 1967, na prisão de Juiz de Fora. O Exército alegou que Milton praticou "suicídio". A teoria do foco sofria, assim, seu maior golpe em terras brasileiras, menos de cinco

143 GILSON, Rebello, *A Guerrilha de Caparaó*, p. 63, São Paulo: Alfa e Ômega, 1980.

meses antes do colapso da guerrilha na Bolívia e do assassinato de seu líder, o comandante Ernesto Che Guevara, em 8 de outubro daquele ano.

***

No final, também se evidenciou a desproporção de armamento entre as forças do governo e os guerrilheiros de Caparaó. Quando foi preso o comandante Amadeu da Luz, seu grupo conduzia uma metralhadora 45, do Exército, uma espingarda Winchester 44, uma carabina alemã, um revólver 45, um punhal americano, dois binóculos, 14 barracas de nylon, cobertores, quatro bússolas japonesas, fórmulas para fabricação de bombas, o diário de campanha (escrito por Amadeu) e os livros *Guerrilheiros Vietcongs*, *Revolução das Senzalas*, e *Ação*, este de Che Guevara. Já o balanço das operações do governo indicava o emprego de seis mil homens, dezenas de viaturas, aviões e helicópteros e toneladas de alimentos distribuídos às tropas[144].

O colapso de Caparaó provocou grande impacto entre os articuladores do foco do Brasil Central, à frente do qual se encontrava Flávio Tavares e para quem o fato "nos perturbou nas entranhas porque tudo se tornava inexplicável". O jornalista conta em seu livro *Memórias do Esquecimento* (Editora Globo, Rio, 1999), que, no início, aquele agrupamento consistia em 15 homens, recrutados em Brasília, todos ex-fuzileiros navais ou ex-marinheiros, sem nenhum curso em Cuba. Os treinados na ilha vieram depois, enviados por Brizola, mas, segundo Tavares, foram fatores de instabilidade e desentendimento no grupo inicial: "(Eles) sabiam tudo de combate, sabotagem ou sobrevivência na selva, mas desconheciam tudo o que um camponês sabe do mato, da terra, da lua ou da vida".

Flávio Tavares era um jornalista de prestígio em Brasília, tendo acesso a muitas autoridades. Assinava uma coluna política diária e exercia cargo dirigente no jornal carioca *Última Hora*, órgão vanguardista e varguista, de propriedade de Samuel Wainer, que conseguiu sobreviver a duras penas nos primeiros anos da ditadu-

144 Op. cit.

ra. Fora do trabalho, Tavares articulava o foco do Brasil Central, arregimentando pessoal. Mantinha contatos diretos com Brizola, tendo feito várias viagens a Montevidéu.

Além da assistência ao grupo guerrilheiro, deslocado para Imperatriz, Flávio Tavares, então com 32 anos, freqüentava os setores de esquerda, principalmente estudantes e profissionais liberais. Utilizando o codinome de Dr. Falcão, o jornalista logo atraiu um grupo dirigente dos secundaristas, composto de cerca de 15 colegiais. Estes atuavam sob a liderança de Georges Michel Sobrinho, com 21 anos, que mais tarde seria um dos homens de confiança de Brizola e presidente do PDT de Brasília.

Michel conta que participou, juntamente com seus colegas, de alguns treinamentos nos arredores da capital, como preparativo para operar em Imperatriz ou para alguma outra opção, que seria a instalação de um foco nas proximidades de Goiânia. Depois, Flávio Tavares foi contatado por um grupo de militantes de esquerda de Uberlândia (MG), interessados em criar um movimento guerrilheiro denominado Tiradentes, para atuar no Triângulo Mineiro. A queda de um dos membros deste movimento resultou pouco depois na prisão do próprio Flávio Tavares.

Pouco antes da prisão de Tavares, Brizola, já convencido da inviabilidade das guerrilhas, havia mandado terminar com tudo e ordenado a retirada de todo pessoal do Brasil Central. A desmobilização incluiu a desativação de um barco de 12 toneladas, que fazia o transporte de pessoal para Imperatriz, através do rio Tocantins. Ao receber o recado, através do economista Cibilis Viana, "numa noite de neblina em Copacabana", Flávio foi tomado de surpresa e mostrou-se queixoso em seu livro: "Como terminar com o baile e deixar o pessoal dançando? Com o músico principal dizendo que não toca mais, o que fazer com aquela dezena de pares que estavam na dança e tinham abandonado tudo para apenas dançar?"

Mas o próprio jornalista, naquela mesma página 203 das *Memórias do Esquecimento*, chega a uma conclusão: "Decepcionado com o fiasco de Caparaó, magoado até com o final ridículo daquilo tudo em que havia confiado e se empenhado tanto, Brizola sinalizava e dava a entender que se retirava". Tavares ainda deduz que "no fundo, lá no fundo, ele (Brizola) nunca esteve muito convencido da guerrilha e aceitara e assimilara tudo, na maré que invadia o Uruguai".

***

Ao chegar a Nova Iorque, em 1977, expulso do Uruguai, e fazendo um balanço das guerrilhas a Moniz Bandeira, Brizola justificaria aquele fim abrupto: "Houve um momento em que Brizola resolveu parar", relata Bandeira, para continuar: "O regime se consolidara e eram muitos os desenganos, frustrações, erros e sacrifícios inúteis. Estes últimos foram os fatores que mais pesaram na sua decisão, após a qual se transferiu com a família para o interior do Uruguai, procurando relativo isolamento"[145].

Indagado por Gilson Rebello por que então apoiara a guerrilha, Brizola justificou que "no exílio, decidimos contribuir para a derrubada do sistema político então vigente no Brasil, com a criação de um movimento cívico-militar que pudesse levar à insurreição popular militar, com base na Revolução de 1930. É bom deixar claro que insurreição é sempre luta armada".

Sobre o colapso das operações que inspirou, Brizola afirma: "Não tínhamos experiência nem condições e também havia um ambiente limitado. Depois de sucessivos fracassos, decidimos, e isto decorridos dois anos, parar". Brizola ainda recordou que "vinham ocorrendo, com muita freqüência, diversas prisões de companheiros no Brasil. E, então, já no quadro de frustração final das nossas atividades, resolvi não mais defender a idéia da guerrilha, por sua inviabilidade, mas continuaria sendo solidário aos que se dispunham a lutar contra a ditadura por outra forma".

No depoimento para o livro de Gilson Rebello, Brizola ainda falou sobre sua responsabilidade nas prisões dos militantes de sua causa: "Recomendei sempre aos companheiros de luta que, se fosse o caso, descarregassem todas as acusações sobre minha pessoa, para salvar a vida e a integridade deles. E não me arrependo disso. Deve ficar claro ainda que jamais foram feitos treinamentos de guerrilhas em meu sítio em Pando, no Uruguai".

145 *Brizola e o Trabalhismo*, op. cit.

Era o fim da experiência guerrilheira brizolista, que acabou se reduzindo à tentativa de Caparaó, porque o foco do Brasil Central foi desarticulado antes mesmo da chegada da polícia, enquanto o de Mato Grosso só ficou no planejamento. Leonel Brizola era um homem derrotado e, no final, sem dinheiro. Ele tinha que cuidar da vida para o seu sustento e o da família. Foi vender leite, como relataremos no próximo capítulo.

XXXVIII — A VIDA DE FAZENDEIRO NO URUGUAI

Leonel Brizola não era homem de cair em prostração ou se entristecer por muito tempo em face de um fracasso. Os amigos mais chegados costumam dizer que seus abatimentos (nunca falam de depressão) duravam apenas horas, por mais duro que fosse o revés. E ele os teve muitos. Aquele da luta armada pode se contar entre os maiores de sua vida. Cassado, humilhado e escorraçado como um criminoso de seu país, justo no auge de uma carreira fulgurante, quando mal tinha completado 42 anos, ele quebrava a cara na revanche, que pretendia grandiosa. Tinha colocado todas as fichas e mais de dois anos de sua vida no plano do levante, e eis que, de súbito, descobre que aquilo nunca tinha sido viável. Para piorar, estava com as finanças esgotadas.

Mas como em 1989, quando horas depois de derrotado na eleição para Presidente da República, possivelmente o maior sonho da sua vida, jogou para o alto as recriminações e entrou de cabeça na campanha de Lula, na verdade o seu grande adversário, Brizola logo partiu para outra. Ele chamou alguns amigos, inclusive Cibilis Viana, e anunciou: "Agora vou ter de cuidar da vida. Pretendo me engajar na atividade mais absorvente que houver".

Foi assim que Leonel Brizola virou *tambeiro*, termo usado no Uruguai. E também no Rio Grande, para designar a pessoa que se dedica à granja de leite, que lá chamam de *tambo*. Ao contrário do criador, que tem de esperar pachorrentamente que o touro cubra a vaca e depois que esta dê a cria, o *tambeiro* tem de se acordar todo dia de madrugada para ordenhar as vacas, providenciar a comercialização do leite, cuidar do estábulo, da aplicação de vacina nos animais etc.

— O que poderia parecer um retrocesso na vida de um líder político de expressão nacional — diz Dione Kuhn, no livro *Brizola — da Legalidade ao Exílio* —, foi um dos motivos que o levaram a se reerguer. Dirigindo uma Kombi de segunda mão, Brizola saía diariamente para comercializar o leite de sua própria fazenda.

Não houve melhor terapia ocupacional, porque, como competente e dedicado administrador, ele chegou a fazer bons negócios, com o *tambo* que adquiriu nos arredores de Montevidéu. E tanto que, ao final de dois anos, aparentemente curado da ressaca cívica das guerrilhas, decidiu partir para outra atividade produtiva.

Ele confessou a Cibilis Viana que a produção de leite era uma atividade para "enriquecer a viúva", pois exigia muito investimento e os dividendos só vinham a longo prazo. Por isso vendeu o *tambo* e comprou uma fazenda no departamento de Durazno, a cerca de 600 quilômetros de Montevidéu, denominada *El Repecho*. Lá ele passou a engordar ovelhas e novilhos. Anos depois, plantou eucaliptos e tornou-se um respeitável estancieiro uruguaio, atividade que conservou até o fim da vida, apesar da expulsão do país, em 1977, e do retorno ao Brasil, em 1979.

João Goulart, seu cunhado, teve mais êxito neste campo. Convencido de que os militares se tornaram invulneráveis naquela época, decidiu entrar de cabeça na compra, venda e criação de gado, revivendo sua antiga paixão de jovem filho de estancieiro, em São Borja, antes que Getúlio o chamasse para a política, aos 17 anos de idade. Tornou-se um dos maiores proprietários de fazenda do Uruguai e da Argentina, atividade que não o impediu, como Brizola, de ajudar financeira e moralmente grande parte dos exilados políticos, obrigados a permanecer no país, mas sem condições de subsistência.

Seja como for, a vida de pecuarista não impediu que Brizola continuasse a fazer política, se bem que, então, com menos ansiedade. Enfim, ele já tinha sido vencido no objetivo de evitar que a ditadura criasse raízes. Àquela altura, o regime brasileiro era um dos mais sólidos do planeta. Muitos dos exilados já haviam voltado para o Brasil, depois de descobrirem que seus nomes não estavam na lista negra ou que não eram assim tão perigosos para o regime. Outros discordaram do recuo de Brizola em relação à guerrilha e retornaram para atuar na clandestinidade, fazendo seqüestros de embaixadores e outras formas de luta armada.

Os que permaneceram, como Neiva Moreira, Dagoberto Rodrigues e outros, estabeleceram-se no país, montando pequenos negócios ou trabalhando no respectivo campo profissional, apesar da desatinada perseguição partida do Brasil. Era um panorama desolador, como relata Neiva:

— A gente conseguia um emprego e no outro dia o embaixador (Pio Correia, denunciado por Phillip Agee, ex-agente, como homem da CIA no Uruguai) mandava dizer que aquele era um ato de hostilidade ao Governo brasileiro, então perdíamos o emprego. No meu caso, de jornal, até que jornais de esquerda, populares, disseram: "Bom, mas o governo brasileiro não manda aqui dentro. Então, o Neiva vem trabalhar conosco".

O deputado maranhense acabou trabalhando em muitos jornais progressistas, como *A Marcha*, de Carlos Quijano, e *A Época*, diário de linha socialista; *El Debate* e *Ahora*, este último ligado à Frente Ampla, entidade que uniu as esquerdas e os progressistas, sob a inspiração do general progressista Líber Seregni e que, em 2005, elegeu pela primeira vez o presidente da República, na pessoa de Tabaré Vásquez. O problema de domínio do idioma, um dos mais difíceis para os brasileiros, apesar da aparente semelhança com o português, era resolvido por amigos ou pelos colegas uruguaios de redação, que traduziam seus artigos. Profissional competente, já tendo trabalhado na revista *O Cruzeiro*, em meados dos anos 1950, *O Jornal*, *A Noite* e outros veículos nacionais, além de haver fundado vários jornais no Maranhão, Neiva revoluciona e aumenta a vendagem de alguns desses jornais, chegando a fundar outro, *El Oriental*, de cujo nome também foi autor, com Guilhermo Chifflet, jornalista e depois deputado pelo Partido Socialista, e o *Sur* (Sul). Neiva se deu tão bem naquele período final de democracia uruguaia, que casou com uma nativa, a jornalista Beatriz Bissio.

Esta aparente tranqüilidade, no entanto, durou pouco, pois dali a uns três anos, o Uruguai, seguindo a sina dos outros co-irmãos latino-americanos, desembocava nas trevas do endurecimento e, depois, na ditadura total. O presidente constitucional, Jorge Pacheco Areco (1967-71), decreta o fim das liberdades individuais e governa sob o estado de sítio durante praticamente todo o seu mandato. Em 1971, assume Juan Maria Bordaberry, outro civil, também eleito democraticamente, mas que ficou internacionalmente conhecido como o presidente que mais se submetia aos generais. Em 25 de junho de 1973, Bordaberry fecha o Congresso, a mando do comandante do Exército, general Gregório Álvarez, instaurando o estado policial. Logo arrebentam as intimidações, as ameaças, as torturas e os seqüestros seguidos de assassinatos.

***

Enquanto isso, do outro lado do Rio da Prata, a Argentina, em 1973, experimentava uma breve primavera. A volta ao poder do general Juan Domingo Perón, passou a acalentar as esperanças de todos os latinos expatriados. Perón, amigo de Jango, convidou-o a residir em Buenos Aires. O ex-presidente, um empresário agrícola bem sucedido, foi chamado para usar suas habilidades e assessorar o novo Governo na expansão das exportações da carne argentina para a Europa. Jango não chegou a assumir o posto de conselheiro de Perón, por ter sido vetado por José Lopez Rega, o bruxo e eminência parda do regime que se seguiu à morte Juan Domingo. Mas comprou duas fazendas naquele país e associou-se a uma firma de exportação.

Na época, o Uruguai, já vivia um clima irrespirável, com o fechamento do regime e os assaltos e seqüestros de personalidades, por parte do Movimento de Libertação Nacional, de esquerda, mais conhecido como os Tupamaros. Jango, que sofria ameaças de morte por parte de grupos para-militares de direita, resolveu mudar-se com Maria Teresa, sua mulher, para a Buenos Aires.

Mas a alegria durou pouco. Perón, envelhecido e doente, morreu menos de um ano depois de reassumir a presidência de seu país. Antes mesmo de sua morte, a máquina do regime desencadeara uma onda de repressão e terror, toldando todo o ambiente político. A máquina era comandada por José Lopez Rega, então ministro do Bem Estar Social e secretário particular do Presidente. Apelidado de *El Brujo*, por suas práticas de ocultismo, nas quais envolveu a Sra. Isabelita Perón, eleita, Rega desencadeou uma campanha de perseguição aos opositores e exilados, em que lançava mão de seqüestros e assassinatos. Quando Perón morreu, em 1º de julho de 1974, assume formalmente o poder a terceira mulher de Perón, Maria Estela Martinez de Perón, conhecida como Isabelita, eleita vice-presidente na chapa do marido. Despreparada e dependente das bruxarias de López Rega, Isabelita praticamente entrega-lhe o poder. *El Brujo* era o inspirador e possível comandante da temível Tríplice A — Aliança Anticomunista Argentina, organização terrorista de direita.

Nessa quadra, o país estava convulsionado com a disputa dos peronistas em torno do poder. Eles se dividiam em setores da juventude (esquerda e extrema esquerda), conhecidos como *A Tendência*, *Ortodoxos*, os peronistas tradicionais e o lopezreguismo (extrema direita). Era uma guerra fratricida que já havia rebentado em 21 junho de 1973. Naquele dia, Perón voltava à Pátria, depois de 18 anos de exílio e opróbrio. Era uma data que tinha tudo para ser triunfal para os peronistas e os libertários de todas as plagas. Uma batalha campal dentro da caudal humana de cerca de dois milhões de pessoas que se postaram ao longo da estrada 40 quilômetros, que vai do Aeroporto de Ezeiza à Praça de Maio, para recepcionar o líder retornado, provoca 380 mortos.

Aos poucos, o Lopezreguismo impõe sua força, à custa de cerca de dois mil assassinatos, segundo dados da ONU, desencadeando uma campanha de pavor e medo, que se abateu particularmente sobre os exilados dos vários países vizinhos. Estava preparado, juntamente com a inflação galopante e o descalabro administrativo, o caminho para o golpe de estado. Este não se faz esperar. Em 24 de março de 1976, o comandante do Exército, general Jorge Rafael Videla, assume o poder absoluto, dissolvendo o Congresso e ordenando nova caça às bruxas. A repressão que se seguiu à derrubada de Isabelita, provocando um total de mortos, cuja avaliação varia entre 10 mil e 30 mil pessoas, transformando Buenos Aires numa espécie de capital do terror.

É nesta atmosfera sinistra que se instala a truculenta Operação Condor, conhecida como a multinacional do terror. Idealizada pela CIA[146] e efetivada pelo general Manoel Contreras Sepúlveda, comandante da DINA, Diretoria de Inteligência Nacional, órgão supremo da repressão chilena, com 60 mil homens, entre os quais agentes e informantes no exterior. A Condor era integrada pelos regimes militares do Brasil, Uruguai, Argentina, Bolívia, Paraguai e Chile. Sua ação consistia, basicamente, em franquear o respectivo território aos agentes de cada um desses países para que nele penetrassem, fazendo prisões, seqüestros e assassinatos de pessoas por eles consideradas suspeitas de subversão. Os prisioneiros eram depois levados para "interrogatórios" nos cinco países membros da Operação Condor.

Um dia João Goulart teve seu escritório, no centro de Buenos Aires, arrombado e saqueado, no que seria um atentado contra a sua vida. Como estava fora do local na hora do atentado, Jango escapou ileso. Já no governo militar de Videla, um grupo terrorista de direita é descoberto em La Plata e se encontra entre seus documentos um plano para seqüestrar João Vicente, filho de Goulart, com o fim de extorquir dinheiro do ex-presidente.

Jango entendeu o recado: mandou os dois meninos, Denize e João Vicente estudar em Londres e mudou-se novamente, não mais para o Uruguai, onde a situação era igualmente insegura, mas para uma de suas fazendas argentinas na fronteira com o Brasil. Jango morreria de infarto fulminante numa dessas fazendas, La Villa, no município de Mercedes.

A *causa mortis*, nunca determinada claramente, porque não houve autópsia do corpo, é até hoje objeto de controvérsias, havendo a suspeita de que seu infarto não teria sido natural, mas maquinado por algum tipo de conspiração. Na época da morte Jango, a Operação Condor havia assassinado os principais líderes de oposição latino-americanos, como o ex-chanceler de Allende, Orlando Lettelier e sua secretária, Ronnie Moffitt, nas barbas da Casa Branca, em Washington; o ex-presidente boliviano Juan José

146 Em entrevista à revista colombiana *Semana*, o ex-chefe da DINA afirmou que a CIA "instruiu" *o órgano repressivo de la dictadura chilena (1973-1990) para a lucha contra os opositores do régimen militar* encabeçado pelo general Augusto Pinochet.

Torres, e o ex-ministro da Guerra de Allende, general Carlos Prats e sua mulher, os três últimos em Buenos Aires.

***

Neiva Moreira teve de sair do Uruguai, país ao qual tinha tão bem se adaptado. Na verdade, ele já vinha sendo aconselhado por amigos a se afastar do país e um dia é chamado pelo ministro do Interior, seu amigo, por sinal: "Nós estamos pedindo sua saída do país, para a sua proteção. Os brasileiros estão ameaçando vir seqüestrá-lo de helicóptero". Neiva só teve 24 horas, depois estendidas para 48, para deixar o Uruguai, onde vivia há nove anos. Decidiu viajar para a Argélia, juntamente com Beatriz Bissio, mas apenas para fazer a cobertura, para o jornal *Ahora*, da Conferência dos Países Não-Alinhados, entre 5 e 9 de setembro de 1973. Em Argel, ele conhece o ministro do exterior de Perón, Angel Robledo, que lhe concede um visto para entrar em Buenos Aires. Mas Neiva empolga-se com as entrevistas que faz na conferência, inclusive com Yasser Arafat, e os delegados do Peru, onde se desenvolvia a experiência nacionalista do general Juan Velasco Alvarado. Ao deixar Argel, ruma com Beatriz para o Peru, onde reúne os elementos para escrever um livro *O Modelo Peruano*, durante quase três meses de entrevistas com os governantes, líderes oposicionistas e gente do povo. De Lima, Neiva embarca para Buenos Aires, onde o ministro Angel Robledo tinha sido exonerado do cargo devido a pressões da direita, que começavam a se acumular em torno de Perón.

Ao chegar à capital portenha, em dezembro de 1973, o deputado ainda encontra certo otimismo entre os exilados, confiantes na abertura prometida por Perón. Sentindo-se de certa forma aliviado das pressões uruguaias, ele não encontra dificuldades para entrosar-se com os argentinos, assim é que funda sua revista *Tercer Mundo*, depois reeditada no Brasil com a tradução portuguesa de *Cadernos do Terceiro Mundo*. Ele ainda consegue trabalhar para o jornal *Notícia,* ligado ao movimento *Montonero,* e lança seu livro *O Modelo Peruano*, que obtém grande sucesso entre os argentinos, latinos e a comunidade do Terceiro Mundo.

Em dado momento, ele é contatado por um alto diplomata cubano, que lhe informou sobre a existência de uma lista contendo os nomes de personalidades marcadas para morrer. Desta lista constavam o general Carlos Prats, ele próprio, Neiva Moreira, o ex-presidente Juan José Torres, o senador uruguaio Aldo Ferreira Aldunate e João Goulart.

"Há listas de matar e há listas de deportados", disse o diplomata a Neiva Moreira. "Você (Neiva) encabeça a lista de deportados. João Goulart está na lista de matar"[147].

***

Enquanto a tempestade varria Montevidéu e Buenos Aires, Leonel Brizola, entregue à sua pecuária e à leitura, conseguiu safar-se por algum tempo, ainda que também recebesse ameaças de morte. Uma delas chegou-lhe ao conhecimento por um emissário do ex-governador Miguel Arraes. Exilado na distante Argélia, Arraes fora informado pelo coronel Sulleiman Hoffmann, chefe dos serviços de informação do governo do Presidente Boumedienne, com quem tinha grandes relações, de que Brizola figurava numa lista de pessoas a serem assassinadas.

Metido no interior brabo, numa casa sem energia elétrica, onde "dormia e se levantava com as galinhas", como costumava dizer, Brizola limitou-se a adotar algumas precauções. Reforçou sua segurança pessoal, ensinou a esposa Neusa a atirar (os filhos mais velhos tinham sido mandados para o Brasil), mas decidiu permanecer onde estava, ou seja, na sua fazenda de Durazno, no centro do país.

147 Depoimento do deputado Neiva Moreira (PPDT-MA) na Comissão Especial da Câmara que investigou as circunstâncias da morte de João Goulart, em 25 de abril de 2001. A comissão foi requerida pelo deputado Miro Teixeira, então líder do PDT na Câmara, por solicitação de Leonel Brizola, que nunca acreditou na morte natural de Jango. Eis a principal conclusão da Comissão, que teve como relator, Miro Teixeira : "... Algumas circunstâncias estranhas envolvem sua morte. Àquela altura, ele já tinha escapado de uma tentativa de seqüestro. Uma dia antes de sua morte, Jango viajara do Uruguai para a fazenda na Argentina, de carro, acompanhado de sua mulher, Teresa Goulart. Seu filho, João Vicente Goulart, desconfia que o ex-presidente possa ter sido envenenado quando parou para almoçar na cidade argentina de Paso de Los Libres. Uma hipótese que ninguém à época teve o trabalho de procurar constatar. Jango foi enterrado sem sapatos, com a calça desabotoada e a camisa do pijama. Seu caixão foi lacrado. Nem na Argentina nem no Brasil foi permitida uma autópsia no corpo".

"Recebi de Miguel Arraes o aviso de que o Serviço de Inteligência da Argélia o informara de que eu estava na lista; portanto, deveria cuidar-me. Quem transmitiu a informação foi um pernambucano atuante na esquerda na época, Maurílio Ferreira Lima, também com a intenção de avisar ao ex-presidente João Goulart. Tive depois informação sobre duas embaixadas. Assumi o compromisso de jamais revelá-las, mas, com o tempo, vou fazê-lo[148].

No mesmo depoimento à Comissão da Câmara, Brizola ainda falou de sua reação ao fato de seu nome constar na lista de marcados para morrer: "Permaneci ali. Havia esses avisos. Naturalmente não me oferecia, mas procurava levar minha vida normalmente. Minha mulher, Neusa, sempre me acompanhou. Cansávamos de fazer madrugadas, íamos ao campo. Era a coisa mais fácil descer um avião naquelas coxilhas. Dizia à minha esposa: "Põe água no feijão, faz mais comida, que vou buscar o pessoal que está chegando". Quando eu chegava lá, davam de mão, colocavam-me no avião, decolavam e iam embora. Ficava a camionete na coxilha. E a Neusa estava esperando para almoçar. Era a coisa mais fácil".

Julgava que, estando no interior e relativamente distante dos acontecimentos, estaria mais seguro cuidando dos seus novilhos e ovelhas. A verdade não era bem assim, porque Brizola era possivelmente o político mais visado — e odiado — pela ditadura e pela CIA. Não obstante, Brizola tentava se cuidar: "Sempre procurei observar algumas regras simples de defesa. Por exemplo, nunca saía à mesma hora, nunca passava pelo mesmo lugar, nunca ficava parado no mesmo ponto, evitando a regularidade. É claro que sempre andava armado e tinha autorização das autoridades do Uruguai para isso". Brizola ainda ensinou D. Neusa a atirar, coisa que aprendeu desde rapazote, e depois, na preparação das guerrilhas, recebeu instruções de trabalhar inclusive com armamento pesado.

Esta situação de relativa tranqüilidade bucólica, no entanto, não se prolongou por muito tempo e um dia virou de perna para o ar. Em 16 de setembro de 1977, sem que houvesse qualquer fato aparente, ele recebe uma ordem terminante de expulsão do país, o qual deveria abandonar, no máximo, em cinco dias. Trataremos do

---

148 Depoimento de Brizola, op. cit., p. 62.

episódio em capítulo específico mais adiante. Antes vamos cuidar de outros fatos significativos que exigiram sua participação. É o caso, por exemplo, da oposição que encabeçou e para a qual teve o apoio da família Vargas, contra a aproximação de João Goulart com Carlos Lacerda, para a formação da Frente Ampla, movimento político de oposição à ditadura, em setembro de 1967. Este é o principal assunto de nosso próximo capítulo.

XXXIX — A Frente Ampla

No início de 1966, Carlos Lacerda deixa o Palácio Guanabara, de mãos abanando. Não conseguiu a simpatia dos militares para galgar o Planalto e vê seu candidato à sucessão, Flecha Ribeiro, perder para Negrão de Lima, na primeira derrota eleitoral a um candidato do regime.

Depois de virar banqueiro e empresário, Lacerda tenta voltar à ribalta, em setembro daquele mesmo ano. Seu mote: um plano grandioso, chamado Frente Ampla, que teria como fim a união de todos os políticos, a começar dos líderes expurgados — Juscelino, Jango, Brizola, Jânio e Arraes. O objetivo dessa união era lutar, acima das divergências passadas, pela restauração democrática e pelo desenvolvimento do país e fazer o que ele chamava de revolução de verdade".

É com esse trunfo tentador, pois os militares, embora desgastados, se mostravam cada vez menos dispostos a devolver o poder aos civis, que Lacerda vai procurar seus maiores adversários. Eram exatamente aqueles líderes que ele mais humilhara, sabotara e cujos governos infernizara e desestabilizara, como no de JK, ou simplesmente derrubara, casos de Getúlio e de Jango.

Lacerda procura primeiro Juscelino, que o recebe em Lisboa, em 19 de novembro de 1966, onde vivia semi-exilado. Os dois logo se compõem e JK indica o homem de sua confiança, deputado federal Renato Archer (PSD-MA), para secretário-geral, o número 2 da Frente Ampla, que, obviamente, tinha Lacerda como líder.

Na declaração conjunta de Lisboa, Lacerda e JK afirmavam ter colocado de lado as divergências passadas e manifestavam sua disposição de trabalhar juntos numa frente ampla de oposição ao governo militar. Conclamavam igualmente "o povo brasileiro a participar das discussões para a formação do grande partido popular que se fez necessário à Nação".

O movimento inicialmente é bem aceito na opinião pública, no PMDB, o partido oficial de oposição e mesmo entre adeptos de João Goulart, como o Doutel de Andrade (PTB-SC), o jornalista José Gomes Talarico, e o ex-ministro da Saúde, Wilson Fadul, que fazem várias reuniões com Lacerda no Rio de Janeiro. No entanto, 24 dias antes do espetacular encontro de Lacerda e Jango, em Montevidéu, ocorrido em 25 de setembro de 1967, 120 dos 133 parlamentares oposicionistas, integrantes do MDB, Movimento Democrático Brasileiro, decidiram não engressar na frente. Eles desconfiavam das intenções de Lacreda em utilizar a frente como base para a sua própria candidatura à presidência da República.

Lacerda vai ao Uruguai falar com Jango. Os dois não se falavam, desde um breve encontro que tiveram na casa de um amigo comum, no Rio, quando Jango ainda era ministro do Trabalho, em 1953. Não se falaram nem mesmo na solenidade de posse de Jânio Quadros, em 31 de janeiro de 1961, quando Jango assumiu como Vice-Presidente.

O encontro ocorreu precisamente às 15 horas, na residência do desterrado ex-Presidente João Belchior Marques Goulart, na Calle Legenda Pátria, 2984, 3º andar, em Montevidéu. A conversa transcorreu em clima da maior cordialidade, porque Goulart era homem de bom temperamento, que não guardava rancores e Lacerda, empenhadíssimo em sua missão.

Jango também estava feliz. Mestre na arte de composições políticas, e vendo ali o que achava a única saída possível do impasse em que se encontrava, deu tudo de si para que o movimento decolasse. Na verdade, aquilo também era uma maneira de sair de um ostracismo recorrente de mais de três anos e saborear os holofotes, que tinham fugido dele durante todo aquele tempo

No Brasil, que vivia uma fase de direitos constitucionais, outorgados pela primeira constituição do regime militar, a de 1967, o encontro foi manchete em todos os jornais, ainda que só merecesse pequenos registros na TV e no rádio. Foram nada menos de três longas conversas: a primeira, no domingo, 25 de setembro, que durou das 17 às 20 horas, a segunda, das 22 às três da madrugada; e a terceira, das 9 às 15 horas do dia 26.

***

Ninguém esperava, contudo, a dura reação de Leonel Brizola, que, depois de avisar que se recusava a receber o ex-governador e integrar a Frente Ampla, distribuiu uma nota em que acusava: "Foi Lacerda, como ponta de lança dos grupos internacionais, que levou o Presidente Vargas ao desespero... Como governador da Guanabara, foi liberticida, um verdugo policial, um tirano".

Dizia ainda Brizola que Lacerda "continua o de sempre", pois, "até agora, nada fez de concreto ou definitivo que permitisse mudar meu julgamento a seu respeito". Mas a rajada maior da reação brizolista foi contra João Goulart, com quem já estava de relações cortadas:

"Não me surpreende que Goulart se entenda com Lacerda, e o que me cabe é desejar-lhe boa sorte em tão boa companhia". E detalhou que "foi essa mesma falta de fidelidade aos princípios que Goulart foi perdendo sua autoridade como Presidente e acabou deposto com considerável facilidade". Brizola ainda tocou num ponto sensível, ao se referir à condição de Jango de herdeiro de Vargas e portador do documento em que o Presidente "se despediu da vida para entrar na história", ao afirmar: "O sacrifício do Presidente Getúlio Vargas e sua carta-testamento não podem ser esquecidos assim tão facilmente".

Jango, como de hábito, não respondeu ao cunhado, companheiro de quase toda a vida política, mas agora virtual adversário. Lacerda, que recebera a nota através de um repórter da antiga *UPI — United Press International*, antes de retomar as conversas, comentou o assunto com o ex-presidente e, segundo seu próprio relato, teria dito a Jango: "Presidente, esta nota é contra o senhor. Para mim não é novidade, para o senhor é que ele é ingrato".

De acordo ainda com o relato de Lacerda, no seu livro *Depoimento*, página 387, publicado pela sua editora *Nova Fronteira*, em 1978, pouco depois da morte do ex-governador, Jango teria respondido: "É um dos primeiros resultados da Frente Ampla: trazer a público, afinal, essa cruz que tenho carregado. Vou lhe dizer uma coisa, o que esse homem fez ao meu governo, o mal que esse homem me fez, não sei se ele chegará a compreender, quanto mais a pagar! Mas é assunto meu, o senhor pode deixar, é assunto que resolvo em família".

Neiva Moreira, que participou da redação da nota com Brizola e a distribuiu pessoalmente aos jornalistas brasileiros e internacionais, inclusive a UPI, conta que a Frente Ampla chegou a aprofundar as divergências da chamada diáspora, mas que naquele momento, por uma questão de coerência histórica, a posição de Brizola não poderia ter sido outra. Tanto é assim que Brizola, como conta Neiva, não fez objeções diretas à Frente nem impediu que integrantes de seu grupo se juntassem a ela. Seu objetivo era só estabelecer as diferenças históricas com Carlos Lacerda.

Neiva Moreira reconhece que, como o movimento de Lacerda estava ganhando algum apoio da mídia e de setores relevantes da opinião pública, a reação de Brizola pareceu antipática, num primeiro momento, mas foi depois assimilada. Com efeito, a aliança pretendida por Lacerda não tendia a perdurar muito tempo, por causa das profundas contradições que ele encarnava. Lacerda tinha derrubado Jânio Quadros, entre outras coisas, porque condecorou Che Guevara e experimentou uma discreta aproximação com Cuba, distanciando-se assim do alinhamento automático com os Estados Unidos. Ora, se essa política de Jânio foi seguida e até aprofundada pelo Governo Jango, como o ex-presidente e o ex-governador poderiam conviver num movimento ou num governo, se ambos tinham posições inconciliáveis?

Por outro lado, Lacerda confessa, ainda, em seu livro *Depoimento*, que aquele encontro com Jango "foi "um grande erro, que só prejudicou a mim, pessoalmente, e a minha carreira política". Lacerda se referia à repercussão do encontro junto aos meios militares, sobretudo os da Linha Dura, a que ele era de alguma forma associado. Estes militares passaram a considerar Lacerda "traidor" e "revanchista" e exigiram sua prisão, quando foi baixado o Ato Institucional no. cinco, de 13 de dezembro de 1968, fechando o

Congresso, e estabelecendo a ditadura absoluta[149]. No final deste ano, Lacerda teve, finalmente, seus direitos políticos cassados. Ele entra então num processo de prostração política de que nunca vai se recuperar, vindo a falecer abruptamente, aos 63 anos, em 21 de maio de 1977, vítima de complicações cardíacas.

***

A Frente também nascera capenga, pois dela se recusaram a participar não apenas Brizola, como também Jânio Quadros, ex-presidente da República e ainda com considerável força política, inclusive em São Paulo; e Miguel Arraes, ex-governador de Pernambuco e líder das esquerdas no Nordeste. Aquele movimento de cúpula, que se organizava no momento em que explodiam as agitações estudantis, que promoviam passeatas de cem mil pessoas, um contingente fabuloso para a época, acabou morrendo aos poucos. Primeiro, seus dirigentes decretam um "recesso", em 30 de outubro de 1967, por tempo indeterminado, na tentativa de recuperar-se dos desgastes políticos sofridos até ali. Finalmente, o movimento é dissolvido por uma simples canetada do ministro da Justiça, Gama e Silva: pela portaria 177, de 5 de abril de 1968. Nela, o ministro, que falava pelo alto comando do Exército e o Presidente, o general Costa e Silva, proibia todas as atividades da Frente Ampla e ordenava à Polícia Federal que detivesse todos aqueles que violassem a proibição.

Depois da Frente Ampla e do estabelecimento da ditadura, em dezembro de 1968, com o famigerado AI-5, que fechou o Congresso e desatou as perseguições políticas, as torturas, os assassinatos de estudantes e líderes políticos que aderiram às passeatas estudantis, Brizola entra num longo período de reflexão e estudos, vivendo a maior parte do tempo na fazenda El Repecho.

Já tendo desistido das guerrilhas, depois do naufrágio de Caparaó e do Brasil Central, em meados de 1965, Brizola não quis envolver-se nos tumultos que abalaram o Brasil a partir de 1968.

149 A Frente Ampla chegou a fazer dois comícios, com algum sucesso de público: o primeiro em Santo André (SP), em dezembro de 1967, e o segundo, em Londrina (PR), no início de 1968.

Na época o mundo estava convulsionado pela revolta estudantil, desencadeada na França, em maio daquele ano. No Brasil, sobretudo depois da morte, pela polícia, do estudante Edson Luis Lima Souto, no Calabouço, um restaurante da UNE, no Rio de Janeiro, os estudante realizaram passeatas gigantescas nas principais cidades, concitando à derrubada dos militares. Ao mesmo tempo, esses jovens começavam a estruturar a chamada luta armada, integrada por líderes estudantis e suboficiais cassados, que passaram a realizar seqüestros de embaixadores, assassinatos de agentes da CIA e do poder econômico, depois da decretação do AI-5.

No Uruguai, como em quase toda a América Latina, os guerrilheiros urbanos, lá com o nome de Tupamaros, praticavam ações ainda mais ousadas, enquanto o regime se fechava, intensificando as perseguições, inclusive sobre os exilados. Socado no interior, onde cuidava de suas atividades pecuárias, Brizola conseguiu manter-se quase incógnito pela guerra suja, mas isso só até o dia 16 de setembro de 1977, quando o governo uruguaio decreta a sua expulsão do país. Este episódio vai provocar uma cambalhota na vida de Leonel Brizola e na conjuntura política brasileira. Por isso, exige um capítulo específico.

O EXÍLIO

PAGINA CUATRO

LA SEÑORA DE BRIZOLA

"VENIMOS A UN PAIS EN EL QUE SE RESPETAN TODOS LOS DERECHOS"

Neusa Goulart de Brizola, acompañada de uno de sus hijos en el momento de su llegada al Aeropuerto de Carrasco

Inesperadamente llegó ayer la señora de Lionel Brizola, hermana de Joao Goulart, al Aeropuerto de Carrasco. Vino acompañada de sus tres hijos y del diputado Wilson Vargas, fiel a la política del presidente depuesto, y declaró que debió salir urgentemente de Porto Alegre, pues prácticamente su casa fue destrozada. No sabe el paradero de su esposo, aunque piensa reunirse de inmediato con él, pues cree que viajó al Uruguay. Contra todos las suposiciones, agregó que no iba a residir con su hermano.

LA tarde londinense que vivimos ayer, transcurría normalmente en el Aeropuerto de Carrasco, donde lo más importante radicaba en la partida de Nacional hacia ...

Neusa Goulart de Brizola, hermana de "Jango" trata de pasar desapercibida y muestra un claro hermetismo. "Vengo al Uruguay ...

Recorte do jornal "El País" mostra a chegada de Neusa e os três filhos a Montevidéu, em 23 de abril de 1964. Na foto, aparecem só João Octávio e José Vicente. Foram apenas com a roupa do corpo. (Foto do autor)

PAGINA CUATRO — EL PAIS — Jueves 7 de Mayo de 1964

EPILOGO DE UNA ODISEA, CON EL BESO TIERNO DE SUS HIJOS

LA FERIA POR BUENA SENDA: MERCADO REGIONAL OBJETIVO

La Junta Inició Anoche el Estudio del Préstamo Pinellas: se Aprobará

Ya ... Bra...

Pela ordem, João Octávio, Brizola, Neusinha e José Vicente,num momento de descontração no apertado Hotel Lancaster, onde se hospedou a família. O jornal "El País" noticiou: "Epílogo de uma odisséia, com o beijo carinhoso de seus filhos". (Arquivo PDT)

Correio da Manhã

EDMUNDO BITTENCOURT — PAULO BITTENCOURT

BRIZOLA: SÓ ME RESTA O E

Comunistas afundam porta-aviões

O Correio da Manhã publica a carta de Brizola, escrita em algum lugar na clandestinidade: "Só me resta o caminho do exílio". (Arquivo PDT)

"Rogo ao Correio da Manhã a publicação desta:
"Encontro-me no interior do país. Percorri milhares de quilômetros, centenas e centenas de casas e ranchos. Onde chego sou recebido como um filho. Todos sabem que o Governo mudou e que agora são os generais, grandes fazendeiros e comerciantes, e os velhos políticos que estão mandando. Todos sabem que a vida, para o operário, para o agricultor e o camponês vai ser dura, e que pretenderão resolver a crise nas suas costas. Dizem: nada melhor do que um dia atrás do outro. Sabem que eu não sou comunista e não acreditam nesta história de comunismo. Quanto a mim, depois de tudo o que fizeram à minha família (invadiram e depredaram a minha casa), o que me resta senão o exílio e a luta clandestina? A violência não partiu de nós. Estes dias têm sido muito importantes para mim. E para o povo brasileiro, principalmente. Caíram as máscaras. Posso dizer ao menos que:

1. Em que pesem as difamações, nada fiz em minha vida que possa desmerecer a confiança que me dedicaram:
2. Deus não permitiu que medrasse o ódio no meu coração. Mas fez-me um homem mais determinado ainda:
3. Que os vencedores do golpe trazem no ventre o germe da sua própria deterioração: o ódio e os sentimentos de vingança.

Ninguém nos impedirá de servir ao nosso povo, de defender seus sagrados direitos e de libertar nossa Pátria da espoliação internacional. Seguirei, proximamente, para o Uruguai, onde me reunirei com minha família, Leonel Brizola."

Explicação do Correio da Manhã por ter publicado a carta, em plena ditadura: "O Correio da Manhã sempre combateu a pregação messiânica e subversiva do sr. Leonel Brizola. Desde quando era apenas prefeito de Porto Alegre, que alertamos o povo contra seus métodos... O sr. Leonel Brizola escolheu o CM como veículo de sua primeira manifestação pública – após a revolução – porque sabe que este jornal tem a norma de informar livre e imparcialmente os seus leitores e porque tem, ademais, como uma de suas sagradas tradições, a generosidade no tratamento aos vencidos".

Reprodução, na íntegra, da carta enviada ao Correio da Manhã, anunciando sua decisão de exilar-se no Uruguai. (Arquivo PDT)

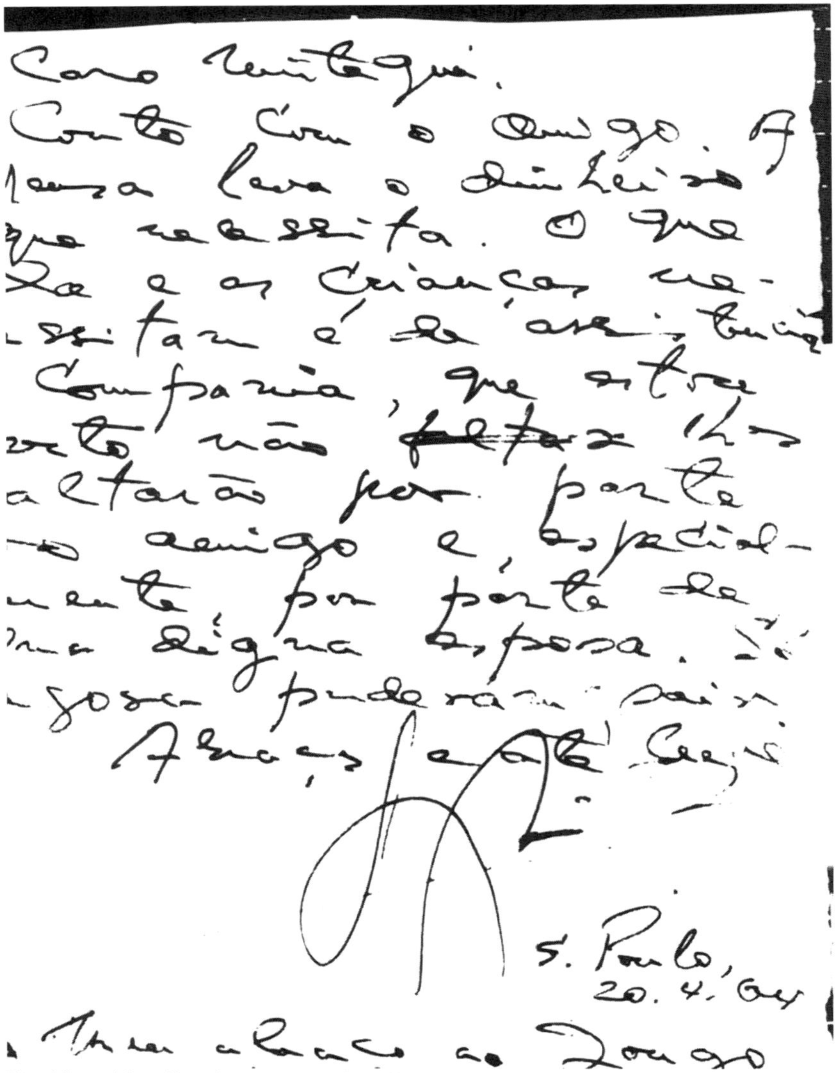

Caro Mintegui.
Conto com o amigo. A
Neusa leva o dinheiro
que necessita. O que
ela e as crianças ne-
cessitam é de assistência
companhia, que estou
certo não lhes
faltarão por parte
do amigo e, especial-
mente por parte de
sua digna esposa. Só
agora puderam sair.
Abraços, Leonel

S. Paulo,
20.4.64

Um abraço ao Jango

"Caro Mintegui (Juan Alonzo), conto com o amigo. A Neusa leva o dinheiro que necessita. O que ela e as crianças necessitam é de assistência e companhia, que, estou certo, não lhes faltarão por parte do amigo e, especialmente, por parte de sua digna esposa. Só agora puderam sair. Abraços, Leonel Brizola. S. Paulo, 20.04.64. Um abraço ao Jango e mostra a ele este bilhete". Bilhete escrito em plena clandestinidade, pouco antes do embarque de Neusa com os filhos para o exílio, em Montevidéu. (Arquivo PDT)

época

Año 2 — Jueves 7 de mayo de 1964 — Edición: 24 páginas

Leonel Brizola aquí

"SOLO NOS QUEDA EL CAMINO DE LA LUCHA CLANDESTINA"

TREINTA Y CINCO DIAS DESPUES: reencuentro que el gorilismo amenazó

Acentuando la calma y la precaución co[n] determinó el tono, el alcance y la intenció[n] todas sus palabras, Leonel Brizola subrayó veces un hecho al que concede (visiblement[e] mucha convicción y positivamente con esasa sibilidades de ser tomado al pie de la letra) cultad de expliar la inacción del pueblo br[asile]ño ante el golpe de Estado: **"la perplejidad, l[a sor]presa"** causadas por la rapidez de las fuerz[as de] la derecha y acunadas por **"la mística cread[a en] torno a la legalidad"**. Una perplejidad y una [sor]presa que todavía subsistirían, (acaso sólo [para] justificar, en la misma línea de razonamient[o, la] virtual paralización que se sigue observand[o en] el terreno popular) y una mística de la lega[lidad] que habría sobrevivido (improbablemente [para] muchos) las duras experiencias de Vargas y [otros], y el anticipo del complot formulado días antes del golpe por el diario **Panfleto**, [órga]no del propio Brizola.

De cualquier manera, eso no supone que la resistencia [sea un] camino impracticable o ya descartado: repitiendo las pala[bras] [illegible] interpretadas de la carta que le envió a "[illegible] Monthly", Brizola sostuvo: **"A todos nosotros, demócratas y [...]las, no nos queda otro camino que el exilio y la lucha [clandes]tina"**. Pero no parece nada fácil, ni aún para Brizola, [illegible] [illegible] "Los 'Grupos de once' hoy constituidos más de [illegible] existen sólo como un ambición", pero a pesar de ello [illegible] como una esperanza: **"podrían cumplir la importante fun[ción de] unir todas las fuerzas de izquierda en la lucha por la def[ensa de] los intereses populares y la liberación de la explotación [...]cional"**. Esto es la resistencia, pero ahora que [illegible] de la inviabilidad de las reformas sin violencia [illegible] el primer paso hacia la revolución? Brizola sólo [illegible] **"Tal vez ése sea el camino de la historia"**.

"Los EE.UU. están contentos"

"En mi país no hubo una revolución sino un golpe de [...] [illegible] le sirvió a I.B como [punto de] partida para la descripción de la actual situación [...] Brasil: **"No hay más democracia. Se instituyó un régimen [...] un poder militar que anuló todas las instituciones, el orden jurídico, las garantías constitucionales. El Poder [Judi]cial está actuando bajo presión de las armas y el Parlamento [ha] sido aplastado, despreciando el pronunciamiento popular. [Los] Estados Unidos pueden estar contentos: este movimiento [...] articulado por los jefes militares [illegible] y los viejos [...] de la política brasileña ha defendido sus intereses [...]"**

"No soy comunista"

Luego de subrayar que las decenas de miles de [illegible] militantes sindicales, estudiantiles y políticos detenidos [en] el territorio brasileño dan el tono preciso de la repre[sión], Brizola señaló que esta campaña reconoce los [...] viles del "anticomunismo" que definieron **"la masiva camp[aña de] publicidad que provocó el golpe, y en la que éste buscó [...]rse, sobre la base de atemorizar al pueblo con [el] peli[gro co]munista! Y ésta ha sido una gran farsa, en el Brasil no [hay] [pe]ligro comunista: los que se empeñan en la transformación [del] Brasil y su liberación de la explotación imperialista, no [son co]munistas. Yo no lo soy —nunca lo he sido—, pero [...] hecho del anticomunismo un negocio"**.

Sin noticias del "Isla de Gorriti"

El barco "Isla de Gorriti", de características similares a "Isla de Flores", naufragado hace diez años en el tristemente famoso Banco Inglés, anoche estaba despertando serias inquietudes en los medios marítimos al demorar de una manera inexplicable su arribo a puerto y a carencia absoluta de noticias.

Este barco de la Compañía Pesquera Uruguaya S.A., partió de Montevideo el 29 de abril, para dedicarse a la tarea para la cual está diseñado, pesca de altura. El rol de la tripulación entregada por el Capitán de Armamentos de ONPUSA, consta de siete personas: el patrón, Federico Riverol, de 48 años; el cocinero Pedro Presa, de 35; el primer pescador Pedro Fernández, de 38; el maquinista Norberto Sosa, de 28; el marinero Enrique Cabrera, de 26; Carlos Rodríguez, marinero también y de 26 años y Walter Freitas, pescador, de 29 años.

La última noticia se tuvo el lunes pasado, cuando el patrón Riverol por medio de la radio de abordo reportó a sus armadores la posición de la nave, en ese momento a 10 millas al sur de Piriápolis. Recibió la orden de retornar a puerto. Desde esa comunicación no se han tenido más noticias del Isla de Gorriti que debiera haber entrado a puerto a más tardar el lunes de noche o el martes de madrugada.

El Jefe de Puerto mayor Omar [illegible] Fernández, avisó a la Base Aeronaval de Laguna del Sauce, de donde partió un avión a recorrer la zona, mientras se hacían a la mar desde Punta del Este la lancha P. S. 1 y desde Montevideo zarpaban el Destructor Uruguay, el Isla de Lobos y el [illegible] de la propia compañía.

En las últimas horas de la noche, salió también desde el puerto del Buceo la lancha de salvamento de ADES, para colaborar en la búsqueda, mientras la radio costera, Radio Punta Carretas, permanece alerta manteniendo informados del desarrollo de la operación a las unidades de mar y a las Prefecturas de Montevideo y de Maldonado.

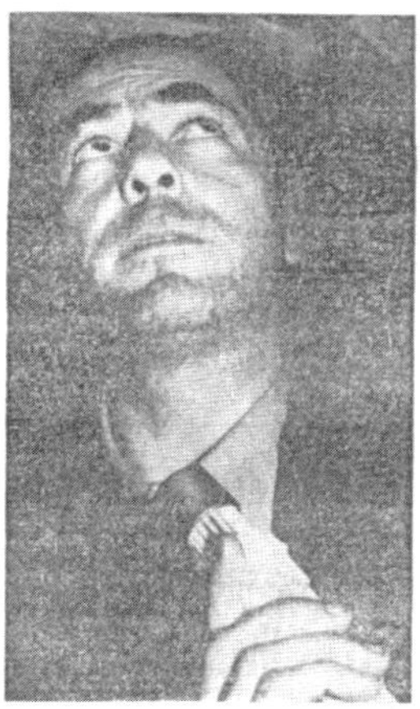

"PERPLEJIDAD, SORPRESA: una explicación improbable

O jornal de esquerda "Época" também retratou a chegada de Brizola. (Arquivo PDT)

Brizola (de costas e chapéu) participa de reunião, altamente sigilosa, numa praia próxima a Montevidéu, com Neiva Moreira (meio deitado) e o coronel Dagoberto Rodrigues, ex-diretor dos Correios, em meados de maio de 1964. Foi ali que ele decidiu engajar-se na luta guerrilheira contra o regime militar. (Foto: Neiva Moreira)

A foto tradicional de Kadão Chaves, filho do ex-secretário de imprensa, em 1974, mostra com precisão, a solidão do exílio, numa granja do interior do Uruguai. (Foto: Kadão Chaves)

Com Neusa, saindo expulso do Uruguai, rumo a Nova York, em setembro de 1977. (Arquivo PDT)

JORNAL DO BRASIL

Rio de Janeiro — Quarta-feira, 21 de setembro de 1977

Vorster marca eleições para 30 de novembro

Brizola deixa sua casa a caminho da Embaixada dos EUA, ladeado por seus filhos João (E) e Neusa Maria, sua mulher, Dona Neusa, e, carregando uma valise, seu filho mais velho...

PCF cede para manter aliança da esquerda

EUA recebem Brizola que já saiu expulso do Uruguai

Jornal do Brasil retrata o dia da expulsão do Uruguai. Na foto, Brizola caminha em direção à embaixada dos Estados Unidos, em Montevidéu, onde recebe o salvo-conduto para morar em Nova Iorque. Na foto, vê-se em primeiro plano o filho João Octávio, Neusinha (atrás de Brizola) e Neusa. (Foto do autor)

20 — NACIONAL — JORNAL DO BRASIL — Quarta-feira, 22/9/77 — 1º Caderno

Brizola chega hoje a Nova Iorque em vôo sem escalas

Eunice Jacques

Discreção

Brizola e Dona Neusa deixaram o Hotel Liberty depois que as passagens já estavam compradas

Bonifácio acha normal ida para EUA

Ex-Governador admite revisões

Amigos temiam seqüestro

Governo dos EUA diz que providência é de rotina

Simon defende força das idéias

Flagrante do Jornal do Brasil quando Brizola e Neusa saíam do hotel, em Buenos Aires, rumo ao novo exílio em Nova Iorque. (Arquivo PDT)

Encontro de Trabalhistas do Brasil e do Exílio, em junho de 1979, em Lisboa: com Matheus Schmidt e Doutel de Andrade. (Arquivo PDT)

Com Felipe Gonzáles da Espanha no encontro de Lisboa, em 1979. (Arquivo PDT)

Mário Soares, primeiro ministro de Portugal, saúda os trabalhistas no encontro de Lisboa. (Arquivo PDT)

O NEGOCIADOR

XL — A expulsão do Uruguai

A vida de Leonel Brizola é marcada por acontecimentos inopinados e reviravoltas desconcertantes. No começo da tarde de 15 de setembro de 1977, uma quinta-feira, ele estava na fazenda, quando recebe um recado de D. Neusa, em Montevidéu. Ela lhe relata que um policial tinha ido ao apartamento do casal, para comunicar ao ex-governador o decreto de sua expulsão do país. Na fazenda, denominada *El Repecho*, em *Pueblo de Carmen*, departamento de Durazno, a seis horas de carro da capital, Brizola interrompe seu trabalho de tanger gado, que acaba se transformando em seu grande hobby e a melhor forma de relaxamento, toma a camionete que lhe serve e ruma correndo para a capital do país.

Fazia exatos 13 anos, três meses e 11 dias que ele vivia no país. Havia praticamente reconstruído sua vida depois do verdadeiro terremoto que para ele representou o golpe no Brasil. Até tinha tido algum sucesso no negócio de gado, apesar de sua liquidez naquele momento não passar de três mil dólares. Saudoso da terra e vendo ali uma oportunidade de criar um fato consumado, teve como primeira reação retornar ao Brasil, custasse o que custasse: "Não quero ser um apátrida, andando de país para país". O problema é que o custo seria alto demais. O regime militar o havia condenado a cerca de 50 anos de prisão, em nada menos de 21 processos que corriam nas malfadadas auditorias militares. E tal era a hostilidade que ainda imperava contra ele que, pouco depois do anúncio da expulsão, a Polícia Federal brasileira distribuía a todos os seus postos em área de fronteira ordem para prendê-lo, caso fosse tentada sua entrada em território nacional.

Mesmo assim, ele ainda tentou sondar as autoridades brasileiras sobre seu retorno: "Enviei alguns amigos à embaixada, para pedir que mandassem alguém falar comigo sobre minha volta ao Brasil. Eles se recusaram", disse ele. Brizola também não era um homem sozinho: tinha a mulher e três filhos para sustentar e deles receber conforto moral, que ele considerava essencial naqueles entreveros por que passava e haveria de passar.

***

Ao chegar a Montevidéu, ruma direto para a Chancelaria, onde um funcionário subalterno faz-lhe a comunicação oral de sua expulsão. Brizola, acreditando estar diante de um equívoco ou de "um ato insano", como dizia, pede para avistar-se com o chanceler Alejandro Rovira, que se nega a recebê-lo. Rovira era velho conhecido do ex-governador, que o recebeu em casa algumas vezes. Brizola pede então um documento por escrito atestando o fato, mas só recebe a cópia xerografada do decreto do Presidente Aparício Mendez.

Aparício Mendez, do Partido Nacional (Blanco) era um daqueles juristas de plantão que serve a qualquer governo e tinha como principal proeza a redação do ato com que o presidente Juan Maria Bordaberry fechou o Congresso Nacional, em 27 de junho de 1973.

O decreto número 231296, assunto 205, datado de 13 de setembro de 1977, consistindo num pequeno intróito e dois curtos artigos, tem o seguinte teor:

"Vistos: A Resolução do Poder Executivo da data de dois de junho de 1964, pela qual se declarou asilado político o Sr. Leonel Brizola; e...Atento; a informação transmitida pelo ministro do Interior, com data de oito do corrente, assinalando-se que o referido asilado não respeitou as obrigações inerentes a esta condição;

O Presidente da República resolve:

Art. 1º Revogar a resolução, com data de dois de junho de 1964, pela qual se declarou asilado político o cidadão brasileiro Sr. Leonel Brizola.

Art. 2º Comunique-se, anote-se, notifique-se ao interessado que deverá abandonar o território nacional e arquive-se.

Aparicio Mendez (Presidente)

Alejandro Rovira (Chanceler)

No mesmo documento, aparecia uma anotação do Departamento Nacional de Informação e Inteligência, datada do dia 15, e assinada pelo diretor, Victor Castiglione, na qual se afirma: "Fica claro que o Sr. Leonel Brizola deve abandonar o território nacional antes do dia 21 do corrente".[150].

***

O ato de expulsão, sem qualquer aviso prévio ou circunstância aparente que lhe levasse a tomar certas precauções, tinha pegado Brizola de chofre: "Pensei que se tratasse de uma brincadeira, até que me mostraram a cópia do decreto". Nenhuma razão tangível, política ou pessoal, justificava ou mesmo explicava ação tão intempestiva. Ele estava ali na fazenda, entregue aos negócios, longe de tudo, sem incomodar ninguém, interna ou externamente, e, de súbito, aquela ordem, terminante e brutal: ter que deixar tudo o que tinha plantado durante 13 longos anos de trabalho, agonia, medo e incertezas.

Brizola não tinha dúvidas de que a ordem partira do Brasil. O próprio Palácio do Planalto, através do porta-voz interino João Madeira, chegou a declarar que "o Governo brasileiro tinha conhecimento prévio de que o Uruguai iria suspender o asilo político de Leonel Brizola". Por sua vez, o assessor de imprensa do Itamaraty, conselheiro Luis Felipe Lampréia, que mais tarde seria chanceler do Presidente tucano Fernando Henrique Cardoso (1995-2003), ameaçava: "Se ele vier para o Brasil será enquadrado nos dispositivos legais e passará a responder pelo que fez. São pelo menos 28 anos de condenação à revelia[151]".

Brizola se indagava daquele ato extemporâneo, logo naquele momento, quando estava tudo calmo e assentado, no Uruguai e no Brasil. Como nem sempre a lógica tem resposta para tudo, ele levou anos para entender aquela decisão. Aparentemente sua expulsão fora provocada pela briga de foice no escuro do ministro do Exército, ge-

150 O *Estado de São Paulo*, p. 6, 20 de setembro de 1977.

151 *Jornal de Brasília*, p. 5, 20 de setembro de 1977.

neral Silvio Frota e do Presidente Ernesto Geisel. Era uma contenda que se travava no intestino do regime. O objetivo era impor o próprio Frota, como candidato à sucessão do general Ernesto Geisel, a ocorrer dali a menos de dois anos. Nesses confrontos, como se sabe, os grupos em disputa precipitam as ações mais excêntricas para se impor politicamente. Geisel, é sabido, não aceitava Frota como candidato, porque já tinha o seu, João Batista Figueiredo, outro general.

Para conseguir seu intento de suceder a Geisel na Presidência da República, Frota articulava um golpe. Na verdade, seria uma quartelada nos moldes da que, em 1968, depôs o vice-presidente Pedro Aleixo. Civil, Aleixo se preparava para assumir o poder em face do impedimento do Presidente, marechal Arthur da Costa e Silva. Aleixo foi surpreendido por um golpe de mão dos generais que colocaram em seu lugar uma junta militar, constituída dos três ministros militares de Costa e Silva: general Aurélio Tavares, do Exército; almirante Augusto Rademaker, da Marinha; e brigadeiro Márcio Melo, da Aeronáutica.

Mas para dar um golpe seguro, os estrategistas do general Sílvio Frota necessitavam ter limpa a região Sul, onde se situava o III Exército. Residindo no Uruguai, a pouco mais de 300 quilômetros da fronteira com o Rio Grande, Brizola poderia constituir um perigo, já que possivelmente retornaria ao Brasil para reeditar a Campanha da Legalidade, então com mais chances de sucesso, pois o regime estava impopular, e isso poderia desestabilizar ou mesmo derrubar o futuro regime frotista.

Esta seria a razão intrínseca do grupo de Frota, ao exigir, extemporaneamente, a expulsão de Brizola do país vizinho. Geisel teve de concedê-la e os militares uruguaios, de executá-la. Chegou-se ainda alegar que a aproximação do pleito geral, em 1978, pudesse receber a influência de Brizola devido à popularidade que este ainda exercia entre os gaúchos, mas o argumento não tinha muita procedência, porque seu carisma já havia influenciado outros pleitos, sem que isso abalasse o regime.

A disputa entre os grupos de Frota e de Geisel terminaria menos de um mês e um dia depois da data do decreto de expulsão de Brizola, mais exatamente em 12 de outubro 1977, quando, num golpe de força, Geisel demitiu Frota do ministério e, com isso, liquidou a candidatura deste à Presidência da República. Ficara tranqüilo e sem tropeço o caminho para a ascensão do general João Batista Figueiredo, candidato de Geisel, que passou seis anos no poder.

****

Da chancelaria, em que recebera notificação oficial de sua expulsão, Brizola volta para casa, onde reúne a família e os amigos para discutir o seu destino. As alternativas são difíceis e a solução fica para ser tomada depois, de cabeça fria. No outro dia, sexta-feira, 16 de setembro, à tarde, ele resolve ir ao banco. Sua conta estava no limite e para fazer face às despesas de viagem e de permanência em outro país, teria de vender um lote de gado. Seu banimento do país o tinha deixado tão atordoado que ele nem faz a barba. Simplesmente sai caminhando pelas ruas. Montevidéu era uma cidade pequena e não conhecia a violência urbana.

Naquela véspera de fim de semana, quando todos ficam contando as horas para o repouso, Brizola matutava uma saída para aquela enrascada. Raciocinava: o momento escolhido para essa medida tinha sido o pior possível. Ele iria para onde, se a América do Sul era um viveiro de ditaduras as mais opressivas? De todos os países, só restava o México, onde não conhecia praticamente ninguém, e a Venezuela, onde havia assumido Carlos Andrés Pérez, que posava de democrata e socialista, mas de quem ele também não dispunha de informações precisas. Havia, claro, a Cuba revolucionária, hipótese que ele descartou, de imediato, pois a sua ida para lá atenderia ao maior interesse do regime brasileiro que era de isolá-lo num país declaradamente comunista.

Brizola fazia todas aquelas conjecturas quando, no caminho para o banco República, avista a Embaixada Americana, um prédio imponente na Rua Lauro Muller com a Rambla Armenia. Recorda-se que tinha sido até ali um critico impiedoso da política americana, a que atribuía toda a culpa pela miséria e o subdesenvolvimento do Brasil e com cujo governo se atritava permanentemente por causa de suas ações implacáveis — encampação de multinacionais, expulsão dos Voluntários da Paz do Rio Grande e denúncias da intromissão da embaixada e de agentes da CIA na condução da política brasileira.

Sucedia, no entanto, que, naquela época, estava à frente do governo americano um Presidente, de origem humilde e muito popular, que inaugurava uma nova era de abertura para o mundo. Ao visualizar a embaixada ali próxima, vem à sua mente a política de direitos humanos do Presidente Carter. As pressões de Carter contra as torturas e a censura estavam muito em voga no noticiário, por causa dos incômodos que ela provocava em alguns regimes militares, inclusive do Brasil. Brizola então raciocinou:

"Quero colocar à prova essa política do Presidente dos Estados Unidos. Quero saber. Ele está falando tanto de direitos humanos, e eu, por exemplo, sinto-me ferido nos meus. Estou sendo expulso deste país de maneira injusta. Como pode um país que tem tratado em matéria de direitos de asilo expulsar quem não está fazendo nada? Vou consultar o Presidente dos Estados Unidos. Diante do que estou sofrendo, sobre se me recebe em seu país[152]".

Foi tudo de repente, um "rompante", como ele dizia. Dali mesmo da rua, decide se dirigir à embaixada e pedir asilo: "Chegando lá, fui recebido por uma moça, porteira ou telefonista, meio uruguaia, meio americana: "O senhor quer falar com o embaixador?" E eu, meio barbudo... Ela pediu minha identidade, minha cédula. Eu dei minha carteira, estava ali (no Uruguai) exilado... Ela olhou, olhou, pediu que esperasse um momento e chamou um funcionário".

Quando apareceu diante daquele homem que no passado fora um verdadeiro pavor para os americanos, o funcionário, um jovem diplomata de carreira, custou a acreditar no que estava vendo:

— Sr. Brizola, o senhor quer entrar no meu gabinete?

— Pois não.

— O senhor é conhecido. Quando estava na universidade, nós tínhamos um clube latino-americano. Naquele tempo, falava-se muito no senhor, que o senhor gostava de expropriar empresas americanas (risos).

— É verdade.

— O senhor quer mesmo ir para os Estados Unidos?

— Olha, até há pouco não admitia essa possibilidade, mas (agora) quero ir.

152 Depoimento à Comissão João Goulart, da Câmara, op. cit., pp. 60 e 61.

O diplomata pediu licença para ir a outra sala, dando-lhe uma revista para passar o tempo e voltou alguns minutos depois:

— Fui falar com o embaixador (Lawrence Pezzullo). Ele não está aí, está em casa e manda dizer-lhe que, por ele, não há problema, mas que depende de Washington. Na segunda-feira, nós lhe damos uma resposta[153].

O pedido de Brizola esbarrava, porém, num entrave burocrático: era o fato de os Estados Unidos não serem signatários de convenção de asilo com o Uruguai ou com qualquer outro país. Havia ainda outra tradição inibitória, que era a de não conceder asilo fora do território americano. Os milhares de asilados lá residentes, sobretudo os dissidentes de países comunistas, como os da ex-União Soviética e de Cuba, encaminharam suas solicitações depois de penetrarem em solo americano, muitos deles em viagens oficiais patrocinadas pelos próprios governos. Havia, porém, um único precedente similar ao caso de Brizola: era o do cardeal primaz da Hungria, Joseph Mindzenty, em 1971, um preso político havia mais de 23 anos no próprio país, e que depois foi morar em Viena, na Áustria. Quanto aos brasileiros, somente o ex-presidente Washington Luis e o socialista baiano João Mangabeira, que chegou a ser ministro da Justiça de João Goulart, haviam morado em Nova Iorque. Eles também não tinham obtido asilo e sim um visto temporário, que lhes garantiu a permanência no país, pois eram dissidentes do regime brasileiro de Vargas.

Não obstante, o Presidente Jimmy Carter estava muito empenhado em fazer valer sua política de descompressão na América Latina, onde a incidência dos abusos aos direitos humanos conspurcavam a imagem americana, pelas evidentes ligações da CIA com os regimes militares. Nesta sua determinação, o Presidente passou por cima de todos os empecilhos burocráticos, políticos e mesmo legais, mandando conceder o visto de entrada de Brizola, num prazo recorde de 48 horas.

Brizola, como não poderia deixar de ser, ficou muito reconhecido a Carter por aquele gesto humanitário e com ele desenvolveu uma aproximação política que se prolongou até à morte do ex-

153 Idem op. cit.

governador, em 2004. Depois que teve expirado seu mandato de Presidente, em 1982, uma vez que perdera a eleição para Richard Nixon, Carter fundou o Centro Carter, em Atlanta, na Geórgia, seu estado natal. Trata-se de uma instituição destinada a zelar pelos direitos humanos e a intermediar em conflitos, que vão do Oriente Médio à Venezuela de Hugo Chávez. E Brizola funcionou como um de seus conselheiros informais para a América Latina, tendo sido convidado a participar de reuniões, em Atlanta.

***

Quando chega segunda-feira, 19 de setembro de 1977, no final da manhã, Brizola recebe em casa um telefonema do embaixador americano Lawrence Pezullo, dando-lhe a notícia de que o Presidente Jimmy Earl Carter, em decisão pessoal, autorizou sua ida para os Estados Unidos da América. Aquilo era uma bomba, que fez estremecer todas as ditaduras. O ato foi recebido como um gesto de hostilidade aos regimes militares do Brasil e do Uruguai, que se viram perplexos e humilhados: logo contra eles,que eram tão servis aos propósitos americanos. Ainda que arrogantes e discricionários no plano interno, tais regimes se viram impotentes para fazer qualquer revide, engolindo a seco o "édito da matriz".

As ditaduras brasileira e uruguaia ainda tentaram se vingar de Brizola, obrigando-o a passar alguns constrangimentos pessoais, como a decretação de sua prisão domiciliar, justamente na segunda-feira, quando foi divulgada a notícia da decisão americana.

Por sua vez, o consulado brasileiro, instruído por Brasília, negou-se até o último momento a fazer a atualização do passaporte de Dona Neusa, sem o qual ela não poderia acompanhar o marido. Brizola reagiu dizendo que só embarcaria se tivesse a esposa do lado. Seguiram-se momentos frenéticos, Brizola teve de se transportar com a família para a embaixada americana, às 17h55m de terça-feira, 20 de setembro, pois a ordem dos militares era de que ele abandonasse o país antes de *la puesta del sol* (o pôr do sol). O primeiro avião com destino a Buenos Aires tinha embarque previsto para as 22h 30m. No final, o consulado brasileiro voltou atrás e concedeu o visto a Dona Neusa, e a família foi autorizada a embarcar pelo

Aeroporto de Carrasco. Na hora aprazada, um vôo transportou Brizola, Neusa e o filho José Vicente, o mais velho, à capital argentina. João Octávio e Neusinha permaneceram em Montevidéu para encaminhar a transferência dos negócios da família através de uma administradora local.

Ao chegar à Argentina, que vivia debaixo da sombria ditadura do general Videla, Brizola assustou-se quando soube que o Hotel destinado a abrigá-lo era o *Liberty*, onde houve vários casos de seqüestros e assassinatos políticos a mando da ditadura e da Operação Condor. Tinha sido no recente mês de julho que os parlamentares uruguaios Zelmar Michelini, senador, e Hector Gutiérrez Ruiz, deputado, tinham sido arrancados à força de seus apartamentos do *Liberty*, durante a madrugada e encontrados mortos em seguida. Também tilintava na sua cabeça a lembrança da forma com que os militares trataram João Goulart, então Vice-Presidente, no auge da Campanha da Legalidade, em 1961. Jango desembarcara em Buenos Aires, que aliás vivia sob o regime civil e progressista de Arturo Frondizi, no caminho de Montevidéu e de Porto Alegre, para depois assumir o poder, em face da renúncia de Jânio Quadros. Nas horas que lá passou, Jango foi mantido como um virtual prisioneiro e afastado de qualquer contato, inclusive com jornalistas.

Os temores se dissiparam depois que os jornalistas, brasileiros e internacionais, que foram entrevistá-lo no Aeroporto de Ezeiza, se dispuseram a fazer uma vigília em frente ao seu apartamento, no *Liberty*. Ele depois brincaria com os correspondentes, dizendo que eles estavam ali não exatamente atrás de um furo ou de um melhor ângulo de foto, mas para proteger um cidadão perseguido pelas ditaduras.

No dia seguinte, foi agradecer aos jornalistas tomando com eles um café no bar do hotel. Na verdade, pretendia não falar, pois as entrevistas, por mais fiel que seja a sua reprodução, sempre dão margem a especulações. Mas sentia-se tão leve e aliviado dos maus presságios do *Liberty*, que resolveu falar.

Sobre se exerceria atividade política nos Estados Unidos, disse que, embora não tivesse mais sentimento de "vingança ou de revanchismo", admitia que voltaria a ter algum tipo de atuação. Insistiu que sentia muito pelo que lhe haviam feito passar as autoridades uruguaias: "Procurei encarar os fatos com superioridade", disse, "mas sinto, sinto mesmo, porque doem". Atribuiu aquilo "a um equívoco, ou, por informação malévola". Amante dos provérbios e das parábolas, Brizola disse que confiava muito em que a verdade um dia prevalecesse e citou um ditado gaúcho: "Quem está cavaleiro com a verdade, não precisa de esporas". Por isso, disse que não levava ressentimentos do Uruguai, que considerava uma segunda pátria, onde casou a filha Neusinha, e teve a neta Laila, "apenas muito tristeza":

— No fundo , eu me considero um homem realizado. Tive um quarto de hora na vida pública e contribuí para abrir algumas janelas na cabeça de muita gente. Para mim, está completamente sublimado qualquer sentimento de vingança ou de revanchismo. E se alguém pretendeu, com a minha saída do Uruguai, me constranger ou humilhar, enganou-se. Não me sinto atingido.

****

Leonel Brizola passou uma noite relativamente tranqüila naquele hotel agourento, e no outro dia, 21, à noite, embarcou num vôo sem escalas (a ordem era de passar longe do território brasileiro, como explicou depois o chanceler Jovira) da Aerolíneas Argentinas, para Nova Iorque. Era o coroamento de quase uma semana de sobressaltos e agonia. O próprio Brizola admitiria depois que havia sido beneficiado pela pasmaceira da sexta-feira, pois tivesse sido outro dia, seu requerimento de asilo aos Estados Unidos teria sucumbido na burocracia do Departamento de Estado, o ministério americano que trata das relações internacionais.

No depoimento à Comissão sobre a morte de João Goulart, na Câmara dos Deputados, aqui já referido, ele explicava: "Soube depois que a minha sorte foi isso ter acontecido na sexta-feira, porque o assunto foi direto à Casa Branca, já que o Departamento de Estado estava fechado (naquele dia). Na Casa Branca, foi levado quase que diretamente à consideração do Presidente Carter, que não teve dúvida, seguindo sua política. Era esse seu pensamento, sua maneira de ser. O assunto praticamente pulou o Departamento de Estado".

A solução encontrada por Carter tinha sido idêntica à conferida a Mangabeira e a Washington Luis, ou seja, a do visto temporário. No caso de Brizola, a permissão para permanecer no país se estendia até 19 de março de 1978, mas com a promessa de depois ser prorrogada, no caso de necessidade. O problema depois foi equacionado pelo Primeiro Ministro de Portugal, o socialista Mário Soares, que decidiu, através da intercessão do jornalista brasileiro Hermano Alves, conceder-lhe um passaporte, com o qual poderia, não apenas permanecer nos Estados Unidos como também se movimentar por todo o mundo, à exceção do Brasil.

O elemento surpresa da expulsão levou os jornais a noticiá-lo amplamente, ainda que com o atraso de três dias. A partir de 19 de setembro, Leonel Brizola começou a aparecer, na capa e em abundantes matérias nas páginas internas dos jornais e revistas, durante todo o desenrolar do episódio. As especulações sobre o destino do ex-governador, os oferecimentos de exílio, a ida inopinada à embaixada americana, a concessão do asilo, o embarque para os Estados Unidos e as movimentações do político brasileiro na Europa garantiram ao ex-governador um espaço cativo no noticiário político. Desmoralizada, a censura à imprensa foi aos poucos saindo de cena, até desaparecer por completo, alguns meses depois.

A chegada de Leonel Brizola a Nova Iorque e os desdobramentos que o fato passará a ter na vida do líder trabalhista e na política brasileira, merecem não apenas um mas alguns capítulos dos quais passaremos a tratar a partir da próxima página.

XLI — Sob a proteção dos americanos

O Brizola que chega a Nova Iorque, aos 54 anos, é um homem mudado. Está grisalho e uma calva já adentra na fronte, como a lhe anunciar que a idade avança. Depois deixa crescer o cabelo na parte de trás, o que lhe dá certo ar romântico. Mas não consegue trair uma ponta de amargura, quando constata o tempo que passou inativo, politicamente, nada menos que 13 anos enfurnado no distante Uruguai: “A única identidade que eu poderia ter com Carlos Lacerda é quanto à afirmativa de que lamentava que tivesse sido afastado quando ele se considerava em pleno vigor. Isso eu realmente lamento. Que minha vida pública tenha sido bloqueada, num momento de plena capacidade[154]".

A linguagem e o comportamento radicais do passado cedem lugar a uma postura equilibrada, comedida, quase moderada. Na verdade, tal conduta já vinha sendo seguida no Uruguai, muito antes da expulsão. Depois do fracasso da sua frustrada insurreição militar, em 1967, e depois, das guerrilhas, em 1968, Brizola havia se recolhido quase inteiramente à luta pela subsistência. É verdade que ainda recebia muita gente do Brasil, mas evitava se expor. Também aproveitou o tempo livre para dedicar-se à leitura. Procurou ler tudo o que lhe vinha às mãos, desde os grandes autores e revolucionários até a história das revoluções e movimentos sociais de seu país, sobretudo os do Rio Grande do Sul. Ele se fixava principalmente nos escritos e na bibliografia do *caudillo* gaúcho Júlio de Castilhos, sua grande paixão. Vivia isolado na *estância*. O acesso à morada era difícil, tendo o interessado em vê-lo de enfrentar uma estrada esburacada de mais de cinco quilômetros.

"Eu já havia praticamente largado (tudo), mas vejam como é isso, me agarram pelos cabelos. Não tenho planos, mas como disse um poeta espanhol: *Caminos, caminos, no hay. Hay que hacerlos*" — dizia aos jornalistas no malfadado *Hotel Liberty*, em Buenos Aires, na escala que fez vindo expulso de Montevidéu, antes de seu embarque para os Estados Unidos.

Eram 8h 09m da manhã (uma hora a menos que no Brasil) de 22 de setembro de 1977, quando o boeing 707 da Aerolíneas Argentinas, num vôo sem escala (número 300), pousou no Aeroporto Internacional John Fitzgerald Kennedy (JFK), em Nova Iorque. Depois de recolher a bagagem, Brizola, que havia viajado com a mulher Neusa e o filho João Octávio, na classe econômica, ao lado de 124 outros passageiros, se dispõe a falar com os repórteres que o aguardavam. Junto destes estava o jornalista e escritor Moniz Bandeira, que o acompanhara algum tempo durante o exílio, em Montevidéu. Foi o único momento em que ele se desprendeu e

---

154 Declaração aos jornaistas na escala em Buenos Aires, antes de chegar para o exílio em Nova Iorque, reproduzida pelo *Jornal do Brasil*, p. 20, 22 de setembro de 1977.

cochichou no ouvido do escritor: "Uma patada do governo uruguaio", referindo-se a sua expulsão.

As perguntas dos repórteres são embaraçosas, porque estão sempre associando seu passado antiamericano àquela situação de turista acidental na terra do *Tio Sam*, e recordando as ligações com Cuba e a fama de incendiário do entrevistado. Sempre ao lado de D. Neusa, Brizola até se confessa destreinado, porque fazia tempo que não via tantos jornalistas juntos. Mas revela-se preparado para responder a qualquer pergunta, mesmo que implique em provocação, e não cai em esparrelas:

P — Por que preferiu os Estados Unidos?
R — Venho aos Estados Unidos reconhecido pela acolhida que me deram. Seus diplomatas foram incansáveis na solução de embaraços e dificuldades para obtenção de meus documentos. Venho aos Estados Unidos com a intenção de não causar embaraços. Hoje mesmo vou tratar de me atualizar, conhecer o país, estudar inglês.
P — Como se define politicamente?
R — Depois de todo esse tempo afastado da política, lendo, amadurecendo, depois de um exame crítico do passado e fazendo uma projeção para o futuro, situo-me — para usar uma terminologia em moda — ideologicamente, como um social-democrata e como um dissidente dos regimes militares, especificamente desse regime militar que existe no meu país.
P — Como o Senhor se situa em relação ao castrismo?
R — A resposta anterior diz tudo.

Brizola ainda admite seus erros do passado, aproveitando uma pergunta sobre se teria [155] "encontros com o Governo dos Estados Unidos para falar sobre problemas do Brasil", ao dizer: "Na embaixada norte-americana, em Montevidéu, comentamos a minha presença ali; há algum tempo, isto seria impossível, tanto da parte deles como da minha. Criaram-me uma imagem de inimigo dos Estados Unidos. Tivemos conflitos em fase pouco honrosa para

155 A íntegra da entrevista foi publicada pelo *Jornal do Brasil*, p. 4, 23 de setembro de 1977.

todos. Certas ações provocaram ações desmedidas. Tive divergências, problemas complexos. Em minha juventude, vi com suspeita muitas posições do Governo dos Estados Unidos. Hoje, muitas das questões que me revoltaram estão sendo compreendidas por setores de prestígio da vida norte-americana e pelo próprio Governo dos Estados Unidos".

Brizola não se esqueceu de exaltar a política de direitos humanos empreendida pela administração daquele país, ao afirmar na resposta àquela mesma questão:

"Essa mensagem sobre direitos humanos está recuperando uma imagem que se ia perdendo. Sei que há governos contrariados e perplexos com isto, mas tenho certeza de que os Estados Unidos estão fazendo novos amigos. Essa mensagem de fraternidade, de direitos humanos, no meu entender, vai ter alcance muito grande, porque é uma mensagem de paz".

Tal postura, obviamente iria ser explorada pelo oficialismo, que passou a acusá-lo de traição a toda uma vida de pregação antiamericanista. Também desencadeou uma saraivada de críticas, inclusive de parte da própria esquerda, que passou a acusar Leonel Brizola de ter aderido à política do opressor. Era uma acusação séria porque recorria ao exemplo de tantos outros líderes esquerdistas, daqui e de alhures, que se entregaram de corpo e alma aos afagos irresistíveis do mimo capitalista. O tempo iria provar que Brizola estava imune àquela tentação, mas a polêmica havia desatado.

Paulo Schilling, seu antigo correligionário e assessor nos momentos mais difíceis do golpe e do exílio, foi um dos que não aceitaram a nova postura social-democrata de seu antigo líder: "É incompreensível dissociar os sociais-democratas da Volkswagen, que, não contente em dominar o mercado automobilístico brasileiro, se lança à conquista amazônica, ou com esse monstruoso acordo nuclear. Que oculta muito precariamente os propósitos revanchistas dos militares germânicos[156]".

O jornal O *Estado de S. Paulo*, seu velho adversário, não perdeu oportunidade para desfechar-lhe uma flechada: "Quem imaginou que o senhor Leonel Brizola fosse pedir asilo a Cuba, enganou-se

156 Paulo Schlilling aponta erro do ex-governador, *Folha de S. Paulo*, p. 6, 16 de fevereiro de 1979.

redondamente... Na verdade, o ex-deputado caudilhesco e ultra-esquerdista está fazendo a confissão pública de que a democracia é algo mais do que um simples meio para poder destruí-la. É o abrigo dos direitos humanos, da liberdade e da verdadeira segurança[157]".

Brizola, não obstante, estava disposto a engolir a seco as provocações até que tivesse permissão de voltar ao Brasil, com todas as suas garantias constitucionais devolvidas. O colunista Carlos Castello Branco, lembrava em sua *Coluna do Castello*, do *Jornal do Brasil*, de 25 de setembro de 1977 sob o título "O Uruguai criou um novo Brizola": "Dissolveu-se aos olhos da opinião mundial a figura de um caudilho sul-americano em gestação ou de um falhado Che Guevara dos pampas. Em seu lugar, surgiu em Nova Iorque a figura de um opositor ao Governo militar brasileiro, amparado pela política de direitos humanos do Presidente Carter".

***

Nos Estados Unidos, Brizola experimenta uma nova mudança brusca. Despede-se da morosa rotina de fazendeiro e entrega-se à trepidação da ação política, que retoma com todo a garra. Ele continua exilado, mas começa a viver uma situação inteiramente nova de estrela, inclusive internacional. Os jornais agora registram cada um de seus passos, inclusive porque de repente ele passa a encarnar uma expectativa de poder, naquele momento em que os militares, desgastados por mais de 13 anos de arbítrio, preparam-se para para sair de cena.

Não obstante, ele se esforça para manter a linha de moderação e pragmatismo, ainda que sem perder de vista sua causa maior, ou seja, o desenvolvimento autônomo do Brasil — uma coerência que vai lhe custar muito caro politicamente, como se verificará ao longo da presente narrativa. Nesta direção, ele não hesita mesmo em fazer autocrítica: "Eu faria muitas revisões de minha vida política, porque toda vida é isso, uma sucessão de revisões. Isto é o que se chama viver sempre com um espírito crítico".

157 Editorial do *Jornal da Tarde*, do Grupo *Estado*, publicado por *O Estado de São Paulo*, p. 4, 23 de setembro de 1977.

O ex-governador faz questão, por ouro lado, de defender suas tentativas de rebelião, quando, num depoimento exclusivo que deu em seguida a Moniz Bandeira, afirmou: "Não me arrependo absolutamente da conduta que mantive ao longo do meu exílio. Muitos erros, por certo, cometi. Ressalvo minha boa fé. Fizemos tudo o que esteve ao nosso alcance, numa época de radicalização. Lamento apenas que, na época, nossos planos não tenham dado certo". Ele ainda justificou que "desencadearam sobre nós e nossos familiares, contra todo um povo desarmado, uma feroz repressão, o terror e toda espécie de perseguições, após a derrubada do Governo constitucional. A violência não partiu de nós. Em nome dos melhores sentimentos de honra e dignidade, não tínhamos outra coisa a fazer senão tentar reagir contra tantas humilhações"[158].

Procurando não perder um minuto sequer da sua reabilitação política, Brizola volta à ebulição de outrora. Do Brasil, chovem telefonemas, telegramas, cartas e mensagens de correligionários e admiradores pedindo sua reinserção no jogo do poder. O país vive a efervescência da abertura, a qual, embora controlada pelos militares, enseja o retorno da atividade política, que deverá ser completada com a anistia e a volta dos exilados, daí a pouco. Há uma pressão forte para que se filie ao MDB, o partido designado pelo regime para fazer a chamada oposição consentida, mas ele resiste e joga suas fichas na reconstrução do PTB, o partido fundado por Getúlio Vargas.

Como não pode voltar ao país antes de anistiado, Brizola decide se lançar no cenário internacional para projetar-se como um legítimo representante do povo brasileiro e também para pressionar os militares a fazer a redemocratização. A repercussão do abrupto cancelamento do asilo no Uruguai acabou ressuscitando sua mística de líder popular e nacionalista, um trunfo que ele utiliza para entender-se, primeiro, com os líderes liberais americanos e, depois, com os socialistas europeus. Aproxima-se de Andrew Young, líder negro, embaixador nas Nações Unidas, e outros homens-chaves de Carter na política de defesa dos direitos humanos. Sua primeira viagem internacional é ao México, onde se encontram alguns exilados.

158 *Brizola e o Trabalhismo*, op cit.

Lá ele reencontra Neiva Moreira e Francisco Julião, com quem se acerta para a refundação do PTB.

Depois ele concentra todas as suas energias e charme na conquista dos líderes progressistas europeus, sobretudo os socialistas. No empreendimento, conta com a ajuda preciosa do líder português Mário Soares, que lhe abre as portas da Internacional Socialista, a entidade com sede em Londres, que congrega cerca de cem partidos socialistas e trabalhistas dos vários continentes. Alguns desses partidos, como o Socialista Português, o da Social Democracia, da Alemanha, e os Partidos Trabalhistas inglês e holandês, estão governando seus respectivos países. Mário Soares, com efeito, havia passado pelas vicissitudes do líder brasileiro, já que também liderava um partido, então no poder, mas criado e desenvolvido na mais dura clandestinidade. Portugal tinha acabado de sair de 48 anos de ditadura salazarista. Juntando-se ao movimento dos Capitães do Exército, responsáveis pela Revolução dos Cravos, que varreu o despotismo, em 25 abril de 1974, Mário Soares se fez primeiro chanceler e depois Primeiro Ministro do novo regime, e, mais tarde, Presidente da República.

Paralelamente, Brizola inicia uma série de viagens pelos países europeus e, em janeiro de 1978, transfere-se para Lisboa, instalando-se com a família no Convento das Sete Janelas, na rua do mesmo nome. Sua grande *entrée* na política européia ocorre, em fevereiro, durante a reunião da Internacional, em Hamburgo, Alemanha. Lá é apresentado aos líderes socialistas europeus, à frente o chanceler da Alemanha Ocidental e então presidente da Internacional, Willy Brandt. Conhece, igualmente, François Mitterrand, da França, Olaf Palm, da Suécia; e Felipe Gonzalez, da Espanha, este também egresso do exílio imposto pelo franquismo.

Ainda em fevereiro, ele viaja à França, onde é recebido na sede do Partido Socialista Francês, quando assina um comunicado conjunto com o PSF, no qual os socialistas franceses se comprometem a estreitar os laços com "o movimento de opinião representado por Brizola", no propósito de apoiar "qualquer processo de democratização autêntica do Brasil".

***

Na aproximação com aqueles líderes, Brizola, recém saído de seu isolamento uruguaio, tem sua tarefa facilitada pelos militantes do Comitê de Anistia de Portugal, muitos dos quais aderem ao futuro partido. O Comitê, que tinha à frente Maurício Paiva, Domingos Fernandes e Almir Ferreira Duton, todos ex-guerrilheiros que alcançaram a liberdade no Brasil, por terem sido trocados por embaixadores seqüestrados, foi crucial na concessão do exílio a Brizola, pelo governo português. A ex-deputada Moema São Thiago (PDT-CE), lembra que, no dia que o grupo soube da expulsão de Brizola, tentou um contato com o Primeiro ministro Mário Soares. Ocorre que era de madrugada, e os assessores portugueses do Premier não quiseram acordá-lo, por causa da tradicional formalidade portuguesa, como conta Moema. Diante disso, os membros do Comitê recorreram ao jornalista Hermano Alves, ex-deputado cassado e que funcionava como correspondente do jornal *O Estado de São Paulo* na Europa: "Não tem problema, eu acordo o Mário", respondeu Hermano, amigo do Premier. Muito solícito, Mário Soares se compromete a estudar o problema e já convida a direção do comitê e o jornalista para tomar café da manhã, no palácio governamental. Na ocasião, ele anuncia a concessão do exílio em Portugal e também de um passaporte português. Dessa forma, Brizola ganhou um duplo exílio — o dos Estados Unidos, que era mais informal, e o de Portugal, além daquele documento essencial para o estrangeiro, o passaporte, com o qual pôde se deslocar pela Europa e outros continentes.

Faziam ainda parte ainda do grupo que recepcionou Leonel Brizola, outros brasileiros que, morando ou tendo estreito contato com a burocracia daquelas entidades e governos europeus, encaminha formalmente os pedidos de audiência. Entre eles figuram Moniz Bandeira, Pedro Uchoa Cavalcante, Sidney de Miguel e Clóvis Brigagão, Georges Michel e outros.

Mais importante, na Europa está a massa de exilados brasileiros, na época calculada entre 600 e 900. Estes líderes se fixaram inicialmente no Uruguai, Argentina e Chile, mas com as ditaduras, espalharam-se pela França, Portugal, Alemanha Oriental e Itália, fazendo uma espécie de QG em Paris. É nesta ocasião que Brizola revê Miguel Arraes, ex-governador de Pernambuco e líder proeminente das esquerdas no Governo João Goulart, Almino Affonso, ex-ministro do Trabalho, o jornalista e ex-deputado Márcio Moreira Alves, e os líderes estudantis da chamada luta armada, banidos pelos militares depois dos seqüestros de embaixadores. Estes estudantes passarão a formar uma sólida bancada, que Brizola chama de "Turma do Gatilho", do futuro partido e cuja logística será fundamental para os vários eventos visando a reconquistar sua base de apoio no Brasil. Entre os líderes estudantis, muitos dos quais se dispersaram depois por outras correntes políticas, estão Betinho, Alfredo Sirkis, Carlos Fayal, Carlos Minc, Chizuo Osava, Georges Michel Sobrinho e Moema São Thiago.

Há também outros ex-líderes estudantis militando na legalidade, dentro do Brasil, que se revelarão cruciais para os planos brizolistas. Um deles, o gaúcho Trajano Ribeiro, antigo *pombo correio*, como eram chamados os brasileiros que se arriscavam a trazer do Uruguai as mensagens e diretrizes de Brizola, acabou se transformando, aos 34 anos, no principal articulador para a formação do PTB. Como tinha acesso direto e diálogo franco com o ex-governador, Trajano, a partir de seu escritório de advogado no Rio de Janeiro era quem procurava ou identificava as pessoas que Brizola contatava para as articulações, a partir de Lisboa. Trajano lembra ter participado de muitos *cabildos abertos*, o termo castelhano que Brizola importou do Uruguai para designar suas reuniões em Lisboa e Nova Iorque: "Nestas reuniões", diz, nós poderíamos falar de tudo e tínhamos um paciente Brizola a nos escutar, ainda que a decisão final sempre coubesse a ele".

Depois, Brizola vai a Paris, onde recebe uma delegação de deputados do PMDB, à frente Magnus Guimarães (RS), Getúlio Dias (RS) e Lysâneas Maciel (RJ), que pretendem ingressar no futuro PTB. Na ponte aérea que faz com Nova Iorque, encontra-se com Tancredo Neves e Pedro Simon. Nesta fase, o projeto de anistia parece consolidado, e os caciques da política tratam de acomodar a liderança brizolista no novo cenário brasileiro.

Ao mesmo tempo, Brizola intensifica seus contatos não apenas com outras lideranças políticas, como também com os diversos movimentos sociais, como os da anistia, que naquele momento empolgam todo o país, e dos estudantes, que lutam para recriar a UNE, intelectuais, campesinos e operários, com o fim de fixar as bases do novo partido que pretende fundar, se possível o antigo PTB. É aqui que começam seus primeiros entreveros com o chamado novo sindicalismo de Luís Ignácio Lula da Silva, o Lula, líder operário em plena ascensão nacional. Este, entretanto, recusa qualquer entendimento com o PTB, por associá-lo à ditadura de Vargas, uma pecha que Brizola rechaça com a alegação de que "a direita está fazendo a cabeça do metalúrgico".

Em julho de 1978, ele convoca uma reunião das diversas facções no exílio — trabalhistas, socialistas, cristãos e marxistas sem partido — com o fim de aferir suas tendências e propor-lhes a recriação do PTB. Desta reunião, participam Darcy Ribeiro, representando o Rio de Janeiro e Minas, Doutel de Andrade, Rio e Santa Catarina, e Matheus Schdmidt, o Rio Grande do Sul. Ao mesmo tempo, recebe uma série delegações vindas do Brasil e de exilados brasileiros residentes em outros países, como o México, Neiva Moreira e Francisco Julião; Argélia, onde estavam os irmãos Arnaldo e Diogo Mourthée, e de Portugal e Paris, onde se concentrava a maioria dos asilados. Miguel Arraes, que morava na Argélia, já se inclinava por outra via, a do MDB, e não compareceu. Em setembro deste mesmo ano de 1978, Brizola participa, como convidado especial juntamente com uma delegação do que seria o futuro PTB, da reunião da Internacional Socialista, para elaborar propostas visando superar os regimes discricionários da América Latina. O local da reunião é ali mesmo, em Lisboa, no Estoril.

***

Outros emissários dos diversos partidos e tendências, inclusive da cúpula do MDB, também procuram o ex-governador, tentando atraí-lo para a sigla, procurando com isso evitar o esvaziamento da única sigla de oposição. Brizola está ressabiado, pois julga os emedebistas muito acomodados com a situação de arbítrio em que viveram até ali. Alega que eles querem manter o monopólio da oposição, para o sacrifício de centenas de brasileiros exilados, impedidos do exercício político na própria pátria. Com efeito, os dirigentes do MDB receavam perder o leme do partido para os retornados e eram acusados de manobrar para que a anistia não beneficiasse os principais líderes exilados, como ele, Brizola, Arraes e Luís Carlos Prestes, por temor de que estes lhes tomassem os lugares privilegiados em nau oposicionista.

As suspeitas de Brizola e de outros líderes exilados eram reforçadas pelo fato de muitos desses dirigentes terem aderido ao golpe militar contra Jango, em 1964, tendo os mais entusiastas, inclusive, proposto um prazo de cassação para os vencidos de 15 anos, cinco a mais que os dez finalmente impostos pelos militares.

Brizola entendia, desse modo, que o primeiro passo para a democratização no Brasil deveria ser o de implantar o pluripartidarismo, aí acomodando todas as correntes representativas das diversas camadas da população brasileira, "comprometendo todos com a democracia". Para ele, o MDB deveria ser o "guarda-chuva" da oposição, uma espécie de frente, pois como se encontrava na ocasião, não passava de "um aglomerado do contra, irrepresentativo, e, pior, elitista".

Em junho de 1979, ele faz um grande encontro de representantes do trabalhismo no Brasil e no exílio, do qual resultou a Carta de Lisboa, o documento que vai orientar a fundação do futuro partido trabalhista. O assunto é relevante e merece um capítulo próprio, a ser abordado na próxima página.

XLII — Carta de Lisboa, preparando-se para o retorno

O Encontro dos Trabalhistas no Exílio com os Trabalhistas no Brasil, ocorrido em Lisboa, entre os dias 15 e 17 de junho de 1979, acabou se transformando no grande fato político daquele mês. Sua realização coincidia com a ultimação, pelo governo do general Figueiredo, o último dos militares do regime de 1964, do projeto de anistia, que devolveria os direitos políticos aos cassados e permitiria o retorno dos exilados à pátria. O Brasil vivia um clima de ebulição decorrente da atividade dos movimentos políticos e sociais, que começavam a se agitar e a fazer ouvir sua voz nas várias instâncias do poder. Como se sabe, até ali, a ditadura tinha limitado em apenas dois o número de partidos: o PDS, Partido Democrático Social, sucedâneo da antiga Arena (Aliança Renovadora Nacional), do governo militar; e o MDB (Movimento Democrático Brasileiro), da oposição. A anistia, a grande bandeira daqueles movimentos, iria implodir estes dois gordos monopólios, particularmente o da oposição, que se cevava eleitoralmente com o crescente desprestígio do Governo militar. Ora, tanto os políticos cassados como os retornados do exílio, que somavam ao todo mais de duas mil pessoas, iriam procurar seu lugar ao sol, de preferência num novo Partido, livre das amarras do bipartidarismo.

Neste contexto, Leonel Brizola era especialmente visado. Sua história fazia tremer o *establishment* brasileiro: "Ele vem para dividir as oposições", apregoavam os *emedebistas* mais nervosos, e "assim facilitar a vida do regime".

A acusação era constrangedora, porque os emedebistas desfrutavam de certo crédito na população, que já não suportava o regime de arbítrio e via com suspeita qualquer movimento fadado a enfraquecer a oposição. Tal suspeita e a hostilidade que lhe devotavam os militares exigiam um cuidado redobrado de Brizola em encaminhar a criação do novo partido.

Ainda por cima, o encontro de Lisboa começava quatro dias depois que o Presidente-General João Figueiredo deu os retoques finais ao projeto de anistia, preparado pelo ministro da Justiça, o hábil senador Petrônio Portela (PDS-PI), para depois submetê-lo ao Congresso. A época era auspiciosa. No exterior, a política de Direitos Humanos do presidente americano Jimmy Carter começava a minar o poder e a influência dos militares, na América Latina. A Social-Democracia assenhoreava-se de grande parte da Europa com o chamado *welfare state*, onde o Estado garantia emprego à grande maioria, propiciava assistência médica gratuita, além de aposentadoria a ricos e pobres. Na Nicarágua, a ditadura de Somoza estava por um fio, tendo os sandinistas acabado de tomar León, a segunda maior cidade do país.

Mário Soares, que tinha acabado deixar o cargo de premier de Portugal, fez questão de não só participar como dar toda a cobertura ao novo Partido co-irmão que surgiria daquele encontro. Com este propósito, ofereceu a imponente sede de seu Partido Socialista, localizada no Largo do Rato, zona central de Lisboa, como o local das reuniões. Ao abrir a cerimônia, Soares lembrou que o PS também tinha sido fundado no exílio, havia mais de 100 anos.

A atmosfera, por sua vez era das mais acolhedoras, porque os portugueses adoram os brasileiros. Naquela época, quando estava na moda a transmissão de nossas novelas pela TV portuguesa, muitos procuravam imitar o sotaque brasileiro, que o português acha melodioso, doce, carinhoso, como diziam. Nesse clima de camaradagem, 130 trabalhistas brasileiros vindos do Brasil e do exílio, estes espalhados nos mais diferentes países, participaram do encontro. Entre eles estavam Darcy Ribeiro, Herbert de Sousa e José Maria Rabelo, que viviam na França; Francisco Julião e Neiva Moreira, no México. Do Brasil vieram Doutel de Andrade, Cibilis Viana, Matheus Schmidt e Trajano Ribeiro, os deputados Getúlio Dias (RS) e Lysâneas Maciel e José Maurício (RJ), entre outros.

A maior maior parte deles era de exilados ou cassados, que agora viam-se diante da expectativa de voltar ao Brasil a qualquer momento, mesmo alguns banidos, líderes estudantis que haviam se envolvido no seqüestro de embaixadores e assalto a bancos. Estes estavam antes proibidos *ad eternum* de pisar no Brasil, pois a maioria dos que voltaram foram assassinados pelas forças da repressão. Outros com penas menores, como Georges Michel, Moema São Thiago e Domingos Fernandes e Manuel Sarmento Barata, seriam presos se ousassem retornar. Mas a anistia estava na marca do pênalti, e todos tinham certeza do gol.

***

Enquanto isso, nos bastidores do poder em Brasília, havia muita intriga e fofoca, um prato cheio para os jornalistas, que, depois de todos aqueles anos de restrições, já se sentiam libertos das garras da censura. Daí a razão de os jornais só falarem no Encontro de Lisboa. Eu pessoalmente, que estava em viagem pela Alemanha Ocidental, cobrindo as primeiras eleições do Parlamento Europeu, quando meu jornal, o *Correio Braziliense*, resolve me deslocar para Portugal com o fim de cobrir o evento.

Junto comigo, seguiram dois companheiros jornalistas, que também se encontravam na Alemanha na mesma missão: Rubem de Azevedo Lima, da *Folha de S. Paulo*, e Merval Pereira, de *O Globo*, todos baseados em Brasília. Nosso primeiro encontro com Brizola foi intermediado pelo jornalista Flávio Tavares, velho companheiro de lutas do líder trabalhista, desde a Campanha da Legalidade.

Flávio havia se tornado conhecido internacionalmente pelo brutal seqüestro e as torturas que sofreu do regime militar do Uruguai, em Montevidéu, assim como pela sua atuação como correspondente do *Excelsior*, do México, e de nosso *Estadão*.

Eu não conhecia Brizola, pessoalmente, pois ainda era muito jovem nos tempos de sua atuação como governador e deputado, no Brasil. Morava com meus pais em Sobral. Mas logo depois de sua chegada a Nova Iorque, deportado do Uruguai, em 1978, eu passei na *Big Apple*, no retorno de Londres, onde terminara meu período de correspondente do *Correio Braziliense*. Planejava entrevistá-lo, mas ele já se encontrava morando em Lisboa. Não obstante, procurei me informar sobre ele, seus hábitos, como era seu trato com os jornalistas, com a turma do Paulo Francis, então correspondente da Rede Globo e da *Folha de S. Paulo*, e amigo pessoal do líder trabalhista. Confesso que estava cheio de preconceito. Era repórter de carreira na grande mídia e a casa não era muito simpática à causa trabalhista.

Fui apresentado a ele, juntamente com o Merval e o Rubem, pelo Flávio Tavares, sempre solícito. Notei-o um tanto formal e um tipo metódico e organizado, algo estranho para mim, que tinha na cabeça o estereótipo do arruaceiro ou do demagogo, como o chamava meu pai, repetindo o bordão da grande imprensa.

Ao receber-nos, Brizola preferiu conversar num almoço privé no Hotel Florida, onde estava hospedado. Ele queria dar um tom de informalidade, o quanto distante possível da declaração formal, já que os jornalistas não arriscariam a puxar a caneta. Era evidente, porém, tanto para ele como para nós, que dali sairia uma boa matéria, até mesmo uma peça histórica, pois aquela era a primeira vez que o líder trabalhista se abria aos repórteres políticos de seu país, depois de muitos anos. E o fez com gosto, dissecando longa e descontraidamente a situação brasileira, traçando um amplo painel de nossa realidade, desde o império até àqueles dias de ditadura.

Disse que o MDB "estava sentado em cima do povo", pois agia de forma ditatorial ao não permitir o surgimento de outros partidos com bandeiras oposicionistas. Lembrou o passado do deputado Ulysses Guimarães, que apoiou o golpe militar contra o governo democrático de João Goulart, em 1964, e se enfileirava sempre entre os conservadores. Depois, indagou: "Por que só o MDB pode usar a marca Coca-Cola? Porque eu tenho que usar obrigatoriamente o nome do Brossard? Por que ninguém mais pode ser oposicionista se não for do MDB?".

Dei um um grande furo no outro dia, não só pela matéria em si, de muita consistência, mas principalmente pelo manchetão, da lavra de meu editor, o saudoso Oliveira Bastos: "Brizola mostra as garras".

Preocupado com a repercussão negativa, não do que tinha falado, mas dos termos da manchete, pois vinha sustentando uma postura de moderação, Brizola me chama em particular à sua suíte no hotel. Eu, repórter ainda novo na cobertura política, fiz-lhe ver que era responsável pelo texto da matéria e não pelo título: "Eu sei disso, sua matéria está correta. O jornal não precisava exagerar". Com efeito, os *peemedebistas* reagiram com violência, chamando Brizola de ditador, pelego, e denunciaram que o Encontro de Lisboa recebia financiamento internacional, mais precisamente dos governos europeus dominados pelos socialistas. Sustentou que não quis ofender Ulysses nem outros líderes do MDB, mas apenas insistir que o "trabalhismo quer ter a sua vez, como o estão tendo o MDB e o PC, dentro do MDB".

***

Ao mesmo tempo, a central de intrigas funcionava a todo vapor. Dois dias depois da abertura do encontro, o jornalista Mauro Guimarães, do *Jornal do Brasil*, que não teve contato com nosso grupo de Brasília, pois residia em São Paulo, estampou em primeira página: "Brizola não se preocupa com os militares porque a organização popular, através de um partido prestigioso e forte, vai discipliná-los".

Ora, o AI-5 tinha sido abolido, mas os militares ainda empalmavam o poder, e aquilo foi recebido como provocação. Sem verificar a veracidade do material jornalístico, que depois se revelou equivocado, ou uma *barriga*, como se diz no jargão da redação, os três ministros militares deram declarações iradas, fazendo sérias ameaças a Brizola. O general Valter Pires, ministro do Exército, que se orgulhava de ser o durão do regime, expediu nota oficial chamando Brizola de "um evadido de 1964" e de "refugiado no estrangeiro, de onde tem estado em permanente conspiração contra a democracia brasileira". O general terminava dizendo que "o Exército jamais esteve tão disciplinado como nos últimos 15 anos".

Na época não havia internet, fax, nem computador e as ligações internacionais, além de caríssimas, eram precárias. Havia também a diferença de fuso de 5 horas, entre Lisboa e Brasília. Por isso, Brizola só foi tomar conhecimento da matéria do JB depois da meia noite. Ele passou a noite ouvindo as gravações do encontro, e no outro dia expediu uma longa nota, na qual fez questão de transcrever na íntegra de seu discurso.

***

Brizola aproveitou a oportunidade para dar um cutucada na mídia — sua velha detratora — e, com altivez e elegância, repreender os militares:

"Deste lamentável episódio, entendo devam ser destacadas duas grandes advertências:

a) O quanto são prejudiciais e perigosas as notícias deformadas ou improcedentes:

b) A inutilidade dos gigantescos e poderosos serviços de informação na medida em que, por má fé ou omissão, levaram os três mais altos chefes militares do país a um equívoco. Neste caso, felizmente, seus danosos efeitos foram contra uma pessoa apenas. Mesmo assim, o certo é que o episódio concorre para a criação de um clima de maiores restrições ainda à anistia, dificultando a volta à pátria de todos os perseguidos pelo regime.

Sobre o ataque pessoal que lhe desferiu o general Pires, a nota de Brizola afirmou: "Quanto aos fatos e situações do passado, a História nos julgará a todos; e relativamente à minha conduta no presente, preocupo-me somente com o julgamento do povo brasileiro. Os duros agravos pessoais que me foram dirigidos não me atingem e nem me afastarão da linha de equilíbrio e responsabilidade que me tracei, na firme disposição de tudo fazer pela restauração das liberdades democráticas, condição essencial para que nosso país consiga superar as dificuldades e os problemas a que foi levado por esses 15 anos de autoritarismo."

Todos estes episódios acabaram sendo superados, ainda que a duras penas e principalmente graças a uma verdadeira obsessão de Brizola em desfazer qualquer obstáculo que viesse a perturbar o clima de abertura. O episódio, no final, acabou contribuindo para dar uma projeção maior ao Encontro. No final das reuniões, foi expedido o documento final. Denominado *Carta de Lisboa*, definindo as bases e o fundamento do novo partido a ser fundado no Brasil.

***

O documento trazia propostas novas e arrojadas e fugia ao academicismo dos programas partidários tradicionais, com a ênfase que imprimia à questão da criança, da mulher, do índio e do negro, temas até então relegados, senão esquecidos pelo eleitoralismo e o oportunismo que grassavam na política.

Nesse sentido, estabelecia como a primeira prioridade do partido "salvar os milhões de crianças abandonadas e famintas, que estão sendo condenadas à delinqüência; bem como o meio milhão de jovens que, anualmente, alcançam os dezoito anos de idade analfabetos e descrentes de sua Pátria". A segunda prioridade era "de buscar as formas mais eficazes de fazer justiça aos negros e aos índios que, além da exploração geral de classe, sofrem uma discriminação racial e étnica, tanto mais injusta e dolorosa, porque sabemos que foi com suas energias e com seus corpos que se construiu a nacionalidade brasileira". E a terceira prioridade era "dar a mais séria atenção às reivindicações da mulher brasileira, que jamais viu reconhecidos e equiparados seus direitos de pessoa humana, de cidadã e de trabalhadora; e que, além de ser vítima da exploração representada pela dupla jornada de trabalho, se vê submetida a toda sorte de vexames sempre que procura fazer valer seus direitos".

Seus signatários ainda deixam claro o compromisso de formar um novo partido:

"Concluímos pela necessidade de assumirmos a responsabilidade que exige o momento histórico e de convocarmos as forças comprometidas com os interesses dos oprimidos, dos marginalizados, de todos os trabalhadores brasileiros, para que nos somemos na tarefa da construção de um Partido Popular, Nacional e Democrático, o nosso PTB. Tarefa que não se improvisa, que não se impõe por decisão de minorias, mas que nasce do encontro do povo organizado com a iniciativa dos líderes identificados com a causa popular".

Eles ainda assumiam o compromisso de que o novo partido iria exercer o papel renovador que desempenhava, antes de 1964 e em razão do qual foram proscritos:

"Com efeito," destaca o documento, "apesar de termos tido numerosas deficiências, não foi por ela que caímos. Fomos derrubados, isto sim, em virtude das bandeiras que levantamos. A velha classe dominante brasileira e os agentes internos do imperialismo, não nos podendo vencer pelo voto, nos excluíram pelo golpe".

Os trabalhistas tampouco esqueciam o passado, quando constatavam : "A verdade que afinal se fez evidente (depois copiosamente comprovada) é que o governo do Presidente João Goulart foi derrubado por uma ação conjugada. Os latifundiários temiam a lei da Reforma Agrária que, com a nossa presença no Congresso Nacional, seria inevitável. Por sua vez, o governo norte-americano de então planejou e coordenou o golpe para evitar a aplicação da lei de Remessa de Lucros que poria termo à espoliação do Brasil pelas empresas multinacionais".

Em seguida, eram alinhados os compromissos da nova agremiação: "O nosso primeiro compromisso é o de reconduzir o Brasil a uma institucionalidade democrática em que todo o poder emane do povo e seja por ele periodicamente controlado através de eleições livres e diretas, nas quais todos os brasileiros de maior idade sejam eleitores e elegíveis... A República a que aspiramos há de estar defendida contra todo intento de golpismo e contra toda e qualquer manifestação de despotismo e repressão, para assegurar permanentemente ao povo brasileiro o direito elementar de viver sem medo e sem fome." Nosso segundo compromisso é o de levantar as bandeiras do Trabalhismo para reimplantar a liberdade sindical e o direito de greve, como os instrumentos fundamentais de luta de todos os que dependem do salário para viver. É dever também dos Trabalhistas lutar contra a brutal concentração da renda que responde inclusive pelo achatamento dos salários, fixados em índices falsificados e sempre inferiores ao aumento das taxas reais do custo de vida.

O encontro de Lisboa terminou em 17 de junho, quando se iniciava a contagem regressiva para a decretação da anistia e o conseqüente retorno dos exilados. Uma operação especial foi montada para a volta de Brizola, que fez todo o esforço para que a sua presença no Brasil não importasse qualquer estorvo à normalização democrática então desencadeada. A complexidade que o assunto envolve justifica que passemos a um nova seqüência de capítulos.

O RETORNADO

XLIII — O Brasil que vai encontrar

Leonel Brizola poderia ter uma megarecepção de um milhão ou mais de pessoas, se retornasse ao Brasil desembarcando no Aeroporto do Galeão, no Rio de Janeiro. O país já estava farto dos militares e do engodo do *milagre econômico* e, certamente, descarregaria todas as suas frustrações numa gigantesca ovação ao líder injustiçado. Mas Brizola se dizia vacinado contra o triunfalismo. Não eram apenas as cenas do tumulto da volta de Perón a Buenos Aires, em 1973, quando mais de 300 pessoas morreram no trajeto do aeroporto ao centro da cidade, nem do suicídio de Getúlio, que enfureceu a multidão, em 1954, também no Rio, que povoavam sua mente.

Tinha muito presente o ódio que a *direitona*, como dizia, nutria contra ele e os abatidos em 1964. As ameaças já se delineavam em grosseiros comunicados do CCC, Comando de Caça aos Comunistas, que, em carta aos articuladores do partido trabalhista, no Brasil, vociferavam: "Leonel Brizola pisará no solo brasileiro, mas por poucos momentos, pois aqui não ficará vivo... Chegou a hora de acertarmos as contas com esse violador da lei... que subverteu as mentes dos estudantes, trabalhadores e políticos[159]". Já os editoriais dos órgãos conservadores denunciavam "a volta do caudilho frustrado", que não mudou "a não ser para esconder, sob a pele do cordeiro cordato e conciliador, o apetite voraz e predador pelo poder".

Por sua vez, os responsáveis pela repressão, embora também beneficiados pela anistia, já começavam a rugir, com atentados à bomba contra alguns alvos determinados, como bancas de jornal,

159 "CCC faz ameaça de morte", *Jornal do Brasil*, p. 5. 29 de agosto de 1979.

e entidades progressistas, culminando, em agosto de 1980, com a bomba jogada sobre a ABI, matando a secretária Lydia Monteiro da Silva.

Ele também conhecia a extensão da força do poder militar, o qual, embora desacreditado do ponto de vista popular, ainda contava com o sólido respaldo do sistema econômico nacional e internacional. Acima de tudo, no entanto, pesou na decisão de tornar seu retorno um acontecimento banal e rotineiro, a determinação de evitar qualquer entrevero capaz de turvar o processo de abertura.

Aquela era uma decisão que ia contra a sua natureza de homem impulsivo e desafiador, além de provocar-lhe consideráveis prejuízos políticos, pois uma volta triunfal lhe traria grandes dividendos eleitorais. Por fim, ele não minimizava a dificuldade na qual o próprio regime esbarrava. É que, ao anistiá-lo, os militares estariam não apenas libertando seu inimigo mais entranhado, como, indiretamente, abrindo-lhe o caminho para que galgasse o poder máximo da república, ao qual teriam de bater continência, dado o seu alto potencial de liderança popular. Na verdade, como se verá adiante, o grosso dos oficiais jamais perdoaria Brizola, que os chamava de *gorilas* e os humilhou em 1961, ao desbaratar a quartelada que se tramava contra a posse de Jango.

***

Temos aí o cenário que levou o recém moderado Brizola a empreender um monumental rodeio que lhe custou 23 dias para chegar ao Rio de Janeiro. Nem João Goulart, quando, vindo da China Popular, com a cabeça posta a prêmio pelos ministros militares, para ocupar o Palácio do Planalto, deu tantas voltas para chegar ao seu alvo.

Talvez fosse muito mais simples tomar um avião direto de Nova Iorque para o Rio de Janeiro, mas ele optou por fazer aquele imenso contorno pela América do Sul. Tal opção lhe deu a oportunidade de ingressar no Brasil, por São Borja, a pequenina cidade gaúcha, terra dos Presidentes Getúlio Vargas e João Goulart e da senhora Neusa Goulart Brizola. É um local cheio de simbolismo, e nele Brizola quis marcar com fogo sua determinação de retomar o legado de Getúlio

Vargas e os preceitos da Carta Testamento, por causa dos quais disse ter sido deportado e perseguido durante 15 anos. "Lá vamos retomar o fio da história", explicou aos jornalistas, ao se referir não apenas aquele tempo da ditadura militar como também a todo o período, que foi de Dutra até a posse de João Goulart, em 1961, quando, segundo ele, se consumou uma das maiores intervenções do capital internacional no Brasil. A data programada para a sua chegada, 7 de setembro, dia de nossa independência, era também marcadamente alegórica.

Em Assunção, no Paraguai, última escala do avião que o trazia de Nova Iorque, Brizola mal toca o solo e defronta-se com a opressão das ditaduras que ainda dominavam grande parte da América Latina. Um enorme aparato de segurança o aguardava no Aeroporto Guarany, sob as ordens do ministro do Interior, Sabino Montanaro, que foi cumprimentá-lo pessoalmente, em nome do Presidente, o general Alfredo Stroessner. Montanaro estava acompanhado do chefe da Casa Militar, coronel José Rabito e outras autoridades.

A polícia de Montanaro, que manteve afastados os militantes brizolistas vindos do Brasil para saudar seu líder, ainda proibiu que os jornalistas se aproximassem: "As declarações ficam para Foz do Iguaçu", decretou o ministro. O Presidente Stroessner, na realidade, tinha feito restrições àquele pouso do ilustre exilado em Assunção: "Olha, eu sou amigo de seu pai, do Brizola, não", disse ele ao filho de Jango, João Vicente Goulart, que lhe foi pedir autorização para o desembarque do tio Leonel, no país.

Brizola, acompanhado de Neusa e do filho João Octávio (a filha Neusa tinha perdido o avião na escala em Washington, juntamente com vários jornalistas e militantes) chegou à capital paraguaia, no dia 6 de setembro, num vôo da Brannif, que levou nada menos de 18 horas para fazer o trajeto, a partir de Nova Iorque. De Assunção, onde foi recebido pelo filho José Vicente Brizola, o senador Pedro Simon (PMDB-RS), o ex-deputado Wilson Vargas, o ex-prefeito de Porto Alegre, Sereno Chaise, o vice-presidente nacional do PDS (ex-Arena), Cláudio Lembo e o filho de João Goulart, João Vicente Goulart, seguiu para Foz do Iguaçu, já no Brasil. Nesta cidade, onde havia posto aduaneiro, ele levou três minutos para apresentação de documentos. Seu nome, que constava da lista negra do regime, havia sido pouco antes retirado do computador.

Eram 17h25m, quando pousou o bimotor PT-ESO, de propriedade de João Vicente Goulart, e pilotado por Maneco Leães, o mesmo piloto que o conduzira para o exílio no Uruguai, naquela fuga cinematográfica 15 anos antes. Maneco era então vereador em Porto Alegre.

Quinhentas pessoas, vindas de todo o país, estavam lá para aclamá-lo, mas ele se limitou a acenar para elas, já que só pretendia falar e abraçar sua gente na terra de Getúlio. Ele dormiu à noite no Hotel das Cataratas, em Foz do Iguaçu, e de manhã cedo embarcou para São Borja.

***

Nesta cidade, cultuada como a meca do trabalhismo, Brizola se viu em casa. Antes do avião aterrissar, às 11 horas da manhã, com uma hora e meia de atraso, a multidão invadiu a pista, na tentativa de abraçá-lo ou ao menos tocá-lo. Um dos populares ainda conseguiu entregar-lhe uma cuia de chimarrão, que as câmeras dos 150 jornalistas presentes puderam registrar como uma prova indelével de que Brizola tinha realmente voltado.

Na confusão, Dona Neusa e a neta Laila, de quatro anos, que os acompanhava, foram quase pisoteadas. Mas nem isto diminuiu a alegria do acalentado retorno, afinal consumado naquele ambiente tipicamente gaúcho e intensamente brasileiro para o líder expatriado.

Como relata a *Folha de S. Paulo*, de 08 de setembro 1979, "foi preciso muito esforço para que o ex-governador pudesse chegar seguro até um jipe. Daí, Brizola foi transferido para o teto de uma perua Kombi, que o levou à sede da Granja São Vicente. Trinta minutos depois, Brizola seguiu para o cemitério, onde fez o seu primeiro pronunciamento no Brasil".

Diante do túmulo de Vargas, uma lápide simples, em meio a muitas outras, quase ao lado da de Gregório Fortunato, e próximo da qual está o túmulo de Jango, encimado pelo dístico "Família Vargas", Leonel Brizola leu um discurso escrito, fugindo a seus hábitos de falar de improviso. É um texto carregado de emoção e sentimento histórico, que ele levou alguns dias preparando nos últimos momentos de exílio, em Nova Iorque, e cujos retoques só terminou minutos antes de embarcar em Foz do Iguaçu, às 9h 30m, do dia 7 de setembro de 1979, rumo a São Borja.

Com a solenidade e a circunspeção que o momento exigia, assinalou: "Há em tudo o que vivemos e sentimos, neste momento, um intenso simbolismo que nos dá força e inspira confiança. Neste pedaço de chão, se encontram depositados os restos mortais de Vargas, este homem cuja vida pública foi o centro de tudo o que ocorreu de mais importante com nosso povo e o Brasil neste século 20".

Antes tinha observado: "Nunca imaginei, durante estes 15 anos de exílio, que nos encontraríamos nestas circunstâncias. Num 7 de setembro, com o povo de São Borja, ao pé do túmulo do Presidente Getúlio Vargas, tendo aqui ao lado, bem junto de nós, repousando para sempre, o nosso companheiro Presidente João Goulart, morto prematuramente na amargura do exílio, e quantos companheiros e amigos, vindos de toda parte e dos lugares os mais longínquos de nossa Pátria".

Mais adiante, procurou ser didático, pois sabia que, da singeleza daquele local, estava falando às novas gerações, afirmando: "Vargas, segundo seus críticos, teria sido um homem indefinido ou que mudava constantemente de posições. Não. Vargas, em toda a sua longa vida pública, caracterizou-se pela extraordinária capacidade de assimilação dos novos tempos. Daí, ter atuado com várias gerações, sucessivamente. A geração de 30, que era a sua própria, a que lhe foi solidária até 45, e, finalmente, a de 1950. Neste ano de 1950, foi reconduzido ao Governo pelo voto popular contra as chamadas elites intelectuais e as máquinas partidárias, apenas contando a seu lado com um grupo de jovens e as classes trabalhadoras".

Brizola não mencionou, mas ele, aos 27 anos, já eleito deputado estadual, fazia parte, juntamente com João Goulart, com 31, e também deputado estadual no Rio Grande do Sul, daquele grupo de jovens que engrossaria a caravana do candidato Getúlio pela imensidão brasileira, na campanha presidencial de 1950. Falou depois da sensibilidade de Getúlio Vargas para entender que o Brasil só poderia caminhar com os próprios pés, sem depender da muleta dos outros países ou das empresas destes: "A Carta Testamento nos afirma que devemos nos basear em nós mesmos para conseguir o nosso futuro, porque o nosso desenvolvimento só ocorrerá realmente se o povo brasileiro o fizer com as próprias mãos".

Para Brizola, a Carta Testamento foi "uma denúncia e ao mesmo tempo uma antevisão destes 15 anos de autoritarismo e exploração das classes populares. E o que deu a esse documento uma importância histórica foi o impacto da morte do Presidente Vargas e seu sacrifício. Sua mensagem chegou ao fundo das consciências. Foi entendido até pelos que não sabiam ler e escrever".

***

Do cemitério, Brizola voltou para a Granja de São Vicente, de propriedade da família Goulart, onde recebeu separadamente as delegações dos velhos e novos trabalhistas de vários Estados. Já começava a cuidar dos preparativos para a recriação imediata do PTB, através da elaboração dos documentos e da lista de assinaturas exigidas pela Justiça Eleitoral, num número mínimo de Estados da Federação.

Às 23 horas daquele mesmo 7 de setembro, ele se dirige à Praça Maurício Loureiro, a umas poucas quadras do centro, aonde chega acompanhado do ex-ministro da Educação de Jango, Darcy Ribeiro, e do senador Pedro Simon. Ali faz seu primeiro comício depois da volta ao Brasil. Ao falar, depois que foi tocado o hino do PTB e se ouviram muitos "vivas a Brizola", ele ressaltou sua alegria de reviver "a tradição dos comícios do nosso antigo Partido Trabalhista Brasileiro".

O repórter da *Folha de S. Paulo*, na edição de 09 de setembro de 1979, p. 5, Renato Faleiros, encontra um homem relaxado: "O homem de cabelos grisalhos, com o paletó azul aberto, apóia as duas mãos na cinta, como se estivesse à vontade, diante de um público conhecido, e faz uma pausa. Silêncio na praça... Começa a falar pausadamente, com calma, não parece emocionado. A voz metálica, limpa, não atropela as palavras... E continuou contando o que fez, o que viu, o que planejou nesses últimos 15 anos. O tom da voz, no começo brando, começou a se elevar no meio do discurso. As mãos acompanhavam, voavam no ar, com os punhos cerrados. Será a readaptação ao velho estilo? Ele mesmo é quem diz: "Quando chegar a Porto Alegre, já estarei encharcado de Rio Grande". Então..."

É nesse momento de exaltação que o líder trabalhista volta a falar da necessidade de o país livrar-se das amarras internacionais e promover o próprio desenvolvimento: "Se nós tivermos que confiar nas multinacionais, nas nações estrangeiras, nos grupos internacionais, para fazer o nosso progresso, nós estaremos roubados. Se nosso povo esperar que as elites, somente a intelectualidade, a casta inteligente vierem, somente elas, defender a solução para os nossos problemas, acontecerá o que tem acontecido até agora".

***

A Carta Testamento sempre constituiu, desde o início de sua carreira política até o fim, uma verdadeira obsessão para Brizola. Ele a considerava a mais veemente denúncia da penetração estrangeira na nossa economia. Por isso, naquela ocasião, ele ainda lembrou que a causa do recuo do regime em permitir a volta dos proscritos em 1964 foi o conteúdo daquele documento deixado por Getúlio, ao suicidar-se em 1954: "Isso não é aceito pelas elites de nosso país, pela maioria dos sociólogos, pela maioria dos cientistas políticos", mas disse estar convencido de que "o Presidente Vargas anteviu este regime, até pensando que viesse no dia imediato à sua morte, mas foi o impacto emocional de seu gesto que ainda permitiu que as nossas liberdades fossem respeitadas durante mais dez anos".

A Carta, que Getúlio escreveu antes de dar um tiro no coração, afirma, entre outras coisas:

"Depois de decênios de domínio e espoliação dos grupos econômicos e financeiros internacionais, fiz-me chefe de uma revolução e venci. Iniciei o trabalho de libertação e instaurei o regime de liberdade social. Tive de renunciar. Voltei ao governo nos braços do povo. A campanha subterrânea dos grupos internacionais aliou-se à dos grupos nacionais revoltados contra o regime de garantia do trabalho. A lei de lucros extraordinários foi detida no Congresso. Contra a justiça da revisão do salário mínimo se desencadearam os ódios. Quis criar liberdade nacional na potencialização das nossas riquezas através da Petrobras e, mal começa esta a funcionar, a onda de agitação se avoluma. A Eletrobras foi obstaculada até o desespero. Não querem que o trabalhador seja livre. Não querem que o povo seja independente".

Em seguida, Vargas assinala: "Assumi o Governo dentro da espiral inflacionária que destruía os valores do trabalho. Os lucros das empresas estrangeiras alcançavam até 500% ao ano. Nas declarações de valores do que importávamos existiam fraudes constatadas de mais de 100 milhões de dólares por ano. Veio a crise do café, valorizou-se o nosso principal produto. Tentamos defender seu preço e a resposta foi uma violenta pressão sobre a nossa economia, a ponto de sermos obrigados a ceder".

***

Um dia depois do comício, Brizola surpreende a todos cancelando a caravana que o levaria a diversas cidades até chegar a Porto Alegre, dia 13 de setembro, num percurso que, a partir de São Borja, duraria seis dias. Ele decidiu permanecer mais oito dias em São Borja para, segundo explicou, conhecer mais um pouco da realidade do Brasil, de cujo solo esteve tanto tempo ausente.

Aquilo caiu como um balde de água fria no entusiasmo dos petebistas, que jogaram suas fichas naquele evento, que culminaria, poucos dias depois, numa chegada apoteótica ao Rio de Janeiro. A decisão preocupou a maioria dos petebistas, que perderam a oportunidade de não só divulgar a legenda como ir formando o partido à medida que a caravana chegava a cada cidade. O percurso consistia em percorrer a Estrada da Produção, que ia de Itaqui, na fronteira, até o porto de Rio Grande, uma das obras de grande visão de Brizola como governador gaúcho.

Estes recuos abruptos constituíam uma característica peculiar de nosso personagem. Naquela ocasião, se poderia deduzir que assim agisse por medo, já que ainda sofria ameaças de morte, mas isto nunca o amedrontou. Era uma espécie de bloqueio, talvez produzido pelo nervosismo ou pela ansiedade, que lhe ocorria, sempre que estivesse diante de um grande acontecimento previsível, que geralmente tinha tudo para beneficiá-lo. Podia tratar-se de um pronunciamento de televisão, uma manifestação popular, uma medida de governo ou algum lance na campanha eleitoral. Na hora H, ele sempre recuava, às vezes de maneira estabanada.

O curioso é que isto só acontecia se o fato era evidentemente previsível e ou se ele se encontrava debaixo de muita pressão para tomar tal ou qual decisão. Já quando se tratava de precipitar um acontecimento ou tomar decisões as mais temidas, ocorria o contrário. Aí Brizola caía de cabeça, com todas as suas forças. Era quando se destacavam sua enorme coragem e descortino, tão evidenciados na Campanha da Legalidade, na encampação das multinacionais, na candidatura a deputado pelo Rio de Janeiro e na reforma agrária.

Em São Borja, porém, ele se encontra novamente naquela encruzilhada íntima um tanto paralisante. Como o leitor observará ao longo deste relato, tais acessos se repetiriam na retomada de sua caminhada, inclusive na campanha presidencial de 1989. No caso de São Borja, os petebistas não entendiam que crise poderia provocar uma simples passagem do maior líder do Estado, que retornava à terra e tinha todo o direito de ver sua gente.

Por isso, ficaram desolados diante da decisão de cancelar a caminhada até Porto Alegre. O *Jornal do Brasil*, de 12 de setembro de 1979, afirma, em sua página 5, que "a euforia de algumas cidades por onde passaria na viagem a Porto Alegre, deu lugar à decepção. Em Cruz Alta, volantes foram lançados de avião anunciando a chegada de Leonel Brizola, que deveria ocorrer no dia anterior. Delegações de São Gonzaga, Santiago, Cruz Alta, Passo Fundo e Lajeado foram procurá-lo em São Borja, na tentativa de fazer com que retomasse o programa anteriormente traçado. "Ficará para outra oportunidade. Breve visitarei todos", desculpou-se Brizola. Depois ressaltaria: "Não quero que me confundam com um caudilho. Dizem até que sou o último do continente, mas não pretendo incendiar o país. Quero uma reconstrução lenta e gradual do verdadeiro estado democrático[160]".

Ainda alegou que seu regresso a Porto Alegre deveria caracterizar-se pela singeleza. Queria chegar calmamente, sem causar transtornos. Ainda reclamou do grande número de jornalistas que cobriam o seu regresso — cerca de 150 —, por ver nesta presença massiva da imprensa

160 Brizola chega a Porto Alegre em 48 horas. *Jornal do Brasil*, p. 5, 12 de setembro de 1979.

um potencial triunfalista. Insistiu que "se ressentia da necessidade de reinserir-se na vida brasileira, de conversar muito e ouvir muito. Quero colaborar no equacionamento das aspirações do nosso povo, com calma e dentro da realidade. Este é o meu papel neste momento[161]".

***

O deputado Ibrahim Abi-Ackel (PP-MG), que sucedeu, em janeiro de 1980, o senador Petrônio Portela, no ministério da Justiça, e o recebeu várias vezes em seu gabinete, acha que Brizola compreendeu aquele momento delicado da abertura política. "Havia nos meios militares endurecidos uma reserva enorme a Leonel Brizola, a ponto de até me censurarem por chamá-lo de governador", contou ele, em depoimento a este autor, em 13 de julho de 2005. "Esses militares, que deram muito trabalho ao Presidente Figueiredo, não perdoavam uma autêntica ou suposta ameaça de Brizola de mandar fuzilá-los".

No dia 10, ele vai a Carazinho, tida como sua cidade, que abriga o distrito de Cruzinha, onde nascera. Trajando bombachas e botas de borracha, Brizola chorou no túmulo da mãe, Oniva Moura Estery, que faleceu em 1968, em pleno exílio do filho. Havia pouca gente, porque Brizola chegou quase de surpresa à cidade, na verdade, um dia depois de anunciada sua chegada. Ele também alegou tratar-se de uma visita sentimental e não política à sua terra. Mesmo assim, foi tocado de grande emoção quando chegou ao cemitério da cidade. Na verdade, sua mãe tinha sido um incentivo permanente à sua formação e uma eterna professora, a que lhe fez ver os benefícios da temperança, do perdão para enfrentar os percalços da vida. Quando uma vizinha de D. Oniva, Maria da Graça Medeiros, de 70 anos, lhe transmitiu um recado — "Ela me pediu para lhe dizer, governador, que morria pensando no senhor e mandou que lhe desse um abraço por ela" —, ele não se conteve e chorou.

Minutos depois, quando depositou um ramo de flores no túmulo, ainda com lágrimas nos olhos, Brizola, confessou aos amigos ali

161 Brizola cancela comícios e adia viagem a Porto Alegre. *Jornal do Brasil*, p. 5, 10 de setembro de 1979.

mais próximos: "A mãe parece que escolheu o dia certo para morrer, pois, se estivesse no Uruguai, mesmo com todos os riscos, viria a seu enterro". No dia da morte de Oniva, 25 de junho de 1968, Leonel Brizola estava em Edimburgo, na Escócia, cidade em que permaneceu cerca de 15 dias e para onde tinha ido levar o filho João Octávio para uma cirurgia". Esta foi a única vez que Brizola teve permissão dos governos uruguaio e brasileiro para ausentar-se do exílio.

***

Leonel Brizola, finalmente, chega a Porto Alegre, seu berço, base eleitoral e palco dos extraordinários episódios que marcaram sua retumbante carreira, em 18 de setembro de 1979. Mas chegou absolutamente incógnito. Três dias antes, Miguel Arraes, outro líder exilado, havia desfrutado de uma recepção de 20 mil pessoas, em Recife. Exatos 11 dias depois de sua chegada ao Brasil, via São Borja, Brizola desembarcou anônimo no hangar de cargas do Aeroporto Salgado Filho e entrou rapidamente num automóvel Passat.

Quando já havia fechado os vidros e o carro ia arrancar, apareceram os repórteres: "Eu prefiro falar com vocês, amanhã". Diante da insistência dos repórteres e ainda dentro do carro, disse ter resolvido cancelar o comício inicialmente previsto para o Largo dos Açorianos, para o qual os trabalhistas gaúchos previam a presença de 100 mil a 200 mil pessoas: "Não quero que a minha chegada tenha outro sentido que não seja o de chegar".

À alusão de que Arraes estava fazendo uma grande festa em Pernambuco, Brizola comentou: "Cada um tem a sua maneira de chegar. A recepção de Arraes, em Recife, foi muito bem merecida. Mas gaúcho gosta de chegar de mansinho", brincou.

Ele veio num táxi aéreo, acompanhado pela mulher, Neusa, a neta Laila e o petebista João Carlos Guaragna, seu mais conspícuo pombo-correio, que contabilizou um total de mais de 200 viagens do Rio Grande ao Uruguai, durante todo o exílio de 15 anos de seu líder. Apenas o secretário particular Hélio Fontoura e o ex-prefeito Sereno Chaise o esperavam no Aeroporto.

Somente 10 dias depois da chegada a Porto Alegre e 22 do retorno ao Brasil é que Brizola desembarca no Rio de Janeiro, a cidade que tinha se encantado com a sua pregação e lhe havia dado, em 1962, a maior votação que um deputado federal, já havia recebido no Brasil. O Rio também estivera francamente a seu lado, na pregação antigolpista e pró-reformas, até 1964. Seguindo o mesmo *low profile* que se impôs no Rio Grande do Sul, Brizola chegou sem falar aos 1.500 cariocas e fluminenses que foram recepcioná-lo no Aeroporto Internacional do Galeão. Um grupo de militantes o carregou nos braços e o embarcou num carro, que seguiu rumo ao Hotel Everest, em Ipanema, onde passaria a morar. Foi lá que ele recebeu os trabalhistas e a imprensa.

Não obstante seus cuidados, a comitiva brizolista foi vítima de um ato de sabotagem, atribuído a grupos de direita ligados à repressão. Sobre a passagem por onde seguira a comitiva, foram colocados ganchos de metal de seis pontas — conhecidos por "antoninos", antes usados n a 2ª Guerra Mundial e que ultimamente vinham sendo empregados por provocadores nas reuniões de grupos de esquerda e comitês de anistia, em várias cidades brasileiras . O próprio *Galaxie* que transportava Brizola teve um de seus pneus atingido pelo objeto.

— O pneu não furou, simplesmente estourou — explicou depois o motorista Otávio Corrêa da Silva, de 62 anos. Três carros que vinham atrás do meu desgovernaram-se e só não tivemos um acidente de grandes proporções porque Deus não quis". Ele ainda explicou que só não bateu com o carro porque conseguiu, numa rápida manobra, desviá-lo para um gramado, já fora da pista.

Na rápida entrevista que deu aos jornalistas, foi indagado como pretendia sair do cerco político em que se havia envolvido, "imprensado entre as forças do Governo e as radicais da oposição". Sua resposta: "Eu não mudei e o trabalhismo também não mudou. Somos os mesmos, ajustados a outros tempos. O novo PTB é uma grande discussão, um grande debate. O povo é que dirá como ele será. Quanto a mim, devo dizer, ainda, que eu sou rigorosamente o mesmo. Os tempos é que mudaram". Sobre a formação do Partido Trabalhadores, o PT de Lula, Brizola disse ser natural que uma facção dos trabalhadores acompanhe o líder metalúrgico: "Não pretendemos assumir, nessa nova fase política, nenhum monopólio".

***

Apesar da contenção que se impôs o ex-exilado, a chegada de Leonel Brizola constituiu o grande acontecimento daquela primavera que o país vivia. Toda a imprensa, já superando totalmente o crivo da censura, mobilizou-se para dar a maior cobertura ao evento. Ele foi saudado praticamente por todos os partidos, à exceção do PT, o qual, procurando marcar desde logo as diferenças com seu principal adversário no campo popular, fez severas críticas ao líder retornado e à sua proposta de reerguer o PTB.

O sindicalista Luis Ignácio da Silva, o Lula, presidente do Sindicato dos Metalúrgicos de São Bernardo do Campo, São Paulo, que vinha sendo celebrado pela grande imprensa como a grande revelação de líder popular e trabalhista, recebeu Brizola com um grito de guerra. Lula, que vinha denunciando a legislação trabalhista e social de Getúlio Vargas, por atrelar os sindicatos à máquina do Estado, desatou a dizer que "os trabalhadores também apanhavam na rua durante o Governo João Goulart".

Paciente e habilidoso, Brizola respondia que "Lula é um homem de boa fé, mas que não está informado de muitas coisas que ocorreram no passado". Depois mandou um recado ao novo sindicalismo, "inclusive o nosso Lula", ao afirmar que "por trás de toda essa onda que se vem fazendo unilateralmente, com condenação a Vargas e o PTB, haja um projeto macabro de levar de roldão o princípio da unicidade sindical".

Lula não gostou das observações de Brizola e disse que não queria polemizar com o ex-governador, limitando-se a avisar que "ele tem muito a aprender sobre a realidade brasileira". Depois de enfatizar que estava mais preocupado com a chegada de Arraes (Miguel), marcada para o dia 16 de setembro, e "que vai acabar com o seu sucesso (de Brizola) e, por isto, quer aparecer de qualquer jeito", pediu ao presidente do Sindicato do Couro de São Paulo, Paulo Matos, que comentasse o assunto.

Paulo Matos, que estava ao lado de Lula, afirmou que "não adianta tentar desvincular o PTB da estrutura sindical varguista, porque os trabalhadores de gerações posteriores ao Estado Novo não precisam saber ler para entender que a vigência da estrutura sindical atrelada ao Estado tinha seu correspondente político: no primeiro momento, o queremismo, e no segundo, o PTB".

Matos finalizou sua declaração acentuando que "esta história de que o PTB agora é socialista é conversa mole para boi dormir e não vai enganar a atual vanguarda do movimento operário brasileiro, por mais inocente e inculta que esta pareça aos olhos do ex-governador gaúcho e das elites".

***

Brizola recebia, com as declarações mal humoradas de Lula, a primeira pontada de que seria difícil a unidade dos trabalhistas, no novo cenário político que se formava no Brasil. E insistiu em ter uma aproximação com o líder metalúrgico. Seu projeto, nunca confessado, mas que todos sentiam, por seus movimentos, era ter Lula como Vice, numa chapa em que ele próprio, Brizola, encabeçaria para Presidente da República. Naquela altura, esta chapa poderia se tornar imbatível, como era impressão geral.

Na verdade, ele fez tudo para promover essa aproximação, mas à medida que o tempo passava, os novos sindicalistas, já engajados na formação do PT, Partido dos Trabalhadores, se mostravam cada vez mais arredios, quando não hostis, a qualquer entendimento.

As relações de amor-e-ódio entre Brizola e Lula, pela sua complexidade, merecerão um capítulo específico mais na frente. Por enquanto, vamos nos deter num episódio, cujo desfecho poderá ter marcado para sempre os destinos de nosso personagem: a perda da sigla mágica do PTB para a sobrinha neta de Getúlio, Ivete Vargas. É o objeto de nosso próximo segmento.

XLIV — PTB: Rasgando as letras mágicas

Ao voltar ao Brasil, Leonel Brizola não desconhecia as resistências que ainda perduravam contra ele, particularmente nos meios militares e nos altos negócios. Havia recebido informações de fontes uruguaias de que, no episódio da expulsão do Uruguai, os generais, nos quais incluía o próprio Presidente Ernesto Geisel, queriam, na verdade, eliminá-lo fisicamente. Sua deportação daquele país, em 1977, teria sido mesmo, como alegaram as autoridades uruguaias da época, uma maneira de atenuar o que teria sido uma decisão do regime brasileiro.

"A princípio, Brizola julgou tratar-se de mero pretexto para escorraçá-lo, mas depois se convenceu de que o objetivo era aquele mesmo: matá-lo", disse o ex-deputado Vivaldo Barbosa. Vivaldo, que foi seu secretário de Justiça no Rio de Janeiro e líder do PDT na Câmara, disse ter ouvido aquela conclusão da própria boca de Brizola.

Os assassinatos eram algo, aliás, quase rotineiros naquela fase de torturas e demais barbaridades no Cone Sul. É por essas e outras razões que Brizola nunca engoliu como sendo natural a morte súbita, em 1976, do ex-presidente João Goulart, em sua fazenda argentina La Villa, próxima à fronteira brasileira.

Com a sua volta ao Brasil, protegido pelos ventos da distensão, ele confiou, não na boa vontade dos generais ou dos políticos conservadores a eles ligados, mas no processo, que considerava irreversível, da abertura política. Tal processo, ainda que conduzido pelos generais, vinha ganhando uma dinâmica própria e soltou-se das amarras militares com a anistia. Mesmo assim, havia a presença onipresente e maquiavélica do general Golbery do Couto e Silva, chefe da Casa Civil da Presidência da República, a quem era atribuída toda a formulação do processo de abertura. Ele controlava tudo. Seus tentáculos estendiam-se desde os ministérios e tribunais — civis e militares —, os meios de comunicação, através de seu poder de levantar ou baixar a censura, até o campo empresarial, por meio da Secretaria da Receita e do poder estatal de financiamentos e aprovação de projetos.

Brizola, no entanto, talvez não tenha imaginado o grau de requinte a que chegara o regime, para, através dos mecanismos formalmente democráticos, barrar sua ascensão ao poder no Brasil. O PTB, que ele dera como reorganizado no encontro de Lisboa, ocorrido três meses antes de seu retorno ao Brasil, tinha sido até ali um partido praticamente descartado pelos agrupamentos mais influentes na política, na grande maioria concentrados no MDB. Este, sim, se transformara na grande máquina de votos, como comprovaram a avalanche eleitoral de 1974 e os sucessos nas eleições seguintes.

O regime, entretanto, através de sua insidiosa rede de informações, que não incluía apenas o SNI e outras agências oficiais de espionagem, mas particularmente o aparato das grandes empresas nacionais e multinacionais e das velhas oligarquias, tinha informações de que o novo PTB estava se transformando, pelas mãos de Brizola, num verdadeiro cogumelo, com potencial de votos tão decisivo quanto o do MDB. Na tessitura que vinha armando desde o final do exílio, em Nova Iorque e em Lisboa, Brizola já havia quase acertado o ingresso de Tancredo Neves, de Minas; Jânio Quadros e Franco Montoro, de São Paulo; e Pedro Simon, no Rio Grande do Sul. Leonel Brizola, por seu turno, tinha chegado com a prodigiosa verve intacta, e, apesar de todos aqueles cuidados em mostrar-se moderado, ele continuava com um discurso forte e arrebatador, o qual, estribado uma sigla histórica como o PTB e a Carta Testamento, da qual se tornara o único herdeiro acreditado, tinha, como nenhum outro político da época, a capacidade de empolgar o eleitorado e chegar ao poder em muito pouco tempo.

Diante de tal constatação, o regime decidiu cortar-lhe as asas, privando-o daquele instrumento quase mágico. O fato é que o TSE, Tribunal Superior Eleitoral, conferiu, por cinco votos a um, o uso exclusivo da sigla não a Brizola, mas à ex-deputada Ivete Vargas e seu minúsculo agrupamento de velhos e novos petebistas. Na Câmara, o deputado Getúlio Dias (RS), reagiu com um discurso exaltado contra o TSE. E pagou caro pelo destempero, tendo de retratar-se, sob pena de ter cassado o seu mandato, por falta de decoro, pelo próprio Tribunal.

O argumento utilizado pelo TSE, conforme o voto do ministro-relator, Pedro Gordilho, cujo parecer tinha sido publicado dias antes, foi o da antecedência, uma vez que o grupo de Ivete tinha pedido o registro primeiro, e não o da representatividade, invocado pelo grupo brizolista, por ter a seu lado uma expressiva bancada no Congresso e toda uma história de luta dentro e fora do velho PTB.

Segundo o colunista Carlos Castello Branco, do *Jornal do Brasil*, de 05 de maio 1980, o grupo de Brizola contava sete dos 13 sobreviventes da última executiva nacional do PTB, enquanto apenas dois ficaram com a senhora Ivete e quatro permaneceram indecisos ou indiferentes: "Ele dispõe de uma bancada de 24 deputados (federais) e um senador, além de cerca de mil vereadores no país e todos os filhos de Getúlio Vargas. Realizou atos públicos com a presença entusiástica de milhares de brasileiros. O partido da Sra. Ivete dispõe apenas de três deputados estaduais e sequer um vereador ou prefeito a apóia".

As suspeitas de favorecimento ao grupo de Ivete Vargas se fortaleceram na medida em que tudo era facilitado da ex-deputada. Assim é que os ivetistas republicaram o manifesto, o programa e o estatuto partidários, o que representava a fundação da agremiação, no dia 20 de dezembro de 1979, exatamente no mesmo dia em que entrava em vigor a lei 6.767/79, que extinguiu o bipartidarismo e criou as bases para possibilitar o pluripartidarismo. O grupo de Ivete ainda havia solicitado o registro do seu PTB, alguns dias antes que o grupo de Brizola (14 e 21 de março, respectivamente). Os brizolistas alegaram que Ivete Vargas era informada com antecedência e diretamente do Palácio do Planalto, onde teria participado de reuniões sigilosas com a equipe do general Golbery, da data da promulgação da lei, dos vetos que lhe seriam apostos e, conseqüentemente, dos prazos que começariam a correr. Aos brizolistas, sobrava a leitura do Diário Oficial.

A própria Ivete, uma sobrinha distante de Getúlio, que se assinava oficialmente como Cândida Ivete Tatsch Martins, e que fora deputada federal por São Paulo e pelo Rio, e cassada em 1968 pelo AI-5, não negou suas ligações com o governo federal: "Olha", — disse ela ao *Jornal do Brasil*, de 13 de maio de 1980, p. 4 — eu sou mesma amiga pessoal do general Golbery. Nunca escondi e não nego isto. Minha vida é um livro aberto... Eu não tenho pretensão de ser uma líder capaz de galvanizar a opinião pública do país. Acho, também, que ninguém tem capacidade para isto no momento".

***

Brizola, que estava preparado para a sentença, em face do voto antecipado do relator, acusou o golpe, numa dura nota à imprensa, diante de centenas de trabalhistas, reunidos no Hotel Ambassador, no Centro do Rio de Janeiro, naquela mesma noite. Foi lida pelo ex-deputado Doutel de Andrade, vice-presidente do deposto PTB brizolista: "Consumou-se o esbulho. Uma sórdida manobra governamental conseguiu usurpar a nossa sigla para entregá-la a um pequeno grupo de oportunistas subservientes ao poder".

Em seguida,o documento, redigido pessoalmente por Brizola e com a assessoria de Doutel, Cibilis Viana e Darcy Ribeiro, acusava: "O objetivo desta trama é impedir a formação de um grande partido popular e converter o PTB em instrumento de engodo para a classe trabalhadora, de defesa dos interesses dos patrões exploradores da corrupção administrativa, da entrega de nossa economia às multinacionais, das quais tem como diretor licenciado o Sr. Golbery do Couto e Silva, um dos homens que vêm concentrando em suas mãos a maior soma de poderes nesses 15 anos de autoritarismo e que foi um dos notórios responsáveis por essa expropriação de nossa legenda".

No final, a nota, já refletindo a decisão do grupo partir para a formação de outro partido, conclama "os nossos trabalhistas autênticos, nacionalistas e socialistas para um Encontro Nacional, nos próximos dias 16 e 17 de maio, no Rio de Janeiro, para reafirmar a nossa unidade e a inabalável decisão de prosseguir com nosso movimento, sob a bandeira da democracia, do nacionalismo, do trabalhismo brasileiro".

O documento ainda acentua que "a sigla do PTB, nas mãos desse grupo, transforma-se em símbolo, daqui por diante, de um partido biônico patronal, com seus quadros infiltrados de policiais e de agentes do SNI — e contra isso alertamos o povo brasileiro, especialmente, a juventude, os sindicatos e toda a classe trabalhadora. Será por isso mesmo um balcão de negócios, um instrumento da política antipopular e antinacional do regime".

***

Tomado de grande emoção, Leonel Brizola, após lida a nota, escreveu sobre um papel a sigla PTB e a rasgou em pedacinhos. Depois, chorou. Recomposto e diante dos apelos dos companheiros que clamavam: "Fala ao vivo, companheiro Brizola, fala!, ele desabafou:

"Nós vamos renascer mais fortes ainda. O povo brasileiro já comeu este regime e agora vai digerir essa manobra, com sigla e tudo. Tentaram impedir nossa caminhada, arrancando das nossas mãos nossa sigla. Na verdade, arrancaram apenas três letras. Enganam-se os que pensam que nosso povo é ingênuo e ignorante. Estas três letras de nada servirão nas mãos dos nossos opressores". Depois do discurso, Brizola propôs uma caminhada até o busto de Getúlio Vargas, na Cinelândia, onde se fez um minuto de silêncio e falaram os ex-deputados Lysâneas Maciel e Sebastião Nery.

No outro dia, o poeta Carlos Drummond de Andrade, na sua coluna do *Jornal do Brasil* e sob o título "Eu vi um homem chorar", pontificava:

Vi um homem chorar porque lhe negam o direito de usar três letras do alfabeto para fins políticos. Vi uma mulher beber champanha porque lhe deram esse direito negado ao outro. Vi um homem rasgar o papel em que estavam escritas as três letras, que ele tanto amava. Como já vi amantes rasgarem retratos de suas amadas, na impossibilidade de rasgarem as próprias amadas. Vi homicídios que não se praticaram mas que foram autênticos homicídios: o gesto no ar, sem conseqüência, testemunhava a intenção. Vi o poder dos dedos. Mesmo sem puxar o gatilho, mesmo sem gatilho a puxar, eles consumaram a morte em pensamento. Vi a paixão em todas as suas cores. Envolta em diferentes vestes, adornada de complementos distintos, era o mesmo núcleo desesperado, a carne viva; E vi danças festejando a derrota do adversário, e cantos e fogos. Vi o sentido ambíguo de toda festa. Há sempre uma antifesta ao lado, que não se faz sentir, e dói para dentro. A política, vi as impurezas da política recobrindo sua pureza teórica. Ou o contrário... Se ela é jogo, como pode ser pura... Se ela visa o bem geral, porque se nutre de combinações e até de fraudes. Vi os discursos...

***

Brizola se engrandecia no episódio. Sua nota contundente, o gesto de rasgar e despedir-se da sigla, as lágrimas, comoveram o país. Muitos políticos de oposição e alguns do governo solidarizaram-se com ele, mas, como profissionais que eram na política, não arriscaram suas fichas no PDT, o partido que Brizola teve de fundar, no lugar do PTB. Tancredo, Jânio, Montoro, Simon e outros caciques preferiram continuar onde estavam. Jânio Quadros ainda lhe deu uma cambalhota de última hora, ao ajudar Golbery na operação de tomada da sigla. Jânio acabou ficando no grupo ivetista e, depois de eleger-se prefeito de São Paulo, em 1985, encerrou sua carreira política, esposando causas conservadoras e até reacionárias, que nada tinham a ver com sua breve passagem pela presidência da república.

O deputado pedetista Alceu Collares (RS), primeiro líder da Bancada na Câmara, lembra como Brizola, na sua linguagem simples e metafórica, foi perguntado por um colono, em Caxias do Sul, no Rio Grande, o que tinham feito com o seu PTB: "Olha companheiro, nós estávamos no exílio e aqui no Brasil um grupo de companheiros faziam a resistência democrática. E aí nós botamos o nosso macacão de mecânico, com a nossa caixinha de ferramentas, e ali, em cima fomos consertar o nosso caminhãozinho, o PTB, que andava emperrado fazia muito tempo. Aí fomos lá para baixo, arrumamos as rodas, os pneus, a direção, completamos o óleo, pegamos a estrada e tocamos pra frente. Mas lá em cima, havia o Golbery e a Ivete Vargas, que nos roubaram o caminhãozinho. E eles pensavam que nós íamos seguir com eles, na boléia. Nós não quisemos conversa. Ficamos na estrada, com as nossas idéias e concepções. Eles só levaram o caminhãozinho, sem nada. Depois nós compramos esse PDT, um caminhão novo, com um motor com muito mais capacidade de suportar a grande caminhada nas estradas do Brasil".

Não era hora de chorar o leite derramado. Brizola arregaçou as mangas e empenhou-se na ativação do novo partido, afinal fundado oficialmente uma semana depois da perda do PTB. O fato ocorreu em animado encontro, realizado na Assembléia Legislativa do Rio de Janeiro.

O *Jornal do Brasil* assim noticiou o evento, na edição de 18 de maio de 1980, p.4:

"O Encontro Nacional dos Trabalhistas liderado pelo Sr. Leonel Brizola fez o Palácio Tiradentes reviver os seus maiores momentos de glória, quando ainda era sede da Câmara dos Deputados e ali se discutiam as grandes questões do país. Com um plenário repleto e participante — como há muito não se via — todo decorado com faixas e cartazes de apoio ao ex-governador gaúcho, a Assembléia foi palco de discursos emocionados e debates acalorados". A família Vargas se fez representar por Getúlio Vargas Neto, de 25 anos, filho de Maneco, irmão de Getúlio, enquanto a viúva Maria Teresa Goulart, ainda bela e graciosa em seus 44 nos, superava os costumeiros atritos com o cunhado e também marcava presença, juntamente com o filho João Vicente Goulart, tendo ambos figurado na chapa para o diretório nacional."

Nos dias 16 e 17 de maio, depois de uma breve polêmica em torno da nova sigla, os trabalhistas reunidos em encontro nacional decidiram criar o PDT, Partido Democrático Trabalhista.

Finalmente, em 26 de maio, agora em encontro realizado na sede da ABI, Associação Brasileira de Imprensa, os trabalhistas formalizaram a fundação do PDT, com a aprovação do programa, do manifesto e dos estatutos da nova agremiação, que passou a ser dirigida por uma comissão executiva de 11 membros: Leonel Brizola, presidente, Doutel de Andrade, vice-presidente, ficando os outros cargos com Waldir Pires, Darcy Ribeiro e José Frejat e outros trabalhistas históricos. Em 29 de agosto de 1981, na Assembléia Legislativa do Rio Grande do Sul, durante as homenagens que lhe presta pelo 20º aniversário da Legalidade, os pedetistas lançam seu nome como candidato a Presidente na eleição presidencial de 1984. As cartas estavam lançadas e Brizola iria, a partir dali, percorrer o país em peregrinação para fincar sua legenda. Em 1982, ele tem uma grata surpresa. É a ela que vamos dedicar nosso próximo capítulo.

XLV — GOVERNADOR DO RIO, PRIMEIRA VEZ

A trajetória de Leonel Brizola dá uma guinada, em 1982, quando ele se elege governador do Rio de Janeiro, pelo seu incipiente PDT, para surpresa e aturdimento do *establishment*. O maior inimigo do regime é de súbito guindado ao comando do segundo maior Estado da Federação, onde está a esfuziante Cidade Maravilhosa do Rio de Janeiro, antiga capital, mas ainda caixa de ressonância nacional. Elegera-se, na verdade, graças ao elemento surpresa, porque os poderosos adversários não davam nada pela sua candidatura, cotada inicialmente nas pesquisas com meros três por cento. Na verdade, o próprio regime chegou a favorecê-lo indiretamente, concedendo-lhe determinados espaços, para que, fazendo crescer suas chances até um determinado ponto, retirasse votos de Sandra Cavalcanti, do PTB, e de Miro Teixeira, do PMDB, disparados na frente, e inflasse seu candidato oficial, Moreira Franco, do PDS, possibilitando-lhe a vitória.

Com efeito, Brizola havia chegado três anos antes ao Rio, "puxando a cachorrinha", no dizer tanto de adversários como de simpatizantes. Tinha saído de cena durante 15 anos, uma verdadeira eternidade, em termos políticos. Ainda que tivesse sido consagrado na eleição de 1962 — e lá se iam 20 anos —, com a maior votação do Brasil para deputado e, na época, fosse o líder mais popular, Brizola era agora quase desconhecido pela juventude. Como as pessoas, normalmente, só adquirem consciência política a partir dos 18 ou 20 anos, os que conservavam alguma memória de sua antiga atuação já tinham mais de 30 anos.

É verdade que seu retorno em 1979, de ampla repercussão, assim como sua intensa movimentação no cenário nacional a partir de então, lhe conferiam certa exposição, mas isto ainda era insuficiente para traduzir-se em termos de maioria de votos para torná-lo governador. Ele também se cuidou, com aquela linguagem e posturas diligentemente moderadas, para que as atenções se desviassem de sua figura sempre polêmica e ousada. Como disse depois da vitória, naquela sua forma de expressão metafórica e bem humorada, muito ao gosto dos cariocas, "tinha de comer o pirão pelas beiradas".

Não obstante, para assegurar o posto de governador dos cariocas e fluminenses, Brizola teve de enfrentar uma verdadeira guerra contra o poder central, que mobilizou todo seu arsenal militar, econômico, de mídia, tecnologia e arapongagem para derrocá-lo. O chamado sistema não se preocupou nem mesmo com as aparências, ao promover a fraude mais explícita e desavergonhada, jamais ocorrida num grande centro como o Rio. Foi o que ficou evidenciado no chamado caso Proconsult, fartamente divulgado pela imprensa. Como analisaremos com profundidade mais adiante, esta fraude consistia, durante a totalização por computador, a primeira realizada no Brasil, em preencher os votos em branco com o nome de Moreira Franco, para que, desse modo, o candidato governista, que vinha em segundo lugar, ultrapassasse Brizola, disparado na frente.

Ao arrostar — e depois derrotar e desmoralizar — todo aquele aparato, a partir da frágil estrutura do PDT, Leonel Brizola mostrou que estava em forma. Foi aí que as forças conservadoras perceberam que não era o leão sem dentes, como chegaram a julgá-lo, num determinado momento.

***

Mas logo descambou uma megacampanha de desmoralização do novo governo do Rio de Janeiro, que surgiu como uma grande esperança para começar, realmente, a transformar o Brasil, a partir do Rio. Brizola, como havia feito no Rio Grande do Sul, pôs em marcha uma política de resguardo dos direitos humanos, particularmente das populações pobres, sacrificadas e humilhadas há mais de cem anos. Implantou ainda um projeto arrojado de educação, como meio de assegurar educação gratuita, com escolas as mais modernas e equipadas, a 500 mil crianças. O programa de humanização e integração das favelas, que começava com a legalização dos barracos, foi outro ponto alto de sua administração.

Sua política de direitos humanos consistia em medidas concretas , como a doação e oficialização dos lotes e barracos das favelas, os quais a partir de então já não poderiam ser transplantados, sob força policial, para locais longínquos, às vezes dezenas de quilômetros do centro, como ocorria anteriormente. Eles já estavam fixados e ali permaneceriam, ou seja, dentro da cidade e perto de tudo. A partir do Governo Brizola, esses favelados passaram a ser senhores proprietários de suas casas, além de dispor de energia elétrica e água encanada, de modo oficial e seguro, e não mais por meios contrabandeados, e, por isso, precários, como era de hábito, até ali. Havia ainda o programa de alimentação básico, que previa a distribuição de um litro de leite para cada família carente, tanto da capital como do interior.

Por sua vez, o programa de educação com base nas escolas integrais, chamadas CIEPs, Centros Integrados de Educação Pública, como o leitor observou no início deste relato, veio para coroar esta política de promoção social. Tudo isso, porém, era motivo de chacota de grande parte da mídia, principalmente da televisão, que passou a detratá-lo durante toda a gestão. Como tal versão não encontrava amparo no senso comum, ainda que provocasse sérios gargalos administrativos, os mesmo setores que controlavam a mídia passaram a incentivar, com o respaldo desta, distúrbios de rua, assaltos a supermercados e a ação dos célebres arrastões, operações de assalto conduzidas por jovens delinqüentes, nas praias e no centro da cidade.

Toda a campanha, já agora voltada para a desestabilização do governo estadual, era dirigida para projetar Brizola como um governante fraco, sem pulso e mesmo baderneiro. Atribuíam a onda de violência, já endêmica no Rio e muitos grandes centros do país, por causa das condições de penúria em que viviam as populações marginalizadas, e à política de direitos humanos que parou com as invasões policiais indiscriminadas das favelas. Estas invasões eram muitas vezes realizadas pela madrugada, com a polícia atirando a esmo, quando feriam e também matavam. Condenavam igualmente a repressão aos grupos de extermínio, que colocou na cadeia centenas de integrantes dos chamados esquadrões da morte.

***

No fundo, porém, estava o receio da ascensão brizolista por parte das classes conservadoras, e não só militares, como a política, incluindo o PMDB. Segundo o Dicionário Histórico Bibliográfico Brasileiro, do CPDOC, os peemedebistas haviam cancelado, em 1984, uma consulta popular informal que vinham fazendo sobre possíveis candidatos a Presidente, porque Brizola disparava na frente. A pesquisa coincidia com a realização do primeiro comício, na cidade de Curitiba, em favor do voto direto para Presidente, as *Diretas-Já*, em 12 de janeiro: “No dia do comício — relata o DHBB, no verbete sobre o governador —, para a surpresa dos peemedebistas, Brizola passou a liderar a votação, tomando o partido a decisão de suspender a votação".

Talvez por isso mesmo, a onda de ataques ao governador redobrou. À hostilidade da mídia se somavam as greves em setores vitais da economia do Estado, como as de estaleiros, petroleiros, professores, motins nas prisões e saques em supermercados, padarias e outras lojas, e invasão de lotes de terrenos. "No início da 'semana quente,' no Rio (de 4 a 10 de setembro, 1983), havia 38 supermercados e padarias saqueados, 30 tentativas de roubo a outros estabelecimentos comerciais, na maior sucessão de incidentes desse tipo ocorrida em 20 anos na cidade", constata o DHBB. Numa orquestração parecida com a manobra de desestabilização do governo socialista de Salvador Allende, no Chile, em 1973, ações de boicote e sabotagem começaram a explodir por todo o Estado. A revista *Veja*, lembra que "uma multidão de famintos, desempregados, crianças e arruaceiros" concentrou sua ação em Padre Miguel e Realengo, subúrbios vizinhos da Vila Vintém". Depois, segundo o DHBB, o movimento se propagou rapidamente por quase todos os subúrbios que margeiam a Rede Ferroviário federal.

A partir dali, tudo passou a ser culpa do Brizola, até crimes domésticos ou passionais, que de alguma forma comoviam à cidade e, por efeito da campanha hostil de mídia, assumiam ares de denúncia nacional. Dentre estes casos, figura o de uma jovem da Barra da Tijuca, assassinada, depois de estuprada pelo porteiro, no interior de um prédio residencial. Aquilo acontecia, insistia a propaganda, porque o Brizola não deixava a polícia prender os bandidos.

Mas aquela era um época de relativa liberdade, e Brizola pôde comprar espaços na televisão e rebater muitas das críticas. Usando seu imenso poder verbal, o governador foi uma vez a uma cadeia estadual de TV, mostrando a manchete de um jornal influente do Rio, no caso o *Última Hora*, o ex-jornal getulista que, na ditadura havia sido comprado por um grupo de empresários, que dizia: "Invadam, Brizola garante".

A campanha de mídia obtinha seus ecos entre os conservadores. O presidente nacional do PDS, partido do governo militar, senador José Sarney (MA), que depois se tornaria Presidente da República, com a morte de Tancredo Neves, já havia advertido, em fins de janeiro, numa entrevista à revista *Veja*: "Nós não podemos nos enganar e pensar que os militares vão aceitar o Brizola ou qualquer outro incendiário no poder. É este o risco de uma eleição direta agora". O irmão do Presidente Figueiredo, Euclides Figueiredo, também general de exército, instalado no Comando Militar, o da Amazônia, ameaçava, num tom francamente golpista: "Brizola é um sapo que a gente engole, digere e expele, na hora certa". Brizola, que seguia sua linha de suavizar as tensões, fez que não ouviu a provocação. Na verdade, o Presidente Figueiredo, aparentemente empenhado na abertura política, dispunha-se a recebê-lo e a entreter relações administrativas com ele.

Não obstante, a chamada comunidade de informação, por trás da qual se escondiam os oficiais da linha dura, ainda dava as cartas e pressionou Figueiredo a participar do cerco ao governador, muitas vezes, através de atos explícitos e deliberadamente hostis. A partir da posse de Brizola, o Presidente passara a não avisar suas visitas ao Rio, para não cumprir o protocolo de ser recebido no Aeroporto pelo governador do Estado.

O porta-voz do Palácio do Planalto, ao comentar os distúrbios no Rio, chamou o governador de "incompetente". Em seguida, Figueiredo baixou um decreto, pelo qual os Estados não mais patrocinariam a solenidade de hasteamento da bandeira nacional, solenidade que ocorria todo mês, em frente ao Palácio do Planalto, em Brasília. Aquela era uma forma de isolar Brizola, pois ele seria o próximo a presidi-la, diante do mastro em frente ao Planalto.

Brizola agüentava aquilo calado, mas, sempre que podia, dava o troco, como aquele, dois dias antes de sua posse no Palácio Guanabara, em 15 de março de 1983. Foi sua resposta a um decreto presidencial subordinando a nomeação dos comandantes das Polícias Militares ao ministro do Exército e concentrando na Polícia Federal funções antes afetas ao DOPS, Delegacia de Ordem Política e Social e às polícias militares, ambos órgãos estaduais. Brizola baixou um outro decreto, de âmbito estadual, desdobrando a Secretaria de Segurança Pública, cujo cargo também era privativo de oficiais das três armas federais, segundo o decreto federal, e dependia do aval do Exército, em duas secretarias: a de Polícia Militar e a de Polícia

Judiciária. Nomeou os dois secretários, sem pedir autorização a ninguém.

***

Nesta ocasião, Brizola irritou-se e denunciou um cerco federal ao Rio. Protestou contra as armações do SNI, onde se alojaram muitos oficiais da linha dura do regime, que segundo ele, pretendiam implantar um governo paralelo no Rio de Janeiro. Em maio, no entanto, Brizola é recebido no Planalto pelo Presidente Figueiredo e os dois chegam a uma distensão: Figueiredo propôs-lhe um "relacionamento formal" com o governo fluminense.

Sem recursos federais e evitando recorrer aos organismos internacionais, Brizola usou da criatividade para restringir-se aos parcos recursos do Estado. Primeiro, saneou a máquina estadual, sem fazer uma demissão de funcionário ou privatização de empresa pública, provando que a mediação do Estado é fundamental para o desenvolvimento. Com isso, pretendia desmoralizar a doutrina neoliberal, para a qual o saneamento administrativo só é possível mediante a diminuição do setor público — expressão para designar, na verdade, demissão em massa de funcionários e entrega das estatais a grupos privados monopolizados.

Rumando exatamente em sentido contrário ao neoliberalismo, ele não só aumentou o tamanho do Estado, criando estatais para fazer escolas, distribuir merenda escolar, entregar lotes e oferecer luz elétrica e água encanada à população marginalizada, como contratou pessoal, principalmente professores e outros técnicos para tocar a administração.

Os recursos vieram com um amplo programa de corte, não de obras públicas, que dão emprego e garantem o funcionamento do Estado, mas de desperdícios, e no ataque à corrupção endêmica, que assolava a administração. Ele também redefiniu prioridades, concentrando os gastos na educação, que, no seu segundo governo fluminense, chegaram a 55% do orçamento. No primeiro governo, entregou cerca de 100 CIEPs.

Coibiu, igualmente, os abusos, sacudindo a inércia administrativa que propiciava e estimulava enormes gastos, muitas vezes desnecessários. Exemplo disso foi a construção do Sambódromo. Até seu governo, o carnaval do Rio, que sempre comandou a nossa principal festa nacional, baseava-se em arquibancadas móveis, que eram montadas e desmontadas somente para os seis dias do Momo (de sexta-feira gorda à quarta-feira de cinzas), num esquema de improviso, que aumentava os custos e gerava corrupção e favorecimentos.

Em seu lugar, Brizola construiu a Passarela do Samba, ou Sambódromo, imponente obra, assinada por Oscar Niemeyer e Darcy Ribeiro, e executada no prazo recorde de quatro meses. Além de criar um verdadeiro monumento ao carnaval, o Sambódromo ensejou, em apenas dois anos, receitas suficientes para cobrir com sobras todo o seu investimento. O Sambódromo foi igualmente concebido para receber alunos dos CIEPs. Para isso, o professor Darcy Ribeiro, então vice-governador, secretário de Educação e um dos principais mentores do Programa Especial de Educação, desenvolveu um complexo escolar com 210 salas de aula para funcionar fora do período carnavalesco, todas em sistema de educação integral.

Brizola também inovou na política de direitos humanos, a qual, no seu governo, deixou de ser simples retórica para tornar-se uma realidade concreta. Ele pagou um preço político muito alto pela audácia, mas sua ação, na medida em que os anos passam, mostra-se cada vez mais conseqüente, num Brasil curvado pelos índices exorbitantes de miséria absoluta, pauperização massiva e desigualdade social. Mas este é um tema fascinante, que exige um capítulo próprio, que está à sua espera na próxima página.

XLVI — Direitos Humanos

A bandeira dos direitos humanos vinha sendo empunhada indistintamente por todos os partidos políticos. Era um item que constava obrigatoriamente dos programas e plataformas partidárias, inclusive do PDS, o partido da ditadura. Este adquirira uma roupagem mais liberal depois de ter se desvencilhado da pecha autoritária da antiga Arena, Aliança Renovadora Nacional, seu nome original.

O problema é que ninguém ousava colocar a teoria na prática. Chegava-se, no máximo, a contemplar os perseguidos políticos, combatendo as práticas de tortura. Nada, porém, se fazia em relação às condições humilhantes em que viviam as prisões comuns, com a superlotação, maus tratos ou simples matança dos prisioneiros, nem às populações marginalizadas, da cidade e do campo, brutalizadas pelo abandono, seus filhos assassinados friamente pelos grupos de extermínio.

Quando Brizola retorna ao Brasil, depois de 15 anos de degredo, ele toma um choque com a realidade que se lhe depara. O milagre econômico, alardeado pela ditadura, só beneficiara a pequena elite dominante, e se num determinado momento contemplara contingentes da classe média, estes benefícios acabaram engolidos pela voragem da dívida externa e da inflação. No final, esta mesma classe média experimentava, antes da anistia, um processo de empobrecimento, que só se aceleraria depois, com os governos civis. O problema mais grave, porém, estava nos contingentes da população segregados nas favelas, ou vivendo nas ruas, a céu descoberto, sem as mínimas condições humanas ou qualquer tipo de assistência médica ou social.

Brizola, que tinha deixado o Brasil em 1964, quando o cidadão podia sair e passear tranquilamente pelas ruas do Rio ou de Porto Alegre, sem medo de ser assalto ou colhido por uma bala perdida, encontra nossas cidades sitiadas: de um lado por uma população marginal, vivendo próxima à miséria absoluta, e de outro, por uma polícia e todo um aparato para-militar, treinados, não para defender os cidadãos, e sim para eliminar os pobres.

Ele ficou abismado, porque não vira isso em Montevidéu, capital de um país latino-americano e em desenvolvimento, ali colado com o sul do Brasil, onde tinha vivido 13 anos. Quando chega, de súbito, ao governo do Rio de Janeiro, em 15 de março de 1983, Brizola está determinado a fazer uma administração que enfrente o problema. Nilo Batista, seu secretário de Polícia no último ano do primeiro governo fluminense e depois seu vice-governador e sucessor, no período 1991-1995, diz que Brizola, na realidade, deu seguimento à política trabalhista de Getúlio Vargas, que, já em 1930, concedia anistia para os delitos da pobreza, descriminalizando os descendentes de africanos, que cometiam pequenos delitos, como furtos e vadiagem. "Brizola percebeu então como o sistema penal funcionava seletivamente, ou seja, como ele funcionava como um instrumento político de neutralização do campo popular. Por isso, tratou de implantar políticas públicas que protegessem as populações pobres".

A socióloga Vera Malaguti, em seu livro O *Medo no Rio de Janeiro*, lembra que no Rio de 1930 havia a mesma mentalidade: os negros e os pobres não poderiam andar nos lugares freqüentados pelos brancos e bem nascidos. Nilo Batista diz que o Brasil nunca se reconciliou com a sua africanidade: "As oligarquias criaram-se e cevaram-se no exercício do poder punitivo, enquanto este não estiver no seu lombo, é claro. É por isso que se criminalizam as estratégias de sobrevivência da pobreza. Assim dificultam a vida dos camelôs, dos flanelinhas, das prostitutas, dos sacoleiros que vão ao Paraguai fazer a sua viração".

Nilo Batista, renomado criminalista e um das maiores autoridades brasileiras em direitos humanos, observa que tais políticas desagradaram profundamente as oligarquias do Rio de Janeiro e do Brasil, como um todo: "É que elas sempre tiveram nas instituições policiais uma espécie de capitão de mato das suas vontades.

***

Decidido a arrostar todas esses empecilhos, Brizola resolve atacar de frente a questão da pobreza, quando se torna governador do Rio, pela primeira vez. Inicialmente, com a política educacional dos CIEPs, e, segundo, com um programa efetivo de direitos humanos, para dar um mínimo de dignidade e assistência real às populações pobres.

Lembrava ele que, antes da ditadura, "as senhoras andavam nas ruas, lá no centro, com as suas bolsas. Havia naquele tempo os chamados punguistas: eram os batedores de carteira, os passadores do conto do pacote, do conto do vigário, enfim, eram atividades até ingênuas, que viravam crônicas. Não existia esse clima de violência, de assassinatos, de homicídios". O problema, afiançava, "veio com a ditadura e coincidiu com o agravamento da situação social e o empobrecimento da população, com a decadência do sistema educacional. E com a explosão demográfica, que foi agravando, multiplicando esta ordem de problemas".

Menino pobre que fora, ele se recusava a aceitar a noção preconceituosa, muito difundida na época, de que os pobres são naturalmente dados ao crime: "Eu me criei em bairros pobres, onde as pessoas eram boas, viviam se visitando, conversando, solidárias, ninguém pensava em fazer violência. Eu me criei de pé no chão, como essas crianças que estão aí. Até tenho o pé grande demais porque me criei com o pé à vontade, pisando. O meu dedão é aberto, como de todas as crianças que se criam de pé no chão. Será que mudou tudo isto?! Ou estão mudando tudo isto? Estão oprimindo essas populações? Como é isto? Será que não estamos aqui envoltos por um véu, por um nevoeiro de obscurantismo e não estamos nos dando conta do que está acontecendo?"

***

Pare ele, há no Rio de Janeiro duas sociedades: "uma que é a nossa, onde circulamos, conhecemos pessoas. Estamos aqui nos controlando, conhecemos fulano, beltrano, filho de sicrano, temos carteira de identidade etc. E se uma pessoa falta, damos falta dela. Se essa pessoa é vítima da violência, todos nós sabemos e ficamos revoltados. E a outra sociedade é aquela subterrânea, onde ninguém sabe quantos matam, quantos morrem, quem manda matar, quem faz o quê".

Depois indaga: "Uma sociedade civilizada, que se preze, pode conviver com 20, 30, 40 assassinatos diários? Jovens mortos com balas de guerra, muitas vezes pelas costas, e ninguém nem sabe de nada? As notícias sensacionalistas sequer citam nomes e os corpos são jogados em valas ou lixeiras, enquanto as famílias não reclamam, temendo os executores".

Ele rejeitava as explicações comodistas de que as matanças eram simples coisa de traficantes: "Ah, isto é disputa por ponto de droga, o traficante tal contra fulano". O problema é que esta explicação resiste à lógica mais elementar. Que diabo de cidade é essa que se impregnou dessa forma? Qual é o lugar do mundo onde se mata dessa maneira?

Existe tanto tráfico, tanta gente assim envolvida com banditismo? Podemos aceitar isso para um país como o nosso?"

Considerava assim que a solução teria de ser procurada mais a fundo: "E os vícios? Nós estamos acostumados com os vícios dos próprios serviços de segurança. Num quadro desses, até os bons policiais estão sendo mortos. Isso precisa ser drasticamente saneado! Olhem, não sei de onde sai tanta arma, não sei que tráfico é este, mas sei que procuram criar a idéia de que as favelas são um ambiente de vício".

***

Seguindo esse raciocínio, "Brizola determinou uma política de segurança cuja diretriz era o fim da tolerância e da cumplicidade do Governo com a violência policial", diz o jornalista e escritor Luis Mir, em seu livro *Guerra Civil — Estado e Trauma*, de quase mil páginas e que constitui um dos relatos mais completos das razões intrínsecas da criminalidade brasileira, sentenciando: "Essa linha básica propiciou o desbaratamento dos esquadrões da morte, que funcionavam na Baixada Fluminense".

A diretiva da nova administração era clara: "Não há mais barreiras de trânsito nem prisões sem flagrante delito e não se entra mais nas favelas, arrombando portas de barracos, mas, ao contrário, a nova administração vai atuar em colaboração com a comunidade" O próprio escritor se encarregou de explicar a situação que Brizola encontrara no Rio: "Um grande aparato policial fechava (numa impunidade policial absoluta) as entradas e saídas das favelas, para que os chamados "grupos de penetração" adentrassem e arrombassem portas de barracos, atirassem a esmo, revistassem pessoas e prendessem suspeitos, sem qualquer autorização judicial.

Por sua vez, continua o escritor, "as operações policiais de trânsito, que provocavam engarrafamentos quilométricos, produzindo pífios resultados, além de aborrecimentos e constrangimentos desnecessários para uma parcela considerável da população, estavam suspensas".

Luis Mir explica ainda: "A diretriz não impedia que a polícia oferecesse segurança à população favelada, mas sim que não fosse arbitrária e violenta com ela. A cultura policial vê os moradores das favelas como co-réus dos criminosos e considera o barraco não como um domicílio onde moram crianças, trabalhadores e velhos, mas algo que podia ser arrombado. A polícia não entendia outra forma de tratamento". O escritor conclui dizendo que a política de Brizola "foi talvez a tentativa mais civil e democrática de romper um padrão policial de brutalidade e letalidade total, ainda dentro da ditadura".

Tal política provocou uma diminuição sensível da violência e a queda da criminalidade caiu em cerca de 65% em relação ao governo anterior do Rio, mas Brizola teve de pagar um preço alto pela sua determinação. "A reação intensa e de boicote das corporações policiais e setores sociais beneficiários da política homicida e truculenta quase provocou um colapso generalizado na segurança pública", como diz Luis Mir.

O pior é que a insatisfação daqueles setores somou-se à mobilização dos altos negócios, os quais, através da mídia e dos órgãos de inteligência da ditadura, lançaram-se numa verdadeira operação de guerra contra o governador. Passou-se a estimular os motins nas prisões, o saque a padarias, supermercados e lojas, o *locaute* de comerciantes, sobretudo, no subúrbio e nas favelas. Numa ocasião, a praça central de vila Kennedy, bairro de ex-favelados removidos à força da Zona Sul pela polícia, no início dos anos 1960, virou uma praça de guerra, com mais de mil pessoas enfrentando batalhões de choque da PM. Houve também o concurso dos partidos de oposição a Brizola, que desandaram a promover greves de professores, petroleiros e funcionários públicos.

Toda esta animosidade era superdimensionada e incentivada pelos noticiários de televisão e de rádio, que lhe reservavam espaços abundantes no horário nobre. O professor de Direito da Universidade de Maringá (PR), Matheus Felipe de Castro, chegou a denunciar, em artigo na *Revista Espaço Acadêmico*, no. 36, de maio de 2004:

"A mídia nos prestigia com um banquete de sangue e crime. Os noticiários não veiculam imagens ligadas à esfera pública, ocultando os fatos políticos do cidadão comum". Segundo ele, "imagens de roubos, homicídios, seqüestros e tráfico de drogas, constituem o cardápio diário do terror: o pânico social se alastra, quebrando os laços de solidariedade das classes trabalhadoras, fomentando o individualismo, mormente porque o estigma do criminoso traz consigo o significado do perigo e do medo, identificado com os não-consumidores". No mesmo artigo, o professor conclui que "os espetáculos de suplício das penas infamantes da Idade Média, com seus cadáveres dependurados em postes e corpos esquartejados, não são mais realizados em praça pública diante de espectadores atônitos: agora, nós os vemos pela TV, que nos agracia com um banquete de sangue, crime, terror e medo, diariamente... na hora do almoço!"

Os comentários do professor foram provocados pelo propósito anunciado na televisão pelo vice-governador do Rio de Janeiro, em 12 de abril de 2004, Luiz Paulo Conde, de construir um muro para cercar a favela da Rocinha, a maior do Rio de Janeiro, com mais de 200 mil habitantes, com o fim de conter a criminalidade e o medo na cidade:

"Da senzala à favela; da favela ao cárcere... todas faces da mesmíssima moeda. Mas agora, a proposta do professor Conde nos traz uma nova solução jamais imaginada: cercar a favela, transformando-a em uma penitenciária de segurança máxima. Eureka! Por que não? Por que não cercar a favela de uma vez transformando-a em uma prisão, onde aqueles miseráveis abandonados pelo Estado voltem ao estado de guerra de todos contra todos de Hobbes? A lógica perversa do controle social seria deixar com que os miseráveis se matem entre si", afirmou o professor Matheus Felipe, para depois emendar:

"Mas transformar a Rocinha em uma penitenciária somente seria o reflexo de uma sociedade que tem na repressão seu valor máximo. O que realmente me assusta é a vontade de transformar a favela não em um cárcere, mas em um campo de concentração! Aí eu estaria diante de uma sociedade muito mais patológica! Se na primeira hipótese eu me encontro diante de uma proposta autoritária, no segundo me encontro diante de uma proposta totalitária! No campo de concentração tudo é permitido, porque o homem deixa sua humanidade do lado de fora: "deixai, do lado de fora, toda a esperança você, que entra" era a sentença escrita em letras de sangue nos umbrais do inferno de Dante e que poderia estar inscrito em qualquer campo de concentração ou penitenciária moderna".

Ao comentar, 20 anos depois a política de direitos humanos de Brizola no Rio, o professor Matheus explicou: "Quando Leonel Brizola foi governador do Rio de Janeiro, proibiu a polícia de subir os morros cariocas. Desejava dar um recado à sociedade: se a dignidade do cidadão é respeitada na zona sul, nos bairros nobres da cidade, deverá ser respeitada também no barraco, porque no interior de sua casa, seja no condomínio fechado, seja na favela, todo homem é rei. Mas foi mal interpretado, porque neste país a dimensão da dignidade ainda não foi estendida para os miseráveis. No Brasil, defensor dos direitos humanos é cúmplice do tráfico".

A visão de Brizola é de que essa questão não poderia ser realmente analisada como até então, desconhecendo certos aspectos que estão em águas mais profundas: "Acho" — dizia — "que a questão educacional é conseqüência de uma cumplicidade das elites brasileiras, que querem o povo brasileiro ignorante. E reagem até contra um programa como os CIEPs. Há gente que tem esse fundo cultural, que não aceita que as crianças, as crianças da nossa pobreza, de nossas populações negras, tenham escola de nível de classe média como têm os filhos deles! Não aceitam".

O papel da mídia foi particularmente embaraçoso nesse quadro, mas, ao contrário do que poderia ocorrer com qualquer político, encontrou um Brizola de armas na mão para defender seu governo e seu povo. Como um leão, ele lutou até à última gota de seu sangue para denunciar os interesses mesquinhos e lucrativos que estavam por trás de toda aquela campanha sórdida contra sua política de Educação e de Direitos Humanos. Mesmo proibido de ir à televisão, não só pelo governo federal, mas também pelo boicote que lhe fizeram os donos de emissoras de televisão e rádio, ele tinha uma maneira própria de se comunicar com o povo. Homem polêmico e de palavra fácil, Brizola sabia fazer repercutir seus atos. Ele finaliza seu primeiro Governo do Rio de Janeiro com mais de 60% das preferências dos fluminenses para Presidente da República. Vamos analisar este desempenho mais adiante. Agora precisamos fazer um corte para tratar da campanha das *Diretas-Já*, o que será feito no próximo capítulo.

XILVII — O jogo indireto por trás das Diretas-Já

O boicote a Brizola nunca cessaria. O poder econômico o colocou no *index* da maldição desde que ele revolucionou o Rio Grande do Sul com as três grandes reformas: da educação, da terra e da presença do Estado na economia. Já entre os militares, ele teve uma lua de mel, antes de 1964, quando os oficiais eram mais românticos e nacionalistas. Com a lavagem cerebral a que foram submetidos depois do golpe, eles se tornaram invulneráveis à sua mensagem, apesar das insistentes tentativas de aproximação, que lhes fez o líder trabalhista, antes mesmo de retornar do exílio.

Brizola sabia que, no fundo, os militares eram nacionalistas como ele, e por isso acreditava que um dia eles voltariam a se encontrar, como no governo João Goulart. Sempre os considerou um dos elementos mais decisivos para a nossa unidade territorial e lingüística. Ele não se cansava de lembrar o papel do Exército, ao longo de nossa história, desde a proclamação e a consolidação da República, no final do século XIX, até o movimento tenentista, a partir de 1922. Por fim, não se esquecia de lembrar o contragolpe comandado pelo general Lott, em 1955, para assegurar a posse de JK, em 1955. Brizola ainda se identificava com os militares pelo fato de estes terem como fundamento de seus princípios o positivismo, a mesma doutrina que impulsionou Júlio de Castilhos, Getúlio Vargas, Alberto Pasqualini, ele próprio, Brizola, e, conseqüentemente, todo o trabalhismo brasileiro.

Os militares, no entanto, mantiveram-se insensíveis aos seus acenos e não perdiam oportunidade para hostilizá-lo, implícita ou expressamente. Quando governador do Rio de Janeiro, pela segunda vez, em 1992, Brizola ressentiu-se de que a ESG, Escola Superior de Guerra, que, na época, realizava um ciclo de debates com as principais personalidades do país, chamara Lula para fazer uma palestra, mas o ignorou olimpicamente.

O governador atribuía o ressentimento dos militares à forte influência dos organismos de segurança dos Estados Unidos, sobretudo da CIA. De nada valeu seu entendimento com o ex-presidente Carter e outras altas autoridades americanas ligadas ao Partido Democrata. No entender de Brizola, a CIA sempre exerceu um domínio muito forte sobre os militares, sobretudo a sua elite, formada pela Escola Superior de Guerra. A ESG ou *Sorbonne* brasileira, como era conhecida nos meios políticos, foi quem inspirou toda a legislação de Segurança Nacional, baseada nos conceitos de oficiais como Golbery do Couto e Silva, Cordeiro de Farias, Edmundo Macedo Soares, todos funcionários ou vinculados a empresas multinacionais e com altos contatos juntos ao *War College* e ao governo dos Estados Unidos. Por isso, tanto a CIA como a elite militar brasileira consideravam o governador elemento "perigoso" e "altamente nocivo aos interesses americanos".

Leonel Brizola, porém, via longe. Não relevava as picuinhas paroquiais, ainda que elas dessem manchete nacional e procurassem intrigá-lo com os oposicionistas. Seu foco estava em salvar a abertura e projetar-se como uma alternativa concreta ao Planalto. Por isso, insistiu na aproximação com o Governo Figueiredo, com quem acabou desenvolvendo uma relação de respeito, mesmo que o restante do governo lhe permanecesse hostil e até o sabotasse. Reclamava especialmente do ministro do Planejamento, Delfim Netto, o chamado *czar* da economia: "Ele engavetava quase todos os despachos do Presidente em favor do Rio de Janeiro", dizia.

Não obstante, conhecendo, como ninguém, a máquina do poder federal, que esquadrinhava desde a época de secretário de Obras do Rio Grande do Sul, em 1952, quando fazia a ponte do governador Ernesto Dornelles com o Presidente Getúlio Vargas (estes dois últimos eram primos), Brizola conseguia resolver alguns gargalos que impediam a administração do Rio de Janeiro.

Em fins de 1984, depois de quase um ano de isolamento de Brasília, ele leva o Governo Federal a concordar com a rolagem de 100% da dívida estadual, uma prerrogativa que havia sido dada a todos os governadores, menos a dele. Mesmo ficando por último ou atropelado nos pleitos junto ao poder central, quando todos os outros governadores eram contemplados, Brizola não perdia a fleuma. Elegante, convincente, charmoso, cavalheiro, e, ao mesmo tempo, altivo, por vezes desafiador, como ocorrera no episódio do desdobramento da Secretaria de Segurança do Rio, ele passou a impressionar o general Figueiredo, famoso pelos seus modos bruscos do "prende a arrebenta".

****

Quando irrompe o movimento pelas *Diretas-Já*, em janeiro de 1984, Brizola se vê num dilema. Juntamente com os outros governadores oposicionistas, sobretudo os de São Paulo, Franco Montoro, e de Minas, Tancredo Neves, depende da boa vontade do governo federal para administrar o Estado. Adota então, juntamente com Montoro e Tancredo, uma posição de cautela nas manifestações anti-regime, evitando aparecer nos primeiros comícios e chega a adiar, por alguns dias, a tão esperada manifestação do Rio. Quando, finalmente, a realiza, em 10 de abril, dá um exemplo de organização, temperança e controle sobre a ingente massa humana de um milhão de pessoas que acorreram à Candelária. Era a maior manifestação popular até então realizada no Brasil, segundo o relato dos jornais. Comandando, pessoalmente, cada detalhe do comício, a partir do palanque, ele providenciou que uma tropa de choque do PDT ocupasse as primeiras filas, deixando para o fundo os militantes portando bandeiras da foice e do martelo, que faziam tremer os militares. Também diligenciou para que os oradores evitassem agressões gratuitas ao regime.

Ele sabia que aquelas manifestações não dobrariam a maioria do Congresso, fortemente conservadora e altamente submissa, não só ao regime como particularmente ao poder econômico. Uma eleição direta, naquele momento, significaria a eleição dele mesmo, Brizola, que vivia o auge de sua popularidade, uma perspectiva que o chamado *establishment* jamais permitiria. Ele também tinha informações de que as lideranças do PMDB, enquanto patrocinavam os megacomícios, negociavam com os militares e as oligarquias a indicação de um nome peemedebista domesticável para disputar a eleição indireta.

Dito e feito. A emenda da eleição direta, de autoria do deputado Dante de Oliveira (PMDB-MT), foi derrotada no Congresso, em 25 de abril de 1985 (na votação da Câmara, faltaram 22 votos para atingir o quorum qualificado de dois terços). As oposições, à frente o PMDB, o maior partido, decidem, no outro dia, participar da eleição indireta, promovida pelo Colégio Eleitoral, constituído pelos deputados e senadores e representantes dos Estados. Consistia num arranjo combinado com os militares para só eleger Presidente um general ou outro nome da confiança deles. O governador de Minas Gerais, Tancredo Neves, representando os moderados do PMDB, consegue impor-se como candidato, afastando da disputa partidária o deputado Ulysses Guimarães, de São Paulo, menos palatável ao regime.

Brizola, com apenas os 24 deputados e um senador do PDT, não tinha alternativa senão concordar com o apoio a Tancredo Neves, mas impõe uma condição: que o mandato do Presidente de transição, eleito pelo mesmo colégio da ditadura, fosse de apenas de dois anos, para em seguida permitir a ascensão de um Presidente escolhido pelo voto popular. Alegava que seu objetivo era fazer coincidir a eleição dos Presidentes com o pleito para o Congresso. Isto permitiria que o futuro Presidente, a ser eleito diretamente, obtivesse maioria nas duas casas do Congresso e, assim, poderia viabilizar seu programa de governo. Tal perspectiva era improvável no regime de eleições incoincidentes, o que criava uma situação de desconforto ou mesmo de instabilidade, já que o Presidente sempre encontraria um Congresso dessintonizado ou mesmo hostil, pelo fato de ter sido eleito antes e não ter assumido qualquer compromisso com a plataforma presidencial.

***

Quase cinco anos depois, em plena campanha presidencial, Brizola foi interpelado sobre aquela proposta, numa reunião de mais de 200 artistas e intelectuais, realizada na residência do compositor Chico Buarque de Holanda. O chargista Chico Caruso, que assina a charge de primeira página de *O Globo*, indagou-lhe se não "sentia saudades" do general Figueiredo. O ambiente ficou tenso, houve entreolhares cúmplices, mas Brizola não se deu por rogado. Respondeu que nunca sentiu saudades da ditadura, mas que se tivesse sido aceita sua proposta de mandato-tampão para Figueiredo, "já teríamos tido eleições diretas[162]".

162 *Jornal do Brasil*, p. 3, 2 de março de 1989.

Na época as oposições estrilaram, acusando Brizola de oportunismo, golpismo e de "vendido à ditadura". A tese, com efeito, o beneficiava diretamente, pois seu mandato de governador terminava naqueles dois anos, o que lhe possibilitava disputar o pleito presidencial, sem ter de desincompatibilizar-se. Na verdade, Brizola vinha insistindo há muito na tese de transição dos dois anos, para propiciar as diretas. Primeiramente, propusera, para o espanto geral, a prorrogação do mandato do próprio Presidente Figueiredo, como forma de fazer aquela coincidência eleitoral.

Na realidade, ele previa que o colégio eleitoral, um corpo espúrio e manipulável, como haviam comprovado as cinco eleições anteriores que redundaram na escolha dos generais-presidentes, produzisse um presidente civil vacilante e submisso. A seu ver, esse presidente jamais teria firmeza e determinação para conter as explosões naturais, que fatalmente decorreriam dos 20 anos de compressão política.

Alegava que o escolhido, nessas circunstâncias, poderia até restabelecer algumas formalidades democráticas, como as Diretas-Já e a constituinte, mas, por não ter a legitimidade do voto popular, estava fadado a realizar um governo incapaz de atender aos anseios de mudança do país. Ao contrário, se limitaria a manter o *statu quo* e a ser tão ou talvez mais submisso aos interesses das velhas oligarquias, que mantinham o Brasil um país atrasado e pedinte das migalhas do FMI.

Sem pressentir que estava fazendo futurologia, Brizola acabou compondo, com antecipação, o retrato falado do Governo José Sarney, o civil que sucedeu o general Figueiredo. Tal governo, cujo nome jamais poderia atinar, pois não era pitonisa para prever a doença e morte de Tancredo Neves, também se voltaria contra ele, Brizola, e contra o Estado que ainda ia governar por dois anos, o Rio de Janeiro. Aos amigos, Brizola costumava dizer que seu nome estava na lista negra não apenas dos militares, mas principalmente daquilo que ele chamava as elites políticas e econômicas.

Se sua tese da transição de dois anos, com Figueiredo ou outro Presidente — civil ou militar — comprometido com um programa popular e democrático, tivesse prevalecido, Brizola achava que teria todas as chances de abrir caminhos para a verdadeira alternância no poder. É que, no seu entender, o presidente que sucedesse àquele da transição, no caso, ele próprio ou outro político verdadeiramente progressista, poderia realizar um governo de transformação e empenhado em suplantar o quadro de empobrecimento, miséria e atraso, resultante da política econômica, executada pelos militares, mas ditada pela comunidade financeira internacional.

***

Por um desses caprichos do destino, a tese brizolista quase vingou, por vias transversas, e só não foi adotada por causa da esperteza de Tancredo Neves. Como relatou seu sobrinho e ministro da Fazenda, Francisco Dornelles, em depoimento ao autor, em 31 de março de 2005, a prorrogação do mandato de Figueiredo poderia ter-se tornado irreversível num determinado dia de dezembro de 1984. Foi quando o círculo íntimo de Figueiredo, no Palácio do Planalto, lançou uma operação destinada a retirar a candidatura governista no Colégio Eleitoral, representada pelo ex-governador de São Paulo, Paulo Maluf, do PDS. Como se sabe, Figueiredo mantinha-se numa posição discreta em relação à prorrogação de seu mandato, chegando a rechaçá-la de público, mas seu *staff* mais próximo trabalhava freneticamente para torná-la realidade. O ministro das Minas e Energia, coronel César Cals, do PDS do Ceará, havia lançado a proposta, desde o início daquele longo sexênio.

Nesse ritmo, os assessores de Figueiredo, à frente o infatigável SNI, que tinha como chefe o general Octávio de Medeiros, estavam a postos para agarrar qualquer oportunidade. Medeiros era, na ocasião, o homem forte do Governo, depois que derrubou o general Golbery do Couto e Silva da chefia do Gabinete Civil e da coordenação política. Eles então se prevaleceram da situação, em dezembro de 1984, quando Tancredo já se tornara um candidato imbatível, para lançar uma cartada final.

Paulo Maluf, o candidato oficial, já havia praticamente jogado a toalha, por ter se tornado altamente impopular. Objeto de denúncias de corrupção e compra de votos, além do desgaste do fato de ser um nome da ditadura, não tinha a menor chance de virar as tendências a seu favor. Sua saída honrosa seria, na visão dos articuladores palacianos, uma renúncia, capaz não apenas de recuperar sua imagem, como de desestabilizar o colégio eleitoral. Coincidência ou não, segundo Dornelles, Brizola tinha voltado, naquele momento, com a tese dos dois anos de transição, agora para ser efetivada por Tancredo.

— Num determinado dia — conta Dornelles —, por volta das 11 horas da manhã, recebemos, no comitê de Tancredo, em Brasília, a informação lá de dentro do Palácio do Planalto[163] de que as pressões tinham aumentado sobre o Maluf e que ele ia mesmo renunciar. Tancredo quis ir à casa do general Golbery (este já havia sido demitido do Gabinete Civil e se tornara um dos articuladores da candidatura Maluf), mas o general fez questão de encontrar o governador na minha casa (residência oficial do secretário da Receita Federal, posto que Dornelles ocupava no Governo Figueiredo).

Na conversa, de acordo com o deputado Francisco Dornelles, Tancredo descreveu três cenários, sem saber aquele que poderia prevalecer, a partir da desistência de Maluf: 1) apelo para que também Tancredo retirasse a sua candidatura em favor de um nome de união nacional, que poderia ser os coronéis e ex-ministros Jarbas Passarinho ou Costa Cavalcante; 2) a imposição do general Walter Pires, ministro do Exército, caso Tancredo não concordasse em sair do páreo; 3) a prorrogação do mandato de Figueiredo.

— Neste momento, o Golbery atalha Tancredo e diz: "Não. Esqueça os dois primeiros cenários. Se o Maluf renunciar, a prorrogação do Figueiredo é conseqüência e nós temos que evitar isso". A partir dali, Golbery saiu para uns contatos e o Tancredo também se movimentou. Lá pelas oito da noite, o Golbery voltou à minha casa, onde permanecera o Tancredo e lhe contou que os boatos eram verdadeiros, mas que Maluf fora convencido de que não devia renunciar. Golbery despediu-se de meu tio afirmando: "Agora, sucesso, Presidente".

A operação palaciana foi confirmada ao autor pelo ministro da Justiça da época, Ibrahim Ab-Ackel, com a ressalva de que ela não contemplava a renúncia de Maluf. Este, no seu entender, sempre

163 A fonte do Palácio era o ministro do Gabinete Civil e sucessor de Golbery, Leitão de Abreu, que encarregou seu assessor e braço direito, o embaixador Álvaro da Costa Franco.

achou, até o último momento, que poderia ganhar no colégio eleitoral, por causa da fidelidade partidária, instituto legal que punia com a cassação o parlamentar que votasse contra as determinações de seus partidos. O ex-ministro não quis explicar a química política que redundaria no afastamento de Tancredo e na prorrogação do mandato de Figueiredo.

O fato, porém, é que Tancredo acabou sendo eleito Presidente da República, por esmagadora maioria, incluindo grande parte dos dissidentes do partido governista, na sessão do colégio eleitoral do dia 15 de janeiro de 1985, recebendo 480 votos, contra 180 dados a Paulo Maluf, 17 abstenções e 9 ausências.

No dia 14 de março, um dia antes de ser empossado, o Presidente eleito baixa ao hospital, em estado grave. Assume a Presidência da República o Vice-Presidente eleito na chapa oposicionista, o senador José Sarney, ex-presidente do PDS. Tancredo vai morrer no dia 21 de abril e Sarney é efetivado no cargo, para um mandato de quatro anos. Antes de completar o quatriênio, o Presidente obtém do Congresso a prorrogação de um ano de seu mandato. Desse modo, as tão ansiadas eleições diretas para Presidente só vão ocorrer cinco anos depois da derrota da emenda Dante de Oliveira, ou seja, em 15 de novembro de 1989.

Brizola ficou isolado no Rio de Janeiro, onde sequer recebeu convite para a posse do novo presidente, eleito pela Aliança Democrática, formada pelo PMDB e uma parcela do PDS, na qual se incluíam os correligionários do novo Presidente José Sarney, que depois se transformou no PFL. Seu PDT também votou em peso no candidato oposicionista.

Na hora da posse, o general Figueiredo recusou-se a transmitir o cargo a Sarney: "O Presidente achava que aquilo era um ato marcado pela falsidade e a ilegitimidade — disse Ibrahim Abi-Ackel —, já que não havia sucessor. Neste caso, a Constituição mandava que assumisse interinamente o presidente da Câmara, deputado Ulysses Guimarães, a quem caberia convocar nova eleição, em 30 dias. E a eleição teria de ser direta".

Figueiredo, porém, foi atropelado pela cúpula militar, à frente o general Leônidas Pires Gonçalves, escolhido por Tancredo Neves para o ministério do Exército. Leônidas, convenceu a base militar a seguir o caminho do setor econômico, que também já tinha fechado com Sarney, homem de sua absoluta confiança. Eleição direta naquele momento, para estes dois segmentos cruciais do poder, nem pensar.

Em protesto, o último general-presidente da safra de 1964 deixou o Palácio do Planalto pela porta da garagem, por onde entrava e saía nos dias de rotina, fazia exatos seis anos. Os jornais cobriram-no de impropérios, dizendo que o general havia saído pela porta dos fundos e não lhe perdoaram o fato de ele ter se recusado a passar a faixa presidencial ao Vice-Presidente José Sarney.

Brizola, que encarava aquela a posse como mais uma farsa das elites para manter-se no poder, resolveu fazer um protesto surdo. Convocou seu secretariado e foi recepcionar o ex-presidente no Aeroporto do Galeão, onde João Batista de Oliveira Figueiredo, agora simples cidadão, foi fixar residência. Segundo Vivaldo Barbosa, secretário de Justiça, Brizola visava, com aquele gesto, mandar um recado ao novo inquilino do Palácio do Planalto, e demonstrar seu reconhecimento ao ex-presidente pelas atenções que tinha recebido como governador. "Ele também quis ressaltar que não guardava ressentimentos pela forma desigual, em relação a outros governadores, com que tinha sido tratado, não pelo general, pessoalmente, mas pelo setor reacionário de sua equipe", explicou Vivaldo.

***

Os primeiros dias do novo governo, caracterizados pelos golpes de propaganda e a intocabilidade da política econômica, indicaram que, sob os civis, as coisas continuariam do mesmo jeito que eram sob o regime militar. Materializavam-se daquela maneira as previsões de Brizola de que a ascensão de um Presidente frágil, para suceder os militares, fruto de um *arreglo* de cúpula, iria aprofundar a crise brasileira e adiar mais uma vez a oportunidade para realizar as verdadeiras mudanças de estrutura.

Sarney, um senador ligado às oligarquias de seu Estado, o Maranhão, era homem da confiança dos militares e havia presidido, nacionalmente, duas vezes, o partido do regime, primeiro com o nome de Arena e depois com o de PDS. Não tinha o menor apoio popular, mas era ligadíssimo ao grande empresariado, sobretudo o de São Paulo, e aos barões da mídia. Estas últimas credenciais asseguraram sua ascensão e permanência no poder não apenas no quatriênio previsto na constituição, mas por mais um ano, apesar de sua impopularidade e a hiperinflação em que jogou o país, com o seu estabanado Plano Cruzado.

Brizola foi também a maior vítima daquele acordão. Sarney desencadeou impiedosa perseguição sobre o governador fluminense, proibindo-lhe, inclusive, o acesso à televisão, durante quase todo o ano de 1986 e desatou uma das maiores perseguições jamais feitas a um governo legalmente eleito. Brizola tinha caído na ira presidencial, quando, pouco depois do anúncio do Plano Cruzado, em março de 1986, foi à televisão, em rede nacional patrocinada pelo PDT, para denunciar aquele primeiro pacote econômico civil como uma farsa. Porque escondia, segundo Brizola, o real propósito: iludir eleitor, que iria votar em 15 de novembro, com promessas de diminuição do custo de vida e criação de emprego, enquanto aumentava a submissão do Brasil ao FMI e à banca internacional. O Cruzado tinha sido lançado no bojo de uma espalhafatosa campanha de publicidade, abarcando todo o governo e os meios de comunicação, os quais, a partir daquele instante, elegeram Brizola como seu alvo principal e o projetaram como o grande vilão da pátria. Este era, segundo propagavam, um governante fraco e incompetente, envolvido com os bicheiros e os promotores da violência urbana do Rio de Janeiro.

O plano resultou em *rotundo* fracasso, como costumava dizer Brizola, num espanholismo, que traía sua longa convivência com os uruguaios. Os objetivos eleitorais, no entanto, foram alcançados muito além do esperado. Tudo graças à massiva propaganda que o sustentou durante nove longos meses. Alcunhado, no bom estilo ufanista, de Plano Inflação Zero, o Cruzado ainda tinha a defendê-lo os estridentes "fiscais do Sarney", cidadãos de classe média atraídos pela publicidade, que chamavam a polícia para fechar lojas que remarcassem os preços. Quando houve as eleições gerais de 15 de novembro (Congresso, governadores e Assembléias Legislativas), o novo partido governista, o PMDB, obtinha uma vitória quase de 100%, ao eleger 22 dos 23 governadores da época, e quase dois terços do Congresso e das Assembléias Legislativas. Entre os vitoriosos estava Moreira Franco, também candidato peemedebista, com apoio total de Sarney. Moreira derrotou o candidato do PDT, Darcy Ribeiro, impingindo humilhante derrota a Leonel Brizola.

As urnas ainda estavam quentes, mas com os vitoriosos já consagrados, quando o Governo Sarney tira a máscara, em 21 de novembro e assume o estelionato eleitoral. Com os salários congelados fazia nove meses, a população foi obrigada a arcar com os seguintes aumentos, num só dia: 60% no preço da gasolina; 120% dos telefones e energia; 80% dos automóveis; 45% a 100% dos cigarros; 100% das bebidas. Brizola, de derrotado na véspera, passa a constituir a grande referência nacional por ter denunciado, sozinho, e em meio à descrença generalizada do que dizia, as verdadeiras intenções eleitoreiras e neoliberais do governo. Ele decolava dessa maneira como o candidato mais popular para a primeira eleição direta para presidente, que se realizaria, em 1989. Mas muita água ainda ia rolar por baixo daquela ponte.

O RETORNO

Chegada do exílio, por São Borja, em 7 de setembro de 1979. (Arquivo PDT)

Depois de desembarcar em São Borja, vindo de 15 anos no exílio, Brizola é carregado por correligionários, sustentando a bandeira ainda do velho PTB (7 de setembro de 1979). (Arquivo PDT)

Neusa, Brizola, João Vicente Goulart, a neta Laila, e Pedro Simon, então deputado estadual no Rio Grande. (Arquivo PDT)

Um dos primeiros encontros com Lula, então presidente do Sindicato dos Metalúrgicos de São Bernardo do Campo, SP. (Arquivo PDT)

Comício, Rio de Janeiro (1982). (Arquivo PDT)

No primeiro encontro da Internacional Socialista, em 1983, no Rio de Janeiro, Brizola chamou Lula (à direita de Darcy Ribeiro) e Franco Montoro (à direita de Lula) para falarem com Mário Soares, Premier de Portugal, Willy Brandt, Chanceler da Alemanha Ocidental e outros governantes europeus. (Arquivo Palácio Guanabara)

Com Fidel Castro, no primeiro mandato de governador do Rio de Janeiro. (Arquivo PDT)

Com Mikhail Gorbachev, o líder russo da Perestroika, que Brizola abominava. Ele era governador do Rio pela segunda vez. De óculos, Neusa Brizola. (Arquivo PDT)

Com Tancredo Neves, em 1984. (Arquivo PDT)

No Palácio Guanabara, recebe a visita do presidente Nelson Mandela, da África do Sul, acompanhado da antiga esposa Winnie Mandela. Na foto ainda estão Neusa Brizola, Austragésilo de Athayde e Adolfo Bloch. (Arquivo PDT)

Em depoimento para a TV, ele ainda exibe o cigarro. Foi diante da televisão de sua residência, em Copacabana, que, ao conhecer os resultados da votação que davam a vitória para Moreira Franco, do PDS, Brizola decidiu parar definitivamente de fumar (ele e Neusa). (Arquivo PDT)

Plenário da Convenção Nacional do PDT, que o sagrou, em agosto, em Brasília, candidato a Presidente da República, na primeira eleição direta depois da ditadura, em 1989. (Foto: Vador Goularte)

Panorama da Convenção do PDT de 1989: Neusa, Brizola, Fernando Lyra, Doutel de Andrade e Mário Borges. (Foto: Vador Goularte)

Na Convenção Nacional do PDT que o lançou candidato a Presidente, em 1989, recebe o apoio do velho líder comunista Luis Carlos Prestes. (Arquivo Palácio Guanabara)

Beijando Neusa, no dia da Convenção Nacional do PDT, em 1989, sob os olhares do vice Fernando Lyra. (Arquivo PDT)

No dia 24 de agosto de quase todos os anos, Brizola ia Porto Alegre depor uma coroa de flores no monumento à Carta Testamento e depois seguia para São Borja onde prantearia Getúlio Vargas. Atrás de Brizola, aparecem Vieira da Cunha, Alceu Collares e Carrion Júnior. (Arquivo PDT)

No túmulo de Vargas, em São Borja. (Foto: Sérgio Néglia)

Em campanha, em 1990, no Rio: a criança acima de tudo. (Arquivo PDT)

Num de seus raros contatos com os militares, que, depois de 1964 o evitaram, Brizola recebe o comando da Escola Superior de Guerra, no segundo período de governador do RJ. (Arquivo Palácio Guanabara)

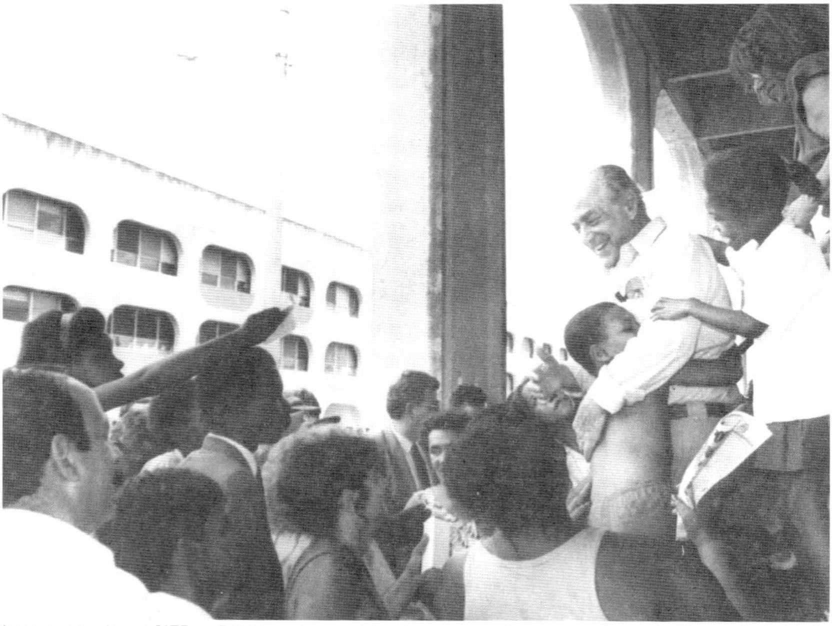

Inauguração de um CIEP no Rio de Janeiro. (Palácio Guanabara - Foto: Almir Lobo)

CIEP com piscina, a escola integral chegando à comunidade, no Rio de Janeiro. (Arquivo Palácio Guanabara)

Brizola e Darcy apresentam o projeto dos CIACs, no Palácio do Planalto. (Arquivo Palácio do Planalto)

OS CIACs, a breve experiência dos CIEPs federais, no Governo Collor (1991-1992). (Foto do autor)

Brizola com Collor, na inauguração de um dos CIACs. (Palácio Guanabara - Foto: Almir Lobo)

Falando ao plenário da Internacional Socialista, em Berlim, em 1996. (Arquivo PDT)

Brizola aceita ser vice na chapa de Lula para a presidencial de 1998, atrás está Carlos Lupi. (Foto: J. Amarante)

Na reunião do centenário da Internacinal Socialista realizada na sede da ONU, em Nova Iorque, em 1998. Da direita para a esquerda, Luiz Salomão, Brizola, Caó de Oliveira e FC Leite Filho. (Foto do autor)

Na última convenção do PDT, em 2003, Brizola, assessorado por Carlos Lupi, Manoel Dias e Vieira da Cunha. À esquerda, o deputado Paulo Ramos (RJ). (Foto do autor)

Aos 78 anos, esbanjando boa forma. (Arquivo PDT)

Brizola preparou Lupi como seu sucessor. (Foto do autor)

Brizola Neto segue os passos do avô na política. (Arquivo PDT)

O CANDIDATO

XLVIII — Eleição direta e candidatura em 1989

A dura conquista da eleição direta para Presidente da República só foi consumada, em 15 de novembro de 1989, cinco anos depois das passeatas-monstro que sacudiram o Brasil. Refestelados no poder, com a eleição do peemedebista Tancredo Neves para Presidente, tendo o neopeemedebista José Sarney como Vice-Presidente, os líderes *diretistas* acabaram voltando-se contra e boicotando o grande movimento cívico que embalou as massas nos anos de 1983 e 1984. O deputado Ulysses Guimarães, seu líder supremo e inconteste, de pronto, assumiu três cargos altamente estratégicos: a presidência da Assembléia Nacional Constituinte, que escreveu a nova Constituição de 1988; a presidência da Câmara dos Deputados, em dois mandatos consecutivos de dois anos; e a presidência do PMDB. O deputado Dante de Oliveira, antigo militante do PCdoB, ungido herói das Diretas, por ter sido o autor da emenda respectiva, derrotada a *manu militari*, na célebre sessão da Câmara de 25 de março de 1984, se transformara em ministro da Reforma Agrária. O nome da pasta era pomposo, mas como se verificou depois, nada tinha a ver com uma decisão séria para enfrentar a recorrente problemática da terra e sim um rótulo a mais para manter o *status quo* exatamente como estava. Sendo assim e aproveitando sua condição de deputado federal, eleito pelo Mato Grosso, Dante tem tempo para tornar-se um dos maiores articuladores da prorrogação do mandato de seu chefe, o Presidente José Sarney. Tancredo Neves, que havia renunciado ao governo de Minas para se transformar no primeiro presidente civil indireto, em 1985, não resistiu à gravidade da doença que o abateu na véspera da posse, em 15 de março. Veio a falecer em 21 de abril do mesmo ano, sem ter assumido um dia sequer a Presidência, transmitida que fora, desde o dia da posse, ao Vice-Presidente José Sarney.

A Constituinte chegou a aprovar, em 1987, a realização das *Diretas-Já* para 1988, ao fixar o mandato do Presidente da República, antes de seis anos, em quatro anos. Em seguida, porém, uma manobra conduzida pelo governo e os já quase *ex-diretistas* do PMDB, estendeu o mandato de Sarney, sagrado Presidente efetivo, com a morte de Tancredo, em 21 de abril, um mês e seis dias depois da posse, de quatro para cinco anos.

***

Quando começa o ano de 1989, Brizola, como vinha ocorrendo desde que se falou em eleger diretamente o Presidente, a partir da anistia, em 1979, está à testa de todas as pesquisas — científicas ou empíricas de opinião — como o preferido do eleitorado. Ele mesmo confessava ser aquilo um exagero dos próprios institutos, interessados que estariam estes, no seu entender, em semear o pânico entre os as classes conservadoras de forma a evitar, enquanto fosse tempo, que Brizola fosse eleito. Ele percebeu desde logo, como indicam seus movimentos tateantes de candidato, ainda em meados de 1988, que as primeiras eleições de 1989 não seriam livres, como se imaginava e esperavam todos aqueles embalados pelo sonho das *Diretas-Já*, porque sofreriam a contaminação dos grandes negócios, que iriam, a partir dali, mover céus e terras para barrar-lhe o caminho.

No plano internacional, o ambiente tornava-se ainda mais irrespirável a um projeto nacionalista de governo no Brasil. Coincidentemente, naquele ano de 1989, começava a desmoronar o mundo socialista, naquilo que foi caracterizado como a Queda do Muro, ou seja, o colapso do bloco de países comandado pela antiga União Soviética. O Muro de Berlim, que separava o Bloco Ocidental do Soviético, caiu, literalmente, em 11 de novembro daquele ano, exatos quatro dias antes da realização do primeiro turno da eleição presidencial. O Bloco Soviético, juntamente com a China e os chamados países não-alinhados, fazia frente ao mundo capitalista, liderado pelos Estados Unidos e pela Europa Ocidental. Com a

Revolução comunista de 1917, na antiga Rússia, e depois a vitória sobre Hitler na II Guerra Mundial e da Revolução de Mao Tse Tung, na China, em 1949, os socialistas reuniram-se num poderoso agrupamento que abarcava quase dois terços da humanidade. A União Soviética, à testa do bloco, se não resolveu os abusos da economia de mercado, traduzidos na pobreza absoluta, no subdesenvolvimento e na opressão de muitos povos periféricos, conteve a expansão capitalista, nos 72 anos de sua existência.

Para não serem tragados pela onda socialista, os próprios países capitalistas, como a Alemanha, Inglaterra, França, Itália e Países Nórdicos cuidaram de reformular, pela ação dos partidos socialistas moderados que chegaram ao poder pelo voto, seu injusto sistema de distribuição de renda. Implantou-se então o *Welfare State* ou o Estado Bem-Estar Social, com um pacote de benefícios sociais que abrangiam desde salários mais dignos e assistência médica gratuita aos mais necessitados, até um regime de aposentadoria condizente e de férias financiadas. Era uma forma de aqueles países conterem o apelo comunista sobre seus povos, que chegaram a acalentá-lo num determinado momento, sobretudo na Itália e na França, onde os PCs estiveram bem pertos do poder.

***

A existência daqueles dois grandes blocos antagônicos — o Ocidental e o Soviético — permitira, igualmente, às nações periféricas empreenderem seus movimentos de emancipação econômica e até se imporem diante da constante ameaça sempre recorrente do imperialismo e do colonialismo. O movimento de Países Não-Alinhados, por exemplo, tendo à frente nações pobres ou remediadas como a Índia, de Nehru; a Indonésia, de Sukarno; o Egito, de Nasser; a Cuba, de Fidel; e a Iugoslávia, de Tito, chegaram a constituir um bloco próprio para se interpor entre as duas grandes potências — Estados Unidos e União Soviética. Mais de 100 nações, ou 55% da população do planeta e mais de 60% da ONU, aderiram ao movimento. O Brasil nunca se assumiu formalmente como País Não-Alinhado, em virtude da pressão americana, mas enviou seguidos representantes às reuniões do grupo, que se realizavam de três em três anos, numa determinada capital de seus integrantes.

Os Não-Alinhados concentravam sua ação nas lutas nacionais pela independência (caso dos países africanos), erradicação da pobreza e promoção do desenvolvimento econômico.

Era uma maneira de tirar proveito da briga dos dois grandes blocos e cuja ação propiciou a países como o Irã, o Iraque, a Argélia e a própria Índia, esta dependente da Inglaterra, de que foi ex-colônia, e a Iugoslávia, submetida ao Bloco Soviético, encontrar o próprio caminho de soberania e de desenvolvimento. Naquela conformação de forças, os Estados Unidos jamais invadiriam o Iraque, como fizeram em 1991, logo depois da extinção da União Soviética, porque temiam uma represália certa dos russos.

No Brasil, governantes nacionalistas, como Getúlio Vargas, jogaram muito bem com a beligerância entre os grandes países em disputa, ao exigir, por exemplo, em 1942, para romper com Hitler e lutar na II Guerra com as nações aliadas, tecnologia e dinheiro americano para a Companhia Siderúrgica Nacional. Era a condição que impunha para abrir seu território e espaço aéreo aos aviões e tropas dos Aliados que se deslocavam rumo à Europa. A CSN jamais se tornaria realidade em tão pouco tempo, se não fora esse discernimento de Getúlio. Só depois que obteve a Companhia Siderúrgica Nacional de Volta Redonda é que Vargas permitiu que os americanos se instalassem aqui.

O próprio Brizola também se beneficiou da beligerância entre comunistas e capitalistas, quando encampou, como governador do Rio Grande do Sul,em 1961, as empresas americanas *Bond and Share,* de eletricidade, de telefonia e *IT&T*. Sofrendo o boicote dos Estados Unidos para implantar as empresas estatais em substituição às duas multinacionais, ele apelou para o concurso de técnicos da Alemanha Oriental, país que tinha tradição de tecnologia de ponta entre os países comunistas.

*****

A conjuntura, em 1989, muda então bruscamente, porque a bipolaridade é rompida com a Queda do Muro, e os Estados Unidos, como os representantes maiores da política de mercado, junto com a sua condição de potência mundial, assumem praticamente o poder sobre o planeta, numa situação de absoluta unipolaridade. Os efeitos nas economias periféricas logo se fazem sentir, com a derrubada do regime sandinista na Nicarágua, a invasão militar do Panamá e do Iraque, em 1991, e a perseguição violenta ao regime de Fidel Castro, em Cuba, que só não desaba por causa da resistência do povo cubano.

Ao mesmo tempo em que ocorrem essas invasões e interferência nas nações mais independentes, o Presidente dos Estados Unidos, Ronald Reagan, juntamente com a Primeira Ministra da Inglaterra, Margaret Thatcher, lançam uma nova e mais sofisticada forma de capitalismo no mundo, o neoliberalismo. Esta política abre as comportas para o domínio absoluto das gigantescas empresas multinacionais nos países periféricos. Estes são forçados, pelo FMI e outros organismos internacionais, controlados por Washington, a implantar uma política fiscal rígida, pela qual se desfazem de seus patrimônios, através do sistema de privatização das empresas públicas e o desmantelamento dos centros de pesquisas, como ocorreu no Brasil anos depois, nos dois governos do presidente Fernando Henrique Cardoso.

A ação destas megacorporações não se limita à simples aquisição das estatais, geralmente a preços irrisórios e com financiamento público (no Brasil, foi através do BNDEs). Elas passam a dominar, através de simples compra ou aquisição do controle acionário, a quase totalidade das empresas privadas nacionais, gerando desemprego em massa. A partir daí, nenhum empreendimento nativo conseguirá sobreviver sem um aporte internacional. Ao mesmo tempo, os países pobres são induzidos a decretar uma legislação rígida de direitos autorais e patentes, pela qual serão obrigados a despender enormes gastos, sobretudo, com os programas de computador e, ainda por cima, facilitar a penetração internacional de seus recursos naturais, inclusive do petróleo.

***

Tal contexto não podia ser animador para um candidato engajado num programa de transformação. Talvez estejam aí as razões para suas hesitações, em não assumir logo a candidatura e em adiar o quanto pudesse o início da campanha, enquanto os outros candidatos já estavam na rua. Ora, tal atitude era dramaticamente insólita, em se tratando de Brizola. Ele tinha sido ao longo de toda a sua carreira um magistral organizador de campanha, além candidato supermotivado. Era difícil não lembrar sua mais recente campanha para governador do Rio de Janeiro, em 1982, quando começou com meros três por cento nas pesquisas e depois bateu todos os seus competidores. Foi uma campanha pobre, sem esquema de comunicação ou de caixa, mas cheia de imaginação e empatia, em que ele se impôs como o único candidato que realmente se identificava como a verdadeira oposição ao regime militar e colocou todos os seus competidores como meros coadjuvantes do jogo do poder econômico e da ditadura. Brizola tinha ainda demonstrado grande faro e agressividade naquele pleito, ao juntar numa mesma aliança, desde o cantor de boleros Aguinaldo Timóteo e o ator Carlos Imperial aos militantes da esquerda armada, numa campanha de fôlego que conseguiu arrebatar os cariocas.

Em 1989, porém, os movimentos de Brizola davam a entender que o campo estava minado. Ao mesmo tempo, desabava sobre o candidato nacionalista uma enxurrada de ataques e críticas, muitos dos quais baseados em denúncias falsas, como a aquela insistente vinculando-o ao jogo do bicho, alegação que até hoje soa como absurda, inclusive entre muitos de seus adversários. A determinação, não-explícita, mas sentida pela maioria dos profissionais dos órgãos de imprensa, era de ignorar ou minimizar os fatos positivos sobre a sua figura e de exaltar ao máximo os episódios negativos que o envolvessem.

Ao mesmo tempo em que sitiava Brizola, a mídia trabalhava em duas frentes para esvaziar o prestígio do líder trabalhista: de um lado incensava uma candidatura confiável ao *establishment*, encarnada na figura do jovem e atleta governador de Alagoas, Fernando Affonso Collor de Mello, então com 39 anos; e de outro, turbinava a postulação de um ex-operário e líder sindical, também relativamente jovem, Luís Ignácio Lula da Silva, o Lula, de 44 anos, para que fosse o segundo colocado. Com sua aura de ex-torneiro mecânico e uma barba messiânica, Lula fazia a festa da esquerda, sobretudo os intelectuais, os quais, segundo Brizola, nunca tinham visto um operário de carne e osso. Ele trabalhava a construção de uma grande máquina eleitoral, juntamente com setores influentes da Igreja Católica, das Organizações Não-Governamentais, as ONGs, dos funcionários públicos e professores, do Partido dos Trabalhadores, o PT. Na época, porém, era considerado um candidato periférico que chegaria à reta final com não mais de cinco por cento dos votos.

Articulando-se em fina sintonia com os institutos de pesquisas de opinião pública, incipiente, mas rendosa fonte de dinheiro e de poder, a mídia dava todos os espaços e rendia todos os tributos a Fernando Collor, o candidato que queria entronizar no poder. Já Lula, como insistia Brizola, era poupado de todas as críticas e acumulado de espaços importantes, tanto na TV como nas capas de revista.

***

Enquanto isso, uma artilharia pesada desabava sobre o candidato do PDT, sem que lhe fosse dado o mínimo direito de defesa. No noticiário do horário nobre da TV, nos espaços proeminentes dos jornais e revistas, Brizola era sempre tratado como um anacrônico e governante inepto e fraco, além de responsável pela violência carioca. Programas especiais, transmitidos no horário nobre pela TV, se fixavam na criminalidade do Rio, sem nada falar de sua obra educacional, do Sambódromo, do tratamento mais especial que deu às populações faveladas, e de sua política inovadora em matéria de direitos humanos.

O jornalista Eliakim Araújo, que foi apresentador do *Jornal da Globo*, lembrou aquela fase, em artigo publicado no seu site *Espaço Vital*[164], de 25 de junho de 2004: "Durante todo primeiro governo Brizola (1983/86), os noticiários da emissora sistematicamente divulgavam os números da violência no Rio, responsabilizando o governador por um crescente fenômeno social que hoje é a maior

164 http://www.espacovital.com.br/artigoeliakim25062004.htm

preocupação da sociedade brasileira. Mas não importava, o negócio era responsabilizar o governador do Estado. Os leitores mais velhos devem lembrar-se do velho Cid Moreira, com sua poderosa voz, anunciando diariamente em manchete no Jornal Nacional: "*A violência no Rio*". Sem contar que, muitas vezes, editoriais do jornal *O Globo* contra o governador eram lidos na íntegra na TV. Um verdadeiro massacre que daria frutos em futuras eleições".

Já quando focalizavam Fernando Collor, os mesmos programas especiais adotavam uma linha de desabrida tietagem: era *o caçador de marajás*, o homem que havia demitido milhares de funcionários fantasmas em Alagoas, mesmo que isso depois se transformasse numa farsa, como se verificou depois da eleição. Como se sabe, os estrategistas de campanha de Collor haviam escolhido os funcionários públicos como o saco de pancada da campanha. Querendo evitar as questões concretas do arrocho salarial e do desemprego, que eram o resultado da política econômica que defendiam, os *colloridos* se fixaram na figura do servidor, projetando-o como o profissional que ganhava como um marajá (correspondente aos altos dignatários da Índia) e tinha horror ao trabalho.

Para mostrar que estava disposto a acabar com a praga dos *marajás*, Collor, como governador de Alagoas, anunciara a demissão de 326 *marajás*, maus funcionários que conseguiram, através de artifícios legais e burocráticos, elevar seus salários acima das maiores autoridades do Estado. Descobriu-se depois que os *marajás* continuaram em seus cargos, com salários de secretário de Estado e que, no último ano de governo, até foram beneficiados por um decreto de Collor, pelo qual foi aumentada a verba representação desses mesmos secretários, de 25% para 40%, o que representava na prática um aumento de 40% para os tais *marajás*. Mas isto era um detalhe que não merecia destaque na mídia, que continuou se referindo ao candidato como "o marajá dos índices", "o azarão da campanha". O curioso é que a adulação a Collor não se restringia à mídia nacional; as revistas americanas *Time* e *Newsweek* o colocavam na capa e o tratavam como *Wonder Boy*, o rapaz maravilha, que ia sacudir as velhas estruturas brasileiras.

Nenhuma palavra sobre o estado em petição de miséria dos órgãos públicos de Alagoas, o segundo estado mais pobre do Brasil, por causa principalmente da rapinagem de seus governantes, o aumento da pobreza e do crime organizado. Nada também sobre as ausências constantes do governador candidato, que passava a maior parte do tempo em intermináveis viagens no Rio, São Paulo e Brasília, Europa e Estados Unidos, onde além da política figurava como um *jet-set* do *high society*.

No mesmo artigo citado acima, Eliakim Araújo fala do tratamento recebido por Collor: "A vingança do império (por causa do episódio Proconsult) veio na eleição presidencial de 1989. Brizola era o favorito nas pesquisas. A Globo abraçou firmemente a candidatura Collor, um quase desconhecido ex-governador de Alagoas. Collor, com muito dinheiro e uma excelente equipe de marketing, criou o slogan de *caçador de marajás*. Comprou, de pequenas legendas, dois programas eleitorais de uma hora e ganhou de presente da emissora dos Marinho um *Globo Repórter*[165] inteiramente dedicado a ele e à sua "*caçada implacável aos marajás*".

****

Enquanto isso, o pau comia sobre Brizola. O recurso judicial revelava-se impraticável, porque os processos na justiça costumavam arrastar-se durante anos e a campanha exigia respostas imediatas, quase instantâneas. Por sua vez, os institutos de pesquisas complementavam a ação demolidora da mídia, efetuando seus levantamentos de opinião quando ainda estavam quentes as denúncias contra Brizola, muitas delas sem prova e até caluniosas. Os números eram divulgados, com grande estrondo, nos noticiários do horário nobre da TV e do rádio e nas manchetes dos principais jor-

165 Em outro artigo, de 28 de junho de 2004, Eliakim ainda observa: "Quanto ao favorecimento da Globo ao então candidato Collor, fiquei sabendo pela resposta de Kamel (Ali Kamel, diretor de jornalismo da Rede Globo) que não foi só um Globo Repórter a alavancar a candidatura Collor em 89. Kamel informa que foram dois: um em abril de 87 e o outro em setembro do mesmo ano. Em ambos o tema era os marajás do Funcionalismo Público e em ambos Collor ganhou espaço suficiente para expor suas *"idéias moralizantes"* (grifo meu) que eram seu mote de campanha". Este artigo pode ser encontrado no site: http://www.espacovital.com.br/artigoeliakim28062004.htm.

nais. Brizola via-se então numa situação sem saída porque, mesmo que conseguisse meios de contratar um instituto para comprovar o apoio que sentia nas ruas, nas várias andanças que realizava pelo país, não teria como divulgá-los. É que todos os grandes meios de comunicação, patrocinando, direta ou indiretamente, a candidatura Collor, e tendo declarado o líder trabalhista como seu principal adversário, não se dispunham a divulgar qualquer pesquisa contrária a seus propósitos

Houve duas operações ilustrativas deste procedimento: a que ejetou Collor, de quase desconhecido governador de Alagoas ao primeiro lugar nas pesquisas, num espaço de menos de dois meses; e a que tirou Lula da rabeira para torná-lo o segundo lugar das preferências. Em 14 de março de 1989, uma pesquisa do Ibope constata que Collor estava com 7% e Brizola, 17%. Em 26 de abril, sem que qualquer fato significativo da campanha, que só iria começar em agosto, justificasse uma virada, o mesmo Ibope decreta que Collor ultrapassa Brizola (19%), atingindo 20%. A partir daí a ascensão de Collor é vertiginosa, pois, em seis dias, menos de uma semana depois daquela ultrapassagem, ele atinge 32%, segundo outra pesquisa do Ibope, divulgada em 2 de maio de 1989[166]. A partir daí, Brizola sofreria um congelamento, para depois despencar. Dos 19% que mantinha, quando Collor passou-lhe à frente, com 20%, em 26 de abril, ele seria rebaixado para 15%, em dois de maio, quando Collor dá o salto para os 32%.

Collor continuou numa escalada, registrando, segundo o Gallup, 45,1%, contra 13,5% de Brizola, o que era um evidente exagero, a julgar pelos resultados das urnas do primeiro turno, que lhe sagraram com 28%. Era nítido o propósito de fazer com que o candidato conservador, a partir daqueles números inflados, fosse eleito, já no primeiro turno, marcado para 15 de novembro. Como a realidade nas ruas, por maior que fosse a influência das pesquisas e da TV, indicasse a inevitabilidade de um segundo *round*, em que só disputariam os dois finalistas dentre os 22 candidatos, a estratégia foi modificada para incensar Lula, um candidato menos perigoso, a ocupar o segundo lugar, e, dessa maneira, perder para Collor.

166 Fontes: Jornal *O Globo*, p. 28, abril de 1989 e revista *Veja*, 17 de maio de 1989.

Na verdade, Lula, apesar de toda a sua máquina partidário-sindical-eclesiástica e do bafejo da mídia e das pesquisas a seu favor, vinha sofrendo muitos altos e baixos. O Instituto Gallup, no afã de empurrá-lo para cima, chegou a anunciar, no início de março, um empate quase absoluto do candidato do PT com Brizola. Como dizia a revista *Istoé Senhor*, de oito de março de 1989, p. 29, sob o título "Gallup: Lula chega em Brizola", "a dianteira do candidato do PDT, de apenas 0,2% (12,3 a 12,1), é irrelevante para os pesquisadores". Segundo a revista, se confirmava, "em pleno ano eleitoral, a tendência que as eleições municipais (de 1988) já haviam antecipado: no páreo para o mais importante cargo da República, corre mais rápido quem tem menos cara de político, do ponto de vista convencional".

Como agiam aparentemente entrosados, os números do Gallup, ainda que disparatados, foram em parte confirmados pelo Ibope, que, nas pesquisas de 14 e 26 de março, confirmavam uma estreita margem entre os dois maiores candidatos da esquerda: Brizola, com 17%, e Lula, 15%. Entretanto, a manobra não se confirmaria, apesar de todo o congelamento a que estava condenado Brizola, porque Lula chegaria, em agosto, com 5%, igualado com Paulo Maluf (PDS) e Mário Covas (PSDB), numa pesquisa do Ibope. Noutra pesquisa do mesmo mês, realizada pelo Gallup, Lula ficaria com 4,5%, abaixo de Maluf (6%), com 5,4%.

Mas foi justamente esta queda que levou os partidários a se arregimentarem com força redobrada, mobilizando todo o seu arsenal para levantar o candidato petista. De repente, espaços pró-Lula foram aumentados na mídia e até o Governo Sarney, que se dizia eqüidistante da disputa eleitoral, foi em seu socorro ao dar-lhe razão na denúncia que fizera da privatização da Marfesa, uma estatal federal, com o evidente propósito de bafejar o prestígio do candidato destinado a tirar Brizola do segundo turno.

O rolo compressor acabou funcionando porque, já na edição de 11 de outubro de 1989, a revista *Veja*", com base em levantamento do Ibope, anunciava em alto e bom som que "Luís Ignácio Lula da Silva, candidato do PT, conseguira ficar no terceiro lugar, com nove pontos e um crescimento de 50% em um mês", e que "uma nova possibilidade passou a ser cogitada — a de que Lula seja um dos nomes na disputa do segundo turno".

Já na edição da semana seguinte, Lula era brindado com uma capa de *Veja*, tendo ao lado Brizola constrangido, com a seguinte legenda: "A esquerda sobe — Lula encosta em Brizola e entra na briga pelo segundo turno". No corpo da matéria, daquela edição de 18 de outubro 1989, a revista se derramava: "(Lula) ganha 200 mil votos por dia e ameaça desencadear uma tempestade na corrida presidencial". Depois, a revista explicava que, na mais recente pesquisa do Ibope, Lula subira de 9% para 12%, o que significava um empate técnico com Brizola, estacionado nos 14%. Sobre o candidato do PDT, *Veja* tomava emprestado uma frase do ex-ministro da ditadura Delfim Netto, para desqualificá-lo: "O Brizola é apenas um político populista que defende uma sociedade na qual todo mundo depende do Estado. A esquerda intelectualizada percebe essa faceta do candidato".

***

Os institutos de pesquisas despontavam assim como uma nova e poderosa fonte de poder, particularmente, se levar em conta que eles derrubaram nada menos de duas leis aprovadas no Congresso, limitando a divulgação de seus levantamentos: a primeira, aprovada para a eleição municipal de 1988 e outra para a eleição presidencial de 1989. Dois dias após a publicação da última lei, que proibia a divulgação de pesquisas 30 dias antes da eleição em primeiro turno e nos dez anteriores à votação no segundo turno, o jornal *O Globo*, em sua edição de 27 de abril de 1989, informava: "O Tribunal Superior Eleitoral não deverá proibir a divulgação de pesquisas através dos meios de comunicação, garantiu uma fonte do TSE. Segundo esse informante, o Tribunal considera sem amparo legal a restrição contida no projeto, aprovado pela Câmara dos Deputados". Mais adiante a notícia explicava que "o TSE seria incoerente se não procedesse assim, pois em novembro passado autorizou a publicação de pesquisas eleitorais em todo o país, durante as eleições municipais. Na ocasião, o TSE acolheu recurso do jornal *Folha de São Paulo* (Datafolha), em favor de o eleitor tomar conhecimento do resultado das pesquisas e até no dia das eleições elas foram divulgadas pelos meios de comunicação".

A história terminou quase exatamente como previram, ou induziram, os institutos de pesquisas. Na eleição de primeiro turno para Presidente da República, realizada em 15 de novembro de 1989, Fernando Collor venceu disparado em primeiro lugar, com 22.611.011, ou 28,52%; Lula, em segundo, com 11.622.673, 16,08% e Brizola, em terceiro, e porquanto eliminado do segundo turno, com 11.168.228, 15,45%. A diferença de Lula sobre Brizola foi de mínimos 454.445 votos, ou 0,63%, Brizola ganhou em apenas três Estados — Rio de Janeiro (52,1%), Rio Grande do Sul (62,7%) e Santa Catarina (26,2%) e foi o segundo no Ceará, ganhando na capital, Fortaleza, onde segundo o ex-deputado André Figueiredo, na época presidente da juventude do PDT, o brizolismo fincou raízes desde a volta dos exilados, em 1979. Uma questão, entretanto, intriga até hoje seus amigos e adversários: Brizola realmente se empenhou para ganhar aquela eleição? É o que vamos tentar explicar no próximo capítulo.

XLIX — "Sentia que uma mão me puxava"

Quando a apuração dos votos de 15 de novembro de 1989 já sinalizava a eliminação de Leonel Brizola do páreo presidencial, o então deputado pedetista Lúcio Alcântara telefonou-lhe, tentando consolá-lo: "É, deputado, o Brasil está dividido. Não podemos fazer nada", foi a resposta de um Brizola aparentemente sereno, falando mais como quem já havia pressentido o que ia acontecer do que como um derrotado. "Ele não parecia guardar mágoas, mas não conseguia esconder certa tristeza com os destinos do Brasil" disse o deputado e depois governador do Ceará.

O episódio pode ser elucidativo da atuação de Leonel Brizola naquela encruzilhada decisiva de sua vida. Ao contrário do que se esperava, o candidato que entrou em campanha não foi o leão que aguardavam, indistintamente, correligionários e opositores, entusiasmados diante da perspectiva da primeira eleição direta para Presidente, em 29 anos. Ele estava cauteloso e parecia pouco convencido de que fosse capaz de vencer a corrida de obstáculos que se delineava ali na frente.

No que pese toda a sua mística de líder da Legalidade, de pregador das reformas de base no Governo João Goulart, do romantismo do exílio e da fama de vitorioso em duas eleições para governador, em dois diferentes Estados, Brizola estava desconfiado. "Quando eu via aquele cogumelo crescer em torno de mim, sentia que uma mão me puxava para trás" — costumava dizer referindo-se ao aparato de mídia que empalmou aquela campanha.

Antes do embate de 1989, Brizola tinha sido vítima de uma das mais arrasadoras perseguições da mídia, ao longo, não só de todo o seu primeiro mandato de governador do Rio de Janeiro, que foi de 1983 a 1987, como nos dois anos que antecederam o páreo presidencial. Ele tinha arrostado e até furado aquele cerco, na medida em que mantivera seu prestígio e até fizera crescê-lo em termos nacionais. Mas tinha consciência de suas limitações: era um homem sozinho (seu partido, o PDT, tinha uma minúscula bancada de 28 deputados e dois senadores, 200 prefeitos e nenhum governador). Era simples pessoa física, que só contava com o magnetismo pessoal, enquanto os outros competidores montavam-se em megaestruturas. Fernando Collor, do PRN, com o apoio uníssono do *establishment*, e, especialmente, do seu braço forte, a mídia — aqui incluídas indistintamente todas as redes de TV, rádios, jornais — e o segmento dos bancos, multinacionais e grandes empresas brasileiras. Luis Ignácio Lula da Silva, do PT, dispunha do suporte dos grandes sindicatos, à frente a poderosa CUT, Central Única dos Trabalhadores, as Comunidades Eclesiais de Base da Igreja, o apoio financeiro das ONGs, Organizações Não-Governamentais. Por trás desse aparato, Lula ainda tinha à mão a boa vontade da mídia, que o queria como o segundo colocado, para facilitar o caminho de Collor. Paulo Maluf, ex-governador de São Paulo, contava com a estrutura do PDS, o partido dos militares, todo o aparato político e econômico da ditadura e importantes segmentos da economia paulista, Mário Covas, tinha a seu lado o PSDB, partido recém criado, mas com sólida representação no Congresso (52 deputados) e grande penetração no empresariado. Ulysses Guimarães ostentava a máquina do PMDB, constituída de 15 governadores,

199 deputados e 34 senadores, seis ministros, dois mil prefeitos e 17 mil vereadores. E Afif Domingos, do PL, desfrutava do apoio e da militância das Associações Comerciais, espalhadas em todos os Estados, além de suporte financeiro de empresários amigos de São Paulo.

***

Brizola só tinha obstáculos, a começar por ser o único candidato amaldiçoado pela mídia.

— Era inevitável o antagonismo da Rede Globo com Leonel Brizola chegando do exílio, sem jornal, sem rádio, sem apoio dos professores e estudantes socializados durante a ditadura, — diz o escritor e sociólogo Gilberto Vasconcelos, em seu livro *Jangada do Sul*: "No ano de 1989 teríamos a primeira eleição a Presidente da República com a utilização da TV. Transcorridos 25 anos do fatídico 1964, o clarim militar que determinava os rumos políticos da sociedade brasileira haveria de ser substituído com as eleições diretas pelos meios audiovisuais responsáveis pela percepção da realidade".

Na verdade, o assédio da mídia e a atuação contrária dos institutos de pesquisa fizeram-se sentir antes mesmo do início da campanha. Primeiramente, conturbaram as articulações para a composição da chapa presidencial, ou seja, na escolha do candidato a Vice-Presidente de Brizola. Como era natural, Brizola queria um vice com penetração popular, de preferência em um grande Estado fora do eixo brizolista — Rio Grande do Sul-Rio de Janeiro e que fosse capaz de somar votos. O primeiro sondado foi o senador Itamar Franco, do PMDB, de grande prestígio moral e popular, em Minas, com posições moderadamente nacionalistas. Os jornais chegaram a dar como certa sua escolha, mas Collor, que já liderava as pesquisas e também buscava um vice, atropelou as negociações com o PDT e comprou o passe do senador mineiro. Outro sondado foi o governador do Ceará, Tasso Jereissati, filho de Carlos Jereissati, antigo senador pelo PTB e colega de Brizola no Congresso. "Estava tudo acertado para um encontro de Jereissati com o Brizola, no Rio de Janeiro, mas ele foi "seqüestrado", na escala que fez em Brasília", conta Manoel Dias, secretário nacional do PDT e um dos coordenadores da campanha, em depoimento ao autor. O deputado Roberto Magalhães, do PFL de Pernambuco, foi outro convidado, mas sentiu-se igualmente atraído, desta vez pelos tucanos, para ser o vice de Mário Covas, do PSDB, como também conta ao autor o ex-deputado Fernando Lyra. Segundo Lyra, Magalhães só não foi oficializado como companheiro de chapa de Covas, porque teve o nome dele vetado pelo diretório tucano de Pernambuco.

Diante do impasse, Brizola acabou acolhendo a sugestão de um segmento pedetista, coordenado pelo deputado Brandão Monteiro, ex-líder da Bancada do PDT na Câmara e presidente do Movimento Nacional Leonel Brizola, que se fixou no nome de Fernando Lyra. Lyra, pernambucano de Caruaru, tinha sido o primeiro ministro nomeado por Tancredo Neves e tivera atuação destacada na articulação da candidatura vitoriosa do governador mineiro a Presidente da República, em 1985.

— Eu nunca disse que tinha votos. Quem tinha votos era o Brizola e meu trabalho consistia em articular o nome do nosso presidenciável nos vários setores da sociedade — disse Lyra ao autor, ao rechaçar críticas à indicação de seu nome dentro do PDT, sobretudo das seções gaúcha e carioca do partido, que o viam como um *outsider*.

Em segundo lugar, o efeito negativo da mídia e das pesquisas sobre Brizola ainda funcionava como um fator de esmorecimento e até de debandada da militância. É verdade que a mística de Brizola espalhou simpatizantes e adeptos por todo o Brasil, mas a militância política, seja de esquerda ou de direita, costuma ser muito pragmática e sensível ao movimento das pesquisas. Com o desenrolar da campanha e o congelamento, seguido do afundamento da candidatura pedetista, muitos militantes desistiram de pedir votos ou migraram para outros candidatos, sobretudo do PT, que dizia ter uma postura de esquerda.

***

A dificuldade na obtenção de recursos financeiros foi outra decorrência funesta do boicote a Brizola. Como se sabe, uma campanha eleitoral, mesmo modesta, necessita de confecção e distribuição de cartazes, *banners*, assessoria de imprensa, realização de comícios e programas de televisão e rádio. O fundo partidário é insuficiente e o candidato precisa desdobrar-se para passar o pires entre empresários, militantes e outros doadores, tudo dentro da lei. No início, a campanha, justiça se faça, conseguiu manter-se com a doação de pequenos e médios empresários brizolistas, um dos quais forneceu o jatinho para a locomoção do candidato. Mas à medida que a campanha avançava e se tornava mais complexa, em virtude da necessidade de realização de eventos e do financiamento do programa eleitoral no rádio e na TV, que, em época de campanha, tem seu custo triplicado, os recursos foram evaporando.

A direção da campanha, como relata Manoel Dias, secretário geral do PDT, viu-se sem recursos para manter o fluxo da produção de cartazes, a locomoção de militantes, gerando desorganização, atraso e suspensão de eventos: "Numa ocasião, Brizola tinha de fazer, num mesmo dia, uma passeata em Porto Alegre, um comício em Curitiba, e um terceiro, em Feira de Santana, na Bahia. Houve atrasos e Brizola foi obrigado a cancelar o comício na Bahia", conta Manoel Dias. "E eu, que tive de representar o Brizola, levei uma vaia de mais de 30 mil pessoas", completa Fernando Lyra, já indicado candidato a Vice-Presidente.

O programa eleitoral em rede de rádio e TV, que constava de uma transmissão de 10 minutos em quatro dias da semana foi também seriamente afetado, em virtude da ausência de recursos. Naquele momento, Brizola parecia já ter noção de que só ganharia por um milagre. Ele faltou várias vezes ao programa eleitoral na TV, chegando, num certo período, a passar nove dias consecutivos ausente daquele instrumento crucial de campanha, para o desespero de seus produtores, à frente dos quais estava o jornalista Roberto D´Avila, deputado federal, eleito pelo Rio de Janeiro, e o produtor Fernando Barbosa Lima.

Não se sabe as razões de ausência tão prolongada do candidato naquilo que poderia ser a espinha dorsal da campanha. O economista Cibilis Viana, que estava sempre próximo ao candidato, de quem era vizinho de prédio na Avenida Atlântica, no Rio, dizia sentir um Brizola meio alheio e distante: "Não sei se era pressão da

Neusa (sua esposa), que tinha horror de voltar para o exílio ou se já era a certeza dele de que não havia como ganhar aquele pleito".

O fato é que o líder trabalhista passava a maior parte do tempo no Rio de Janeiro, enfurnado em seu apartamento, enquanto os outros candidatos, na maioria com recursos fartos, se desdobravam nos comícios, passeatas e desfiles pela mídia.

Brizola também se sentia injustiçado pelo Judiciário. Tinha ido diversas vezes ao TSE apelar contra a desigualdade de que era vítima no tratamento que recebia da mídia, mas sempre se defrontava com delongas ou simples negativas a seus requerimentos. "Ele requereu uma inspeção internacional sobre o programa de totalização dos votos, que seria realizada pela primeira vez através de computadores, mas tudo lhe foi negado", recorda Oswaldo Maneschy, um dos jornalistas do PDT. Maneschy, que depois se dedicou, junto com o engenheiro Amilcar Brunazo, à denúncia das irregularidades do sistema de votação eletrônica (por computador), implantado pouco depois da eleição presidencial, disse "ser evidente a má vontade do TSE em dar andamento aos processos do PDT". No caso específico da totalização dos votos, Maneschy explicou que o TSE não permitiu qualquer tipo de fiscalização, muito menos pelos partidos políticos. Segundo o jornalista, a última totalização computadorizada de votos, feita em nível estadual, no Rio de Janeiro, em 1982, resultou no escândalo nacional, conhecido por Proconsult, que consistia em surrupiar votos de Brizola para transferir ao candidato governista Moreira Franco. Maneschy diz que a totalização foi feita pelos técnicos do TSE, sem que fossem atendidos os recursos do PDT para a recontagem. Ele sustenta que esta posição de quase hostilidade foi decisiva num certo momento, quando houve uma paralisação "muito suspeita" das apurações em Minas Gerais. "Em vez de explicar o que estava ocorrendo", diz Maneschy, "o que houve foi a convocação dos diretores de institutos de pesquisa, com o fim de, numa entrevista dentro do TSE, anunciar as previsões de que Brizola não iria para o segundo turno, porque os votos de Lula iriam ultrapassá-lo, o que o levaria para a disputa final com Collor, no segundo turno.

Seja como for, o fato é que o presidente do TSE, ministro Francisco Rezek, foi depois nomeado ministro das Relações Exteriores do Governo Collor, para espanto dos próprios políticos, que jamais haviam presenciado a indicação de um juiz para fazer parte de um governo eleito de acordo com as normas executadas pela Justiça.

***

Os problemas, entretanto, não paravam aí. A ausência de um debate sério entre os candidatos foi outra frustração ocorrida na primeira eleição direta de Presidente. O número excessivo de postulantes, 22, era em si um impeditivo para qualquer discussão séria. Muitos candidatos não tinham a menor chance eleitoral e pareciam movidos pelo desejo de tirar vantagens, servindo de massa de manobra para os candidatos endinheirados.

Fernando Collor, o líder absoluto das preferências, aconselhado pela sua equipe de grandes marqueteiros, os novos e refinados especialistas em ganhar eleição, recusou-se a comparecer a qualquer debate televisivo, ao longo do primeiro turno. A Rede Globo, detendo quase 80% da audiência nacional e, tomando posição claramente favorável a Collor, que não queria se expor, também se recolheu. Só no final da campanha é que a emissora líder chamou cada um dos principais candidatos, inclusive Brizola, para, isoladamente, exporem suas plataformas de governo, durante um programa com uma hora de duração, transmitido depois das 21 horas, uma semana antes de 15 de novembro.

A Rede Bandeirantes, detendo mirrados três por cento de audiência, tomou a peito a tarefa de reunir os candidatos, menos Collor, que insistia em não participar, realizando alguns encontros entre os 21 candidatos restantes. Mas como não poderia deixar de ser, não houve condições de se fixar uma mensagem, por causa do excesso de candidatos e de opiniões. Chegava a um determinado momento que a discussão, comandada pela competente jornalista Marília Gabriela, mais parecia um programa humorístico, tal a confusão suscitada. Leonel Brizola, pressentindo num desses programas que nada de concreto poderia sair daquele confronto de 21 cabeças pensantes, virou-se para o goiano Ronaldo Caiado, candidato do PDC, representando a União Ruralista: "Você sabe mesmo de que lado se monta um cavalo?". O riso foi geral e os debates entraram na galhofa, fazendo lembrar a *Escolinha do Professor Raimundo*, célebre programa televisivo do humorista Chico Anísio.

***

O fato é que o espetáculo roubou o debate e se perdeu uma oportunidade ímpar na história do Brasil para esmiuçar os verdadeiros problemas do país. Não obstante, Brizola, com a sua insistência, conseguiu incutir na política a pauta da Educação, de que ninguém falava. Nos raros momentos em que pôde expressar sua opinião, Brizola insistiu na preocupação com a escola, como a prioridade número um de qualquer governo. Ele defendia a necessidade de cuidar da criança, desde o ventre da mãe, através da construção de uma escola integral, onde o estudante pudesse passar o dia inteiro e em que as mães recebessem pelo menos assistência médica, a exemplo dos CIEPs.

Esta proposta era recebida com desconfiança e ironia pelos seus adversários e demais críticos, que alegavam os altos custos dos CIEPs, que chegavam em torno de um milhão dólares cada. Brizola, no entanto, limitava-se a apontar seu governo no Rio de Janeiro, onde havia iniciado a construção 500 daquelas escolas, cerca de cem das quais ficaram prontas.

Quanto às questões mais polêmicas, como a dívida externa e a privatização, Brizola evitava ser específico, pois sabia que qualquer juízo que formulasse a esse respeito seria inapelavelmente massacrado pelas críticas dos conservadores, que dominavam a opinião pública. Por causa disso, foi acusado de não ter um programa de governo. Ele achava que a questão no Brasil era, essencialmente, de comando, discernimento e independência. Acreditava que um governante com estes três pressupostos poderia ter fôlego para impor aos credores um pagamento menos cruel da dívida, considerado o entrave maior de nosso desenvolvimento.

Ao contrário do PT, que prometia suspender a dívida externa, um enorme montante que obrigava o Brasil a fazer um desembolso anual de 13 bilhões de dólares, Brizola sustentava que a questão poderia ser resolvida a partir de uma negociação com os credores, como ocorreu em 1930, no primeiro governo Vargas.

Quanto à inflação, que na época superava os mil por cento, Brizola prometia um choque fiscal, mas não à custa do trabalhador, como sempre ocorria no Brasil, e sim do aumento da fiscalização e do combate à sonegação. Por sua vez, Collor, fiel ao receituário conservador, prometia cortes drásticos nas despesas e aumento das receitas.

Na questão dos salários, Brizola assumia o compromisso de promover tantos reajustes quantos fossem necessários para impedir que fossem afetados pela inflação. O PT prometia um salário-mínimo de 600 dólares, seis vezes mais do que o valor de 1989. Collor optava pela manutenção da legislação da época, que já era de puro arrocho, e só liberar as negociações na medida em que a inflação caísse.

Brizola deixava claro, porém, que a crise brasileira só teria uma solução efetiva se o novo governo tivesse autoridade para enfrentar o modelo econômico, que ele considerava extremamente concentrador e elitista. Claro que isto implicaria na reestruturação do sistema financeiro, o principal beneficiário da crise, como demonstravam os balanços dos bancos e do mercado financeiro em geral.

Para evitar ser tachado de socializante ou de comunista, o candidato pedetista costumava citar o exemplo da Austrália, país que tinha uma história mais ou menos parecida com a do Brasil: tinha sofrido a colonização da metrópole e se perfilava com o mundo ocidental, liderado pelos Estados Unidos. Ressalvava que a única diferença era a mentalidade das elites dos dois países: enquanto a brasileira, inepta e concentradora, afogava o país no atraso, a australiana conseguia alcançar um elevado padrão de vida para o seu povo: "Eu descobri", disse ele, "numa viagem àquele país, em junho de 1988, que um motorista de ônibus do governo, na cidade de Sidney, ganha 200 dólares semanais por 35 horas trabalhadas".

***

Tais idéias, porém, não chegavam ao público. Nada interessava se não contivesse um conteúdo de espetáculo, que cativasse e embriagasse as multidões. Fernando Brito, que foi assessor de imprensa de Brizola durante 23 anos e conduziu suas aparições na

TV a partir da segunda eleição para governador do Rio, em 1990, identifica nessa predisposição do público a razão maior do insucesso do programa pedetista de TV, em 1989. Ele lembra que tanto Roberto D´Avila quanto Fernando Barbosa Lima eram grandes profissionais do veículo e que, se não tiveram sucesso não foi por causa deles, mas em virtude da orientação e da estratégia, que foram traçadas pelo próprio candidato.

— Brizola era um pregador, que acreditava no poder do convencimento, da reflexão — diz ele. Mas a TV e a própria *mass media* haviam criado uma atmosfera em que o importante era o novo, o colorido, a emoção. Ora isto exigia uma superestrutura de TV e não a sala do apartamento que Brizola alugou ao lado do seu para fazer suas aparições.

Brito ainda recorda que Collor, que não tinha conteúdo, concentrou seu desempenho nos gestos, nos discursos-relâmpago, nas carreatas, durante os quais dizia duas ou três palavras de ordem. Com isso, o candidato do PRN poderia fazer cinco ou seis cidades, aonde chegava com uma frota de jatinhos, cuja aterrissagem era um espetáculo à parte. Lula, por sua vez, tinha a sua *TV Povo*, que também fazia os seus shows de campanha e tinha a auxiliá-lo uma grande equipe de artistas-militantes, conclui Fernando Brito.

O deputado Miro Teixeira, também jornalista e integrante do comando de campanha, tem uma opinião diferente. Ele acha que se fez o melhor possível na campanha; o que faltou, no seu entender, foi o que Brizola chamava de avalanche eleitoral: "Ele pressentiu que essa avalanche não veio a seu favor", diz o deputado. Miro lembrou que Brizola, pelo menos no Rio de Janeiro, nunca dispôs de uma grande estrutura e que suas campanhas vitoriosas foram sempre ganhas na rua, ainda que Fernando Brito sustente que a de 1989 processou tudo "lá dentro da telinha".

Com efeito, Brizola alegava que só teria condições de governar o Brasil, nos moldes que se prescrevera, se obtivesse uma maioria esmagadora. Se ganhasse com uma margem mínima, não teria condições de governar. E aqui residiria o receio da esposa Neusa, a que se referiu Cibillis Viana pouco atrás, pois ela temia que o marido fosse até o sacrifício da própria vida, repetindo Getúlio e Allende. Tal linha de raciocínio explica igualmente a reação de Brizola ao receber o telefonema de Lúcio Alcântara: "O país está dividido". Mas é com ânimo redobrado que ele manda às favas a ressaca da derrota e arregaça as mangas para apoiar, no segundo turno, o homem que lhe passou a perna no primeiro. Não titubeou um minuto sequer em engolir o "sapo barbudo". Vamos ver no próximo capítulo a volta do leão trabalhando pelo inimigo.

L — ENGOLINDO O SAPO BARBUDO

Ainda no exílio, em Lisboa, Leonel Brizola tentou aproximar-se de Lula, cuja trajetória começava a delinear-se no noticiário, a partir de 1977, com o sucesso das greves no ABC paulista (o cinturão industrial formado pelas cidades-dormitório de Santo André, São Bernardo do Campo e São Caetano). Nada mais natural, raciocinava, que unir as forças do trabalhismo com o chamado novo sindicalismo. Mandou-lhe vários emissários, mas estes esbarravam em implacável resistência do sindicalista, já então blindado, segundo o próprio Brizola, "por uma crosta de intelectuais e políticos, que lhe faziam a cabeça contra nós".

Lula, na época com 34 anos idade (Brizola tinha 57), não escondia suas restrições ao trabalhismo, sustentando ser aquele movimento uma simples continuação da política de Vargas e de Goulart, por ele chamada genericamente de peleguismo, ou seja, a prática das cúpulas dos sindicatos de utilizar-se da representação dos trabalhadores para auferir benefícios pessoais.

A princípio, Brizola relevou aquelas objeções e as atribuiu à juventude e à falta de conhecimento do passado, por parte do combativo líder sindical, que começava a ganhar as capas de revista e a ser chaleirado pela intelectualidade. Lula impressionava com um discurso coerente sobre a defasagem salarial dos trabalhadores, que chegava a 30%. Sua capacidade de mobilização era fantástica, pois levava até 100 mil pessoas às passeatas e greves por melhores salários, em Vila Euclides, São Bernardo do Campo, cidade em que residia e trabalhava.

Como as críticas eram insistentes e aumentavam de intensidade na mesma em proporção que o ex-governador acenava para um entendimento, ele começou a desconfiar dos reais propósitos daquele líder sindical, que, segundo denúncias que lhe chegavam, se deixara envolver com políticos da Arena e o general Golbery do Couto e Silva[167] e outros generais, em pleno regime militar.

Foi então que Brizola disse ter se inteirado das forças que estavam por trás daquele novel movimento que dali a pouco daria surgimento ao PT e à CUT. Tais forças eram constituídas, segundo o ex-governador, pelas ONGs, entidades financiadas por grandes multinacionais, as centrais sindicais americanas e grandes dioceses da Igreja Católica, particularmente da Alemanha e da Itália, além das Comunidades Eclesiais de Base locais. Estas entidades jamais permitiriam aos novos sindicalistas fazer uma aliança com Brizola, — raciocinava o próprio — cujo projeto nacional conflitava-se frontalmente com o propósito delas de proteger os interesses das multinacionais, que, em última análise, eram quem pagava os salários dos metalúrgicos, quase todos empregados daquelas grandes empresas e que formavam o grande segmento que propulsava o petismo.

Assim é que, quando retorna ao Brasil, em1979, já dá o seu grito de São Borja, por onde ingressou no Brasil. A *Folha de S. Paulo* traz uma manchete dizendo: "Brizola defende pluralismo e adverte Lula". O jornal, de 08 de setembro de 1989, p. 4, noticia: "Brizola criticou os que, como Lula, apontam a legislação trabalhista promulgada por Getúlio Vargas como a grande responsável pelas dificuldades enfrentadas pelo sindicalismo brasileiro". Ele ainda não estava disposto a comprar uma briga e ressalvou ser Lula "um homem de boa fé, mas não está inteirado de muitas coisas do passado".

***

Mesmo assim, Brizola não desiste da aproximação e quando viaja a São Paulo, na preparação das bases do PTB, procura pessoalmente Lula, no Sindicato dos Metalúrgicos, em São Bernardo. Antes, ele havia falado com o cardeal D. Paulo Evaristo Arns, o

---

167 Lula foi eleito pela primeira vez presidente do Sindicato dos Metalúrgicos de São Bernardo do Campo graças ao apoio decisivo de seu antecessor, Paulo Vidal Neto, de quem foi braço direito nas administrações anteriores. Vidal era amigo pessoal do governador biônico de São Paulo, Paulo Egídio Martins, e depois candidato a deputado estadual pela Arena.

senador Franco Montoro, o ex-deputado Eusébio Rocha e o ex-presidente Jânio Quadros. Lula está mal-humorado e dá a entender que não quer saber de conversa, como relata Cibilis Viana[168], que acompanhou o ex-governador naquelas visitas paulistas: "Esse primeiro encontro com Lula, de que fui testemunha, não foi nada amistoso — conta Cibilis. Chegamos à sede do Sindicato dos Metalúrgicos de São Bernardo, Lula nos aguardou sentado em sua mesa de trabalho. Quando Brizola falou nas tradições trabalhistas e de Getúlio, Lula o interrompeu dizendo: "Getúlio ferrou o trabalhador. A partir daí o ambiente foi constrangedor. Brizola o contradisse, e, em seguida, nos retiramos. Lula não teve a gentileza de nos acompanhar até a saída".

O embaraço durou até o dia em que Brizola perdeu a sigla para Ivete Vargas e logo depois Lula foi preso e enquadrado na Lei de Segurança Nacional, duas manobras da ditadura que caracterizavam um refluxo para o autoritarismo. As duas vertentes do trabalhismo precisavam aí se unir, ainda que de mentirinha, sob pena de sucumbirem. A aproximação se dá por decisão adotada na reunião que decidiu fundar o PDT. Os brizolistas aprovam uma moção em favor da aproximação com o PT, na qual autorizam Brizola a novamente procurar Lula. Na mesma reunião, havia sido lido um documento do PT solidarizando-se com a facção de Leonel Brizola na luta pelo PTB.

No dia 29 de maio, depois que Lula é libertado da prisão, Brizola vai a seu encontro em São Paulo, onde conversam sigilosamente na casa de um amigo, ao que parece em ambiente bem mais desanuviado do que o primeiro embate em São Bernardo: "Tive a impressão" — disse Brizola — "que só o tempo dirá a que nível de entrosamento chegaremos; se devemos confluir ou seguir em paralelo, como as duas linhas de uma estrada de ferro". No entanto, Brizola disse ter tido a impressão de que "Lula é uma pessoa da maior boa fé, muito inteligente e que, com o tempo, terá perspectivas ilimitadas na vida pública brasileira".

---

168 Depoimento à Fundação Darcy Ribeiro, Rio de Janeiro, 26 de setembro de 2004.

Brizola, que relatou o encontro aos jornalistas, depois de seu retorno ao Rio,[169], enfatizou que, " a partir de agora, creio que vamos ter uma tarefa em comum. Esta pelo menos é a disposição de todos os trabalhistas". Ele, no entanto, estava com o pé atrás, quando fez esta observação, recorrendo à sua tradicional linguagem campesina: "Continuo dizendo que nós e os companheiros do PT somos como duas granjas: cada qual trabalhando com enxada e arado pica-pau. Derrubada a cerca, poderemos criar uma cooperativa mecanizada, com irrigação, aplicando técnicas modernas, com perspectivas ilimitadas de desenvolvimento". Em São Paulo, Lula ficou calado.

***

Depois as coisas amainaram e o PT conseguiu seu registro no TSE, superando as restrições legais à sua natureza classista. Em seguida, obteve a oficialização da CUT como Central Sindical, com direito às verbas do FAT, Fundo de Amparo ao Trabalhador, e de outros recursos oficiais reunidos no bolo destinado aos sindicatos. Aos poucos, os petistas retomaram as críticas a Getúlio e a Jango e já não poupavam Brizola, a quem chamavam de demagogo. Os ataques a Brizola, como sempre, rendiam grandes espaços na mídia.

Quando começam os primeiros movimentos para a campanha presidencial, em 1987, o rompimento parecia inelutável. Brizola começou a reagir aos ataques: "Fiquei chocado quando vi na televisão o nosso amigo Lula fazendo declarações agressivas contra Getúlio, chamando-o de fascista. Mas o que é isso? Só pode ser desinformação. Aquele núcleo do ABC fez uma lavagem cerebral na história". Mais adiante, em matéria do Jornal do Brasil, de 17 de dezembro de 1988, p. 2, Brizola indagou: "Por que os grandes órgãos de comunicação — a TV Globo — estão aí enchendo o balão do PT? Por quê? Nós somos apresentados por estas forças do dinheiro e da comunicação como se fossemos o passado, os portadores de todos os defeitos, enquanto no PT tudo é moderninho. Não vamos nos deixar enganar por esta impostura".

---

169 *Jornal do Brasil*, p 4, 30 de maio de 1989.

Ele também questiona as origens dos financiamentos do PT, acusando o partido de Lula de receber recursos do exterior para profissionalizar os seus militantes, com salários de 600 dólares por mês, que seriam pagos através do mecanismo de bolsas de estudo. O ex-governador explicou que o dinheiro chega ao país através de convênios com a Igreja, as entidades protestantes e as fundações mantidas pelos partidos políticos. Lembrando que a prática é vetada pela Constituição, desde 1946. Brizola disse estar havendo uma generalização de ajuda através de bolsas de estudos e de convênios com entidades européias para pesquisas e levantamentos. Explicou ser esta uma forma sofisticada para criar a militância profissionalizada: "Existe um derrame de colaboração estrangeira", ressaltou, referindo-se especificamente ao PT[170].

A revista *Veja*, ao comentar as acusações de Brizola, afirmou, na edição de 12 de abril de 1989 que ele "acertou o golpe, pelo menos em parte". Diz a revista: "Ele acusou Lula de ter a sua campanha financiada por entidades do exterior, através de "milhares de convênios aparentemente inocentes". A revista em seguida especifica: "É o que ocorre, por exemplo, com o projeto da Televisão dos Trabalhadores, desenvolvido há três anos pelo Sindicato dos Metalúrgicos de São Bernardo do Campo, que foi buscar dinheiro do outro lado do Atlântico para levar adiante a iniciativa".

Segundo ainda *Veja*, uma entidade italiana chamada *Crocce Via*, organismo de orientação democrata-cristã, contribuiu com a doação de 1,5 bilhão de liras — o equivalente a um milhão de cruzados novos, pelo câmbio oficial, ou o dobro, pelo câmbio paralelo — para a compra de equipamento profissional de televisão".

— Além disso, continua Veja, para tocar um projeto conjunto de formação de novas lideranças sindicais com o Instituto Cajamar, uma espécie de centro de estudos dirigido por intelectuais petistas, a TVT obteve uma gorda contribuição dos italianos. Dessa vez, o dinheiro veio da CISL, a central sindical que reúne socialistas e democratas cristãos, que enviou 4,3 bilhões de liras — cerca de três milhões de cruzados novos.

170 *Correio Braziliense*, p. 4, 18 de dezembro de 1988.

Lula, como sempre se resguardava das críticas de Brizola, mas o presidente nacional do PT, deputado Luís Gushiken, afirmou que "Brizola está desesperado", enquanto o deputado José Genoíno afirmava: "Ele quer fazer as pazes com a direita, brigando com a esquerda".

***

Brizola ainda criticou o uso indevido do aparelho sindical pela candidatura de Lula, sobretudo a CUT, que havia se tornado a maior central do país. Segundo Brizola, a CUT estava "se transformando numa máquina eleitoral do PT. Segundo ainda a *Veja*, de 12 de abril de 1989, a CUT controlava 70% dos 1.157 sindicatos, responsáveis pelas negociações salariais de 15 milhões de trabalhadores. "A entidade" — diz a revista — "pode mobilizar mais de 30 mil sindicalistas em menos de uma semana, e é nessa militância que reside um pedaço da campanha de Lula".

Por fim, a *Veja* se referiu às críticas de Brizola relativas ao engajamento da Igreja na campanha petista: "O outro braço forte do PT está infiltrado no clero esquerdista da Igreja Católica, cada vez mais excitado com a campanha de Lula. Lideranças do partido estimam que pelo menos 30% dos 11 mil dirigentes do PT ingressaram na legenda com o apoio da Igreja. Além disso, quase a metade dos 450 mil filiados do PT são pessoas da área rural, onde o clero de esquerda atua com mais força".

Não obstante todas as suas críticas ao PT, Brizola assumia o compromisso de fazer a campanha de Lula, no caso de ele se sagrar no primeiro turno. Num encontro na casa do compositor Chico Buarque de Holanda, "diante de 200 intelectuais de origens tão variadas quanto o roqueiro Cazuza, a sambista Beth Carvalho, o escritor Antônio Callado, como relata o *Jornal do Brasil* de 2 de março de 1989, p. 3, Brizola assegurou: "Não vamos deixar de votar no Lula para votar no candidato da direita, mas sinto que a recíproca não é verdadeira", disse ele. Nas ocasiões em que Lula era perguntado se votaria em Brizola, caso não chegasse ao segundo turno, Lula sempre desconversava, afirmando: "Mas estou seguro de que vou ganhar no primeiro turno".

***

Quando os resultados do primeiro turno se tornaram evidentes, franqueando a passagem de Lula para o segundo turno e eliminando Brizola da disputa, o candidato do PDT não contou conversa. Recebeu Lula em seu apartamento na Avenida Atlântica, no Rio, e assegurou-lhe o apoio, praticamente sem exigir-lhe nada em troca, a não ser a inclusão da proposta dos CIEPs na plataforma petista.

Colocando de lado as divergências e após uma semana da divulgação dos resultados do primeiro turno da eleição, (ele teve de acompanhar a esposa Neusa a uma revisão médica na Espanha), Brizola engoliu "o sapo barbudo", envolvendo-se por completo na campanha. E foi tal o seu engajamento e entusiasmo, que os correligionários chegaram à conclusão de que Brizola trabalhou mais na campanha de Lula do que na própria. O candidato do PDT parecia querer demonstrar que poderia eleger Lula Presidente. Os resultados da presença de Brizola logo se fizeram sentir, com os índices do candidato petista chegando cada vez mais próximos aos de Collor. No segundo turno, como se sabe, só concorrem dois candidatos, e o tempo de televisão é repartido de formas iguais. O avanço de Lula, que os conservadores só desejavam para afastar Brizola da disputa final, começaram a assustar e foi preciso que a mídia tirasse toda a sua máscara de objetividade, para favorecer o candidato oficial Fernando Collor, num dos golpes mais baixos já registrados na política brasileira. Primeiro, foram desencavar um episódio pessoal na vida de Lula, quando ainda solteiro. Lá descobriram que o líder petista havia engravidado uma namorada. Ele lhe pediu que fizesse um aborto, mas ela resistiu e teve a criança, uma menina, que Lula, até ali, não tinha reconhecido nem registrado. O episódio foi abordado no programa do candidato do PRN e explorado ao infinito pela mídia, que queria detonar o candidato petista, agora também considerado inconfiável ao poder econômico. Finalmente, no debate televisivo entre os dois contendores finais, houve uma manipulação de edição para dar a impressão, no noticiário, de que Lula teve um desempenho muito inferior ao de Fernando Collor.

O golpe mais uma vez funcionou, Lula foi para casa e Fernando Collor se sagrou Presidente. A diferença entre os dois, ainda assim, foi mínima: apenas 5,71%, ou 4.013.634 votos — Collor obteve 35.089.998, ou 49,94%, e Lula, 31.076.364, ou 44,23%. Pouco tempo depois, se descobria que Collor também tinha um filho natural fora do casamento. Mas os votos já haviam sido depositados nas urnas e não havia mais jeito, a não ser a obrigação moral, para não ficar feio, de Collor reconhecer o menino, como Lula depois foi forçado a reconhecer a filha.

Brizola, no entanto, não se deu por conformado, e convidou Lula a percorrer o Brasil e denunciar a fraude eleitoral. Ele considerava que o primeiro Presidente do Brasil, eleito pelo povo, após o longo jejum de 29 anos, não poderia ser o produto de uma patranha midiática. Entendia que ele e Lula poderiam sacudir o Brasil numa campanha cívica, parecida com aquela de Nilo Peçanha, contra o voto de cabresto, em 1910, com o que poderiam anular a eleição e realizar outra mais honesta e menos desigual.

Mas Lula recusou. Brizola ainda tentou, sozinho, provar o que julgava ser a maior farsa eleitoral de nossa história, mas sua voz caiu no vazio, chegando mesmo a irritar muitas pessoas, na maioria desatentas ao que se passava nos bastidores da política. Ele toma então outro rumo e mergulha na política do Rio de Janeiro, de onde, pela segunda vez, se elegeria governador, agora já no primeiro turno. Desta vez, ele terminaria os 500 CIEPs, mas se distanciava cada vez mais do Palácio do Planalto, como se verificará no próximo capítulo.

LI — 1990, Governador do RJ e relação com Collor

Leonel Brizola entrou e saiu da eleição de 1989 convencido de que o *establishment* — nacional e internacional — jamais o deixaria assumir a Presidência da República. Não obstante, aproveitou todas as oportunidades eleitorais para fazer sua pregação. Não importava se colecionasse derrotas humilhantes, como ocorreu na disputa da prefeitura do Rio (2000) e do Senado (2002). Seu propósito era utilizar-se do espaço das campanhas, sobretudo na TV, para dar seu recado de que o Brasil não sairá do atoleiro enquanto não mudar o modelo econômico. Ele também procurava preservar o PDT do assalto por parte de grupos fisiológicos e do PT, que, no seu entender, procuravam humilhar a sigla e transformá-la em legenda de aluguel.

Foi com essa preocupação que voltou a disputar o governo do Rio de Janeiro, em 1990. Ele acabara de obter uma votação consagradora no Rio de Janeiro para Presidente da República, recebendo 52,1% dos votos do Estado, entre 22 candidatos (no Rio Grande do Sul este percentual seria ainda maior, 62,7%) e só não disputou, nacionalmente, o segundo turno, com Collor, por ínfimos 0,63%. No ano seguinte, obteve uma vitória esmagadora para governar, pela segunda vez, o Rio de Janeiro, quando recebeu nova consagração, ao auferir 61.0% dos votos, quase 10% a mais do que recebera como candidato a Presidente. Era uma espécie de capricho do eleitorado carioca, que não se conformava com o massacre de que Brizola tinha sido vítima no pleito presidencial, em 1989.

Ao reassumir o cargo, depois de quatro anos, Leonel Brizola recebeu um estado em frangalhos. Moreira Franco, o governador que havia prometido acabar com a violência do Rio em seis meses, não só não a conteve, como a deixou explodir. Brizola conseguia provar não ter fundamento a alegação, difundida amplamente entre a população, de que era o responsável pela criminalidade. Administrativamente, Moreira fez um governo calamitoso, segundo a própria mídia, que o havia eleito quatro anos antes, derrotando o candidato brizolista Darcy Ribeiro. Havia inchado a máquina com as práticas de clientelismo, abolidas no período anterior de Brizola, e posto abaixo toda a política de austeridade financeira, conduzida pelo então brizolista César Maia, secretário da Fazenda.

***

Ao retornar ao governo do Estado do Rio de Janeiro, em 15 de março de 1990, Brizola, já no primeiro dia, decidiu retomar o programa dos CIEPs, começando pela reconstrução dos cerca de 100 prédios depredados pelo descaso do Governo Moreira e, ao mesmo tempo, retomando a construção dos outros 400 que havia delineado, quando se despediu do Guanabara, em 1987. Brizola, porém, está cercado: de um lado está a artilharia pesada da mídia, em regime de alta prontidão, para explodir pelas ondas hertzianas qualquer iniciativa sua que implique aumento de prestígio nacional; de outro, está há um ano no cargo o Presidente da República, Fernando Collor, o homem escalado para derrubá-lo nas pesquisas e batê-lo na disputa pelo mais alto cargo da República.

Ele pressente que será esmagado se não conseguir neutralizar uma dessas duas forças titânicas que o ameaçam. Quando é declarado eleito governador, faz seu primeiro movimento em direção a Collor, ao agradecer de público o fato de "o Presidente não ter se envolvido na eleição do Rio de Janeiro". Quando assume, e já num clima de distensão entre os dois governos, Brizola obtém uma audiência com o Presidente e conversam a sós durante duas horas, no Palácio do Planalto. Brizola fez questão de que seu encontro fosse divulgado, para que todo o país tomasse conhecimento.

Acertaram uma "relação administrativa" pela qual o Governo Federal e o Governo do Rio de Janeiro se entenderiam para conduzir os negócios de Estado: "O povo me elegeu para governar o Rio de Janeiro e o Sr. Fernando Collor para governar o Brasil. Temos que trabalhar juntos para atender à vontade do povo", explicou o recém-eleito governador dos cariocas e fluminenses.

O Rio, açoitado por administrações caóticas, desde os governos militares, e por um processo precipitado de fusão do antigo Estado do Rio com a Cidade Maravilhosa, vivia uma fase interminável de estagnação e decadência. Um dos principais gargalos da administração era a dívida do metrô, obra do governo militar, que havia sido passada para o Estado, desde que Brizola assumira pela primeira vez o Guanabara, em 1983. Como a dívida era pesada e saldada em dólar, o Estado não tinha como fazer investimentos em obras e em incentivos à indústria. Brizola chegou a negociar com Figueiredo o fim dessa dependência, mas, segundo ele, a decisão foi travada pela área econômica.

Collor dispôs-se a resolver o problema, o que de fato aconteceu, meses depois. Isto propiciou a Brizola fazer um governo de grandes obras, além da retomada dos CIEPs, como a Linha Vermelha, o novo acesso ao Aeroporto do Galeão, a duplicação da Adutora do

Guandu, o início da despoluição da Bahia da Guanabara e a criação da UENF, Universidade Norte Fluminense. A Linha Vermelha, que foi sua obra mais em evidência depois dos CIEPs, é uma via expressa que passou a ligar, ao longo dos seus 21,4 quilômetros, a Baixada Fluminense ao Centro do Rio. Ela diminuiu o percurso, de mais de duas horas para 20 minutos e desafogou toda uma área, antes congestionada pelo trânsito massivo de veículos.

Os contatos com Collor foram-se estreitando e Brizola percebeu que o presidente não tinha uma obra que caracterizasse seu governo. Naquela altura, possivelmente já percebendo que jamais chegaria ao Palácio do Planalto, propôs, com a colaboração de Darcy Ribeiro, a construção, pelo Governo Federal, de escolas integrais. As equipes dos dois governos se reuniram, sob a chefia de Darcy, e ao fim de menos de 30 dias resolveram lançar um programa de cinco mil escolas integrais — chamadas CIACs, Centros Integrados de Apoio à Criança. O programa federal, mais amplo do que o dos CIEPs, pois previa a assistência à mãe e creche para as crianças, foi lançado com todas as fanfarras no Palácio do Planalto, diante de congressistas, governadores e ministros de Estado. Entre os governadores destacava-se Leonel Brizola, que, juntamente com Darcy, expuseram os objetivos do novo programa educacional às autoridades e aos jornalistas.

Collor, ainda no auge de seu prestígio, inaugurou, já em outubro de 1991, a primeira unidade desses centros, que nominou CIAC Madre Paulina do Coração Agonizante de Jesus, num bairro pobre de Brasília, o Paranoá. A festa teve grande repercussão, porque sinalizava para o início de uma nova era educacional no país. Entusiasmado com aquele sucesso, Collor, que adorava um marketing, fez dos CIACs a grande peça de propaganda do governo. Sempre que recebia um chefe de Estado ou um alto dignitário estrangeiro, fazia questão de levá-lo para percorrer as instalações e depois almoçar com os alunos e professores no restaurante de um CIAC.

O programa foi deslanchado, prevendo-se a inauguração de pelo menos mil unidades por ano, para que a meta dos cinco mil fosse cumprida até o final do mandato de Collor, em 1994. Os recursos foram alocados de imediato e o empreendimento tendia a retomar de certa forma o desenvolvimento do país, emperrado desde a crise do petróleo, em 1974. É que os CIACs significavam a criação de empregos — operários, professores, engenheiros, profissionais da área de saúde — e ainda despertava a cobiça dos empreiteiros.

***

A alegria, no entanto, durou pouco. Ressabiados com aquela união esdrúxula de Collor com Brizola, o primeiro, conservador, e o outro, "nacionalista extremado", os inimigos anti-brizolistas foram à forra e desencadearam uma enxurrada de denúncias sobre má aplicação ou desvio de recursos, centradas no ministro da Saúde, deputado Alcenir Guerra (PRN-PR), designado principal executor do programa dos CIACs. O ministro caiu, ao fim de uma caça às bruxas, e com ele desmoronou o mais ambicioso projeto de educação que já houve no Brasil. Collor, que trabalhava com uma equipe jovem e inexperiente, embora ambiciosa, deixou-se envolver em escândalos financeiros, através de seu ex-tesoureiro de campanha Paulo César Farias, o PC Farias, transformado no maior corrupto nacional, até então. Originalmente, o esquema de caixinhas, montado por PC, que depois seria reeditado com outra roupagem nos governos seguintes, inclusive no de Lula, destinava-se a dar cobertura à farsa do *Caçador de Marajás*, apodo que o Presidente tinha conseguido na campanha. O objetivo era complementar o salário de ministros e altos assessores, que ganhando pouco oficialmente, corroboravam aquela farsa. Seus salários eram insuficientes para cobrir os gastos e as altas mordomias, hábitos que haviam contraído na campanha milionária de 1989 e de que não queriam abrir mão. Depois, o esquema degringolou para aquisição de redes de comunicações e aportes financeiros cujo objetivo era a manutenção do grupo no poder por 20 anos. Uma briga de família, que teve o irmão mais novo, Pedro Collor, como o principal acusador, acabou precipitando a criação de uma CPI no Congresso, e daí para o *impeachment* do Presidente foi um pulo.

Brizola, sentindo que o golpe tinha sido direcionado contra ele, pois, não fora sua aproximação com Collor, aqueles fatos, mantidos em segredo pela mídia desde a campanha, jamais teriam sido explorados, partiu para a defesa do Presidente. Defendeu-o enquanto pôde, mas percebeu com o tempo a inutilidade de seus esforços: "Collor é uma ave que foi abatida, não pode mais voar". Pressionado pela militância, Brizola concordou em fazer um comício-monstro no Rio, mas fez questão de colocar nas palavras de ordem das faixas, que a luta não era só contra Collor, mas contra todos os corruptos, inclusive as empresas e entidades financiadoras de PC Farias. Com a queda de Collor, os CIACs foram definhando até serem finalmente extintos pelo Governo Fernando Henrique Cardoso, num de seus primeiros atos, quando passou aquelas escolas ao domínio dos governos estaduais e municipais.

Como era de esperar, a queda de Collor trouxe sérios embaraços a Brizola, porque a mobilização contra o Presidente, arregimentando multidões nas ruas, era colocada em termos de salvação do Brasil: derrubando Collor, diziam suas consignas, o país se livraria da praga da corrupção. No mesmo ano de 1992, realizaram-se eleições municipais e o PDT foi inapelavelmente surrado, sobretudo pelo seu arquiadversário PT, partido então em plena ascensão eleitoral. Chegou a hora de tratarmos da eleição de 1994 e do massacre de Leonel Brizola. É o que veremos no próximo capítulo.

LII — 1994, DERROTA COM MATANÇAS, ARRASTÕES E JOGO DO BICHO

Nesse ano de 1994, Leonel Brizola caminha inexorável e resolutamente para o cadafalso eleitoral. Aos 72 anos de idade, mas ainda exibindo desconcertante saúde e uma força de vontade descomunal, se declara sublimado e com todas as imunidades: "Nesta idade", dizia aos amigos, "já não tenho que me ater às conveniências, a não ser àquelas da minha consciência".

No dia dois de abril de 1994, desincompatibliza-se do governo do Estado do Rio de Janeiro para concorrer pela segunda vez à Presidência da República, transmitindo o cargo ao Vice-Governador e Secretário de Polícia, o advogado e principal quadro de sua política de direitos humanos, Nilo Batista. Ele sabia que não tinha chance de ganhar, porque ele e seu governo estavam de baixo de fogo cerrado da mídia e o panorama internacional, cada vez mais propenso às chamadas forças do mercado e à política conservadora americana, tornavam suas chances quase nulas. Não obstante, necessitava marcar posição — e mesmo fazer uma fé, por mais remota que fosse —, para denunciar o que se tramava com a eleição do sociólogo Fernando Henrique Cardoso, tida como certa, desde o início da campanha, por causa do propalado sucesso do Plano Real, deflagrado havia pouco pelo senador paulista e ex-ministro da Fazenda.

FHC havia desenvolvido, ainda no exílio, no Chile (1969), a *Teoria da Dependência*, uma espécie de nova doutrina para tentar mostrar que o Brasil poderia desenvolver-se com a submissão aos interesses americanos. Suas idéias estão escritas no livro *Dependência e Desenvolvimento na América Latina*, que escreveu juntamente com o chileno Enzo Falleto, em 1969. Também era consultado pelo Consenso de Washington, fórum de intelectuais e lideranças conservadoras do continente, destinado a enquadrar os países periféricos na política de privatizações, do arrocho salarial e do monopólio de patentes e direito de propriedade por parte das grandes potências[171].

O candidato oficialista tinha acabado de deixar o ministro da Fazenda do Governo Itamar Franco e veio para implantar o Plano Real, novo pacote de arrocho, destinado a conter a inflação, que andava em 29% ao mês. O sociólogo e cientista político, ex-professor da USP, teve seu nome anunciado em Nova Iorque, onde se encontrava na qualidade de ministro das Relações Exteriores. Os Estados Unidos, a partir dali, não mais se preocuparam em esconder sua interferência na economia brasileira. Depois de FHC, também foram comunicadas, a partir da metrópole americana, as nomeações dos presidentes do Banco Central Armínio Fraga, (Governo FHC, de 1999 a 2002), diretor-gerente da *Soros Fund Management LLC*, do magnata Georges Soros e Henrique Meirelles, presidente internacional do Bank Boston (Governo Lula, a partir de 2002). A nomeação de Meirelles foi mais escandalosa porque ocorreu durante a viagem do presidente eleito Luis Ignácio Lula da Silva aos Estados Unidos, pouco antes da posse deste, em dezembro de 2002. Dizem que Lula, que não conhecia Meirelles, teria sido apresentado ao seu futuro presidente do Banco Central, numa das dependências do governo americano.

O Plano Real, o quinto pacote econômico dos governos civis, começou sobrevalorizando nossa moeda. Esta, de Cruzeiro (antes, em sete anos, tinha passado a Cruzado, depois Cruzado Novo e, com o Plano Collor, em 1990, revertido a Cruzeiro), adquiriu o nome de Real. O Real era uma moeda fantástica, tão fantástica,

---

171 As formulações do Consenso de Washington, sistematizadas, no final da década de 1980, pelo britânico John Wllianson, ex-economista-chefe para o Sul da Ásia do Banco Mundial e integrante do *Institute for International Economics*, associado a instituições financeiras e do governo dos Estados Unidos, impunha as seguintes decisões a serem adotadas pelos países da América Latina: Disciplina fiscal, Redução dos gastos, Reforma tributária, Juros de mercado, Câmbio de mercado, Abertura comercial, Investimento estrangeiro direto, com eliminação das restrições, Privatização das estatais, Desregulação — afrouxamento das leis econômicas e trabalhistas e Direito de propriedade.

que valia mais que o dólar, durante certo período. Um dólar valia R$ 0,080. Com tal mágica, o Plano só poderia render um resultado eleitoral seguro, nem que viesse a dar com os burros n'água, como o antigo Cruzado, em 1986. Mas, ao contrário do Cruzado, o Plano Real só foi fracassar cinco anos depois, já que deveria assegurar, não só a eleição de FHC, mas a sua reeleição dali a quatro anos. Poucos dias depois da posse, em 14 de janeiro de 1999, para o segundo mandato presidencial de FHC, o Real sofria uma maxi desvalorização. A farra da moeda forte tinha agora que ser paga, e o Brasil fora obrigado a pedir empréstimo de 40 bilhões de dólares ao FMI. Para isso, teve de fazer novo aperto e comprometer nossas reservas, inclusive de combustível.

***

Não obstante todo esse panorama, e cada vez mais sitiado pela mídia, Brizola entra firme na campanha de 1994 e chega a ganhar o primeiro e único debate de televisão, entre os presidenciáveis, no qual se encontrava o candidato Fernando Henrique. Num determinado momento, ao se referir à sua obra prima como ministro da Fazenda, FHC afirmou: "Como gosta de dizer o governador Brizola, o Plano Real vem de longe". Ágil no raciocínio, Brizola retrucou: "É, eu sei, vem da Argentina". A reação do ex-governador provocou uma gargalhada geral, deixando um Fernando Henrique visivelmente constrangido, pois sentiu em cheio o golpe da referência à Argentina, de onde os últimos governos civis importavam todos os planos fracassados. Daí em diante, Fernando Henrique não foi mais a nenhum debate, adotando a tática de Collor de evitar a discussão para não se desgastar. Neste ponto, foi respaldado pelas mesmas forças poderosas que elegeram e depois destronaram Fernando Collor.

Brizola acha que, se os debates tivessem continuado, ele teria condições de virar o jogo sucessório, como o fizera na eleição de governador, em 1982, no Rio, onde, apesar do regime militar, ele dizia ter muito mais liberdade de expressão. As grandes redes de TV, no entanto, acabaram, misteriosamente, com os debates presidenciais, e o ex-governador se convenceu de que a campanha passara a constituir-se em um jogo de cartas marcadas.

No final, sofreu uma grande humilhação eleitoral ao ser classificado no quinto lugar entre os oito candidatos que se apresentaram. Ele recebeu 2.015.284 votos, situando-se abaixo de Orestes Quércia (PMDB), 2.771.788; Enéas Carneiro (PRONA), 4.670.894; Lula, 17.112.255; e Fernando Henrique (PSD), que já ganhou no primeiro turno, 34.350.217.

Brizola tinha sido trucidado pelo processo de desestabilização que sofreu durante todo o seu segundo mandato no Rio, como detalharemos adiante.

***

A hostilidade tinha redobrado sobre seu sucessor, Nilo Batista, um dos principais articuladores e executores de sua política de direitos humanos, juntamente com o Secretário de Polícia, o coronel negro Nazareth Cerqueira. O poder econômico não perdoou a Nilo sua fidelidade a Brizola, pois pressionou para que este o abandonasse. Com efeito, a queda de Collor, em 29 de setembro 1992, agudizou as hostilidades contra Brizola, no Rio, que haviam sido retomadas desde o primeiro dia de seu segundo governo. Os acontecimentos precipitaram-se. Vieram em série o massacre de oito crianças na Candelária, e um mês depois, a matança de 21 pessoas na favela de Vigário Geral, enquanto os arrastões começavam a apavorar a população. Brizola era apontado como o grande culpado e a cobertura de televisão já não se circunscrevia ao território nacional. Furava fronteiras e chegava praticamente a todo o planeta, à frente a rede americana CNN, Central News Network, a primeira TV de alcance mundial. Brizola era pintado como um verdadeiro monstro e, para continuar na onda do desmonte, logo foi sugerido que também lhe decretassem o *impeachment* e fosse feita a intervenção do Exército no Estado.

A campanha contra Brizola era para transformá-lo em saco de pancadas. Tudo o que ocorria de ruim no Rio tinha que ser culpa dele. Dessa maneira, a chacina na porta da Igreja da Candelária, ocorrida em 22 de julho de 1993, foi também debitada em sua conta. Naquela madrugada fria, policiais armados mataram oito crianças dormindo, no principal cartão-postal do Rio de Janeiro, o centro histórico do

Rio. Aquele era o primeiro estrondo de magnitude para repercutir nos índices eleitorais de Brizola, que ainda continuavam altos no resto do Brasil. O noticiário da tragédia, que varreu o mundo, insinuava que Brizola estava mandando matar criancinhas.

Brizola, que teve a cabeça a prêmio no regime militar, que passou 15 anos no exílio e cujo governo estava destinando 55% do orçamento do Estado para viabilizar seu lema de "nenhuma criança sem escola", resolvera mandar matar inocentes? Dali a 38 dias, outra bomba. Novamente, policiais atiravam e matavam um número ainda maior, mas dessa vez não de meninos de rua, e sim de 21 trabalhadores honestos. Era o massacre de Vigário Geral, uma favela do Rio. Em 29 de agosto de 1993, um grupo de cerca de 50 homens fortemente armados invade a favela e mata 21 pessoas; 13 homens, 6 mulheres e 2 adolescentes, todos trabalhadores, sem ligação com o tráfico de drogas.

A exploração política da tragédia foi logo providenciada. Já às primeiras horas da manhã de 30 de agosto de 1993, os caixões abertos dos 21 corpos eram dispostos lado a lado na praça Catolé do Rocha, a principal de Vigário Geral. Um esforço extra de *marketing* para levar o impacto do massacre ao paroxismo. Aquilo ia dar manchete no mundo inteiro. A telinha tinha de levar aquilo longe. E levou. A CNN[172], uma Globo elevada à potência planetária, espalhou indignação pelo resto do mundo.[173]

Armou-se o escarcéu. Na Assembléia Legislativa, o deputado e dublê de coronel da polícia e exterminador, Emir Larangeira, fazia coro com o deputado Sérgio Arouca (PPS-RJ), que na Câmara Federal, em Brasília, pedira a intervenção militar no governo do Rio de Janeiro. Até a seção da OAB do Rio, traindo sua tradição ética e democrática dessa grande instituição nacional, engajou-se na onda golpista.

---

172 A TV americana Cable News Network (CNN), que manda imagens a cabo para 200 países do mundo inteiro, fez inserções de três minutos em seus noticiários de 24 horas por dia. Marina Mirabella, 33 anos, correspondente no Rio, disse que a CNN usou imagens da TV Globo.

173 A notícia do massacre de Vigário Geral saiu com destaque no *The New York Times, The Washingotn Post, The Wal Street* e *USA Today*. Na França, as TVs e rádios anunciaram que "o Brasil é um país à beira da guerra civil. Mais discreta, a imprensa britânica limitou-se a registrar o fato em pequenas notas no *Financial Times* e *no The Independent* (*Jornal do Brasil*, 1 de setembro de 1993).

***

As duas chacinas ocorreram logo após uma vitória relativa de Brizola, no plano nacional. A manutenção do sistema presidencialista de governo, que ele defendeu com todas as suas forças, foi aprovada pelo plebiscito de 21 de abril daquele ano. Não deixava de ser um triunfo considerável, porque o resultado final tinha sido contra a vontade da quase unanimidade dos partidos e das elites, que pretendiam forçar a volta do parlamentarismo, banido por inépcia, em outro plebiscito, realizado em 1963. A armadilha das pesquisas de opinião, que há mais de um ano o vinham projetando como "o pior governador", a maquinação dos saques a supermercados, dos arrastões e a superestimação da violência nas ruas do Rio, tudo objeto de uma super cobertura midiática, não tinham sensibilizado o eleitorado.

Brizola, no entanto, não deixou que os massacres no Rio passassem batido. Decidiu sacudir o governo para identificar e punir os responsáveis por aquelas matanças. Ao contrário dos governantes acomodados com que o país se acostumou a conviver — aqueles que geralmente deixam a coisa correr frouxo, para não se incomodar ou mexer em vespeiro —, Brizola estava determinado a furar o tumor. Botou a mão no purulento aparelho policial e pegou cada um dos culpados. Fez mais. Expôs as vísceras de um submundo onde atuam com total desenvoltura e acobertamento maus policiais, criminosos, empresários de diversos calibres, alcagüetes, traficantes de drogas, bicheiros, que formam os até então misteriosos grupos de extermínio.

Esta verdadeira façanha de Brizola e de toda a sua equipe de governo, à frente o Vice-Governador e Secretário de Justiça, Nilo Batista, foi quase ignorada, senão boicotada pelos grandes veículos de comunicação. Ele estranhava que a TV, sempre tão ágil na cobertura dos acontecimentos e em "flagrar" os arrastões, não tenha feito uma reportagem especial, sobre as revelações do X-9, como era conhecido o cabo Ivan da S. Custódio, misto de alcagüete e policial, que acabou dando todo o serviço dos matadores da Candelária e de Vigário Geral.

Entretanto, quando a campanha presidencial começou para valer, entrou em ação outra "peça" de propaganda. Eram os arrastões, ações de bandos de pivetes, que espalhavam o pânico entre as pessoas nas praias e nas ruas. Inexplicavelmente, tais ações eram noticiadas com grande pompa no horário nobre da televisão. Estimulados pela ampla cobertura, os pivetes foram intensificando suas operações, para sobressalto da população. Foi aí que se comprovou a teoria do medo, desenvolvida pela socióloga Vera Malaguti, em seu livro *O medo na Cidade do Rio de Janeiro*, editado pela Revan, em 2003. As imagens de meninos negros, muitos sem camisas, na maioria musculosos, correndo e dando gritos de guerra, com direito até a reprodução na CNN, acabaram chocando não só o Rio como todo o Brasil. Aquilo foi letal para Brizola, ainda que, no maior desses arrastões, ocorrido em 13 de outubro de 1993, só tenha ocorrido o furto de um pente e de uma toalha, como atesta hoje o então Secretário de Polícia e Vice-Governador, Nilo Batista. Brizola perde feio a eleição de 1994, vai para casa e começa a ver o panorama de cima da ponte. Vamos verificar, no próximo capítulo, como ele se encontra aos 75 anos, quando o Plano Real começa a ratear, em janeiro de 1995.

LIII — O Outono do caudilho

Com todos os avanços da ciência, a idade de 75 anos está muito acima da média, no Brasil, ou de qualquer país. Para a Presidência da República, então, nem falar. Só Tancredo Neves conseguiu romper a barreira no Brasil. Mesmo assim, não chegou a assumir: caiu doente de morte um dia antes da posse[174]. Leonel Brizola chega aos 75, em 22 de janeiro de 1997, com tudo para ser um homem amargurado. Muitos dos projetos de companheiros de sua geração já haviam sido alcançados. Alguns deles até haviam morrido, outros se aposentado, e uns pouquíssimos ainda influíam em matéria de poder. Seu projeto

174 Nascido em São João Del Rei, Minas, em 4 de março de 1910, Tancredo de Almeida Neves foi eleito Presidente da República, de forma indireta, pelo Congresso Nacional, em 15 de janeiro de 1985. Em 14 de março de 1985, um dia antes de ser empossado, porém, Tancredo é internado às pressas no Hospital de Base de Brasília, já praticamente desenganado pelos médicos. Ele morreu em 21 de abril de 1985, de infecção generalizada, após sete cirurgias. O cargo de Presidente já tinha sido transferido, em 15 de março de 1985, para seu Vice, José Sarney, que completou os quatro anos de mandato de Tancredo e mais um que conseguiu obter do Congresso.

teria assim tudo para esvair-se, não fora um detalhe particular de sua vida — um entusiasmo juvenil, que o mantinha confiante ainda que num meio cercado de muito conformismo.

De outro modo, ele teria tudo para ressentir-se. João Goulart, morto havia quatro lustros, seu companheiro de juventude, apenas três anos mais velho e que veio a ser seu cunhado, tinha se tornado Presidente 36 anos antes, aos 42 anos. É bem verdade que com a ajuda determinante do próprio Brizola. Logo o Jango, que não era de dar muito duro! Ah, como o destino é cruel!

Fidel Castro foi ainda mais privilegiado. Chegou ao poder, em Cuba, quando tinha 32, um menino, e ainda ali, tendo dobrado 70 anos de vida, liderava com mão de ferro uma revolução socialista, que estarrecia o mundo pela rijeza com que arrostava o inimigo estupendo. Fidel ainda desafiava o gigante americano, abatendo-lhe aviões e intrigando-o com seus aliados.

75 anos é mesmo uma idade crítica. François Mitterrrand, outro contemporâneo que havia partido e que chegou ao pináculo aos 65, ao se tornar presidente e governar a França por 14 anos (1981-1995), dizia, antes de constatado o câncer que o matou, já fora do governo: "Ocorre comigo o que acontece com todos aqueles que ultrapassaram os 70 anos. Os mortos se acumulam à minha volta e eu começo a me sentir um pouco só".

Miterrand tinha Danielle e as amantes. Brizola tinha perdido sua Neusa, a irmã de Jango, esposa e confidente de 45 anos, quando se aprestava para a segunda desastrosa campanha presidencial, em 1994. Os mortos também se acumulavam: Jango, Lacerda, JK, Pasqualini, Darcy Ribeiro. Brizola também se sentia só. Seria de endoidecer não fora a conjunção de duas forças concêntricas que lhe davam um entusiasmo inexplicável.

Está em plena forma, mas havia fumado intensamente durante quase 50 anos seguidos. É verdade que ele havia largado o fumo desde 1986. Seja como for, o velho caudilho ainda deixava para trás muita gente de 40 anos, quando se lançava ao corpo-a-corpo das campanhas. Não menos férreo era seu poder de determinação. Derrotado duas vezes para Presidente, a última delas de forma humilhante, em 1994, quando obteve o quinto lugar, fazendo apenas 3,18%, ou

2.015.836 de votos, ele teve de aturar a chuva de lamúrias, frustrações e derrotismo que se abateram sobre seu frágil partido, o PDT.

***

Os jornais, a TV e o rádio lançaram sobre ele uma cortina de silêncio, enquanto os analistas políticos, mais uma vez, decretaram o seu obituário. Quando era objeto de algum comentário, seu nome era exposto ao escárnio e ao desprezo e quando menos à comiseração. Brizola estava velho e seu desempenho no pleito ficara abaixo da crítica, alegavam os analistas mais premiados.

No Brasil midiático de 1997, que elegera um sociólogo e poliglota como Presidente, do jornalismo espetáculo, multicolorido, da TV a Cabo, do início da internet, Brizola era a quintessência do atraso. Ele falava de educação com a escola integral como meta prioritária naquele Brasil maltrapilho e analfabeto. Já Fernando Henrique tratava de modernidade, de privatização, de enxugamento do Estado e de todos esses conceitos não muito bem definidos, mas que havia sido martelados pela TV como o requinte do avanço.

A cada sentença de sua morte política, Brizola respondia com alguma humildade: "Sou planta do deserto. Quando a seca é muito forte, me alimento com uma gota de orvalho". Na verdade, aquele não era o primeiro necrológio que lhe fazia a crônica política, nem sempre zelosa na apreciação dos fatos e muito menos preocupada em fazer o cotejo histórico.

Seu banimento do país em 1964, levou Assis Chateaubriand, então grão-mestre da mídia, a pronunciar este veredicto: "O Brizola está morto politicamente. Só falta enterrá-lo".

Mas o Brasil midiático não tinha muita preocupação com a história. O importante era a instantaneidade, o tempo real, o espetáculo, os efeitos especiais, as cores vivas. A história era coisa de dinossauro. Para este país, Brizola estava mesmo morto. Não tinha vez. Mas ele detectava um Brasil subjacente do salário aviltado, da produção desmantelada, do desemprego descomunal, da trituração do sistema escolar e da saúde, as conseqüências mais visíveis da alegada modernidade.

***

O que fazer então? Como estava banido da mídia, sem cargo, o seu partido exangue e desmotivado, ele submergiu. E tratou de juntar os cacos que sobraram no PDT. Antes de tudo, procurou de depurar seus quadros. Começou por impor a fidelidade partidária interna, ainda que o permissivismo da legislação estimulasse esse tipo de limpeza: quem contrariasse as diretrizes fixadas pelo diretório nacional seria excluído.

Já tinha havido outra eleição, a de prefeito, em 1996, e Brizola pareceu ter ido à lona, outra vez. Seus candidatos perderam no Rio de Janeiro e Porto Alegre, seus dois redutos mais emblemáticos, mas o PDT conseguiu consolidar-se como partido nacional, fazendo mais de 400 prefeitos e cinco mil vereadores, na maioria dos Estados. Desta vez os pedetistas tinham construído uma base, com vistas ao processo sucessório de 1998. Mas esta é uma história complexa. Vamos ficar, por enquanto, no dia em que Leonel Brizola completou a idade crítica de 75 anos.

O 22 de janeiro de 1997 era apenas um dia a mais como tantos outros. Nada de especial na sua rotina espartana de viúvo e político desempregado. Brizola estava dobrando os 75 anos nessa data sem nenhuma grande emoção ou fracasso aparente.

Seu aniversário caiu numa quarta-feira. O panorama político não era dos mais alentadores para a oposição. Fernando Henrique avançava firme na crista do movimento pela reeleição, para o qual contava com o apoio absoluto do chamado *establishment*. O Real, a moeda-propaganda que assegurou a primeira eleição do Presidente, continuava a desafiar as leis da gravidade, mantendo-se de pé, apesar dos solavancos nas economias similares, especialmente da Argentina. A crise asiática, que ensaiava seus primeiros arrufos, não tinha descortinado seus efeitos devastadores sobre os chamados países emergentes.

Ainda no dia 22 de janeiro de 1997, o *Jornal do Brasil* registrava uma pesquisa, segundo a qual 70% da população se mostrava favorável à realização de plebiscito para decidir sobre a reeleição. Mas nada disso contava, porque o rolo compressor, a compra de votos de deputado e o suporte da quase totalidade dos governadores, que também queriam ser reeleitos, já tinham sido acionados para soterrar qualquer argumento.

Impotente em conter o déficit, em virtude dos compromissos que assumira, sobretudo aquele de abrir indiscriminadamente o país às importações, e ciente de que o afundamento das contas desembocaria no colapso do Real, o Governo FHC desandou a vender as nossas grandes empresas estatais. A queima da Companhia Vale do Rio Doce, a CVRD, uma das maiores mineradoras do mundo, estava enfrentando problemas, porque a sociedade começou a reagir. Pipocaram 135 ações e 26 liminares na Justiça, que mais tarde seriam inapelavelmente derrogadas pela mesma força titânica que parecia levar a tudo e a todos de roldão. No dia 6 de maio, toda a luta nacional pela preservação da pérola de nossas estatais espatifava-se em três minutos, o exato tempo que levaram os leiloeiros da Bolsa de Valores do Rio de Janeiro para declará-la privatizada. Assumiu o controle da Vale o Consórcio Brasil, liderado pela Companhia Siderúrgica Nacional, outra grande estatal privatizada em 1993, e integrado pelo grupo Vicunha, Bradesco, o americano Nations Bank, fundos de pensão nacionais, o banco Opportunity e o Citibank, pelo preço de R$32,00 cada ação. O leilão, que teve sua abertura retardada ao longo de quase todo o dia, por causa das liminares, foi finalmente iniciado às 17h44, após a confirmação da cassação das duas últimas ações judiciais, que suspendiam a operação. Às 17h47, o pregão foi encerrado, com a declaração de venda da CVRD.

****

Brizola, apesar de esperançoso, já não tinha muita ilusão quanto ao destino daquela fatia preciosa do patrimônio nacional. Ele leu as notícias, naquele 22 de janeiro, no monte de jornais que lhe é entregue toda manhã, e cujo destaque principal era a votação da emenda da reeleição, que ocorreria no dia 28. Não tinha muito que fazer. O diretório nacional do PDT já havia baixado diretriz fechando questão contra a reeleição e as privatizações, em 5 de dezembro de 1997, quando foram comemorados os 20 anos da morte do ex-presidente João Goulart.

Nas suas reflexões, a idade não deixava de preocupá-lo, mas encontrava consolo em algumas comparações: "Olhando por aí — espero que o prédio não desabe com a citação — a gente vê pessoas como o Roberto Marinho, com 92, 94 anos de idade, na ativa. Ele vai ao escritório todos os dias! Sem falar no nosso Barbosa Lima Sobrinho que hoje está completando 100 anos de vida. Olha, diante desses exemplos sinto-me um garoto.

Na segunda derrota que sofreu para Presidente, em 1994, Brizola nem quis esperar a abertura das urnas, pois já sabia de antemão quem seria o vencedor. Depois de votar pela manhã na Escola Penedo, em Copacabana, tomou o avião e embarcou para a Hacienda Repecho.

***

Enquanto a maioria dos políticos, inclusive os da esquerda dita mais conseqüente, incluindo muita gente do PDT, se rendia ao fato consumado da política das privatizações e da globalização, Brizola esbravejava contra todas elas. Era uma postura solitária, que certos correligionários julgavam suicida e até nociva — seja aos projetos políticos pessoais de cada um, seja à própria sobrevivência legal do partido. "Como é que vamos ser contra uma coisa que todo mundo está a favor", indagavam eles, contagiados pela atmosfera privatizante.

Mas ele seguia em frente, imperturbável: "Vivemos uma época onde não há discussão. Só isto pode justificar toda essa onda de vender o patrimônio público e empresas como a Vale do Rio Doce. Que coisa perversa! Ninguém discute! Digo o seguinte: este Fernando Henrique Cardoso é uma pessoa que não tem pulso para defender a Nação! E a Nação está sujeita a tudo pelo fato de estar nas mãos de uma pessoa como ele".

Também parecia pouco preocupado com a insatisfação de alguns correligionários, que consideravam politicamente temerária aquelas posições radicais, e via quase como naturais, inevitáveis até, as deserções que seu partido já sofrera e que ainda iria sofrer:

"É claro que os traidores existem. Um aqui, outro ali, mas isto é da vida. Até Jesus Cristo, que era Deus, foi traído. Ele escolheu 12 apóstolos e entre eles um o traiu — Judas Escariostes. Judas acabou se matando de desgosto porque, além de traidor, viu-se abandonado quando acabou o dinheiro".

A atmosfera, no entanto, era desoladora para aqueles que enfrentavam a ordem dominante, porque ela não se restringia ao Brasil, abarcava praticamente todo o planeta. Esta era a razão mais visível para tantas deserções, não apenas no PDT, como também em todos os segmentos populares. No PT, parte dos intelectuais, inclusive os da USP, tinha se passado de armas e bagagens para o lado da modernidade, já na campanha presidencial de 1994, trocando Lula por Fernando Henrique.

Sempre enfrentando desafios e já não mais se importando com derrotas eleitorais, Brizola ainda concorda em ser candidato a Vice-Presidente na chapa de Lula para Presidente, em 1998. Necessitando do apoio do PT para eleger o então pedetista Antony Garotinho ao governo do Rio, ele se reaproximou do PT e de Lula, a quem ainda considerava ser o operário com que Vargas tinha sonhado para um dia chegar ao Palácio do Planalto. Brizola fez tudo para impregnar-lhe do sentido social da Era Vargas, chegando a levá-lo ao túmulo de Getúlio, em São Borja.

A campanha até começou bem. Brizola respondeu com altivez a um ataque de ACM a Lula, numa atitude que rendeu grande repercussão na mídia. Sua linguagem incandescente, sobretudo quando atacava as privatizações, também dava certo tempero àquela campanha um tanto insossa de Lula. Mas a chapa tinha mesmo o destino da derrota.

Fernando Henrique voltou a ganhar em primeiro turno, acobertado por outro aporte bilionário. Não importava que o Real fosse mal das pernas. Depois de 14 dias de inicado o segundo mandato de FHC, o real sofria sua primeira e violenta desvalorização. Os votos, porém, já tinham sido contados, e o Presidente, diplomado e empossado. Não tinha sido assim com o colapso do Cruzado, em 1986? É importante que recapitulemos como chegamos àquele naufrágio de mais um pacote econômico. Ingressemos no próximo capítulo.

LIV — A economia desaba, outra vez

Ele tinha um faro apurado para o que chamava de processo social. Sabia que, mais cedo ou mais tarde, todo o esquema de sustentação do Plano Real se esbarrondaria, como tinha ocorrido com o Cruzado e todos os seus sucedâneos — Cruzado II, Bresser, Verão, Collor etc. —, nos últimos dez anos. Todos esses planos, explicava, sustentavam-se em bases irreais, e o Real, muito especialmente, porque estava ancorado na paridade da nova moeda com o dólar americano.

Só não contava com o fôlego que iria demonstrar o Real, naquela altura, a caminho de completar seu terceiro ano, em 1 de julho de 1997. Os planos anteriores tinham fracassado em muito menos tempo. O Governo Fernando Henrique já experimentara uma tormenta, em março de 1995, três meses depois de sua posse no Planalto, quando a economia brasileira fora colhida pelo colapso do México de 1994. Mas o Presidente acabou atravessando a borrasca, eleitoralmente incólume, ainda que decretando medidas truculentas. Foi quando baixou o primeiro pacote de seu Governo, promovendo "uma elevação brusca dos juros e aumentando os impostos. Num crescendo assustador, estas medidas iriam desencadear o desemprego e o desmantelamento dos serviços públicos, sobretudo da saúde e da educação. O país chegou a perder cerca de sete bilhões de dólares na semana que foi de 06 a 11 de março de 1997[175]. Outros 20 bilhões seriam consumidos dali em diante para socorrer os bancos em dificuldade, através do Proer, Programa de Estímulo à Reestruturação e ao Sistema Financeiro Nacional.

Todo esse prejuízo acabou não afetando a imagem do Presidente e do Governo, por obra e graça da infalível propaganda. A inflação declinante, ajudada particularmente pelas importações indiscriminadas e o incremento do consumo, que possibilitava o favelado adquirir um televisor em 36 prestações mensais, embora muitos deles se tornassem depois inadimplentes, arremessava o prestígio

175 Relata a revista *Veja*, de 15 de março de 1995: A vacilação custou ao Banco Central 7 bilhões de dólares, oferecidos durante a semana no mercado, em leilões desesperados. Tentava-se evitar uma desvalorização descontrolada do Real, um processo que se sabe onde começa mas não se tem idéia de onde termina.

do Real e de seu criador para as alturas. A fatura da farra ainda não tinha sido apresentada e tudo parecia ir às mil maravilhas.

***

Mas é ironicamente um dia após o terceiro aniversário do Plano Real, ou, para ser mais exato, em 2 de julho de 1997, que efetivamente começam a trincar os vigamentos da formidável teia internacional, que mantinha as moedas nacionais atreladas ao dólar americano, desde a Patagônia até o México e da Indonésia à Federação Russa, passando por quase toda a Europa. O *Baht*, moeda nacional da distante Tailândia, o antigo Sião, lá no Sudeste Asiático e pertinho do Vietnã, implode e é desatrelada do dólar, após 13 anos de ancoragem. Foi desvalorizada em 60%.

E por que isso aconteceu? "Porque tinha chegado a hora de pagar o pato. A Tailândia estava vivendo muito além de suas posses, principalmente quando essas posses estavam ancoradas ao dólar", explica o economista Gary L. Ciminero[176]. Um processo em cadeia levaria à ruína econômica da Malásia, Singapura, Indonésia, Coréia, Taiwan, Filipinas, Hong Kong e comprometeria seriamente o Japão.

Como a economia já estava quase toda globalizada, o efeito asiático logo se faria sentir dramaticamente no Brasil, Argentina, México, Peru, Chile e quase todos os chamados países emergentes de ambos os hemisférios. No final daquele 1997, Fernando Henrique era obrigado a baixar outro pacote draconiano, que começava por dobrar as taxas de juros, antes já altíssimas, tornando-as as mais altas do planeta. O pacote atingiu duramente a população, que se preparava para as compras de Natal. É aqui que começa na realidade o declínio da popularidade do Presidente, seu prestígio pessoal e do próprio Plano Real.

***

176 Gary L. Ciminero, do *Independent Economic Advisory*, fez a referência em artigo publicado em 24 de novembro de 1997.

Intrigado com a demora da reação popular, mas convencido de que ela não tardaria muito, Leonel Brizola não descuidou de preparar o terreno para a chegada do colapso neoliberal. Entregou-se de corpo e alma a uma tarefa penosa: tentar reunir a oposição, dispersa numa constelação de partidos, tendências, dissidências. Ele atribuía a fragmentação à aparente invencibilidade dos neoliberais e às derrotas sucessivas das correntes populares, inclusive as do próprio PDT. Seu julgamento era de que o povo estava desunido, porque as lideranças populares não se entendiam. Sustentava que, com o povo unido, era sempre possível vencer. Brizola tinha de encontrar uma forma de unir as esquerdas, fossem quais fossem os percalços.

Com o mote de que "divididos, seremos sempre degraus para a direita subir", ele saiu de sua humilhante derrota para a Presidência da República, em 1994, na busca de cada uma das lideranças oposicionistas, a começar do Partido dos Trabalhadores, PT, seu tradicional adversário na esquerda. Foram dias, meses e anos de conversações tensas, carregadas de ressentimentos, contratempos e protelações infindáveis.

Aturou pacientemente todas as lamúrias, desaforos e até algumas ofensas pessoais, muitas das quais de público, de seus aliados no campo oposicionista, no longo processo de negociação que foi desembocar na noite do dia 17 de janeiro de 1998. Nesse dia, ocorreu o fechamento da Aliança Popular PT-PDT, na sede do PDT, no centro do Rio, que Brizola classificou como "a viga mestra na construção da frente oposicionista". Para ele, a aliança PT-PDT "será o restabelecimento da união do nosso povão, aquele que elegeu Vargas, que fez a Legalidade, que elegeu Juscelino, Jango, que fez as Diretas".

***

Aos 75 anos de idade, o peso das frustrações, reforçado pela decadência natural do físico, poderia torná-lo um homem triste e amargurado. Mais de dois anos já haviam transcorrido da derrota para Presidente, em 1994, e o seu prestígio eleitoral afundava ainda mais no Rio de Janeiro e mesmo no Rio Grande do Sul, seus principais redutos. Os índices de rejeição ainda eram altíssimos. Mas Brizola era todo esperança e otimismo.

De onde é que ele tirava tanto gás para enfrentar tamanha tempestade, que o imediatismo da política julgava perene ou pelo menos duradoura? Brizola julgava que tudo aquilo seria passageiro, mesmo naquela idade provecta, em que o comum dos mortais costuma vestir o pijama, quando não esperar a morte. Que nada, ele ia agora lançar-se numa campanha com objetivo de obrigar Fernando Henrique Cardoso a renunciar à Presidência da República.

LV — Pela renúncia de FHC

Em março de 1999, quando Fernando Henrique já havia sido reeleito e empossado no segundo mandato, Brizola lançou a campanha para obrigar o Presidente a renunciar, sob a alegação de que FHC estava ocupando a Presidência da República de forma indevida.

FHC teria enganado todo o povo brasileiro, escondendo a crise (desvalorização do Real), que só veio estourar três meses depois (da sua reeleição).

Solicitou, então, uma reunião da Frente de Oposições, que acabava de ser constituída pelo seu PDT, PT, PSB, PCdoB e PSTU. A princípio, estes partidos ficaram ressabiados. Os petistas fizeram uma reunião apressada do seu diretório nacional e manifestou-se contrário à tese.

Brizola, porém, estava determinado e lançou-se com todo seu poder de persuasão à campanha e rechaçou os editoriais atribuindo intenção golpista ao movimento: "Eu não tenho nenhuma tradição de golpismo. Ao contrário, me honro de estar na história brasileira entre os que defenderam a Legalidade democrática de arma na mão. Além do mais, que poder poderia ter eu para estar fazendo proposta golpista? Nem poder econômico, nem poder real, nenhum elemento de barganha. Ao contrário, eu poderia dizer que estou numa campanha antigolpista, porque este Governo usou e abusou de processos discricionários[177]".

177 Entrevista aos jornalistas, durante um café da manhã, no Plaza Hotel , de Porto Alegre, em 19 de março de 2001.

Entretanto, na proporção que o desemprego ia se agigantando em virtude da queima das nossas estatais, a falência de muitas empresas privadas e a escalada dos juros, os partidos oposicionistas, juntamente com a UNE, a CUT e o MST concordaram a princípio em engrossar o movimento. Houve muitas divergências, mas acabaram se entendendo e convocando a Marcha dos 100 mil, em Brasília, que realizaram com sucesso, no dia 26 de agosto de 1999. Em cima de um trio elétrico, Brizola, Lula, José Dirceu, Aldo Arantes (PCdoB), Paes de Andrade e Roberto Requião (PMDB) fizeram discursos candentes para a massa compacta, que se reuniu em frente ao Palácio do Congresso Nacional. O movimento chegou a balançar o Governo e só não vingou porque as esquerdas, mais uma vez, se dividiram. Já na passeata de Brasília, quiseram confinar o movimento à simples criação de uma CPI para investigar a privatização da Telebrás, um dos maiores escândalos do primeiro mandato de FHC, e a um processo de *impeachment* do presidente. Brizola discordou e não integrou a comissão dos dirigentes do movimento, incluindo Lula, que foram entregrar um milhão de assinaturas, pedindo a instauração daqueles dois processos ao presidente da Câmara dos Deputados, Michel Temer (PMDB-SP). Por isso ficou sozinho no trio elétrico, aguardando a volta da comitiva. Ao falar à massa, explicou:

"Achei que não podia ir. Mas sou solidário com eles, sou solidário a tudo que se fizer contra este governo e, por conseguinte, sou solidário à instalação da CPI e ao processo de responsabilidade. Mas eu quero dizer a vocês todos que o que eu considero, o que o Brasil reclama, e precisa e necessita é a renúncia deste homem que está aí. Eu sei que é difícil, mas não é impossível. Claro que se nós formos lá, para os tapetões e para os salões, ele jamais sentirá que a renúncia é necessária".

O movimento começou a preocupar o Planalto, e o Presidente Fernando Henrique convocou uma reunião com ministros para fazer um balanço do protesto, em que denotou preocupação: "Está registrado e já anotamos. É olhar para a frente e ver o que ainda pode ser feito", assinalou o Presidente. Em seguida, o Governo anunciou uma série de medidas, como narrou a revista Istoé, de 1º de setembro de 1999: "Entre outras providências, vai unificar os programas dirigidos para as pequenas e médias empresas, hoje dispersos em seis órgãos do governo, com o objetivo de criar linhas de financiamento a juros mais baixos. Vai lançar também um programa habitacional para injetar recursos na construção civil, um setor que emprega muita mão-de-obra. E para desfazer a imagem de que está parado, o governo está empenhado também numa batalha de marketing".

Tudo aquilo ficou no papel ou nas intenções governamentais. Também não foi preciso fazer nada. Os partidos aliados do PDT foram aos poucos se afastando do movimento, tendo alguns de seus dirigentes se queixado de que Brizola "andava muito sectário". Brizola, por sua vez, não tinha estrutura para levar adiante o movimento da renúncia.

A campanha da renúncia murchou e Brizola partiu para outra. Foi tentar com Itamar Franco (PMDB , governador de Minas, e Ciro Gomes (PPS), ex-governador do Ceará, lançar, na eleição de 2002, uma candidatura presidencial alternativa entre José Serra, o candidato do PSDB, e Lula, do PT. Itamar se viu impossibilitado de assumir essa candidatura, porque tinha reingressado no PMDB, onde sentia que jamais conseguiria tornar-se presidenciável. Sobrou Ciro Gomes, liderança nacional em ascensão, que acabou apoiado pelo PDT.

Já fragilizado, em razão da intensa campanha de mídia contra Brizola, o PDT não conseguiu formar uma boa base nos Estados, apesar de ter candidatos de grande tradição: Jorge Roberto da Silveira, prefeito de Niterói várias vezes, e um dos quadros mais renomados, no Rio de Janeiro; Alceu Collares, no Rio Grande do Sul; João Durval, na Bahia. Elegeu apenas um governador, e assim mesmo no longínquo Amapá, Waldez de Góes (só depois da eleição é que o partido obteria a adesão de Ronaldo Lessa, eleito pelo PSB em Alagoas).

A campanha de Ciro Gomes foi deslanchada com grande sucesso e chegou a ser considerada imbatível três meses antes da eleição. Entretanto, o temperamento arrebatado do ex-governador cearense e suas contradições, muito exploradas pela imprensa, o puxaram para baixo. Lula avançou em todas as pesquisas, e Brizola sugeriu que Ciro retirasse o seu nome para que Lula já ganhasse no primeiro turno. Mas Ciro resistiu. Lula não leva no primeiro turno e, no segundo, pede o apoio de Brizola, no que foi atendido. O resultado final foi o que todos esperavam: Lula tornara-se o primeiro operário eleito Presidente do Brasil. As diferenças de visão do Brasil entre Lula e Brizola logo vêm à tona, sobretudo com a formação do novo Governo. Este é um tema dedicado ao próximo capítulo.

LVI — A difícil relação com o PT

Brasília, 01 de janeiro de 2003, festa da posse de Lula Presidente. Dali a 21 dias, Brizola completaria 81 anos. Já um pouco curvado pela idade, o andar um pouco arrastado, mas a cabeça erguida, ele se acotovelava quase anônimo entre aquela multidão de parlamentares, áulicos, *lobbistas*, repórteres, altos dignitários e representantes estrangeiros. O plenário da Câmara dos Deputados regurgitava. Lá fora, quase cem mil pessoas se derramavam ao longo do gramado em direção à futurista Esplanada dos Ministérios, para aclamar o novo Presidente, eleito com estonteantes 63 milhões de votos, que ia tomar posse perante o Congresso Nacional.

Fazia um dia lindo naquela tarde de 1º do ano de 2003. Até a natureza dava sua cota de contribuição para o sucesso da festa e da nova administração. As nuvens, que pela manhã ameaçavam um temporal, muito comum na região por essa época, haviam se recolhido, como por encanto, para abrir passagem ao escolhido do povo, iluminando-o com um sol de verão.

Comprimido na platéia sob a abóboda da concha virada para cima do Congresso Nacional, Leonel Brizola ouviu — e aplaudiu — o discurso de posse de Lula, e disse isso a ele, quando os dois trocaram um abraço furtivo depois que terminou a solenidade. No discurso de 45 minutos, o novo Presidente reafirmou a sua promessa de mudar o País e prometeu um governo mais atuante no cenário internacional. "O Brasil pode dar muito mais a si mesmo e ao mundo. Ainda não cumprimos a grande missão planetária que nos espera". Convidado para a cerimônia de transmissão do cargo, que teria lugar em seguida, no Palácio de despachos do Planalto, Brizola preferiu não ir. Seu convite indicava que ele teria de ir sozinho, sem acompanhante. O que ia fazer lá no meio daquela multidão pressurosa e deslumbrada com os novos donos do poder, se nem o caminho conhecia direito?

A verdade é que Brizola já estava ressabiado com os movimentos de Lula na formação do Governo. Tinha se surpreendido com a designação do presidente mundial do Bank Boston Corporation, Henrique Meirelles, para a presidência do Banco Central do Brasil. Aquilo, no seu entender, era uma sinalização no sentido de manter, se não aprofundar, a política neoliberal de FHC. Mesmo assim, ele não queria criar embaraços ao futuro Governo que se instalaria dali a pouco, encarnando as esperanças de todo o país pela mudança. Mais uma vez engoliu o sapo e chegou a ir, pessoalmente, acompanhado do deputado e ministro designado das Comunicações, Miro Teixeira, à solenidade do anúncio do novo ministério, dia 12 de dezembro de 2002, no luxuoso Hotel Blue Tree Park, em Brasília.

Ele havia resistido fortemente à indicação de Miro para o Ministério. Chegou a dar declaração pública rejeitando a indicação do nome do deputado, eleito várias vezes líder da Bancada na Câmara. "Nada de pessoal", como dizia, pois considerava "Miro, inclusive, como o melhor nome que temos para o Ministério, mas porque as Comunicações formaram uma pasta muito esvaziada pelas privatizações".

Brizola, no entanto, defrontou-se com uma barragem de críticas da mídia, que não entendia as razões de seu "veto", e com a posição majoritária do PDT, cujos principais próceres defendiam a indicação do deputado. Por fim, concordou com a nomeação, depois de um *tête-a-tête* com Miro, articulado por Carlos Lupi, vice-presidente nacional do PDT e homem de sua absoluta confiança. Miro lhe fez ver a conveniência de o PDT estar representado no Governo e de cuidar daquela área específica, que considerava sensível aos interesses nacionais.

***

Apesar dessas decepções, Brizola não perdia a confiança. Considerava que a eleição de Lula, em si, tinha um significado transcendental: "Foi a capacidade que a Nação brasileira, o povo brasileiro mostrou em eleger Presidente uma pessoa das suas camadas mais humildes. E o Lula é essa camada humilde, um retirante lá do Nordeste... Veio criança, com a sua mãe, e de repente, praticamente caminhando sozinho, chega a esta posição. Então este é o fato. Isso aí é de uma importância muito grande, (pois) caracteriza o povo brasileiro[178]".

Mas mais tarde, ele faria uma ressalva, durante entrevista ao *Correio Braziliense*: "Até agora, de ponto positivo enxergo a vitória propriamente dita de Lula. Uma pessoa que vem das camadas populares. Um trabalhador. Mas isso também pode ser um perigo. Dali a um pouco, põe um rei na barriga e começa a se aburguesar".

Nesta entrevista ao jornalista Rudolfo Lago (22 de junho de 2003), quando Lula caminhava para o sexto mês de governo, o que faria se estivesse no lugar dele, Brizola respondeu: "Certamente, já teria feito uma mudança mais drástica nos juros para possibilitar a retomada do crescimento. E não teria feito algumas escolhas, a nosso ver, desastrosas, para a sua equipe de governo, como a desse presidente do Banco de Boston no Banco Central".

Na mesma entrevista, Brizola lembrava das advertências que fizera durante o Governo do Presidente João Goulart, seu cunhado e companheiro do antigo PTB: "Quando Jânio Quadros renunciou, o povo brasileiro pegou em armas. E isso deu aquele impulso que retrocedeu o golpe. João Goulart veio. E foi concessão atrás de concessão". Eu dizia: "Jango, não receba o embaixador dos Estados Unidos no palácio". Ele respondia: "Mas o Lincoln Gordon é meu amigo. E eu sou presidente, não posso me isolar e não falar com ele". Não era amigo nada. Ia lá para espionar e conspirar. E, agora, Lula vai dialogar com George W. Bush e cede às pressões do Fundo Monetário Internacional".

Por fim, Brizola não se conformava com o fato de Lula realizar uma política econômica que era a continuidade e em muitos casos extrapolava a política fiscalista de seu antecessor, o Presidente Fernando Henrique Cardoso: "Ele (Lula) não foi eleito por causa dos seus programas, das suas propostas de governo. Lula foi eleito por-

178 Entrevista a Boris Casoi, no programa *Passando a Limpo*, Rede Record, 23 de junho de 2003, 23h30m.

que era o que melhor parecia representar um repúdio ao governo Fernando Henrique".

Aos poucos, Brizola passou a adotar uma linha de aberta oposição ao Presidente, apesar das resistências de grande parte das bancadas pedetistas no Congresso, que insistiam em dar um crédito de confiança ao governo. No Senado, o senador Jefferson Peres (AM) , líder pedetista, alinhava-se com a posição brizolista, no que era acompanhado pelos outros senadores pedetistas, como Osmar Dias (PR), Augusto Botelho (RR) e Juvêncio da Fonseca (MT). O Palácio do Planalto, porém, já pressionava para que os pedetistas votassem a favor das reformas da previdência e da independência do Banco Central.

Brizola queixou-se da forma com que o Governo tratava os partidos da base governista, sobretudo o PDT: "Somaram-se tomadas de posições, de ministros e do governo, chocantes para nós, e que foram descaracterizando o governo. Para completar, uma prática pouco ética de buscar cooptar para as idéias do governo nossos quadros".

Para evitar defecções, Brizola convocou o diretório nacional do PDT, decretando questão fechada, processo pelo qual o parlamentar está sujeito à expulsão se não votar de acordo com as decisões partidárias, contra todas as reformas de Lula e as que viessem a atentar contra a nossa soberania e os direitos dos trabalhadores. Mas o governo se adiantou: "Eles nos levaram 11 deputados, mais da metade da bancada de 21, que elegemos em 2002", afirmou o secretário-geral do PDT, Manoel Dias. Esses deputados foram depois espalhados pelos partidos da base do Governo, sobretudo o PTB e o PMDB.

Finalmente, no dia 12 de dezembro, antes que Lula completasse um ano de mandato, o diretório nacional do PDT decidia, por 147 votos a três, declarar independência em relação ao governo, o que correspondia a um virtual rompimento, e determinava aos pedetistas detentores de cargos na máquina governamental, que os abandonassem. A decisão, adotada com base num parecer do deputado Vieira da Cunha, presidente da Assembléia Legislativa do Rio Grande do Sul, ainda recomendava "suas bancadas na Câmara dos Deputados e no Senado que mantivessem uma postura crítica em relação a todos os projetos e ações do Governo que estivessem em desacordo com o que recomenda o Programa e o Estatuto do Partido".

A decisão ocorreu dois meses antes da eclosão do Caso Waldomiro Diniz, o primeiro de uma série de mega-escândalos que desaguariam, em junho de 2005, no caso do Mensalão.

Quanto à entrega dos cargos pelos pedetistas, Miro Teixeira decidiu permanecer no ministério das Comunicações e trocar de partido, o mesmo acontecendo com outros pedetistas que se acomodaram no PT ou em outras siglas, tendo os demais devolvido os cargos de confiança. A esta altura, Brizola já se tornara o principal crítico da política econômica do presidente.

***

Embora esvaziado politicamente e desprestigiado por Lula, Brizola mantinha, com sua força moral e seu poder de determinação, o controle do partido. Irritados com setores pedetistas que insistiam em acumpliciar-se com o Governo, Brizola, às vezes, abandonava seu pragmatismo usual para lamentar:

— Vou e volto do campo e vejo que os animais são os mesmos. Já os homens...

Num desses momentos em que as traições castigavam o PDT, Brizola desabafou com Neiva Moreira, então líder da bancada na Câmara:

— Qualquer dia desses, eu fecho esse partido e vou fundar um Movimento Nacional de Libertação... Os políticos nunca vão criar vergonha!

A partir daí, Brizola passou a reunir permanentemente a executiva nacional pedetista no Rio de Janeiro e obtinha dela o fechamento de questão contra matérias neoliberais do governo e das lideranças conservadoras do Congresso Nacional. Dessa maneira, o PDT votou unido, salvo uma ou outra exceção, contra todas as medidas de cunho neoliberal propostas por Lula, como as reformas tributária e da previdência e autonomia do Banco Central.

Uma de suas últimas interferências ocorreu na votação da emenda da reeleição para as mesas da Câmara e do Senado. Segundo Brizola, as velhas oligarquias visavam com aquela emenda, reeleger, indefinidamente, o deputado João Paulo (PT-SP) e o senador José Sarney (PMDB-MA), respectivamente presidentes da Câmara e do Senado.

Naquela ocasião, como a executiva ainda não havia se pronunciado em torno da matéria, 10 dos deputados pedetistas se comprometeram a votar a favor da reeleição. No meio da votação da emenda pelo plenário da Câmara, porém, Brizola passou um fax ao líder da bancada, deputado Dr. Hélio, de São Paulo, informando que a executiva também decretara questão fechada com relação à emenda. O fax foi lido na tribuna por Dr. Hélio e 9 dos 14 pedetistas acompanharam aquela decisão. O curioso é que a emenda da reeleição perdeu por não ter alcançado o quorum qualificado. Ficaram faltando cinco votos para ser aprovada, o que seria preenchido se tivesse prevalecido o compromisso anterior dos pedetistas à interferência do líder maior do partido.

***

Na verdade, Leonel Brizola sempre teve uma relação tensa com a bancada, pois os deputados não admitiam sua interferência nas votações, com o argumento de que o mandato lhes pertencia, já que haviam trabalhado muito para obter a eleição. Alguns deles chegavam a mais de 100 mil votos. Brizola entendia o contrário, pois alegava que os deputados tinham sido eleitos pela legenda do PDT, que por sua vez, tinha um programa e um estatuto, de cunho marcadamente nacionalista e anti-neoliberal. Insatisfeitos ou impotentes para fazer prevalecer sua posição, muitos parlamentares abandonaram o partido, na maioria para desfrutar de nomeações para cargos e benemerências oferecidas pelos governos de plantão.

Ele possuía uma forma singular de impor as decisões partidárias. "Elas não se davam por simples imposição machista ou caudilhesca", recorda o deputado Severiano Alves, eleito pela primeira vez no peito de 1994. "Naquele ano", ele recorda, "havia dois candidatos a líder, Miro Teixeira, do Rio, e Max Rosenmann (PR). Brizola chegou à reunião e fez um longo discurso, em que defendeu a união do partido naquele momento difícil da eleição de FHC, e elegeu o Miro, por aclamação. A Max Rosenmann foi oferecido a primeira vice-liderança, que ele rejeitou, emburrado".

Severiano tinha sido eleito líder da bancada depois da morte de Brizola. Ele ainda conta como funcionou o poder de persuasão do ex-governador em outra eleição da bancada: "Havia uma disputa renhida entre Miro Teixeira e Sílvio Abreu (MG) e Brizola chegou mais uma vez com aquela sua alocução vibrante em favor da unidade trabalhista. Dizia que éramos um partido pequeno, que não poderia dar-se ao luxo de perder-se em questiúnculas pessoais, enquanto o Governo estava cada vez mais forte e vendendo as nossas estatais, naquele processo de privatização. Depois, tirou do bolso do colete o nome do deputado Neiva Moreira. Ora, todos nós gostávamos do Neiva, que é uma figura histórica e muito querida, mas estávamos fazendo campanha — a metade da bancada queria o Sílvio e a outra metade, o Miro. Mas não houve jeito, tivemos de eleger o Neiva".

O deputado Mário Heringer (PDT-MG), médico de profissão e eleito em 2002, conhecera Brizola por acaso, quando este entrou sozinho numa banca, em Copacabana, em 1979, pouco depois do retorno do exílio, que este costumava freqüentar, para comprar jornais. Quase 20 anos depois ele o reencontra num mini-reveillon, organizado pelo o líder trabalhista, na sede do PDT, em Brasília, na véspera da posse de Lula. Brizola, revoltado com a sinalização do novo governo para aprofundar as medidas neoliberais da era FHC, previu que o novo Governo logo se converteria em um grande logro. "Mas Governador, o Governo nem começou e o senhor já está torcendo contra", disse-lhe Heringer, ao que Brizola replicou, numa referência aos petistas: "Não é que esteja torcendo contra. É que os conheço".

Já Álvaro Dias, deputado pelo Paraná, que atuava numa linha mais ortodoxa dentro da bancada, é de opinião que o PDT, para se diferenciar dos demais partidos de esquerda, necessitava ter uma posição muito nítida e nisso, segundo ele, Brizola teve senso histórico, porque anteviu o futuro. O deputado gaúcho Vieira da Cunha, que viria a ser líder e presidente nacional em exercício, em 2008, dizia, no entanto, ter visto Brizola chegar a uma reunião do PDT com uma posição e sair com outra oposta, por ter sido convencido, nos debates, pela maioria.

Seja como for, o controle de ferro sobre a bancada acabava liberando Leonel Brizola para brigar em esferas mais altas, como a mídia, por exemplo, que não o deixava em paz. Que tal partirmos agora para um pequeno *insight* nesta luta de gigantes?

XLVII — Confronto com a Mídia

A visão de Leonel Brizola era de que a mídia se situava acima de todas as instituições republicanas — poderes Executivo, Legislativo e Judiciário — como um grande complexo intocável. Um superpoder ao qual nenhum eleitor ou pessoa do povo tinha acesso, nem através do voto. E se agigantava a cada dia, inclusive, mais recentemente, com a internet, o grande instrumento que veio reforçar o complexo midiático.

Com ele, sustentou embates memoráveis. Seus debates, na tribuna da Câmara e na TV, em 1963, com o deputado João Calmon (PSD-ES), presidente dos Diários Associados, antes do Golpe de 1964, foram tão emocionantes quanto a polêmica que manteve com o empresário Roberto Marinho, da Rede Globo, depois do retorno do exílio.

Ironicamente, porém, a defesa dessa mesma mídia foi uma das últimas batalhas que travou no fim da vida: o combate à emenda aglutinativa modificando o artigo 222 da Constituição, para permitir o ingresso de 30% do capital estrangeiro nas empresas de comunicação do Brasil. A emenda tinha como autor o deputado Aloysio Nunes Ferreira (PSDB-SP) e relator o deputado Henrique Alves (PMDB-RN).

Em incansáveis entrevistas, palestras e nos *tijolões*, Brizola advertia: "A imprensa é uma instituição nacional intangível e, com todos os reparos e críticas que lhe temos, um fundamento da alma brasileira. Uma nação se expressa pela pena de seus jornalistas, não importa que, por vezes, tenha de se buscar nas entrelinhas esta expressão".

Ele recusava a alegação de que a vinda do capital estrangeiro significasse um simples negócio: "Uma atividade empresarial como qualquer outra, a pergunta não pode calar: então fazer imprensa é como vender bananas ou fazer parafusos? É assim que consideram a função social da comunicação? Se é assim, como justificar as isenções fiscais que gozam as empresas de comunicação? Vão prevalecer estas isenções para os sócios estrangeiros? Não é verdade que a mídia impressa e eletrônica no Brasil sejam obsoletas e atrasadas tecnologicamente. Ao contrário, estão entre as melhores do mundo".

A emenda foi aprovada pela quase totalidade da Câmara (423 votos contra 23 e duas abstenções) e do Senado, à única exceção dos parlamentares do PDT, que votaram em bloco contra a medida, por pressão aberta e direta de Brizola, que acusou o golpe: "Partidos de esquerda e nacionalistas" entregaram-se, negociando algumas maquiagens que lhes ocultasse a vergonha. Tremeram, vergaram-se e ficaram de cócoras, diante do poder da mídia. Nenhuma outra entrega é mais grave do que essa, porque — todos sabem — o grande instrumento de domínio, hoje, é a informação[179]". O PT e o PCdoB, partidos tido tradicionalmente como de esquerda, votaram unânimes em favor da matéria.

***

Na sua época de deputado federal, em 1963, as sessões da Câmara ganhavam um tempero especial quando ele assomava à tribuna. Utilizando uma linguagem incandescente, que ele mesmo viria, depois, considerar agressiva, o ardente parlamentar enchia de emoção aquelas tardes modorrentas da nova capital, ainda na infância de seus três anos de existência. A população não passava de 200 mil habitantes. Lá, dava de tudo, gritaria, algazarras, xingamentos, empurrões, troca de tapas e soar irritante das campainhas. O público ocupava as galerias e dava um calor particular aos debates, na medida em que também participava, através de uivos, assobios e palavras de ordem, apesar das advertências e ameaças do presidente.

Numa dessas sessões (26 de junho de 1963), Brizola fez um de seus discursos mais explosivos contra a mídia (na época se chamada grande imprensa), ao atacar a cadeia de jornais, rádio e TV *Diários*

179 *Tijolão* de 16 de outubro de 2001.

Associados, que tinha como patrão e chefe absoluto o jornalista Assis Chateaubriand, e como presidente nacional, o deputado João Calmon. Na ocasião, Brizola estava debaixo de uma enxurrada de ataques dos Associados, que o acusavam de ter se locupletado da miséria dos camponeses, através de seu programa Reforma Agrária, quando era governador do Rio Grande, como é relatado anteriormente. Em certo ponto do discurso, ele afirmou: "Estão agora derramando uma torrente de mentiras, de calúnias, de infâmias contra a minha pessoa. Gastam toneladas de papel e rios de tinta. Maços de informações inverídicas, de notícias improcedentes. Pretendem com isso meu desmerecimento, desmoralizar-me, desacreditar-me? Sim, pretendem. Mas o que desejam, através disso, é atingir a causa que procuro, modestamente, mas com patriotismo, defender. É isto que eles pretendem atingir".

"Escribas como Nasseres, os Teóphilos e outros, toda essa camorra de mercenários" — acrescentava, "todos esses aproveitadores de milhares de funcionários dessas empresas, que são mal pagos e espoliados, esses nada conseguirão contra mim. Primeiro, porque não sou um homem só, tenho milhões de companheiros por este Brasil afora; segundo, porque a luta é o meu clima; tenho até mais saúde quando estou lutando; terceiro, porque tenho vida limpa e honrada; quarto, porque toda esta camorra dos *Diários Associados* é uma pandilha de negocistas; quinto, porque porto, na causa que defendo, princípios de verdade e de justiça; e sexto, porque não ando atrás de interesses. E enganam-se os que pensam que ando atrás de poder. Não ando atrás de riquezas".

***

Quase 20 anos depois, quando seu nome começa a emplacar como vitorioso na eleição para o Governo do Estado do Rio de Janeiro, em 1982, o Brasil está mudado. O império da mídia já não pertence aos Associados, que, consumidos em dívidas e desorganização, cederam lugar às Organizações Globo, de que era senhor absoluto o jornalista e empresário Roberto Marinho. A televisão, que passara a ter imagens em cores, não estava mais circunscrita às cidades do Rio e de São Paulo; transmitia ao vivo e, em cadeia, para todos os recantos do Brasil e do planeta. O televisor, que antes do golpe era privilégio da alta classe média para cima, virara consumo de massa, a ponto de ser difícil encontrar uma casa pobre, mesmo na favela, que não tivesse um daqueles tubos, que se tornara o móvel mais importante na sala de estar de qualquer família. Desse modo, todo mundo ficava ligado na TV, principalmente nas novelas, o novo filão que ia marcar a dramaturgia brasileira, e no noticiário, com o Jornal Nacional dominando quase toda a audiência. Os jornais tinham se tornado consumo mais seletivo das elites, da alta classe média e de intelectuais.

Em 1982, ano da primeira eleição de Brizola para o governo do Estado do Rio de Janeiro, entrava em cena outra geringonça poderosa, o microcomputador pessoal, o PC (sigla do inglês *Personal Computer*) ou, simplesmente, micro, que iria aumentar, para o bem e para o mal, a velocidade da informação à quinta potência.

Aqui é que entra esta prodigiosa ferramenta, para operar uma fraude na eleição do Rio de Janeiro e tentar afanar a vitória, já ali tida como inevitável, de Leonel Brizola como governador. Uma manobra atribuída ao SNI, ex-agentes da repressão cuspidos do mercado depois da anistia, oficiais-militares da reserva, altos empresários, e tendo o micro como peça principal, foi então montada com o fim específico de fabricar a vitória do candidato governista Wellington Moreira Franco. A execução da fraude teria ficado por conta de uma firma de informática — a Proconsult — Racimec e Associados Ltda., por coincidência, contratada pelo Tribunal Regional Eleitoral do Estado, para, oficialmente, totalizar os resultados da eleição fluminense. A empresa, de propriedade de militares reformados, foi acusada de utilizar uma rotina de computador chamada *Diferencial Delta*, tendo como função converter os votos em branco, que geralmente são numerosos nas eleições (chegando a alcançar 20%), como sendo destinados ao candidato Moreira Franco. Moreira, então filiado ao PDS, o partido dos militares ainda no comando da política nacional, aparecia em segundo lugar, atrás de Brizola, nas pesquisas e nas apurações não fraudadas.

A Rede Globo de Televisão, como é sabido, lançou-se numa super cobertura das apurações, em que os micros eram a grande vedete, por causa de sua fantástica capacidade de calcular os votos. Lá pelas tantas, porém, a emissora empacou na divulgação dos números do Rio de Janeiro. Ela dava preferência à divulgação dos votos do interior, onde Moreira era favorito, mas que só representavam 25% do total do Estado, colocando em segundo plano os do Grande Rio de Janeiro, onde viviam 75% da população e os votos de Brizola beiravam os 70%. Com tal procedimento, e por causa da audiência esmagadora da emissora (cerca de 80%, na época), a cobertura sugeria que Moreira seria o candidato vencedor.

Menos espetacular, a Rádio Jornal do Brasil que, juntamente com o *Jornal do Brasil*, tinham criado uma tradição de objetividade e precisão no noticiário, por isso se tornando respeitados em todo o país, vinham totalizando os resultados, equilibradamente, como deveria ser feito, ou seja, os da capital e os do interior. O curioso é que Grupo JB — Rádio e Jornal — ainda funcionava na base das obsoletas máquinas de calcular, enquanto a equipe de jornalistas, na maioria estagiários, era distribuída nas mesas de apuração, em que copiava os dados à mão e os transmitia à redação, por meio de telefones. Ocorre que os números encontrados pela Rádio JB, davam Brizola na frente de Moreira, e, como era sólida aquela posição, a emissora passou a considerar sua vitória irreversível.

O jornalista Procópio Mineiro, diretor de jornalismo da Rádio JB, em artigo para Cadernos do Terceiro Mundo, nº 219 (abril/maio de 2000), afirmou que, "ao final do primeiro dia (de apuração, 16 de novembro), tínhamos cerca de 2% dos votos totalizados e pude ousar a previsão de que Leonel Brizola era o vitorioso contra Moreira Franco, candidato do regime, inflado por uma campanha de marketing extraordinária".

***

Ao perceber a trama, a partir do momento em que a Globo passou a dar prioridade aos resultados dos outros Estados, enquanto deixava o Rio para o último lugar, Brizola também decidiu fazer uma apuração paralela, adquirindo um micro computador, que foi confiado a César Maia, seu assessor mais talhado para a tarefa, em virtude do pendor que tinha pelos números. Como os dados de Maia, que utilizava as informações dos fiscais do PDT nas mesas de apuração, coincidiam com os da Rádio JB, Brizola começou a armar um esquema para denunciar o que ele já considerava um sério indício de fraude.

Ele tinha de encontrar uma forma de furar o monopólio da informação, que era na prática exercido pelo Sistema Globo, que, além da TV, tinha um dos maiores jornais do país e uma cadeia de rádios das mais potentes. A Rádio e o JB eram veículos de alta credibilidade, mas, sozinhos, com toda a sua força da verdade dos números, não se mostravam com força suficiente para desmontar a conspiração contra as urnas.

Foi quando Brizola decidiu conceder entrevista à imprensa internacional, entre cujos correspondentes desfrutava de grande respeito, desde a vivência de exilado em Nova Iorque e na Europa. Sua denúncia de fraude logo correu o mundo e isto foi o bastante para assustar os conspiradores, os quais, já a partir daquela tarde, começaram a refazer seus cálculos e a sinalizar para a vitória do candidato trabalhista. Mais tarde, à noite, quando a população já começava a tomar consciência da manipulação, a ponto de ameaçar alguns veículos e profissionais da Globo, Brizola pediu para também ser entrevistado na própria emissora. A Globo deu-lhe um espaço depois das 22 horas, quando o candidato foi entrevistado pelos jornalistas Paulo César de Araújo, André Gustavo Stumpf e Armando Nogueira, este último diretor de jornalismo.

Na entrevista, Brizola disse: "Nós consideramos que só a fraude pode ameaçar a nossa vitória. Não minha, pessoal, porque eu sempre tenho afirmado que não seria nunca a vitória de uma pessoa nem de um grupo de pessoas e nem mesmo de um partido. Seria a vitória do povo do Rio de Janeiro. Porque — olha que sacudir essa parafernália de propaganda, esses golpes todos que nos deram aí…"

Antes de dar a palavra a Brizola, o mediador da entrevista, Paulo César de Araújo, já denotava um recuo da emissora, ao fazer esta observação: "Segundo as últimas projeções do Centro de Computação de *O Globo*, o candidato do PDT ganharia as eleições no Rio por uma margem apertada sobre o candidato do PDS". Mesmo assim, Brizola protestou contra o fato de a TV Globo estar atrasada, na divulgação dos resultados: "(Ela) está dando enfoques diferentes. Mas, rigorosamente, nós tememos a fraude, porque se criou no Rio de Janeiro um ambiente favorável a isto. Porque, veja o seguinte: se estabeleceu um conflito entre os meios de comunicação. Quer dizer, uma estrutura aparelhadíssima, imensa e, sobretudo, contando com profissionais da mais alta categoria, como a Rede Globo e outros órgãos de comunicação, como a Rádio Jornal do Brasil. Enfim, entraram em confronto, em conflito de dados. E jogando toda essa massa de informações sobre a população, que ficou atônita".

Brizola insistiu em que "esta situação resultou, em primeiro lugar, num desmerecimento para o Rio de Janeiro. Porque, quando nós víamos o noticiário — e eu me aprontei como cidadão para acompanhar pelos meios de comunicação, via-se que em todo o Brasil o noticiário caminhava certo... E no Rio de Janeiro, nós para trás, confusos, não sabíamos, a população atônita. Então, isso levou até as apurações. Sabe que lá, no recinto das apurações, se criou um quadro de tensão entre os fiscais; as pessoas na rua, por toda parte".

O jornalista Procópio Mineiro lembra que a Rádio JB e outros jornais sofreram pressões e ameaças para acompanhar a apuração da Proconsult: "No finalzinho da noite desse primeiro dia (de apuração), o primeiro de uma série cada vez mais tempestuosa de telefonemas, que se estenderiam por mais seis dias, do responsável pela Proconsult, Arcádio Vieira. Como matemático, analisava minha apuração e concluía que a vitória final seria de Moreira Franco por "uns 60 mil votos". Os argumentos, porém, eram pouco matemáticos: falavam na elevada proporção de votos que seriam (seriam!) anulados na conferência final antes da entrada dos dados no computador. Ou seja, os mapas procedentes das juntas apuradoras iriam ser alterados, porque os pobres (eleitores do Brizola) não teriam competência para preencher com correção a cédula, muito complexa, pois a eleição envolvia também a escolha de senadores, deputados estaduais e federais, prefeitos e vereadores. Somado tudo, daria vantagem de 60 mil votos para o candidato do regime militar".

***

Depois da entrevista de Brizola, a direção da Globo, dizem que por ordem direta do Sr. Roberto Marinho, decidiu suspender a programação sobre as apurações, que produzia boletins quase de hora em hora, concentrando as informações sobre o resultado eleitoral nos noticiários fixos da emissora — Jornal Nacional, Jornal da Globo, à noite, e Bom Dia Brasil, pela manhã. Terminava assim, melancolicamente, a estréia do computador na mídia brasileira, mas o uso manipulado desta ferramenta importante continuaria sub-reptício — e decisivo — em todas as eleições brasileiras, dali para frente. Desse modo, as totalizações computadorizadas, que se intensificaram, a partir daí, continuaram a ser realizadas por programas elaborados pela comunidade de informações, daqui e de alhures, sem que os partidos nunca tivessem acesso. Brizola recorreu várias vezes ao TSE, inclusive na eleição de 1989, para que o programa daquele pleito fosse submetido a uma auditoria internacional, mas teve seus requerimentos todos rejeitados.

Em seguida, com a implantação do voto eletrônico, a partir de 1994, Brizola empreendeu nova cruzada para defender a verdade eleitoral do que ele considerava a mala preta dos programas de totalização dos votos. Com o auxílio do engenheiro e técnico em informática Amílcar Brunazo Filho, que lançou o site *A página do Voto eletrônico*, pela internet, e do jornalista Oswaldo Maneschy, Brizola mostrou a necessidade de o eleitor ter pelo menos a comprovação de que votou em seus candidatos. Lembrava que, em qualquer compra que faz, o consumidor comum tem direito a recibo, mas que na eleição, o destino dos votos dos cidadãos continuava um mistério. Na eleição de 2000, ele ainda obteve junto ao presidente do TSE, Nelson Jobim, um sistema de impressão do voto por amostragem, em algumas capitais, mas a experiência foi depois anulada, e o eleitor continuou sem ter prova de sua votação.

Segundo Procópio Mineiro, "a tecnologia pode estar também a serviço do mal. Se em 82 a eleição estivesse totalmente informatizada, como tem sido nos últimos tempos, a história teria sido diferente: não teria tido, com minha equipe, condições de oferecer a apuração paralela, que foi a verdadeira. O resultado teria sido outro, pois o sistema eletrônico fora manipulado para alterar a vontade popular. Os técnicos que hoje questionam os procedimentos impostos pelo TSE prestam, em minha opinião, uma extraordinária contribuição à democracia".

***

Depois de longo silêncio de 22 anos, a Globo decidiu manifestar-se sobre o episódio. Foi quando o *Jornal Nacional* completou 35 anos, em 2004, e a emissora lançou um livro, intitulado *Jornal Nacional — A notícia faz história*, sob o selo da Jorge Zahar Editor. O livro, que conta a história das grandes reportagens do *JN*, dedica 15 páginas, da 104 à 119, ao caso da Proconsult. A emissora, que reproduziu o depoimento de oito profissionais, incluindo dois diretores de jornalismo, Armando Nogueira e Evandro Carlos de Andrade, alegou três razões principais: 1) a de que nada tinha ver com a Proconsult; 2) de que o atraso na divulgação dos números do Grande Rio se deveu ao fato de a emissora ter optado por fazer uma divulgação conjunta de todos os cargos em disputa — deputado estadual, deputado federal e governador — e 3) de não fazer projeção sobre a vitória de nenhum dos detentores desses cargos.

Armando Nogueira, por exemplo, sustentou: "... Ficou decidido que nós íamos, por questão de economia, fazer uma cobertura atrelada ao jornal *O Globo*... Recebíamos números barbaramente atrasados, que não tinham nada a ver com a Proconsult. *O Globo* montou um arsenal de técnicos para apurar os votos, com seus próprios recursos. Acontece que para um jornal é tão importante a eleição proporcional quanto a de governador... Então os nossos números estavam muito atrasados em relação à projeção que a concorrência fazia... Então, enquanto as projeções davam o Brizola na frente, os números que nós recebíamos davam Brizola bem atrás, o que permitia uma campanha mal intencionada contra a rede Globo no sentido de que a Rede Globo estava manipulando os números, dando os números da Proconsult".

Armando Nogueira, que era o todo-poderoso diretor de jornalismo da Globo, chefiando uma equipe de quase dois mil profissionais, ainda fez questão de afirmar, em seu depoimento àquele livro: "Nunca visitamos a Proconsult. Nunca tivemos o menor contato com a Proconsult".

Por sua vez, Evandro Carlos de Andrade era homem da alta confiança do Sr. Roberto Marinho. Ele exercia o cargo de diretor de jornalismo de *O Globo*, em 1982, e depois substituiu Armando Nogueira, na Globo. Ele explicou que o jornal fez uma apuração paralela à da Proconsult, mas "sem qualquer relação ou contato ou o que quer que fosse com a Proconsult". Evandro, porém, chega a admitir algum tipo de conspiração contra a eleição de Brizola: "Eu acredito, sem prova alguma, que a Proconsult serviria a algum plano do SNI de falsificar o resultado da eleição. Mas insisto que as Organizações Globo nada tiveram a ver com essa conspiração, caso ela tenha existido".

Por fim, Homero Icasa Sanchez, que era responsável pela coordenação das pesquisas, que teria pedido a Brizola que "botasse a boca no trombone", porque desconfiava da comparação que fazia entre as pesquisas de boca-de-urna com os resultados colocando Moreira Franco à frente dos votos em todo o Estado, também deu seu depoimento no livro do Jornal Nacional: "Eu tinha uma amostra que me dizia a porcentagem de votos de cada zona eleitoral. Foi usando essa amostra que eu constatei que havia uma contagem errada. O TRE começou a dizer que não, que primeiro estava contando a Zona Oeste, que estava contando a periferia. Eu sabia que não. O Brizola me telefonou e me perguntou o que eu achava dessa contagem. Eu disse: 'Está errada'. Mas nós, da Globo, não tínhamos nada a ver com a Proconsult".

***

O confronto com a mídia ainda iria levar Leonel Brizola a outras batalhas imperdíveis. Em 1984, ele desbanca pela primeira vez a audiência da Globo, ao conceder à nova Rede Manchete, que acabava de ingressar na mídia com uma programação de alta qualidade, mas índices ínfimos no Ibope, a transmissão do carnaval do Rio, em 1983. Aquela era uma reação ao noticiário negativo da emissora dos Marinho em relação a seu governo, sobretudo ao Sambódromo, uma das primeiras grandes obras de Brizola e que daria nova e majestosa formatação ao tradicional carnaval carioca, através da Passarela do Samba, outra obra produzida pelo gênio de Niemeyer e Darcy Ribeiro.

Como se sabe, a TV e o jornal *O Globo* vinham desencadeando uma série de críticas à construção do Sambódromo, insinuando que a obra, que fora construída num prazo recorde de quatro meses, pudesse cair por falta de estrutura adequada. A entrega da cobertura exclusiva à Manchete provocou uma queda violenta na audiência da Globo, talvez a primeira de sua história, além de projetar nacionalmente uma concorrente séria, a qual, se tivesse organização, poderia ter dado ali seu grande passo para enfrentar o gigante global.

Em 1987, depois de uma série de escaramuças com os donos da Editora Abril, Victor Civita e Roberto Civita, responsáveis pela edição das revistas *Veja* e *Playboy* brasileira, Brizola ganha na justiça uma ação momentosa contra aquela empresa. Naquilo que Brizola considerou "uma manobra sórdida" de atingi-lo pessoalmente e à sua família, conseguiu impedir na justiça que a *Playboy* publicasse fotos eróticas de Neusinha, sua única filha, então com 34 anos e que na época atuava como cantora de *rock*. Já fora do primeiro governo do Rio de Janeiro e se preparando para disputar a eleição presidencial, em 1989, ele entrou com uma ação, em nome dos dois filhos menores de Neusinha, seus netos, alegando que eles teriam sua formação prejudicada com tal publicação. Brizola, que alegava estar a Abril no mesmo esquema de desestabilizá-lo, resolveu aproveitar o episódio para denunciar a empresa de representar interesses internacionais no Brasil.

O ex-governador ainda enfrentaria a Globo na eleição de 1989, mas aqui a emissora se vinga, nocauteando-o em seu grande sonho de tornar-se Presidente da República. O poder da Globo, entretanto, não foi suficiente para barrar sua eleição pela segunda vez ao Governo do Rio de Janeiro, com 62%, em 1990. Em 1994, ele é novamente abatido nas urnas para Presidente, por causa, sobretudo, da violenta campanha que a emissora do *plim-plim* desencadeia contra a sua nova administração estadual.

***

Leonel Brizola exercia seu segundo mandato de governador do Estado do Rio de Janeiro, em 15 de março de 1994. Quase nunca aparecia na Globo, a não ser para ser criticado. Mas nesse dia, ele invade o Jornal Nacional, para, através da voz altissonante de Cid Moreira, o apresentador que personificou mais que ninguém o noticioso, responder ao poderoso dono do quarto maior império de televisão no mundo, o Sr. Roberto Marinho. Depois de peregrinar por mais de dois anos com uma ação na Justiça contra um editorial da emissora, que o tinha chamado de "senil", Brizola ganhava direito de resposta, para ocupar três preciosos minutos, naquele que foi considerado por muito tempo como o espaço mais caro da televisão.

O jornalista Nelson de Sá, da *Folha de S. Paulo*, noticiou assim o episódio, na *FSP*, de 16 de março de 2001: "Cid Moreira, a voz do dono, a voz do Grande Irmão, a voz que surgiu do AI-5, voltou-se contra si mesma. Foi um daqueles momentos que servem como símbolos, como instantâneos da história. Cid Moreira falou, e falou e falou, contra Roberto Marinho. Foram três longos minutos, contra a Globo, no Jornal Nacional. O redator era Leonel Brizola, que ganhou direito de responder ao ataque que havia recebido do mesmo Jornal Nacional, que o chamou de senil".

Eis o texto lido por Cid Moreira para uma atenta audiência de mais de 50 milhões de brasileiros:

"Em cumprimento à sentença do juiz de Direito da 18ª Vara Criminal da Cidade do Rio de Janeiro, em ação de direito de resposta, movida contra a TV Globo, passamos a transmitir a nota de resposta do Sr. Leonel de Moura Brizola".

'Todos sabem que eu, Leonel Brizola, só posso ocupar espaço na Globo quando amparado pela Justiça. Aqui citam o meu nome para ser intrigado, desmerecido e achincalhado, perante o povo brasileiro. Quinta-feira, neste mesmo Jornal Nacional, a pretexto de citar editorial de '*O Globo*', fui acusado na minha honra e, pior, apontado como alguém de mente senil. Ora, tenho 70 anos, 16 a menos que o meu difamador, Roberto Marinho, que tem 86 anos. Se é esse o conceito que tem sobre os homens de cabelos brancos, que os use para si. Não reconheço à Globo autoridade em matéria de liberdade de imprensa, e basta para isso olhar a sua longa e cordial convivência com os regimes autoritários e com a ditadura de 20 anos, que dominou o nosso país.

Todos sabem que critico há muito tempo a TV Globo, seu poder imperial e suas manipulações. Mas a ira da Globo, que se manifestou na quinta-feira, não tem nenhuma relação com posições éticas ou de princípios. É apenas o temor de perder o negócio bilionário, que para ela representa a transmissão do Carnaval. Dinheiro, acima de tudo.

Em 83, quando construí a passarela, a Globo sabotou, boicotou, não quis transmitir e tentou inviabilizar de todas as formas o ponto alto do Carnaval carioca.

Também aí não tem autoridade moral para questionar. E mais, reagi contra a Globo em defesa do Estado do Rio de Janeiro que por duas vezes, contra a vontade da Globo, elegeu-me como seu representante maior.

E isso é que não perdoarão nunca. Até mesmo a pesquisa mostrada na quinta-feira revela como tudo na Globo é tendencioso e manipulado. Ninguém questiona o direito da Globo de mostrar os problemas da cidade. Seria antes um dever para qualquer órgão de imprensa, dever que a Globo jamais cumpriu quando se encontravam no Palácio Guanabara governantes de sua predileção.

Quando ela diz que denuncia os maus administradores deveria dizer, sim, que ataca e tenta desmoralizar os homens públicos que não se vergam diante do seu poder.

Se eu tivesse as pretensões eleitoreiras, de que tentam me acusar, não estaria aqui lutando contra um gigante como a Rede Globo.

Faço-o porque não cheguei aos 70 anos de idade para ser um acomodado. Quando me insulta por nossas relações de cooperação administrativa com o governo federal, a Globo remorde-se de inveja e rancor e só vê nisso bajulação e servilismo. É compreensível: quem sempre viveu de concessões e favores do Poder Público não é capaz de ver nos outros senão os vícios que carrega em si mesma.

Que o povo brasileiro faça o seu julgamento e na sua consciência límpida e honrada separe os que são dignos e coerentes daqueles que sempre foram servis, gananciosos e interesseiros'.

Assina, Leonel Brizola".

O mesmo jornalista Nelson de Sá, que depois se tornou o maior crítico de mídia no Brasil, anotou a reação da equipe da Globo à nota de Brizola: "O Jornal Nacional ainda esboçou uma reação. Entrou em seguida anunciando que 'o Rio de Janeiro atravessa uma nova onda de violência', usando como desculpa um seqüestro do dia anterior. Não funcionou. Nada funcionaria. Não contra um instantâneo da história".

***

Em novembro de 2001, quando suas chances eleitorais já eram consideradas quase nulas, a revista *Veja* brinda Brizola com uma capa, em que o acusa, com base em informações do filho José Vicente Brizola, recém filiado ao PT do Rio Grande do Sul, de ter se enriquecido ilicitamente. Até ali, com mais de 50 anos debaixo de cacete da mídia, nunca se chegou a comprovar qualquer ato ilícito praticado por Brizola, nos vários cargos públicos que assumira.

Segundo a revista, Brizola tinha, em 20 anos, aumentado quatro vezes seu patrimônio no Uruguai. Brizola era casado com Neusa Goulart, filha de José Vicente Goulart e irmã de João Goulart, considerados dos maiores estancieiros do Rio Grande do Sul. Por isso, tinha recebido uma herança apreciável, quando casou. Depois, doou um terço dessa herança para os agricultores sem terra, através de seu projeto pioneiro de Reforma Agrária. O restante, ele, que era também um grande gerente, tratou de administrar e fazê-lo progredir. Só que veio Golpe de 64 e ele foi obrigado a exilar-se e a vender aquelas terras. No Uruguai, sem poder exercer atividade política, ele comprou novas terras e dedicou-se a elas. *Veja,* naquela reportagem da edição de sete de novembro de 2001, dizia que o patrimônio de Brizola passara de R$ 4,3 milhões, em 1983, para R$ 15 milhões, em 2001.

Brizola, então com 79 anos, recebeu a cutelada como um desafio, como foi de seu hábito até o leito da morte: "Vai ser uma guerra dos Brizola contra os Civita (família controladora da Editora Abril, que detém Veja), que vieram corridos por militares e guerrilheiros da Argentina — onde eram vistos como representantes da CIA (Agência Central de Inteligência). Aqui, foram bem recebidos pela ditadura"..., "Os Civita, que aumentaram o patrimônio um milhão de vezes e fizeram um império, sob a proteção do regime, vêm falar de mim? Vamos ver quem tem mais banha para gastar[180]".

Depois de classificar a reportagem de *Veja* de "leviana" e "difamatória", Brizola atribuiu a seu filho e ao PT do Rio Grande do Sul, cujo governador, Olívio Dutra, tinha sido eleito em segundo turno com os votos do PDT, em 1998. "Vou processar criminalmente e por danos morais a *Veja*, o PT gaúcho e José Vicente pelas insinuações maldosas", disse Brizola em entrevista coletiva, na sede do PDT, no Centro do Rio, em 7 de novembro de 2001.

Brizola ainda comentou a conduta do filho, que havia recebido um cargo do PT para ser diretor da Loteria do Rio Grande do Sul: "Quando a gente encontra um indivíduo capaz deste tipo de perversidade, é a degradação. Quando este indivíduo é filho da gente, com essa perversidade, dói bastante. Mas neste ponto, sou anglo-saxão, não umedeço os olhos", disse Brizola. (A relação de Brizola com a família será relatada mais adiante).

A matéria da *Veja* produziu reações negativas na opinião pública, inclusive de editoriais de jornais, e mais de 20 discursos na Câmara e no Senado, tendo alimentado o noticiário por quase uma semana. Na edição seguinte, a revista nada respondeu sobre os ataques de Brizola e encerrou o assunto. Era outro ponto que Brizola marcava na sua luta contra a mídia.

No que pese todas essas injustiças, Leonel Brizola não era um homem de guardar ressentimentos, como foi observado ao longo dessa narrativa, de que foi exemplo o carinho que ele teve, já na volta do exílio, para com David Nasser, um de seus maiores detratores, então condenado pelo câncer. No caso da *Veja* e do filho rebelde, ele não entrou com nenhum processo. Também nunca pensou em deserdar José Vicente, como foi ventilado nos jornais. Mas recusou-se a dirigir-lhe a palavra e procurou proteger os filhos dele, entendendo-se diretamente com a sua esposa.

***

---

180 *Jornal do Brasil*, 8 de novembro de 2001.

Quanto à Globo, Brizola teve outro ato magnânimo, ao tomar a iniciativa, no ano de 2001, de reconciliar-se com aquele arquiinimigo. Ele não cansava de ressaltar sua admiração pela organização e criatividade da emissora de Roberto Marinho, em que reconhecia a capacidade de um grande empreendedor. E respeitava ainda mais o fato de a Globo, a quarta rede de TV do mundo (ela só ficava atrás das três gigantes americanas ABC, CBS e NBC, suplantando mesmo a BBC de Londres) ser uma instituição e uma obra da inventividade brasileira.

Com a crescente internacionalização de nossa economia, Brizola temia que a Globo, que passara a contrair pesadas dívidas, em função da política de privatização dos Governos FHC, fosse engolida por Rupert Murdoch, o magnata australiano, testa de ferro de gigantes multinacionais. Ele também tinha consciência de que a Globo não estava sozinha nos ataques que impediram sua chegada ao Planalto, pois integrava todo um esquema, que também não era só a mídia e sim todo o poder econômico, brasileiro e internacional.

Em 2001, era diretor de jornalismo da emissora Evandro Carlos de Andrade, que havia promovido uma importante modificação no jornal *O Globo*, de onde foi diretor de jornalismo por mais de 20 anos. Evandro, profissional respeitado pela objetividade no trato e na democratização da notícia, teria sido incumbido por Roberto Marinho para aplicar seus métodos de atuação na TV.

A partir do comando de Evandro, na verdade, o tratamento a Brizola passou a ser menos hostil e mais jornalístico. Decidido a prestigiar este trabalho e a superar o contencioso com a emissora, foi combinada uma visita de Brizola ao diretor de jornalismo e à redação da Vênus Platinada. Brizola foi acompanhado do vice-presidente nacional Carlos Lupi, do secretário-geral Manoel Dias, do líder do PDT na Câmara, deputado Miro Teixeira, que era compadre de Evandro Carlos, e do assessor de Imprensa, Fernando Brito.

Na ocasião, Evandro, com alguns membros da redação, ofereceu um almoço, no restaurante da empresa, à equipe de Brizola e depois a chamou para uma visita às suas instalações. Evandro falou de seus planos de modernizar os noticiários da emissora, superando qualquer tipo de prevenções ou pré-julgamentos, e recebeu de Brizola o compromisso de colaborar naquilo que lhe fosse possível para aquela empreitada.

Evandro Carlos de Andrade, apesar de seu porte atlético, vinha com sérios problemas de saúde e veio a falecer, em junho de 2001. Brizola foi ao enterro e lá foi cumprimentado pelos três filhos de Roberto: Roberto Irineu, João Roberto e José Roberto Marinho. O pai Roberto, já com lapsos de memória, foi mantido afastado daquele encontro. Em agosto de 2003, Brizola comparece ao enterro de Roberto Marinho e foi recebido por D. Lili de Carvalho. Quando Brizola morre, em junho de 2004, a Globo redime-se em parte de suas críticas e proporciona-lhe uma cobertura de estadista. O filho João Roberto foi designado pela família para representá-la no velório que se realizou no palácio Guanabara. O jornal *O Globo*, vinha, ultimamente, publicando, juntamente com a *Folha de S. Paulo* e *O Dia*, os artigos pagos que Brizola costumava escrever semanalmente. No fundo, Brizola, com aqueles acertos, no plano político, poderia estar se preparando para deixar esta vida e entrar na história, como veremos a seguir.

LVIII — O dia final

Por causa de sua invejável forma física e coragem pessoal, Leonel Brizola infundia nas pessoas, sem excluir os adversários, a noção de que não terminaria tão cedo os seus dias nesta terra. Seguidamente, ele completou 60, 70, 80 anos, exibindo tanta pujança e ousadia, que muita gente lhe dava no mínimo mais 10 de vida, fossem quais fossem os últimos reveses que passara a amealhar.

Aos jornalistas que o assediavam em busca de dados para a sua biografia, ele não escondia certo mal-estar. "Você já quer me matar?", respondia em tom jocoso, mas sem esconder certo incômodo com aqueles apelos que se tornaram persistentes depois que ele dobrou os 80 anos. Jactava-se da longevidade da família: "Os Brizola não entregam fácil a rapadura, só depois dos 90", dizia em tom ameaçador àqueles que desejavam a sua morte física. Atentos aos fatos, os repórteres anotaram que Francisca (Quita) Brizola Rotta, a irmã mais velha e madrinha, morrera aos 86 anos. Brizola, porém, abusou da saúde de ferro que adquirira ao mamar demais no peito da mãe, e no ambiente descontaminado do campo onde passou a infância.

Sem falar nos 50 anos que fumou desbragadamente (dos 14 aos 64 anos) e das doenças que escondia dos médicos, Brizola gostava de se automedicar e esnobava as dietas: comia chouriço no café da manhã e volta e meia estava comendo rabada no almoço. Tinha também uma rotina pesada. Segundo Eduardo Bastiani, que coordenava a jovem equipe que lhe dava assessoria direta no apartamento-escritório da Avenida Atlântica, Brizola começava o dia entre sete e oito horas da manhã, se estendendo às vezes até depois da meia noite. E isso quando não tinha uma reunião ou evento político, que o prendia até à madrugada. Por incrível que pareça, no entanto, seus exames de sangue indicavam uma saúde normal, como atesta hoje seu médico Milton de Andrade Pereira Moraes. Mas isto só ocorreu até os seus 80 anos, quando toma o primeiro susto. Que ele tinha um terrível medo da morte, seus amigos mais próximos não têm mais dúvidas. Não obstante, pode até ser que tenha sido sem dar-se conta, ele tomou algumas providências que sinalizavam uma despedida.

***

Dois anos antes de morrer, Brizola chama o filho João Octávio, que morava na Califórnia, para tomar conta de suas propriedades no Uruguai. Elas compreendiam duas fazendas, no departamento de Durazno, onde criava ovelha e gado e plantava eucalipto, tudo para exportação. Um mês antes de morrer, ele vende *El Repecho*, a maior das fazendas, que adquirira havia mais de 30 anos. Seu gerente uruguaio e amigo Mário Martinez assegura, no entanto, que o estancieiro Brizola tinha planos de comprar outra fazenda maior, porque ficara empolgado com o bom negócio que fizera. Depois, no auge da briga com Lula, em março de 2003, ele refaz a executiva do PDT, para encaminhar sua sucessão no partido, como detalharemos mais adiante. Finalmente, uma semana antes do 21 de junho, Brizola tem uma conversa com a sobrinha Denize Goulart, filha de João Goulart, em que relembra as divergências que o afastaram de qualquer contato pessoal com o cunhado durante longos 12 anos. Brizola fez ver a Denize que Jango era um homem bom e que se tivesse imaginado o que o Golpe de 64 ia fazer com o Brasil e os filhos de ambos, o ex-presidente teria concordado em resistir naquele momento crucial da conspiração, quando os dois cunhados se encontraram pela última vez, em Porto Alegre, antes do embarque para o exílio. Brizola ainda falou de sua determinação de jamais ter envolvido os filhos e a mulher com os do irmão de Neusa naquela briga, e tanto era verdade, que os primos tinham mantido a amizade ao longo de todo aquele tempo.

Quanto à família, Brizola sempre fez questão de assumir parte da culpa dos descaminhos dos filhos, sobretudo de Neusinha e José Vicente, os mais visados pela imprensa. Ele dizia que a política o teria privado do dever de ser mais presente e até que poderia sê-lo, no Uruguai, onde vivia exilado e com mais disponibilidade para o lar. Ocorre que o regime brasileiro decidiu confiná-lo em Atlântida, uma praia que, embora perto de Montevidéu, não tinha escolas. Os meninos, com a idade de 13, 12 e 9 anos de idade foram obrigados a ficar na capital para seguir sua formação escolar, sob os cuidados da esposa Neusa. Esta também precisava ver o marido, e o fazia nos fins de semana.

A suspensão do confinamento, cinco anos depois, em 1969, ocorrida em meio à eclosão da guerrilha de esquerda e do terrorismo de direita, obriga Brizola, mais uma vez, a afastar-se de Montevidéu e a recolher-se numa granja. Os filhos, em conseqüência, foram jogados na vida, como ocorreu com muitos outros dependentes de exilados, no Uruguai, no Chile e na França. Quando Brizola é expulso do país, em 1977, e pede asilo aos Estados Unidos, os três estavam espalhados: José Vicente, o mais velho, era músico, no Rio de Janeiro, João Octávio possuía uma fábrica de pranchas de praia, também no Rio; Neusinha, já casada com um uruguaio, e mãe de uma filha pequena, Laila, permaneceu naquele país.

A ex-deputada Márcia Cibilis, filha de Cibilis Viana, foi companheira de infância e de juventude dos três, tanto no Brasil como em Montevidéu. Ela conta que Brizola era um pai cerimonioso, mas que tinha um bom diálogo com os filhos. "Eu estranhava porque lá em casa, a gente tratava o pai por "tu", enquanto na de Brizola os guris o tratavam por "senhor". Isto eu vim compreender depois, porque meu pai vinha das lides acadêmicas e tinha vinculações com o PC, onde o tratamento era mais informal, enquanto o Brizola vinha do campo, onde os filhos tomavam a bênção aos pais e tratavam todo adulto de senhor".

Márcia lembra, porém, que Brizola tinha uma infinita paciência em lidar com os filhos, e virava um leão quando a imprensa os envolvia com o noticiário sobre drogas. Numa ocasião, a mídia noticiou com estardalhaço, em 1987, uma operação da polícia do Rio, que teria apreendido a agenda de um traficante, em que figuravam os nomes de Neusinha e José Vicente e outros filhos de gente importante como seus fregueses.

A operação, que envolveu 300 policiais e tinha o evidente propósito de enodoar a campanha de Brizola como candidato à Presidência da República, em 1989, acabou fracassando, porque os nomes constantes na tal agenda "não eram bem aqueles", como a própria polícia constatou. Brizola denunciou o incidente como uma trama do governador Moreira Franco e esbravejou: "Se não fosse candidato e ele não fosse Governador, bem que lhe daria uns tapas".

O mesmo golpe da agenda, desta vez de um bicheiro, foi também utilizado, e novamente, ocupou as manchetes, no segundo governo de Brizola. A partir das iniciais "NB", que, depois, se verificou tratar-se de NL (uma rasura tinha feito o L virar B) os informantes concluíram que era Nilo Batista, já governador do Rio de Janeiro, pois Brizola tinha se desincompatibilizado do cargo para candidatar-se a Presidente, pela segunda vez, em 1994.

Apesar de sua fama de turrão, os amigos são unânimes em afirmar que Brizola era extremamente carinhoso com a família e com os que o cercavam. Ele também viveu uma das histórias mais belas de amor com a mulher Neusa, ao longo de quase 50 anos. E teve, depois da morte desta, um relacionamento harmonioso de quase 10 com a socióloga Marília Guilhermina, 25 anos mais jovem.

Carlos Lupi, seu fiel escudeiro e o amigo que ele teve mais próximo nos últimos nove anos, gosta de contar como Brizola tinha uma paciência infinita para ouvir as pessoas, sobretudo a gente do povo: "Era homem que tinha uma capacidade de ouvir quem ninguém queria ouvir. Você não imagina que eu via, nesses últimos tempos, o Brizola ficar na porta do prédio dele ouvindo bêbados, prostitutas, travestis, loucos, durante 40 minutos ou uma hora". Quando Lupi se mostrou curioso com o seu interesse por aquela conversa esdrúxula, Brizola lhe respondeu: "Olha, Lupi, os loucos passam dos limites, em muitas coisas, mas nos falam verdades. Aquelas verdades que nós às vezes não temos coragem de falar".

Outra curiosidade anotada por Carlos Lupi era o diálogo fácil que ele mantinha com os jovens. Cita o novo presidente nacional do PDT que a equipe que trabalhava diretamente com o ex-governador, naquele apartamento em Copacabana, transformado num escritório, com toda a parafernália de computadores, fax, telefones, papelada etc. Só que era um escritório que funcionava 24 horas. Os assessores, que para lá se deslocaram às vezes com menos de 20 anos, como foi o caso do atual deputado federal Brizola Neto (PDT-RJ), o Carlito, como era então conhecido, filho de José Vicente, o primogênito de Brizola. Havia ainda Eduardo Bastiani, citado acima, Leonel Brizola Neto, também filho de José Vicente, Marcos Ribeiro e Paulo Sarmento. Lupi, sempre curioso, pergunta a Brizola como ele tinha tanta paciência com aquela moçada: "Eu não gosto de ficar contando histórias do que passou, porque aí eu não tenho perspectiva do que vou fazer para frente. E ainda quero fazer muita coisa", respondia ele, indicando que eram os jovens que lhe dariam a dica para o futuro. O deputado Vieira da Cunha, que o conheceu aos 19 anos na chegada do exílio, em 1979, quando Brizola tinha 57, lembra que, ao fazer-lhe convite para participar de uma palestra na Faculdade de Direito de Porto Alegre, onde dirigia o centro acadêmico, Brizola foi rápido: "Vamos lá, disse ele, e entrou com a gente num fusquinha caindo aos pedaços".

***

Com a vida constantemente exposta, ele conseguiu manter a família unida até os últimos anos de vida. A única exceção foi José Vicente, ex-deputado federal, que ruidosamente, se filiaria ao PT, partido que Brizola considerava como o seu mais implacável adversário. Os petistas o indicaram em seguida para o cargo de diretor da Loteria do Estado. José Vicente deixaria esse cargo meses depois, tendo contraído grave enfermidade que o levou ao hospital durante mais de um mês. Brizola passou a entender-se diretamente com a esposa do filho. Neusinha, depois de uma fase em Amsterdã, na Holanda, voltou a morar no Rio de Janeiro, onde mantinha relações cordiais com o pai. João Octávio ficou fazendo a ponte Montevidéu e Rio de Janeiro.

Depois da família, Brizola também cuidou de encaminhar sua sucessão no PDT, para a qual preparou, durante quase dez anos o ex-deputado Carlos Lupi, 35 anos mais jovem. Na convenção nacional, convocada com o fim específico de dar respaldo a Brizola naquela quadra confusa da política, Lupi, do Rio de Janeiro, pulou da 2ª vice-presidência para a 1ª vice-presidência nacional. Junto com Lupi, o advogado e ex-deputado estadual Manoel Dias, de Santa Catarina, outro quadro considerado dos mais próximos ao ex-governador, foi mantido na secretaria-geral, cargo que vinha exercendo desde a campanha de 1989. O futuro governador do Maranhão, Jackson Lago, ficou com a primeira vice-presidência. O deputado Vieira da Cunha, do Rio Grande do Sul, outro seguidor incondicional do trabalhismo e homem de confiança de Brizola, viria mais tarde a ser eleito para o posto e assumir a direção nacional, em março de 2008, depois do licenciamento de Carlos Lupi, enquanto ocupava o ministério do Trabalho.

Carlos Lupi e Manoel Dias eram dois de seus confidentes mais assíduos. Antes de tomar qualquer decisão partidária, Brizola costumava ouvir os dois dirigentes, com quem manteve uma relação de amizade pessoal. Coincidentemente e por serem os homens mais ligados a Brizola, Lupi e Manoel Dias tiveram seus nomes vetados, quando Brizola, na formação do primeiro governo Lula, os indicou como alternativas partidárias para a presidência da ECT.

***

Parte dessas providências sucessórias já tinham sido tomadas, quando Brizola sente a primeira pontada sinalizando que sua saúde não ia bem. Neste dia, em abril de 2003, ele estava em Brasília, para um encontro com o presidente do Supremo Tribunal Federal, ministro Maurício Correa, seu velho conhecido desde os tempos de senador pelo PDT do DF (1982). Durante a noite, sofre uma obstrução urinária aguda. Telefona para casa e encarrega o assessor Marcos Ribeiro de contatar o médico Milton Moraes[181], que vai recebê-lo, no Aeroporto Santos Dumont, onde Brizola desembarca no meio da manhã do outro dia. O médico constata a necessidade de uma cirurgia imediata para a remoção da próstata e leva-o ao hospital, onde é operado pelo neurologista Renato Zoltich, no Hospital Samaritano, em Botafogo. Os médicos se assustam quando Brizola lhes conta uma travessura: sofria de problemas da próstata fazia 19 anos, tendo inclusive se consultado com especialistas da Espanha. A cirurgia, contudo, é realizada com sucesso, não tendo sido constatado nenhum sintoma cancerígeno. Dali a dez dias, Brizola estava outra vez viajando.

Ele recebe outro aviso quando retornava de um evento partidário em Nova Iguaçu, viajando sem cinto de segurança, no banco dianteiro direito. O veículo que o conduzia bate na traseira de outro carro e Brizola se precipita sobre o pára-brisa. Nada de grave, mas ele passa três dias acamado. A partir desse momento, os amigos observam seu andar um tanto trôpego. O médico Milton Moraes lembra que, cerca de seis meses antes do desenlace, uma tomografia havia constatado uma obstrução de 50% na perna esquerda, mas observou tratar-se de problema periférico. Nesse dia, Brizola se deu conta de que os anos estavam lhe pesando: "O Dr. Evandro Lins e Silva dizia que a velhice começa nas pernas", confessou ele ao Dr. Milton. A partir daquele momento, Milton Moraes desaconselhou as viagens, sobretudo as de avião, de onde as pessoas costumam sair quase correndo para fazer intermináveis caminhadas em corredores. A dor na perna era grande e às vezes o obrigava a parar. Mas Brizola não parava quieto nem abria mão das idas a Montevidéu e dali para as fazendas, na vila Carmen, departamento de Durazno, a seis horas de carro da capital.

Foi no caminho de volta de *El Repecho* para Montevidéu, uma semana antes de 21 de junho, que Brizola vomitou e teve uma grande disenteria. Ele havia comido uns pastéis de beira de estrada e a partir dali nunca mais se recuperou.

181 Depoimento ao autor, em 26 de julho de 2005.

O filho João Octávio, que dirigia a camionete que os conduzia, percebeu que o problema era grave e pediu socorro médico, logo que chegou a Montevidéu, sem nada avisar ao pai, que certamente o desautorizaria. A médica, uma profissional da vizinhança, que o atendeu em casa, no apartamento da Rambla Armênia, passou-lhe uma medicação provisória. Mas Brizola continuou a piorar e por isso apressou seu retorno ao Rio de Janeiro, aonde chegou, dois dias depois, já visivelmente fragilizado. Seus leucócitos ultrapassavam 12 mil, conta o médico.

O Dr. Milton Moraes tentou interná-lo, imediatamente, mas diante da resistência, transformou o apartamento do paciente, na Avenida Atlântica, 3.210, num pequeno hospital, com atendimento de 24 horas por dia e três médicos se revezando — os outros eram o cardiologista Luís Cláudio Dias da Rocha e a pneumologista Mônica Paes. Não obstante todo o seu debilitamento, Brizola não se desligava da política. Cogitava sair candidato a prefeito do Rio, numa possível aliança com o PMDB. Para isso recebeu, no domingo, dia 20, contrariando ordens médicas, a governadora Rosa Garotinho, o marido Antony Garotinho, a filha do casal, Larissa, e o deputado federal e ex-governador Moreira Franco, ironicamente todos eles seus maiores adversários no Estado. Ele recebe os políticos no leito, de pijama e com o braço preso a um tubo de soro. Aquilo era inteiramente inusitado para sua assessoria e os amigos mais chegados, porque o quarto de Brizola foi sempre indevassável, sobretudo depois da morte de D. Neusa, em 1993. Naquela altura, porém, Brizola abandonava suas defesas, sem se preocupar em esconder as fragilidades.

Porém como o cavalo inglês, aquele que só morre na cancha, como costumava dizer, ainda manda chamar de São Paulo o presidente do PDT do Estado, o sindicalista Paulinho Pereira da Silva, da Força Sindical. Paulinho era outra cria curiosa de Brizola. Ele o pescou na Força Sindical, central sindical considerada reacionária, pois seria apoiada indiretamente pelos grandes empresários. Muitos pedetistas resmungaram contra a vinda daquele sindicalista de posições até então consideradas conservadoras. Mas Brizola insistiu e o trouxe para uma das posições-chaves do partido, a presidência do diretório regional de São Paulo e o Conselho Político. Com o tempo, o líder da Força Sindical foi absorvendo a doutrina trabalhista e se tornou um importante bastião em São Paulo, Estado tradicionalmente refratário ao brizolismo. Junto com Paulinho, Brizola ainda atraiu para o PDT o presidente do Sindilegis (Sindicato dos Funcionários do Congresso Nacional e do TCU), Ezequiel Nascimento, liderando importante parcela do funcionalismo público.

Naquele dia de sua morte, Brizola queria que Paulinho deflagrasse a campanha para prefeito da capital paulista, já que não deram certo as negociações para que se tornasse vice na chapa de José Serra, candidato à prefeitura da capital, pelo PSDB.

Ora, Brizola cogitando de uma aliança com Serra, o dirigente máximo do partido de FHC, soava algo inacreditável para muitos. Mas a verdade é que Brizola nutria respeito por Serra, a quem conhecia desde que este fora o último presidente da UNE, antes do Golpe de 64. Naquela ocasião, o então estudante universitário apoiava tanto o Governo do Presidente João Goulart como a pregação de Brizola pelas reformas. Serra tinha sido também um dos últimos interlocutores políticos de Brizola, quando este esteve em São Paulo para um encontro Nacional do PDT, realizado em maio. Tal encontro fora inicialmente convocado para encaminhar a candidatura de Paulinho a prefeito.

***

Aquela segunda-feira estava carregada de pressentimentos. Paulinho sentiu que as forças de Brizola estavam se esvaindo, e caiu no choro quando saiu do quarto dele. Notou que seus pés estavam muito frios. Tinha percebido a extrema fragilidade de seu líder, quando este lhe falou deitado na cama, porque quase já não tinha forças para levantar-se. A verdade é que, da noite de segunda, 20, para domingo, 21 de junho de 2004, Leonel Brizola sofreu uma dispnéia (falta de ar) e seu quadro se agravou assustadoramente.

Mesmo assim, ele não queria ouvir falar de hospital. Pela manhã, com a ajuda de assessores e amigos, o médico Milton Moraes conseguiu demovê-lo e levá-lo ao hospital numa ambulância. Chegando lá, foi submetido a uma tomografia pulmonar, que aparentemente não acusou nada de alarmante. Este resultado levou Brizola a reclamar do ambiente hospitalar e, em seguida, decidir voltar para casa. Num arrebatamento, ele e se encaminhou para a saída da clínica.

Quando estava no elevador, e tentava maldizer mais uma vez o hospital com um sonoro PQP, foi cortado por outra dispnéia, dessa vez letal: "Ali, naturalmente, houve uma obstrução coronariana aguda. Foi quando o levamos à UTI. Ainda lá, conseguimos tirá-lo do edema do pulmão. Da emergência, subimos para fazer-lhe um cateterismo, mas na hora de processá-lo, ele (o coração), infelizmente, parou", conta o médico Milton Moraes.

Aqui, estamos diante de outra peraltice do paciente rebelde. Os médicos não sabiam que ele tinha deficiência miocárdica (bomba do coração), porque jamais permitiu submeter-se a uma cineangiocoronariografia. "Ele uma vez confessou à Marília (sua namorada Marília Guilhermina) que tinha horror àqueles tubos", contou o médico Milton Moraes ao autor.

Os médicos, à frente o cirurgião Edson Nunes, ainda tentaram desesperadamente reanimá-lo com massagens que duraram 20 minutos, mas ele não reagiu. Antes os amigos tinham contatado o Dr. Adib Jatene, em São Paulo. O jornalista Fernando Brito, que lhe transmitiu os dados do laudo pelo telefone, ouviu do famoso cirurgião, que, por aqueles dados, Brizola tinha sofrido pelo menos seis infartos.

Aqueles acontecimentos ocorreram quase todos intramuros, porque o grande público só foi saber, com aturdimento, da gravidade do estado de saúde de Brizola, depois das 19 horas daquela segunda-feira, 21 de junho, ou seja, pouco mais de duas horas antes de sua morte. A Rádio CBN chegou a noticiar, com discrição, por volta de 17 horas, que Brizola tinha dado entrada no Hospital São Lucas, em Copacabana, porque havia se sentido mal e necessitava submeter-se a exames. A notícia não deixou de inquietar os amigos, que conheciam a ojeriza de Brizola a hospital.

Por volta das 19 horas, os jornalistas em Brasília já tinham a informação de que o quadro era grave. Mas como? Eles mesmo duvidaram. O jornalista Paulo Henrique Amorim, que tinha amigos na família e conhecia bem o ex-governador, deu a notícia sem estardalhaço, mas não escondeu a realidade, em seu programa da Rede Record, *Tudo a ver*. O Jornal Nacional também noticiou o internamento, mas também com comedimento.

Naquela hora, os médicos tentavam desesperadamente reanimar o paciente enquanto os correligionários e curiosos começavam a se aglomerar na frente do hospital para torcer pela saúde de seu líder. Ninguém imaginava, porém, que o desenlace ocorreria de forma tão abrupta, dali a pouco, exatamente às 21 horas e 20 minutos. As grandes cadeias de rádio, TV e jornais, preferiram esperar o boletim médico para dar a triste notícia. Elas, que tantas patranhas fizeram com Brizola, pareciam temer que o velho caudilho lhes estivesse atraindo para uma *barriga*, o jargão jornalístico para notícia falsa.

Mas a verdade é que Brizola tinha ido embora dando um susto em todos, que o imaginavam fogoso e vivendo mais alguns anos. Sem querer, com a pujança física que exibia, também enganou os jornalistas, que jamais ousando prever o fim próximo do caudilho, esqueceram de preparar com antecedência o seu obituário. É praxe nas redações escrever as biografias de pessoas famosas, quando estas estão doentes ou ultrapassam os 70 anos.

Já o povo que tanto cultivara e que dele vinha aos poucos se afastando, ultimamente atraído por outros focos mais incandescentes em direção ao poder, não o deixou na mão. Ainda chocada, aquela massa informe, constituída na maioria de pessoas humildes, mas que também incluía integrantes de todas as classes, foi aos poucos se aglomerando diante do Hospital São Lucas, em Copacabana. Ao chegar, logo ficou sabendo que as notícias não eram boas. Quando o zum-zum-zum da morte começou a correr de boca em boca, a multidão prorrompeu em soluços. Já era alta madrugada quando o corpo do velho caudillo foi transportado para o IML. O povo, que não mais o abandonaria até que ele baixasse a sepultura, em São Borja, a três mil quilômetros do Rio de Janeiro (só no Palácio Guanabara, onde ficou em câmara ardente, foi visitado por cerca de 300 mil pessoas), acompanharia o veículo funerário, entoando o Hino da Independência, que Brizola considerava o mais brasileiro e nacionalista:

Brava gente brasileira!
Longe vá temor servil
Ou ficar a Pátria livre
Ou morrer pelo Brasil;
Ou ficar a Pátria livre,
Ou morrer pelo Brasil.

SIGLAS

Gerais

Cebrap	Centro Brasileiro de Análise e Planejamento
Cepal	Comissão Econômica para a América Latina (ONU)
CIA	Central Intelligence Agency (EUA)
CIACs	Centros Integrados de Apoio à Criança
CIEPs	Centros Integrados de Educação Pública
CNBB	Conferência Nacional dos Bispos do Brasil
CNTI	Confederação Nacional dos Trabalhadores na Indústria
CPDOC	Centro de Pesquisa e Documentação de História Contemporânea/FGV
CPI	Comissão Parlamentar de Inquérito
CTGs	Centro de Tradições Gaúchas
ECT	Empresa Brasileira de Correios e Telégrafos
FGV	Fundação Getúlio Vargas
FIESP	Federação das Indústrias do Estado de São Paulo
FIERJ	Federação das Indústrias do Rio de Janeiro
IBAD	Instituto Brasileiro de Ação Democrática
IBOPE	Instituto Brasileiro de Opinião Pública e Estatística
IPES	Instituto de Pesquisas e Estudos Sociais
L. Vermelha	Via expressa, de 24 km, que liga a Zona Oeste ao Centr do Rio
ONU	Organização das Nações Unidas
OPEP	Organização dos Países Exportadores de Petróleo
OTAN	Organização do Tratado do Atlântico Norte
Proconsult	Proconsult — Racimec & Associados Ltda.
PIB	Produto Interno Bruto
PNB	Produto Nacional Bruto
Sambódromo	Passarela do Samba
SESI	Serviço Social da Indústria
URSS	União das Repúblicas Socialistas Soviéticas

Partidos e movimentos

APML	Ação Popular Marxista-Leninista
Arena	Aliança Renovadora Nacional
ALN	Ação Libertadora Nacional
AP	Ação Popular
FMP	Frente de Mobilização Popular
FNL	Frente Nacional de Libertação
G11	Grupos dos 11
FPN	Frente Parlamentar Nacionalista
MLB	Movimento Nacional Leonel Brizola
MORENA	Movimento Revolucionário Nacionalista
MRT	Movimento Revolucionário Tiradentes
MDB	Movimento Democrático Brasileiro
MPJQ	Movimento Popular Jânio Quadros
MST	Movimento dos Trabalhadores Rurais Sem Terra
MTR	Movimento Trabalhista Renovador
PC do B	Partido Comunista do Brasil
PCB	Partido Comunista Brasileiro
PCBR	Partido Comunista Brasileiro Revolucionário
PDT	Partido Democrático Trabalhista
PFL	Partido da Frente Liberal
PL	Partido Libertador
PMDB	Partido do Movimento Democrático Brasileiro
PRP	Partido Republicano Progressista
PSB	Partido Socialista Brasileiro
PSD	Partido Social Democrático
PSDB	Partido da Social Democracia Brasileira
PSP	Partido Social Progressista
PST	Partido Social Trabalhista
PSTU	Partido Socialista dos Trabalhadores Unificados
PT	Partido dos Trabalhadores
PTB	Partido Trabalhista Brasileiro
PTN	Partido Trabalhista Nacional
UDN	União Democrática Nacional
VPR	Vanguarda Popular Revolucionária

Trabalhadores

CGT	Comando Geral dos Trabalhadores
CNTC	Confederação dos Trabalhadores no Comércio
CNTI	Confederação dos Trabalhadores na Indústria

CPOS	Conselho Permanente de Organizações Sindicais
CST	Conselho Intersindical dos Trabalhadores
CTB	Confederação dos Trabalhadores do Brasil
PUA	Pacto de Unidade e Ação
PUI	Pacto de Unidade Intersindical

Estudantes

JUC	Juventude Universitária Católica
MEC/Usaid	Ministério da Educação/United States Agency International for Development
UBES	União Brasileira de Estudantes Secundaristas
UME	União Municipal de Estudantes
UNE	União Nacional dos Estudantes
UENF	Universidade Estadual do Norteflumіnense
USP	Universidade de São Paulo
UFRJ	Universidade Federal do Rio de Janeiro
URGS	Universidade Federal do Rio Grande do Sul

Governo Federal

ABIN	Agência Brasileira de Informações
BNDEs	Banco Nacional de Desenvolvimento Econômico e Social
CONESP	Comissão Nacional de Empresas Concessionárias de Serviços Públicos
CNP	Conselho Nacional do Petróleo
DPF	Departamento de Polícia Federal
DIP	Departamento de Imprensa e Propaganda
DOPS	Delegacia de Ordem Política e Social
DPF	Departamento de Polícia Federal
Embrafilme	Empresa Brasileira de Filmes
Funarte	Fundação Nacional de Arte
IPEA	Instituto de Pesquisa Econômica Aplicada
MRE	Ministério das Relações Exteriores
PASEP	Programa de Formação do Patrimônio do Servidor Público
PIS	Programa de Integração Social
PND	Plano Nacional de Desenvolvimento
PROER	Programa de Estímulo à Reestruturação e ao Sistema Financeiro Nacional
SFICI	Serviço Federal de Informações e Contra-Informações

SNI	Serviço Nacional de Informações
Sudene	Superintendência do Desenvolvimento do Nordeste
Sumoc	Superintendência da Moeda e do Crédito

Governo do Rio Grande do Sul

AGASA	Açúcar Gaúcho S/A
CRT	Companhia Riograndense de Telecomunicações
BANRISUL	Banco do Estado do Rio Grande do Sul
BRDE	Banco Regional de Desenvolvimento do Extremo Sul
CTR	Companhia Telefônica Riograndense
CEE	Companhia Estadual de Energia Elétrica
B&S	Bond & Share
AFP	American Foreign Power
ITT	International Telegraph & Telephone
IGRA	Instituto Gaúcho de Reforma Agrária
MASTER	Movimento dos Agricultores Sem Terra

Militares

AI	Atos Institucionais
AI-5	Ato Institucional Número 5
AMAN	Academia Militar das Agulhas Negras
CIE	Centro de Informações do Exército
DAC	Diretoria de Aeronáutica Civil
DOI	Destacamento de Operações Internas
EME	Estado-Maior do Exército
EMFA	Estado-Maior das Forças Armadas
ESCEME	Escola de Comando e Estado-Maior do Exército
ESG	Escola Superior de Guerra
FAB	Força Aérea Brasileira
FEB	Força Expedicionária Brasileira
HCE	Hospital Central do Exército
ID	Infantaria Divisionária
IPM	Inquérito Policial Militar
Oban	Operação Bandeirante
Para-Sar	Esquadrão Aeroterrestre de Salvamento da Força Aérea Brasileira
PE	Polícia do Exército
PM	Polícia Militar
QG	Quartel-general
RI	Regimento de Infantaria
STM	Superior Tribunal Militar

BIBLIOGRAFIA

FONTES DE REFERÊNCIA

Biblioteca da Assembléia Legislativa — Uruguai
Biblioteca Luiz Viana Filho (Senado Federal)
Centro de Documentação e Informação — CEDI (Biblioteca da Câmara dos Deputados)
Centro de Pesquisa e Documentação de História Contemporânea do Brasil (CPDOC), da Fundação Getúlio Vargas
Congress Library — (Washington — USA)
Kennedy Center (Boston — USA)
Lyndon Baynes Johnson Library (Austin — USA)
National Archives (Maryland-USA)

DEPOIMENTOS

Alceu Collares
Aldo Arantes
Aranha Araújo
Arnaldo Mourthé
Carlos Alberto Kolecza
Carlos Lupi
Cibilis Viana
Denize Goulart
Eduardo Bastianni
Emílio Neme
Ernani Fittipaldi
Fernando Brito
Fernando Lyra
Fernando Santana
Flávio Tavares
Francisco Dornelles
Gecy Sarmento
Georges Michel Sobrinho
Ibrahim Abi-Ackel
João Vicente Goulart
João Otávio Brizola
Manoel Dias
Márcia Cibilis
Marcos Ribeiro
Mário Martinez
Matheus Schmidt
Milton Moraes
Miro Teixeira
Matheus Schmidt
Moema São Thiago
Neiva Moreira
Nilo Batista
Odete Piccoli
Oswaldo Maneschy
Paulinho Pereira da Silva
Pompeo de Mattos
Ricardo Zaratini

Sereno Chaise
Tatiana Memória
Trajano Ribeiro
Vieira da Cunha
Vivaldo Barbosa
Wilson Müller
Wilson Vargas da Silveira
Wolmar Castilhos

Conversas informais
Álvaro Paim
Brandão Monteiro
Bocayuva Cunha
Brizola Neto
Carlos Contursi
Darcy Ribeiro
Doutel de Andrade
Francis Maia
Getúlio Dias
João Vicente Goulart
José Maria Rabelo
Juca Franco
Leonel Brizola
Maria Teresa Fontella Goulart
Maurício Correa
Sílvio Lima

Jornais
Jornal do Brasil
O Globo
O Dia
Folha de S. Paulo
O Estado de São Paulo
Última Hora
Zero Hora
Correio do Povo
Tribuna da Imprensa
Correio Braziliense
Correio da Manhã

Jornais no exterior
La Marcha (Uruguai)
La Época (Uruguai)
El País (Uruguai)
Clarín (Argentina)
La Nación (Argentina)
Los Angeles Times
New York Times
Washington Post
Le Monde
Libération

Revistas
Cadernos do Terceiro Mundo
Carta Capital
EleEla
Época
Istoé
O Cruzeiro
Manchete
Realidade
Veja

Revistas estrangeiras
Le Point
L´Expresse
Newsweek
Time
Paris Match
The Economy
US and World Repórter

Sites na Internet

Fundação Getúlio Vargas / CPDOC — Centro de Pesquisa e Documentação de História Contemporânea do Brasil. http://www.cpdoc.fgv.br/comum/htm/

PDT — Partido Democrático Trabalhista. http://www.pdt.org.br/

A Página do Voto Eletrônico. http://www.brunazo.eng.br/voto-e/index.htm

The Brookings Institution. http://www.brookings.edu/views/papers/gordon/20030701.pdf

Center of Public Affairs / Universidade da Virginia. http://whitehousetapes.org/transcripts/jfk_1_pub/jfk_1_full.pdf

Wikipedia. http://pt.wikipedia.org/wiki/P%C3% A1gina_principal

Lyndon Baynes Johnson Library Oral History. Austin, Texas. http://www.lbjlib.utexas.edu/johnson/archives.hom/oralhistory.hom/Gordon-L/Gordon.pdf

Recordando a História — Terrorismo Nunca Mais. http://www.ternuma.com.br/historia.htm

Miller Center of Public Affairs. Universidade de Virgínia. http://whitehousetapes.org/transcripts/;jfk_1_pub/jfk_1_full.pdf

Livros

Affonso, Almino. *Raízes do Golpe — Da Crise da Legalidade ao Parlamentarismo: 1961-1963*. São Paulo: Marco Zero, 1988.

Aguiar, Ricardo Osman G. *Leonel Brizola — Uma trajetória*. Rio de Janeiro: Record, 1991.

Alves, Maria Helena Moreira. *Estado e Oposição no Brasil (1964-1984)*. Rio de Janeiro: Vozes, 1984.

Bandeira, Moniz. *Brizola e o Trabalhismo*. Rio de Janeiro: Civilização Brasileira, 1979.

Bandeira, Moniz. *João Goulart — As lutas sociais no Brasil (1961-1964)*. Rio de Janeiro: Civilização Brasileira. 1983.

Barbosa, Vivaldo. *A Rebelião da Legalidade*. Rio de Janeiro: FGV, 2002.

Batista, Vera Magaluti. *O medo na cidade do Rio de Janeiro*, Rio de Janeiro: Revan, 2003, 2ª edição.

Bojunga, Cláudio. *JK — O artista do impossível*. São Paulo: Objetiva, 2001.

Bial, Pedro. *Roberto Marinho*. Rio de Janeiro: Jorge Zahar, 2004.

Brizola, Leonel. Conferência na Subcomisssão de Nacionalidade, soberania e Relações Internacionais, da Assembléia Nacional Constituinte, 8 maio de 1987.

Buarque de Holanda, Cristina. *Polícia e Direitos Humanos*. Rio de Janeiro: Revan, 2004.

Carneiro, Glauco Lusardo. *O último caudilho*. Rio de Janeiro: Nova Fronteira, 1978.

Carrion Jr., Francisco M. *Brizola - momentos decisivos*. Porto Alegre: L&PM, 1989.

Carvalho, Luiz Maklouf. *Cobras Criadas*. São Paulo: Senac, 1999.

Casalli, Jairo Antônio. *Memórias de Brizola — O guerreiro do Povo Brasileiro*. Passo Fundo (RS): Gráfica São Cristóvão, 2005.

Castello Branco, Carlos. *A renúncia de Jânio*. Brasília: Edição Senado Federal, 2000.

Chagas, Carlos. *O Brasil sem retoque: 1808-1964 — a história contada por jornais e jornalistas*. Rio de Janeiro: Record, 2001. v. 2.

Conti, Mário Sérgio. *Notícias do Planalto — A imprensa e Fernando Collor*. São Paulo: Companhia das Letras, 1999.

Debray, Regis. *Revolução na Revolução.*

Denys, Odylio. *Ciclo Revolucionário Brasileiro. Memórias*. Rio de Janeiro: Nova Fronteira, 1980.

Dulles, John W. Foster. *Carlos Lacerda. A vida de um lutador*. Rio de Janeiro: Editora Nova Fronteira, 2000.

Englund, Steven. *Napoleão — Uma Biografia Política*. Rio de Janeiro: Jorge Zahar Editor, 2005.

Farias, Osvaldo Cordeiro de. *Meio Século de Combate — Diálogo com Aspásia Camargo e Walder de Góes*. Rio de Janeiro: Nova Fronteira, 1981.

Felizardo, Joaquim José. *A legalidade: o último levante gaúcho*. Porto Alegre: UFRGS, MEC, SESU, Proedi, 1988.

Gabriela, Marília. *Cara a Cara com Marília Gabriela*. São Paulo: Siciliano, 1994.

Gallo, Max. *Napoleão*. Rio de Janeiro: Casa Jorge, 2003.

Gallo, Max. *Napoléon, Lê Chant du Départ*, Paris: Éditions Robert Laffont, 1997.

Gaspari, Elio. *A Ditadura Envergonhada*. São Paulo: Companhia das Letras, 2002

Gaspari, Elio. *A Ditadura Escancarada*. São Paulo: Companhia das Letras, 2002.

Gaspari, Elio. *A Ditadura Derrotada*. São Paulo: Companhia das Letras, 2003.

Gaspari, Elio. *A Ditadura Encurralada*. São Paulo: Companhia das Letras, 2004.

Geisel, Ernesto, *Depoimento*. (Organizado por Maria Celina Araújo e Celso Castro). Rio de Janeiro: Fundação Getúlio Vargas, 1997.

Giesbert, Franz Olivier. *Os Anos Miterrand*. São Paulo: Scritta Editorial, 1991.

Guaragna, José Carlos. *Brizola. A revoada do exílio — Histórias de um pombo-correio*. Porto Alegre: Rigel, 1992.

Kubitsheck, Juscelino. *A Escalada Política. Meu Caminho para Brasília*. Rio de Janeiro: Bloch Editores, 1976.

Kubitsheck, Juscelino. *Por que construí Brasília*. Rio de Janeiro: Bloch Editores, 1976.

Kuhn, Dione. *Brizola, da legalidade ao exílio*. Porto Alegre: Edições, 2004.

Lacerda, Carlos. *Depoimento*. Nova Fronteira, 1976.

Leonelli, Domingos; OLIVEIRA, Dante. *Diretas-Já. — 15 meses que abalaram a Ditadura*. Rio de Janeiro: Record, 2004.

Lopes, José Machado. *O III Exército na crise da renúncia de Jânio Quadros*. Rio de Janeiro: Alhambra, 1980.

Maneschy, Osvaldo, Sapucaia, Madalena; Becker, Paulo. *Com a Palavra Leonel Brizola*. Rio de Janeiro: Edição dos Autores, 1993.

Markun, Paulo; Hamilton, Duda. — *Que as armas não falem*. São Paulo: Senac, 2001.

Memória Globo. *Jornal Nacional. A notícia faz história*. Rio de Janeiro: Jorge Zahar, 2004.

Mir, Luis. *Guerra Civil. — Estado e Trauma*. São Paulo: Geração Editorial, 2004.

Moraes Neto, Geneton. *Dossiê Brasil. — A história por trás da História recente do Brasil*. Rio de Janeiro: Objetiva, 1997.

Moreira, Neiva. *O pilão da madrugada. — Um depoimento a José Louzeiro.* Rio de Janeiro: Terceiro Mundo, 1990.

Neto, Jânio Quadros; Gualazzi, Eduardo Lobo Botelho. *Memorial à história do Brasil.* São Paulo: Rideel, 1996.

Piza, Roberto; Francis Paulo. *Brasil na cabeça.* Rio de Janeiro: Relume Dumará, 2004.

Quadros, Claudemir de. *As brizoletas cobrindo o Rio Grande.* Santa Maria: Editora UFSM, Universidade Federal de Santa Maria (RS), 2003.

Ramos, Ruy. *Perfis Parlamentares. — Seleção de Ecilda Ramos de Souza e Cosete Ramos Gebrim.* Brasília: Câmara dos Deputados, 1989.

Ribeiro, Darcy. *O Livro dos CIEPs.* Rio de Janeiro: Bloch Editores, 1986.

Ribeiro, José Augusto. *A Era Vargas.* Rio de Janeiro: Casa Jorge, 2001. v. 1, 2 e 3.

Romanet, Ignacio. *Fidel Castro, Biografia a Duas Vozes.* São Paulo: Boitempo Editorial, 2006.

Rosa e Silva, Cláudio Humberto. *Mil Dias de Solidão.* São Paulo: Geração Editorial, 1993.

Ryff, Raul. *O fazendeiro Jango no governo.* Rio de Janeiro: Avenir, 1979.

Sá, Mem de. *A politização do Rio Grande.* Porto Alegre: Edições Tabajara, 1973.

Sá, Mem de. *Tempo de lembrar.* Rio de Janeiro: José Olympio, 1981.

Schilling, Paulo. *Como se coloca a Direita no Poder. — Os personagens.* São Paulo: Global Editora, 1979. v. II.

Schilling, Paulo. *Como se coloca a Direita no Poder. Os personagens.* São Paulo: Global Editora, 1979. V. II.

Silva, Hélio. *1964 — Golpe ou contragolpe?* Rio de Janeiro: Civilização Brasileira, 1975. (Coleção Documentos da História Contemporânea, 62.)

Silva, José Wilson da. *O Tenente Vermelho.* Porto Alegre: Tchê!, 1987.

Silveira, Norberto C. G. da. *Reportagem da legalidade 1961/1991.* Porto Alegre: NS Assessoria em Comunicação, 1991.

Souza, Alda; Soares, Floriano. *Leonel Brizola*. Porto Alegre: Tchê!, 1986.

Souza, Herbert de. *No Fio da Navalha — Depoimento a Emir Sader, Fernando Molica, Franklin Martins, Marceu Vieira.* Rio de Janeiro: Revan, 1996.

Tavares, Flávio. *Memórias do Esquecimento*. São Paulo: Globo, 2003.

Tavares, Flávio. *O Dia em que Getúlio matou Allende*. Rio de Janeiro: Record, 2004.

Teixeira, Maria Dulce Loyola. *Mauro Borges e a crise político-militar de 1961: movimento da legalidade.* Brasília: Senado Federal, 1994.

Uchoa, Pablo. *Venezuela. A encruzilhada de Chávez* São Paulo: Globo, 2003.

Vasconcelos, Gilberto Felisberto. *O Príncipe da Moeda*. Rio de Janeiro: Espaço e Tempo, 1997.

Vasconcelos, Gilberto Felisberto. *Jangada do Sul*. São Paulo: Casa Amarela, 2005.

Victor, Mário. *5 anos que abalaram o Brasil. — De Jânio Quadros ao Marechal Castelo Branco.* Rio de Janeiro: Civilização Brasileira, 1965.

Índice Onomástico

SOBRE O AUTOR

Francisco das Chagas Leite Filho, repórter e analista político, nasceu em Sobral — Ceará, em 1947. Lá fez seus primeiros estudos e começou no jornalismo, através do rádio, aos 14 anos. Aos 18, seguiu para Fortaleza, onde, também atuando no radio, terminou o segundo grau e fez o primeiro ano de jornalismo na Universidade Federal do Ceará — UFC. Mudou-se em seguida para Brasília, em 1968, onde terminou seu curso na UnB, em 1970. Militou nos principais jornais — *Correio Braziliense, Diário Popular* (SP), *Estado de Minas, Jornal do Brasil, Correio do Povo* (RS), *O Globo e Folha de S. Paulo*. Começou na reportagem de cidade, depois cobriu Educação, de onde foi deslocado, em 1974, para a cobertura do Congresso e Poder Executivo. Entre 1977-78, atuou como correspondente do *Correio Braziliense*, em Londres. Conheceu Leonel Brizola, quando este ainda era exilado, durante o Encontro de Trabalhistas no Exílio e Trabalhistas no Brasil, em Lisboa, em 1979, como enviado especial do CB. A partir daí desenvolveu intensa ligação com o líder trabalhista, tornando-se membro do Diretório Nacional e assessor na Liderança do PDT. Em dezembro de 2006, lançou o *cafenapolitica.blog.br*, um blog de análise política nacional e internacional.

Impressão e Acabamento
Bartira
Gráfica
(011) 4393-2911